全訂
第2版 一目でわかる
登記嘱託書の作り方

藤　谷　定　勝　著
後　藤　浩　平　補訂

日本加除出版株式会社

全 訂 第 2 版 は し が き

　本書については，平成19年10月に，平成16年法律第123号による不動産登記法の全面改正に伴う全訂を行いましたが，それから10年を経た現在，全国の全ての登記所において，オンラインによる嘱託（申請）が可能となり，また，会社法人等番号の導入等に伴う規則等の重要な改正も行われました。

　そこで，全訂版における嘱託情報の内容（書式）中，オンライン未指定登記所に対する嘱託手続に関する説明が不要となったことから，今回，全訂第2版として全訂版を修正するとともに，規則等の改正や新たに導入された法定相続情報証明制度等について加筆したものです。

　全訂第2版における修正及び加筆した内容は，次のとおりです。

1　以下の登記に関する書式を追加，修正しました。

　(1)　登記名義人が法人である場合の代位による登記名義人の住所（又は名称）の変更の登記（書式4＝追加）

　(2)　代理人が嘱託する官庁又は公署の所有に係る土地の表題登記（書式22＝追加）

　(3)　土地が河川法による河川区域（又は高規格堤防特別区域，河川立体区域）内の土地となった場合の登記（書式29＝河川法の一部改正により従来の「河川区域内の土地である旨の登記」の書式を修正）

　(4)　代理人が嘱託する国有地の払下げによる所有権移転の登記（書式36＝追加）

　(5)　収用に関する登記の前提としてする代位による分筆の登記

全訂第2版はしがき

（書式74・77＝追加）

2　上記のとおり，オンライン未指定登記所に対する嘱託手続に関する注書きを削除しました。

3　会社法人等番号の導入等に伴う嘱託手続について，注書きを加筆しました。

4　従来，「第3章　一般官公署の嘱託登記」中で説明していた「第4節　登記事項の証明・閲覧」については，嘱託登記の範疇には該当しないことから，別途，第9章としました。

5　全訂版以降に発出された重要先例に関する説明を加筆しました。

6　法務省は，相続手続における相続人の負担を軽減し，相続登記の促進を図るため，規則を一部改正して，法定相続情報証明制度を創設しました。そこで，第10章として，当該制度の概要等に関する説明を加筆しました。

7　従来掲載していた主要な上級審判決については，嘱託登記手続に直接関連するものではないことから削除しました。

　オンラインで登記を嘱託する場合には，法務省オンライン申請システムから「登記申請書作成支援ソフトウェア」をダウンロードして，嘱託情報の様式に従って入力していくことになりますが，その様式は，基本的には，本書における嘱託情報の内容（書式）と同じです。

　なお，本書の著者である藤谷定勝先生は，平成28年2月8日に病のため逝去されました。本書の改訂を目指して精力的に資料等を収集されていた矢先の出来事であり，誠に痛ましい限りです。藤谷先生の御冥福をお祈り申し上げます。

　そのような事情から，今回の全訂第2版における修正及び加筆

作業については，私が担当させていただきました。

　本書が，引き続き，嘱託登記事務に携わる官庁又は公署の方々，登記実務の担当者の方々のために，多少でもお役にたてれば幸いです。

　終わりに，日本加除出版株式会社大野弘編集第一部長には，関係先例等の資料の収集のほか，校正に際しては，細部について，読者の視点に立った分かりやすい表現にするための御指摘をいただきました。紙面をお借りして，心から感謝申し上げます。

　平成30年1月

後　藤　浩　平

全訂 は し が き

　不動産登記制度は，明治以来 100 有余年にわたり国民の権利の保全を図り，不動産取引の安全と円滑化に寄与してきたが，最近における急激な情報化社会の進展に伴い，それに対応できる制度にするために平成 16 年法律第 123 号により不動産登記法の全面改正が行われ（施行は，平成 17 年 3 月 7 日），更に平成 17 年法律第 29 号により筆界特定制度を定めるための一部改正がされた（施行は，平成 18 年 1 月 20 日）。

　平成 16 年の改正の主なものは，条文の現代語化，磁気ディスク登記簿によって登記事務を行うことを原則とした規定の整備，オンライン申請の導入，登記済証に代わる登記識別情報の導入，保証書制度を廃止し事前通知制度の新設，登記原因証明情報の提供の必須化等である。嘱託による登記については，従前同様，申請による登記の規定が全面的に準用されることとなっている（新法 16 条 2 項等）が，滞納処分の場合の代位登記に関する規定（旧法 28 条ノ 2）に相当する規定が廃止された（この規定がなくても民法 423 条の規定により債権者代位ですることができる）ほか，官公署所有の不動産について官公署が登記権利者となるべき場合の規定が整備された（新法 116 条 1 項）。

　以上のとおり，形式的にも実質的にもかなり大幅な改正となったことから，今般本書の内容等についてもこれを全面的に見直し，新しい規定に沿った形のものにすることとした。

　ところで，新しい不動産登記法は，原則として磁気ディスク登記簿によって登記事務を処理し，しかもオンラインによって登記を申請することも可能であることを前提とした規定となっている。しかし，現在，全国の登記所は，①従来どおりブック形式に

全訂はしがき

よる登記簿によって登記事務を処理する登記所，②磁気ディスク登記簿によって登記事務を処理するが，オンラインによる登記の申請が認められていない登記所，③磁気ディスク登記簿によって登記事務を処理し，オンラインによる申請も認められている登記所とがある（平成19年9月1日現在において①の登記所は42庁，②の登記所は98庁，③の登記所は395庁であるが，①の登記所は平成19年度中にすべて磁気ディスク登記簿によって事務処理がされる予定であり，また，平成20年中にはすべての登記所においてオンライン申請ができる予定となっている。）。①及び②の登記所をオンライン申請未指定登記所，③の登記所をオンライン申請指定登記所ということとし，新法の規定ではその経過措置においてオンライン申請未指定登記所にも対応できるような措置が講じられている（新法附則3条，6条）。

　本書においては，書面によって登記を嘱託する場合の嘱託情報の内容（書式）を示すこととし，上記の①及び②のオンライン申請未指定登記所に対して嘱託する場合にも対応できるようにその嘱託情報の中に，添付情報としての嘱託書の写しや，登記済証の交付の希望の有無を表示する内容を含めてあるので，それぞれの嘱託情報の注書きを見て対応してもらいたい。

　なお，オンラインで登記を嘱託する場合には，法務省オンライン申請システムから「登記申請書作成支援ソフトウェア」をダウンロードして，嘱託情報の様式に従って入力していくことになるが，その様式は，基本的には本書で示した嘱託情報の内容と同じである。

　本書が引き続き官公署等の職員，登記実務の担当者等によって活用されることを願って止まない。

平成19年10月

　　　　　　　　　　　藤　谷　定　勝

新 版 は し が き

　近年における社会経済の進展は誠に目を見張るばかりであるが，そのような状況の中にあって，不動産登記の手続も着実に改善されてきている。本書も刊行後 10 年余を経過しようとしているが，その間，不動産登記法も数次にわたって改正が行われている。改正の主要なものを挙げてみると，電子情報処理組織（コンピュータ）による事務の取扱いに関する改正（昭和 63 年法律第 81 号），民事保全法の制定に伴う改正（平成元年法律第 91 号），借地借家法の制定に伴う改正（平成 3 年法律第 90 号），建物の合体による登記手続に関する規定の新設及び地図に準ずる図面に関する規定の新設等に関する改正（平成 5 年法律第 22 号）がある。

　そこで，これらの改正等をも踏まえ，今般本書の内容等についても全般的に見直すこととした。

　本書が，従来どおり，官公署の職員，登記実務の担当者等によって活用されることを，切に念願する次第である。

平成 7 年 3 月

　　　　　　　　　　　　　　　　藤　谷　定　勝

初版はしがき

　不動産登記の制度は，登記簿に個々の不動産についての物理的状態と権利関係を登記し，これを一般に公開することによって不動産取引の安全と円滑に寄与する制度である。この登記をするための手続は，原則として，当事者からの申請又は官庁若しくは公署からの嘱託によって開始される。右のうち官庁又は公署からの嘱託によってされる登記を嘱託登記といっているが，この嘱託登記は不動産登記法の特則によるもの，滞納処分に関するもの，収用に関するもの，処分の制限に関するもの等，非常に広範・多岐にわたっている。

　近時，公共事業の推進等に伴い官公署からの嘱託登記事件は増加の傾向にあるが，広範・多岐にわたる嘱託登記についてこれを１冊の本でまとめた参考図書が少ないため，官公署の職員及び登記実務家の中からはこれの発刊を望む声が少なくない。そこで，右のような実情を憂える元金沢地方法務局長倉田信彦氏（現萩公証役場公証人）及び甲府地方法務局長石川博一氏からのたっての要請によって私がこれをとりまとめることとした。

　本書は，右のような趣旨から嘱託登記に関して必要と思われる登記手続を記述し，できるだけ多くの嘱託事例を集め，その具体的手続を解説するとともに，特に相続に関する登記の方法についても記述し参考に供することとした。しかしながら，時間的な制約もあり十分検討する時間がとれないまま刊行せざるを得なかったこともあり，随所に意を尽くしていない部分等もあろうかと思われるが，その点お詫び申し上げるとともに，読者諸賢の御批

初版はしがき

判，御叱正を賜わりたい。

　なお，本書は，相当部分について東京法務局訟務部第3課佐藤昭雄氏に分担して執筆いただき，かつ，資料収集等についても全面的な協力をいただいた。同氏に対して厚くお礼申し上げるとともに，本書の刊行に当たって何かとお世話になった日本加除出版株式会社の高瀬幸彦氏及び金井祐幸氏に対して深甚なる謝意を表したい。

　本書が官公署の職員，登記実務家等にとって少しでも役に立つことができれば，望外の幸せである。

　昭和59年5月

藤　谷　定　勝

凡　　例

⑴　本書は，全国の不動産登記の3割を占めるといわれる（月報「司法書士」143号）嘱託登記の登記嘱託書作成の手引書です。

⑵　第1章総論において嘱託登記の意義・特質を説き，第2章以下は，登記嘱託官公署の職員の方が自分で嘱託書を作成できるように，登記嘱託書の書式を掲げ表示すべき事項のすべてにわたって注解を付しました。

⑶　登記嘱託書の書式は80例，嘱託登記の事例のほとんどが含まれています。

⑷　必要に応じ「地積測量図」などの図面，「承諾書」などの書式を掲げました。

⑸　「第6章　土地改良・土地区画整理に関する嘱託登記」の部は，便宜，登記嘱託書の書式を省略しました。

⑹　第7章には，たいへん難しいとされる相続人探索の便のために相続に関する戸籍の解説と実例を付し，読者の参考に供しました。

⑺　「第3章　一般官公署の嘱託登記」中で説明していた「第4節　登記事項の証明・閲覧」を第9章としました。

⑻　第10章で，新たに創設された法定相続情報証明制度の概要等を説明しています。

⑼　本文に引用された先例は，すべて掲げました。

⑽　法令の略称は，次のようにしました。

　　　　法又は新法…不動産登記法（平成16年法律第123号）

　　　　令……………不動産登記令（平成16年政令第379号）

　　　　規則…………不動産登記規則（平成17年法務省令第18号）

　　　　準則…………不動産登記事務取扱手続準則（平成17年2月25日法務省令民二第456号民事局長通達）

目　　次

全訂第2版 一目でわかる 登記嘱託書の作り方〈目次〉

第1章　嘱託登記制度総論 ………………………………… 1

第1節　嘱託登記の意義 ………………………………………… 1

第2節　嘱託登記の特質 ………………………………………… 2

第3節　嘱託登記の種類 ………………………………………… 6

第1　官庁又は公署が実体上の権利変動等の当事者である場合の嘱
　　　託登記 ………………………………………………………… 7

第2　官庁又は公署が実体上の権利変動の当事者である私人に代
　　　わってする場合の嘱託登記 …………………………………… 8

第3　第1の変型又は第1と第2の中間型である場合の嘱託登記 ……… 9

第2章　嘱託登記のための前提としての代位登記 … 13

第1節　総　　説 ………………………………………………… 13

第2節　徴税官署又は地方公共団体による差押えの登記を
　　　　するための前提としての代位登記 ………………… 16

第1　分筆の登記〔書式1〕 …………………………………… 16

第2　地目の変更の登記〔書式2〕 …………………………… 22

第3　登記名義人の住所（又は氏名）の変更の登記（登記名義人が
　　　個人である場合）〔書式3〕 ………………………………… 25
　　　（登記名義人が法人である場合）〔書式4〕 ………………… 35

第4　登記名義人の住所（又は氏名）の更正の登記〔書式5〕 ……… 43

第5　相続による所有権移転の登記〔書式6〕 ………………… 46

第6　相続以外の原因による所有権移転の登記〔書式7〕 ………… 49

第7　契約解除（又は取消）等による所有権移転登記の抹消の登記
　　　〔書式8〕 …………………………………………………… 53

II

目　次

第8　数次の所有権移転がされている場合における最初の所有権移
転の登記〔書式9〕 ………………………………………………… 57

第9　差押登記後に一部について差押えを解除するための分筆の登
記〔書式10〕 ………………………………………………………… 61

第10　差押登記をした不動産の一部の公売による所有権移転登記を
するための分筆の登記〔書式11〕 ……………………………… 67

第3節　官公署が一般債権者としてする代位登記 ………… 71

第1　売買による所有権移転登記の前提としてする地目の変更の登
記〔書式12〕 ………………………………………………………… 71

第2　売買による所有権移転登記の前提としてする登記名義人の氏
名（又は住所）の変更の登記〔書式13〕 ……………………… 74

第3　抵当権設定登記の前提としてする登記名義人の住所の更正の
登記〔書式14〕 …………………………………………………… 77

第4　市が買い受けた所有権の登記のない土地につき所有権移転登
記の前提としてする所有権保存の登記〔書式15〕 ………… 80

第5　市が買い受けた土地の所有権移転登記の前提としてする相続
による所有権移転の登記〔書式16〕 …………………………… 83

第6　抵当権設定登記の前提としてする相続による所有権移転の登
記〔書式17〕 ………………………………………………………… 86

第4節　河川区域内の土地となった旨の登記等をするため
の登記 ……………………………………………………… 89

第1　土地の一部が河川区域内の土地となったためにするその旨の
登記の前提としてする分筆の登記〔書式18〕 ……………… 89

第5節　収用に関する登記をするための代位登記 ………… 93

第1　地目の変更の登記〔書式19〕 …………………………………… 93

第2　登記名義人の住所（又は氏名）の変更の登記〔書式20〕 ……… 96

目　次

第3章　一般官公署の嘱託登記 ………… 99

第1節　総　説 ……………………………………………………… 99

第2節　不動産の表示に関する登記 ……………………………… 101

第1　土地の表題登記（官庁又は公署が嘱託する場合）〔書式21〕…… 101

　　　（代理人が嘱託する場合）〔書式22〕 …………………… 110

第2　地目の変更（又は更正）の登記〔書式23〕 ………………… 115

第3　地積の更正（又は変更）の登記〔書式24〕 ………………… 119

第4　分筆の登記〔書式25〕 ……………………………………… 123

第5　合筆の登記〔書式26〕 ……………………………………… 130

第6　土地の滅失の登記〔書式27〕 ……………………………… 134

第7　河川区域内の土地の全部が河川の流水下に没したためにする
　　　土地の滅失の登記〔書式28〕 ……………………………… 137

第8　土地が河川法による河川区域（又は高規格堤防特別区域，河
　　　川立体区域）内の土地となった場合の登記〔書式29〕 ……… 139

第9　建物の表題登記〔書式30〕 ………………………………… 142

第10　区分建物の表題登記〔書式31〕 …………………………… 149

第11　建物の所在・構造の更正の登記〔書式32〕 ……………… 161

第12　建物の床面積の変更の登記〔書式33〕 …………………… 164

第13　建物の滅失の登記〔書式34〕 ……………………………… 167

第3節　不動産の権利に関する登記 ……………………………… 169

〈A〉官庁又は公署が登記義務者としてする登記 ……………… 169

第1　国有地の払下げによる所有権移転の登記（官庁又は公署が嘱
　　　託する場合）〔書式35〕 ……………………………………… 170

　　　（代理人が嘱託する場合）〔書式36〕 ……………………… 175

第2　国有地の売買による所有権移転の登記〔書式37〕 ………… 180

第3　地方公共団体の所有不動産の払下げによる所有権移転の登記
　　　〔書式38〕 ……………………………………………………… 188

13

目　次

第4　市町村所有の不動産につき私人が賃借権を取得した場合の賃
　　借権設定の登記〔**書式39**〕 ……………………………………… 192

第5　地方公共団体が民有不動産について取得した抵当権の変更の
　　登記〔**書式40**〕 …………………………………………………… 198

第6　地方公共団体が民有不動産について取得した賃借権の抹消
　　〔**書式41**〕 …………………………………………………………… 201

第7　地方自治法第294条による財産区が合併前の市町村から不動
　　産を承継した場合の所有権移転の登記〔**書式42**〕 …………… 205

〈B〉官庁又は公署が登記権利者としてする登記 ……………………… 209

第1　官庁又は公署が売買により取得した土地の所有権移転の登記
　　〔**書式43**〕 …………………………………………………………… 210

第2　都道府県が交換により取得した不動産の所有権移転の登記
　　〔**書式44**〕 …………………………………………………………… 216

第3　市町村が売買により取得した不動産の所有権移転の登記〔**書
　　式45**〕 ……………………………………………………………… 219

第4　公共企業体である土地開発公社が売買により取得した不動産
　　の所有権移転の登記〔**書式46**〕 ………………………………… 222

第5　市町村が合併により取得した不動産の所有権移転の登記〔**書
　　式47**〕 ……………………………………………………………… 225

第6　市町村が贈与により所属市町村の一部（財産区）から取得し
　　た不動産の所有権移転の登記〔**書式48**〕 ……………………… 228

第7　地方公共団体が民有不動産について取得した抵当権の設定の
　　登記〔**書式49**〕 …………………………………………………… 231

第8　市町村が民有不動産について取得した地上権設定の登記〔**書
　　式50**〕 ……………………………………………………………… 239

第9　売買予約に基づく所有権移転請求権保全の仮登記〔**書式51**〕 … 243

第10　地方公共団体所有の不動産について私人が取得した賃借権の
　　変更（賃料の増額）の登記〔**書式52**〕 ………………………… 247

第11　私人が地方公共団体所有の不動産について取得した地上権の

抹消〔書式53〕 ………………………………………………… 251

〈C〉その他の登記 …………………………………………………… 255

第1　不動産登記法第74条第1項の規定による所有権保存の登記

〔書式54〕 ……………………………………………………… 255

第2　不動産登記法第74条第2項の規定による所有権保存の登記

〔書式55〕 ……………………………………………………… 259

第3　国有不動産の所管換えによる登記名義人の名称変更の登記

〔書式56〕 ……………………………………………………… 265

第4章　滞納処分に関する嘱託登記 ……………… 269

第1節　総　説 ………………………………………………………… 269

第2節　滞納処分による差押えの登記 ……………………………… 271

第1　表題登記のない土地の差押えの登記〔書式57〕 ……………… 271

第2　表題登記のない建物の差押えの登記〔書式58〕 ……………… 275

第3　所有権の登記のない不動産の差押えの登記〔書式59〕 ……… 279

第4　所有権の登記がされている不動産の差押えの登記〔書式60〕 … 282

第5　地上権の差押えの登記〔書式61〕 ……………………………… 287

第6　抵当権付債権の差押えの登記〔書式62〕 ……………………… 290

第7　買戻権の差押えの登記〔書式63〕 ……………………………… 293

第8　仮登記された権利の差押えの登記〔書式64〕 ………………… 296

第9　参加差押えの登記〔書式65〕 …………………………………… 299

第3節　滞納処分による差押えの登記の抹消 ……………………… 303

第1　所有権差押えの登記の抹消〔書式66〕 ………………………… 303

第2　所有権以外の権利（抵当権付債権）の差押えの登記の抹消

〔書式67〕 ……………………………………………………… 306

第4節　公売処分に関する登記 ……………………………………… 309

第1　国の公売処分による所有権移転等の登記〔書式68〕 ………… 312

目　次

第2　地方公共団体の公売処分による所有権移転等の登記〔**書式69**〕 ……………………………………………………………… 319

第3　随意売却による所有権移転等の登記〔**書式70**〕 ………… 324

第4　公売処分による地上権移転等の登記〔**書式71**〕 ………… 330

第5　公売による買戻権の移転等の登記〔**書式72**〕 …………… 334

第6　仮登記された権利の移転等の登記〔**書式73**〕 …………… 337

第5章　収用に関する嘱託登記 …………… 341

第1節　総　説 ……………………………………………………… 341

第2節　裁決手続開始の登記 ……………………………………… 343

第1　収用裁決手続の登記の前提としてする代位による分筆の登記〔**書式74**〕 …………………………………………………… 343

第2　収用裁決手続開始の登記〔**書式75**〕 ……………………… 348

第3　収用裁決手続開始の登記の抹消〔**書式76**〕 ……………… 355

第3節　収用による所有権移転の登記 …………………………… 362

第1　収用による所有権移転の登記の前提としてする代位による分筆の登記〔**書式77**〕 …………………………………… 362

第2　土地収用法第48条第1項の裁決による所有権移転の登記〔**書式78**〕 …………………………………………………… 367

第3　土地収用法第50条第5項の和解成立による所有権移転の登記〔**書式79**〕 …………………………………………………… 373

第4　土地収用法第121条の協議の確認による所有権移転の登記〔**書式80**〕 …………………………………………………… 377

第6章　土地改良・土地区画整理に関する嘱託登記 … 381

第1節　土地改良法による登記 …………………………………… 381

第1　換地処分の登記 ……………………………………………… 382

第2　農用地の保全又は土地改良施設に係る土地改良事業の登記 …… 383

目　　次

第3　交換分合による登記 ……………………………… 383

第4　代位登記 ……………………………………………… 384

第2節　土地区画整理法による登記 ……………… 386

第1　土地に関する登記 …………………………………… 386

第2　建物等に関する登記 ………………………………… 387

第3　共有土地に関する登記 ……………………………… 389

第4　代位登記 ……………………………………………… 390

第7章　相続に関する登記の方法 …………… 391

第1節　総　説 …………………………………………… 391

第2節　相続に適用される法令 ………………… 392

第1　旧民法による相続 …………………………………… 392

第2　応急措置法による相続 ……………………………… 394

第3　民法附則第25条第2項本文の場合の相続 ……… 394

第4　新民法による相続 …………………………………… 394

第3節　相続を証する情報（書面等）………………… 408

第1　相続を証する情報書式例 …………………………… 415

　　1　遺産分割協議書書式例 …………………………… 415

　　2　特別受益証明書書式例 …………………………… 416

　　3　相続放棄申述書書式例 …………………………… 417

　　4　相続放棄申述受理証明願書書式例 ……………… 418

　　5　相続関係説明図（参考）………………………… 419

第2　戸籍様式の変遷 ……………………………………… 421

　　書式(1)　明治5年式戸籍 …………………………… 422

　　書式(2)　明治19年式戸籍 ………………………… 423

　　書式(3)　明治31年式戸籍 ………………………… 424

　　書式(4)　大正4年式戸籍 …………………………… 425

　　書式(5)　現行戸籍 …………………………………… 426

17

目　次

書式(6)　コンピュータ戸籍（全部事項証明書）……………… 428

第3　現行戸籍の記載（記録）欄の説明 ……………………… 430

第4節　相続人確定のための戸籍調査事例 ………………… 434

第8章　補正・取下げ・却下 …………… 451

第1　登記の嘱託の補正 ……………………………………… 451

第2　登記の嘱託の取下げ …………………………………… 452

第3　登記の嘱託の却下 ……………………………………… 457

第9章　登記事項の証明・閲覧請求 ………… 467

第1節　総　説 ………………………………………………… 467

第2節　登記事項証明書の交付 ……………………………… 467

第1　登記記録の甲区又は乙区の記録がない登記事項証明書 ………… 468

第2　共同担保目録，信託目録を省略した登記事項証明書 …………… 468

第3　現在事項証明書 ………………………………………… 469

第3節　登記事項証明書（閉鎖登記簿の謄本・抄本）の
　　　　交付請求の方法 ……………………………………… 469

第1　申請書の提出 …………………………………………… 469

第2　申請書の記載事項 ……………………………………… 470

第3　手数料の納付 …………………………………………… 470

第4節　登記事項要約書の交付，閲覧請求の方法 ……… 471

第1　閲覧対象となる帳簿等 ………………………………… 471

第2　登記事項要約書の交付請求，閲覧請求の方法 ……………… 471

第3　申請書の記載事項 ……………………………………… 471

第4　手数料の納付 …………………………………………… 472

第5節　地図，地積測量図等の写しの交付請求の方法 … 473

第1　交付の対象となる地図等 ……………………………… 473

第2　申請書の提出 …………………………………………… 473

18

第3　申請書の記載事項 ……………………………………………… 473

第4　手数料の納付 ………………………………………………… 473

第10章　法定相続情報証明制度 …………………………… 479

第1　不動産登記規則の改正の趣旨 ……………………………… 479

第2　法定相続情報証明制度の概要 ……………………………… 479

第3　法定相続情報証明制度利用の流れ ………………………… 480

第4　申出書の添付書面 …………………………………………… 481

第5　一覧図の写しの作成方法 …………………………………… 484

第6　一覧図の写しの交付方法及び添付書面の返却方法 ……… 484

第7　一覧図の再交付 ……………………………………………… 485

第8　法定相続情報に変更が生じたとして再度の申出があった場合
　　　の取扱い ……………………………………………………… 486

第9　官庁又は公署における法定相続情報証明制度の活用 …… 486

参考書式・図面一覧

【参考書式・図面一覧】

〔参考1〕 土地所在図……………………………………………………… 106

〔参考2〕 地積測量図（筆界に境界標がある場合）………………… 108

〔参考3〕 地積測量図（筆界に境界標がない場合）………………… 127

〔参考4〕 建物図面・各階平面図……………………………………… 147

〔参考5〕 建物図面・各階平面図（区分建物）……………………… 158

〔参考6〕 承諾書の様式………………………………………………… 213

〔参考7〕 抵当権設定登記の承諾書………………………………… 238

〔参考8〕 変更登記の承諾書………………………………………… 250

〔参考9〕 所有権譲渡証明書………………………………………… 263

〔参考10〕 敷地権の登記名義人の所有権保存登記の承諾書…………… 264

〔参考11〕 差押調書（謄本）………………………………………… 278

〔参考12〕 取　下　書………………………………………………… 454

〔参考13〕 却下決定書…………………………………………… 464・465

〔参考14〕 登記事項証明書等の交付申請書………………………… 475

〔参考15〕 地図等の証明書・閲覧申請書…………………………… 477

20

【引用先例索引】

明治32年 7 月 4 日　民刑第 1240 号回答 ……………………………………… 370

明治32年 7 月20日　民刑第 1276 号回答 ……………………………………… 371

明治36年 4 月13日　民刑第 287 号回答 ………………………………………… 11

大正 3 年 9 月26日　民第 1479 号通牒 ………………………………………… 328

大正 5 年 7 月27日　民第 1091 号回答 ………………………………………… 11

昭和11年 5 月18日　民事甲第 564 号通牒 …………………………………… 268

昭和19年10月19日　民事甲第 692 号回答 …………………………………… 406

昭和25年 6 月10日　民事甲第 1624 号通達 ………………………………… 207

昭和26年11月20日　民事甲第 2229 号通達 ………………………………… 20

昭和27年 8 月 4 日　民事甲第 1137 号回答 ………………………………… 268

昭和27年 8 月19日　民事甲第 56 号通達 …………………………………… 184

昭和27年 9 月19日　民事甲第 205 号回答 ………………………………… 281

昭和28年 4 月25日　民事甲第 697 号通達 ………………………………… 406

昭和28年 8 月10日　民事甲第 1392 号回答 ………………………………… 408

昭和29年 9 月16日　民事甲第 1928 号通達 ………………………………… 454

昭和29年10月 8 日　民事甲第 2094 号回答 ………………………………… 64

昭和29年12月25日　民事甲第 2637 号通達 ………………………………… 455

昭和30年 5 月17日　民事甲第 968 号通達 ………………………………… 186

昭和30年 5 月31日　民事甲第 970 号通達 ………………………………… 310

昭和30年12月23日　民事甲第 2747 号通達 ………………………………… 236

昭和31年10月30日　民事甲第 2525 号通達 ………………………………… 295

昭和31年11月 2 日　民事甲第 2530 号通達 ………………………………… 214

昭和32年 3 月22日　民事甲第 423 号通達 ………………………………… 27

昭和32年 4 月 4 日　民事甲第 689 号通達 ………………………………… 408

引用先例索引

昭和32年 6 月28日	民事甲第 1218 号回答	403
昭和32年 8 月 8 日	民事甲第 1431 号通達	284
昭和33年 5 月 1 日	民事甲第 893 号通達	10
昭和35年 9 月19日	民事甲第 2304 号通達	273
昭和35年11月21日	民事甲第 2751 号通達	12, 118
昭和36年 2 月 9 日	民事甲第 371 号回答	316
昭和37年 6 月29日	民事甲第 1838 号回答	302
昭和37年 6 月30日	民事甲第 1840 号回答	317
昭和39年11月21日	民事甲第 3749 号通達	412
昭和42年12月14日	民事甲第 3646 号回答	414
昭和43年 2 月 2 日	建設省計総発第 18 号通達	350
昭和44年 3 月 3 日	民事甲第 373 号回答	410
昭和44年 4 月11日	建設省計総発第 284 号通達	358
昭和58年11月10日	民三第 6400 号通達	151
平成11年 6 月22日	民三第 1259 号回答	411
平成17年 2 月25日	民二第 457 号通達	414
平成17年 3 月31日	民二第 851 号通達	460
平成17年 6 月23日	民二第 1423 号通知	461
平成18年 1 月18日	民二第 101 号通知	462
平成25年12月11日	民二第 781 号通達	404
平成27年10月23日	民二第 512 号通達	38
平成28年 3 月11日	民二第 219 号通達	412
平成29年 4 月17日	民二第 292 号通達	517

第1章 嘱託登記制度総論

第1節 嘱託登記の意義

　不動産に関する登記は，法律に別段の定めがある場合を除き，当事者の申請又は官庁若しくは公署の嘱託がなければすることができないものとし（法16条1項），登記手続は，申請又は嘱託によって，開始されるものとしています。これは，民法第177条の規定により，物権の得喪変更は，登記がその対抗要件とされているところから，権利変動の当事者等からの申請又は嘱託によって登記手続を開始することが，結局は，実体的な権利関係を，いちばん正確に登記記録に反映することができると考えられたからにほかなりません。もっとも，権利の対抗関係が問題とならない不動産の表示に関する登記，不動産の権利に関する登記のうち職権更正の登記，合併の登記をしたときの単一の所有権登記，所有権の処分制限の登記の前提登記としての所有権の保存の登記，仮登記に基づく本登記をしたことによってそれに対抗できない登記の抹消登記，要役地についてする地役権の登記，法務局長又は地方法務局長の許可を得てする登記又は仮登記等は，登記官が職権をもってすることができるものとされています（法28条，67条2項，71条4項，76条2項，80条4項，109条2項，118条，規則107条1項・6項，120条2項，134条1項・2項，139条，152条2項等）。

　上記のうち，官庁又は公署の嘱託によって手続が開始される登記を「嘱託登記」といいます。嘱託登記は，一般の申請による登記手続の場合のように，当事者の共同申請によってされるものではなく，官庁又は公署からの一方的な嘱託によってされる点において，一般の申請による登記とは異なるものですが，法令に別段の定めがある場合を除いては，申請による登

第1章　嘱託登記制度総論

記手続に関する規定が準用されます（法16条2項）から，実質的には，申請による登記の手続と異なるところはないといえます。

第2節　嘱託登記の特質

　嘱託登記は，その実質において一般の申請による登記手続と異なるところはないといっても，登記を嘱託するのは，官庁又は公署であるということ，嘱託に対応する実体的な権利関係等が存在しているという蓋然性が極めて高いということ等から，一般の申請による登記と比較して，いくつかの特例が，認められています。もっとも，特例といっても，すべての嘱託登記について共通の特例ということではありません。嘱託登記の種類は，第3節の説明にあるとおり，数種のものに分けられ，その性質等も多少異なるものがあることから，それを一律に論ずることはできません。そこで，ここでは，一般的な特例について説明することとします。

　まず第1に，権利に関する登記については，当事者の共同申請によることなく，官庁又は公署の嘱託という一方的な行為によってすることができるということです（法116条）。

　権利に関する登記の申請は，原則として，登記権利者（登記上，直接に利益を受ける者。法2条12号）及び登記義務者（登記上，直接に不利益を受ける登記名義人。法2条13号）が共同してしなければならないものとされています。これは，実体的な権利関係のない虚偽の登記を未然に防止し，正確な権利関係のみを登記記録に反映させるために採られているものです。すなわち，登記官は，実体的な権利変動があったか否かについて，実質的に審査する権限を有していないため，その変動の当事者である登記権利者及び登記義務者をして共同で登記の申請をさせることにより，登記の真正を担保しようとするものです。したがって，実質的に登記の真正が担保される場合，例えば，判決による登記の場合（判決正本によって登記原因となる物権変動があったことは明らかです。），相続による登記の場合

（相続があったことを証する情報によって，相続が開始していることは明らかです。）には，例外的に登記権利者のみによる申請が認められています（法63条）。このように，当事者による共同申請は登記の真正を担保するために採られているものですが，前述のとおり，官庁又は公署が物権変動の当事者の一方として登記を嘱託する場合には，その嘱託に対応する実体的な権利関係が存在している蓋然性が極めて高いものと認められ，それによってした登記の真正は，十分担保されていると見ることができることから，判決や相続による登記と同様に，法令の規定によって，当事者の一方である官庁又は公署からの一方的な嘱託によってもよいこととされているのです。

　第2に，嘱託登記には，登記義務者の登記識別情報又は権利に関する登記済証を提供又は提出することを要しないということです。

　登記識別情報とは，その登記をすることによって申請人自らが登記名義人となる場合であって，その登記が完了したときに登記官からその登記名義人に通知される情報（12桁のアラビア数字その他の符号を組み合わせた不動産及び登記名義人となった申請人ごとに定められたもの）です（法2条14号，21条，規則61条）。そして，以後，その不動産に関して，登記権利者及び登記義務者が共同して権利に関する登記の申請をする場合，その他登記名義人が令第8条第1項に掲げる登記の申請をする場合に，申請人は，申請情報と併せてその登記識別情報を提供しなければならないものとされています（法22条）。

　この登記識別情報は，新法によって導入されたものですが，それまでの本人確認手段として用いられていた登記義務者の権利に関する登記済証（いわゆる「権利証」といわれているもの。）に代わるものです。すなわち，新法においては，登記の申請（嘱託）は，電子情報処理組織を使用する方法（オンライン申請），書面を提出する方法（書面申請）のいずれによってもよいこととされていますが（法18条），オンライン申請においては，情報と媒体とが切り離されて送信されるため，書面申請の場合のよう

に，有体物（紙）である登記済証を利用することができないことから，特定の媒体に拘束されることのないデータ自体に意味のある登記識別情報というものを導入することとしたものです。

なお，平成16年法律第123号による改正前の不動産登記法（以下「旧法」といい，改正後の不動産登記法を「新法」又は単に「法」といいます。）の規定によって還付又は交付された登記義務者の権利に関する登記済証を提出して登記の申請がされたときは，登記識別情報の提供があったものとみなすこととされています（法附則7条）。

登記義務者の権利に関する登記済証とは，申請人である登記義務者が，先に登記権利者等として権利取得の登記を申請し，その登記が完了した際に，登記所から旧法第60条第1項又は第61条の規定により登記済の手続を受けて登記権利者等に還付されたものをいいます。登記識別情報又は登記済証を申請情報と共に提供又は提出しなければならないとする趣旨は，この情報等は，先の権利取得の登記において，登記所から登記権利者に対して通知又は還付されたものですから，その所持人は，当該権利の権利者である場合が通常であり，登記の申請に当たって，これを提供又は提出させるものとすれば，申請人である登記義務者が，登記記録上の登記名義人と同一人であること，換言すれば，当該登記の申請が，登記記録上，直接に不利益を受ける登記義務者の真意によるものであることが推認されることとなり，したがって，真正な登記であることが担保されることになるからです。登記権利者及び登記義務者が共同して権利に関する登記を申請する場合等において，登記義務者の登記識別情報又は登記済証を申請情報と共に提供又は提出させる理由は以上のとおりですが，一方で，官庁又は公署が登記権利者として権利に関する登記を嘱託する場合には，登記義務者の承諾を証する当該登記義務者が作成した情報を提供することとされていますから（令別表73の項添付情報欄ロ），当該情報の提供によって，嘱託登記の真正は，十分に担保されているといえます。したがって，官公署が登記権利者として権利に関する登記を嘱託する場合には，登記義務者の登記識

別情報又は登記済証の提供又は提出を要しないとするのが，登記実務の取扱いです（昭和33・5・1民事甲第893号民事局長心得通達＝10頁）。

　なお，新法においては，官庁又は公署が登記義務者として登記を嘱託する場合，当該官庁又は公署が先に登記名義人として登記を受けたときには，登記識別情報の通知は受けないのが通常ですから（法21条ただし書，規則64条1項4号），その場合には，そもそも登記識別情報を提供することはできません。また，旧法の規定により登記済証の交付を受けている場合であっても，当該官庁又は公署が，登記義務者として登記を嘱託することで，その真正は担保されているといえますから，この場合にも，登記済証を提出する必要はありません。

　第3に，嘱託登記には，登記原因につき第三者の許可，同意又は承諾のあったことを証する情報（令7条1項5号ハ）の提供を要しない取扱いとなっていることです。

　登記原因につき第三者の許可，同意又は承諾のあったことを証する情報とは，登記原因である法律行為又は事実について，第三者の許可，同意又は承諾がなければ法律行為に基づく権利変動が生じないか，又は法律行為が取り消されるような場合において，登記原因について第三者が許可を与え，同意し又は承諾をし，それを証するために作成された情報をいいます。この情報は，登記を申請するときの相対的必要情報とされているものですが，その提供を要するとする趣旨は，無効な登記又は取り消される可能性のある登記原因に基づく不安定な登記が現出することを未然に防止するためです。

　第三者の許可等を証する情報を提供させる理由が以上のとおりであるとすれば，官庁又は公署の嘱託による登記についても，これらの情報を提供する必要があり，登記実務においても，当初は，そのような取扱いがされていました（明治36・4・13民刑第287号民刑局長回答，大正5・7・27民第1091号法務局長回答＝11頁）。しかし，登記原因について第三者の許可等を要するときは，官庁又は公署は，当然その許可等を得ているはずであり，その

第1章　嘱託登記制度総論

上で登記を嘱託してきているのですから，これらの情報の提供は，便宜省略しても差し支えないものと考えられます。そこで，登記実務においても，市区町村が，私人所有の農地を道路とするため買収し，それに基づいて所有権移転の登記を嘱託する場合において，当該嘱託には農地法第5条の規定による許可書の提供を要しない（昭和35・11・21民事甲第2751号民事局長通達＝12頁）として，当初の取扱いを改めました。これは，市区町村は，農地法に基づく許可が必要であることを熟知しており，その許可を得た上で登記の嘱託をしてきているものと認められることから，その情報の提供を省略してもよいとしたものです。したがって，一般的には登記原因について第三者の許可等を要する場合であっても，官庁又は公署からの嘱託による場合には，その情報の提供は便宜省略して差し支えないものとされています。

　第4に，登記を申請する場合において，申請人が法人である場合には，当該法人の会社法人等番号又は代表者の資格を証する情報，代理人によって登記を申請する場合には，当該代理人の権限を証する情報を申請情報と併せて登記所に提供しなければならないものとされています（令7条1項1号・2号）が，不動産に関する国の機関の所管に属する権利について命令又は規則により指定された官庁又は公署の職員が登記の嘱託をする場合には，これらの情報は提供しなくてもよいとされています（令7条2項）。

　これは，国の機関にはどのようなものがあるか，命令又は規則により指定された官庁又は公署の職員とはどのような者であるかは，公知の事実であることから，あえてこれらの情報を提供するまでもないとされたことによるものと考えられます。

第3節　嘱託登記の種類

　嘱託登記は，次の3種類に大別することができます。**第1**は，官庁又は公署が，不動産に関する実体上の権利変動等の当事者であって，その権利

変動等に伴って登記を嘱託する場合であり，**第2**は，官庁又は公署が，私人である当事者の実体上の権利変動に介入し，当事者に代わって登記を嘱託する場合であり，**第3**は，第1の変型又は第1と第2の中間型とでもいうべき場合です。

　なお，以上の場合のほか，本来の登記を嘱託する前提としてする代位登記等も，広い意味では，嘱託登記といえるものです。

第1　官庁又は公署が実体上の権利変動等の当事者である場合の嘱託登記

　官庁又は公署が実体上の権利変動等の当事者としてする嘱託登記は，おおむね法第116条の規定によってする登記といえるものですが，これを細分すれば，次のとおりです。

1　官庁又は公署が登記義務者としてする登記

　官庁又は公署が，その所有する不動産を私人に売り渡した場合，あるいはその不動産上に私人のために地上権等を設定した場合には，官庁又は公署は，登記権利者（売り渡しを受けた者あるいは地上権者等）の請求により，遅滞なく，それらの者のために所有権の移転の登記あるいは地上権の設定等の登記を嘱託しなければなりません（法116条2項）。

　また，官庁又は公署が取得した不動産に関する抵当権等について，その権利の内容を縮減した場合（例えば，抵当権の被担保債権に対する利率を引き下げた場合等），その権利が消滅した場合等にも，官庁又は公署は，登記権利者の請求によって，遅滞なく，その権利の変更の登記又はその権利の抹消の登記を嘱託しなければなりません。

2　官庁又は公署が登記権利者としてする登記

　官庁又は公署が，私人から不動産の所有権を取得した場合，あるいは官庁又は公署の所有する不動産上に設定されていた地上権が消滅した場合には，官庁又は公署は，遅滞なく，登記義務者の承諾を得て，所有権の移転の登記あるいは地上権の抹消の登記を嘱託しなければなりません（法116

第1章　嘱託登記制度総論

条1項)。

　また，官庁又は公署が取得した不動産に関する抵当権等について，その
権利の内容を拡大した場合にも，官庁又は公署は，遅滞なく，登記義務者
の承諾を得て，登記権利者として，その権利の変更の登記を嘱託しなけれ
ばなりません。

3　官庁又は公署が自らする登記

　官庁又は公署の所有に係る不動産の地目，地積等に変更があった場合，
官庁又は公署の所有する未登記の不動産があった場合等には，官庁又は公
署は，登記の申請の規定の準用により，単独で，不動産の表示の変更の登
記，表題登記，所有権の保存の登記等を嘱託することができます。

第2　官庁又は公署が実体上の権利変動の当事者である私人に代わってする場合の嘱託登記

　この登記には次のようなものがありますが，これらの登記は，いずれも
裁判所書記官からの嘱託によってされるものです。

1　強制競売に関する登記

　不動産について強制競売の開始決定があったときは，差押えの登記が嘱
託され（民事執行法48条1項），競落により買受人が代金を納付したときは，
それに基づく所有権の移転等の登記が嘱託されます（同法82条1項）。

2　担保権の実行としての競売に関する登記

　担保権の実行としての競売開始決定等があったときも，1と同様の登記
が嘱託されます（同法188条）。

3　強制管理に関する登記

　強制管理の開始決定があったとき，又はその取消しがあったときは，差
押えの登記又は差押えの登記の抹消の登記が嘱託されます（同法111条）。

4　仮差押えの登記

　不動産に対する強制執行を保全するためにされる嘱託登記です（民事保
全法47条）。

8

第3節　嘱託登記の種類

5　仮処分の登記

不動産に関する権利に対して強制執行による権利の実現を可能にしておくためにされる嘱託登記です（同法53条）。

6　破産に関する登記

破産の宣告があった場合に，破産者が財産の処分能力がないことを公示して，当該不動産について取引関係に立つ第三者を保護するためにされる嘱託登記です（破産法258条）。

7　民事再生手続に関する登記

民事再生手続開始の申立てがあった場合等に，債務者の処分制限を公示して取引の安全を図るためにされる嘱託登記です（民事再生法11条・12条）。

8　会社更生手続に関する登記

再建の見込みのある株式会社について更生手続開始の決定があった場合に，会社の財産について会社の処分制限を公示して取引の安全を図るためにされる嘱託登記です（会社更生法258条）。

第3　第1の変型又は第1と第2の中間型である場合の嘱託登記

この登記には，次のようなものがあります。

1　滞納処分に関する登記

国税徴収法，地方税法又は国税徴収の例による国税・地方税その他の公租公課の滞納処分として，納税者の不動産について差押え又は参加差押えがあったときは，徴税官公署から差押え又は参加差押えの登記が嘱託されます（国税徴収法68条3項，86条3項等）。そして，差押えに係る不動産を公売したときには，登記権利者の請求により，官庁又は公署から公売処分による権利移転の登記等が嘱託されます（同法121条，125条等）。

2　収用に関する登記

国又は地方公共団体が土地収用法による起業者であり，裁決手続開始の決定があったときは，収用委員会から，官庁又は公署を権利者とする裁決手続開始の登記が嘱託され（土地収用法45条の2），収用の裁決があったと

9

第1章　嘱託登記制度総論

きは，当該官庁又は公署は，遅滞なく，所有権の移転の登記を嘱託しなければなりません（法118条2項）。

3　土地区画整理法等による登記

官庁又は公署が土地区画整理法，土地改良法，都市再開発法等による事業主体である施行者であるときは，官庁又は公署から，それぞれの事業を遂行するために必要な登記が嘱託されます（土地区画整理法107条2項等）。

⦿昭和33年5月1日民事甲第893号民事局長心得通達

〔登記権利者たる官公署の登記嘱託の場合における登記義務者の権利に関する登記済証の提出の要否について〕標記の件について，別紙甲号のとおり佐賀地方法務局長から問合せがあつたので，別紙乙号のとおり回答したから，この旨貴管下登記官吏に周知方しかるべく取り計らわれたい。

（別紙甲号）　官公署が登記権利者として，不動産登記法第三十一条の規定により登記を嘱託する場合における登記義務者の権利に関する登記済証の添付省略方については，消極に解する旨の先例もありますが，不動産登記法第三十一条第一項又は第二項但書の規定は，いずれも同法第三十五条第一項の一般規定を排除した特例であるのではないかとも解せられますし，また，同条に基く嘱託事件のほとんど全部が，慣例的に単に形式上保証書を添付する取扱であるにもかかわらず，それがために生じた不実登記等の事例も至つて少ないことは，登記の真正を担保するために提出せしめる登記義務者の承諾書及び印鑑証明書により，充分不真正登記の防止が果されているものとも考えられますので，なお，登記済証の添付を強要する必要があるかどうかについては，いささか考慮の余地があるのではないかとも考えられます。

県下官公署よりの要望があり，回答の次第もありますが，現在なお，登記済証の添付を省略する取扱は許されないでしようか，何分の御指示をお願いします。

（別紙乙号）　昭和三十二年十二月九日付登第五三四号で問合せのあつた標記の件については，登記義務者の権利に関する登記済証の提出を

要しないものと考える。

　追つて，本回答と抵触する従前の通達及び回答による先例は変更されたものと了承されたい。

◉明治 36 年 4 月 13 日民刑第 287 号民刑局長回答

　村内ノ区又ハ一部ニシテ其特有ノ不動産ヲ処分セントスルニ際シ区会又ハ区総会ノ設ケナキ場合ニ於テハ町村会ハ町村制第百十四条同第三十三条第六号ニ依リ之カ表意機関トナリ処分行為ノ決議ヲモ為スコトヲ得ヘク従ツテ町村長ヨリ町村制第百十五条第百二十七条第三号不動産登記法第三十条同法第三十五条第四号ニ依リ該不動産売買ノ登記嘱託書ニ町村会ノ決議書及郡参事会ノ許可書ヲ添付シテ嘱託シ来ルトキハ之ニ応シ登記ノ取扱ヲ為ス可キ儀ト思考スルモ貴局ノ御意見ハ如何ニ候哉為念承知致度候

　右ハ差掛リタル事件ニシテ至急ヲ要シ候直ニ電報ヲ以テ何分ノ御回答相煩シ度候也

（回答）　日記第三五二号問合ノ件ハ貴見ノ通ト思考ス

◉大正 5 年 7 月 27 日民第 1091 号法務局長回答

　登記事務取扱上左記ノ事項疑義ニ渉リ候ニ付御回示煩度此段御問合候也

一，左ノ場合ニ相続人未成年者ニ付親権ヲ行フ母カ登記申請ヲ為スニハ親族会ノ同意ヲ要セサルヤ

　イ，先代ニ於テ寄付シタル不動産ノ所有権ノ移転

　ロ，先代ニ於テ買戻条件ノ下ニ買得シタル不動産ノ買戻権実行ニ因ル所有権ノ移転

　ハ，先代ニ於テ抛棄シタル先取特権，質権，抵当権ノ一部又ハ全部ノ抹消

二，市有不動産ヲ県ニ寄附スルニ付県知事ヨリ所有権移転ノ登記ヲ嘱託スル場合其嘱託書ニ市制第百六十七条第五号ニ依リ許可ヲ受ケタルコトノ書面ノ添付ヲ要スルヤ

（回答）　本年七月三日日記第一八六六号問合登記事務取扱上ニ関スル件ハ左ノ通思考ス

　第一項　何レモ親族会ノ同意ヲ要セス

第1章　嘱託登記制度総論

　　　第二項　御見込ノ通

◉昭和 35 年 11 月 21 日民事甲第 2751 号民事局長通達
〔農地法第五条の許可書の添付の要否について〕　標記の件について，
別紙甲号のとおり東京法務局長から問合せがあつたので，別紙乙号の
とおり回答したから，この旨貴管下登記官吏に周知方しかるべく取り
計らわれたい。
（別紙甲号）　市区町村が道路敷とするため買収した農地についての所
有権移転登記嘱託書には，農地法第五条の許可書の添付を要しないも
のと考えますが，いささか疑義がありますので何分の御垂示賜わりた
く，お伺いいたします。
（別紙乙号）　九月二十一日付登第二四二号をもつて問合せのあつた標
記の件については，貴見のとおりと考える。

第2章　嘱託登記のための前提としての代位登記

第1節　総　説

　ある登記をした上でなければ本来の目的とする登記を嘱託することができない場合，すなわち本来の目的とする登記を嘱託しても法第25条各号の規定によりその嘱託登記が却下されるときには，その前提として必要とされる登記をしておく必要があります。この必要とされる登記を，実務上，前提登記といいますが，前提登記という登記の類型があるわけではありません。例えば，官庁又は公署が，ある不動産を買収しその所有権を取得したことにより，その所有権の移転の登記を嘱託した場合において，その不動産の所有権の登記名義人について相続の登記がされていないため，その表示が，被買収者（相続人）の被相続人名義のままであるときは，嘱託情報の内容である登記義務者（被買収者）の表示と登記記録上の登記名義人（被相続人）の表示が符合しないことになるため，その登記嘱託は，却下されることになります（法25条7号）。このような場合には，買収による所有権の移転の登記を嘱託する前提として，その不動産の所有権の登記名義人を被買収者（相続人）名義にしておく必要があります。すなわち，被相続人名義から被買収者（相続人）名義への相続による所有権の移転の登記をしておく必要があるのです。また，上記の例で，不動産の所有権の登記名義人は被買収者となっているが，その後，被買収者が住所を移転したため，現在の住所と登記記録上の住所とが相違している場合にも，買収による所有権の移転の登記を嘱託する前提として，被買収者の住所移転による登記名義人住所変更の登記をしておかなければなりません。これらの前提登記は被買収者が単独で申請することができますが，官庁又は公署

第2章　嘱託登記のための前提としての代位登記

が，被買収者に代わってすることも可能です。このような前提登記は，法
第59条第7号の規定により，民法第423条の規定によりすることができ
るもの，その他の規定によりすることができるものとに分けることができ
ます。

　なお，「旧法」においては，官庁又は公署が滞納処分による差押えの登
記を嘱託する場合において，その前提として必要があるときは，官庁又は
公署は，登記名義人又は相続人に代わって不動産の表示若しくは登記名義
人の表示の変更又は相続による権利移転の登記を嘱託することができるも
のとされていました（旧法28条ノ2）。しかし，新法には，その旨の規定は
ありません。これは，旧法第46条ノ2の規定に相当する新法第59条第7
号の規定により，債権者である官庁又は公署が，民法第423条の規定に基
づく債権者代位による代位登記をすることができるのは当然であることか
ら，このような規定を設ける必要はないとされたものであると考えられま
す。

1　法第59条第7号の規定による代位登記

　民法第423条第1項は，「債権者は，自己の債権を保全するため，債務
者に属する権利を行使することができる。ただし，債務者の一身に専属す
る権利は，この限りでない。」と規定しています。この規定による「債権」
には，登記請求権も含まれるものと解されていますので，債権者である登
記権利者は，自己の登記請求権を保全するために，登記義務者の有する登
記請求権を代わって行使することができることとなります。例えば，ある
不動産について，登記記録上の所有権の登記名義人はAですが，実体上
は，既にAからBに所有権が移転しており，そのBの所有権が滞納処分に
よって差し押えられた場合には，官庁又は公署は，Bが実体上所有してい
る不動産について差押えの登記を嘱託することになりますが，当該不動産
の登記名義人がAとなっている以上，当該不動産について，差押えの登記
を嘱託することはできません。そのような場合，官庁又は公署は，Bに対
する差押えの登記請求権を保全するため，BのAに対する登記請求権を代

位行使して，Aと共同で，AからBへの所有権の移転の登記を経由した上，Bに対する差押えの登記を嘱託することになります。

2　その他の規定による代位登記

　以上のほかにも，不動産登記法の中にはその根拠となる直接の規定はありませんが，例えば，土地改良法第114条，土地改良登記令第2条，土地区画整理登記令第2条等，他の法律又は政令の規定により，代位によって登記をすることが認められているものがあります。これらの代位登記も，一種の前提登記であるといえます。

第2章　嘱託登記のための前提としての代位登記

第2節　徴税官署又は地方公共団体による差押え
の登記をするための前提としての代位登記

第1　分筆の登記（差押えの登記をする前提として滞納額に対応する土地に分筆する場合）〔書式1〕

登 記 嘱 託 書

登 記 の 目 的　　分筆登記【注1】
（被 代 位 者）　何市何町何丁目何番何号
　　　　　　　　　何　　某【注2】
代　位　者　　財務省【注3】
代 位 原 因　　年月日滞納処分の差押【注4】
添 付 書 類
　地積測量図【注5】　　　　　　代位原因証書【注6】
年月日嘱託　　　　　　　　何法務局何支局【注7】
嘱　託　者　　何税務署長　　何　　某　[職印]【注8】
連絡先の電話番号　　○○－○○○○－○○○○
　　　　担当者　　何部何課何係　　何　　某【注9】
登録免許税　　登録免許税法第5条第1号【注10】

不動産番号		1234567890123【注12】		
土地の表示【注11】	所在	何市何町何丁目		
	①地番	②地目	③地　積 m²	登記原因及びその日付
	4番	畑	700	
	(イ) 4番1		300	①③4番1，4番2に分筆
	(ロ) 4番2		400	4番から分筆

16

第2節　徴税官署又は地方公共団体による差押えの登記をするための前提としての代位登記

【注1】　登記の目的は,「分筆登記」と表示する。

【注2】　被代位者として,滞納者（差押えを受けた者）すなわち,所有権の登記名義人（所有権の登記がされていない場合は,表題部に記録されている所有者）の氏名又は名称及び住所を表示する。この表示は,登記記録上の表示及び代位原因証書の滞納者の表示と符合していることを要する。なお,登記名義人の住所等の変更の登記又は相続による所有権移転の登記が未了であるために,滞納者と登記名義人の表示が符合しない場合には,差押えの登記の前提として,あらかじめ,これらの登記をも嘱託する必要があるが,分筆の登記を嘱託するときには,変更又は相続を証する情報等を提供し,登記記録上の所有権の登記名義人等の現在の氏名又は名称及び住所を表示することとして差し支えない。

【注3】　代位者として,国税の場合は徴税官署として財務省と表示し,都道府県税・市町村税の場合はその地方公共団体名を表示する。

【注4】　代位原因として,滞納処分による差押えである旨（参加差押えの場合は,その旨）及び差押え等の年月日を表示する。この年月日は,差押調書等の謄本の年月日と符合していることを要する。

【注5】　分筆の登記の嘱託書には,分筆前の土地を図示し,分筆線を明らかにして分筆後の各土地を表示した地積測量図を提供する必要がある（令別表8の項添付情報欄イ,規則78条）。この地積測量図は,規則別記第一号様式により,日本工業規格B列4番の丈夫な用紙を用いて250分の1の縮尺（この縮尺によることが適当でないときは,適宜の縮尺によっても差し支えない。）によって作成し,地番区域の名称,方位,縮尺,地番（隣接地の地番を含む。）,地積及びその求積方法,筆界点間の距離,基本三角点等に基づく測量の成果による筆界点の座標値（近傍に基本三角点等が存しない場合その他の基本三角点等に基づく測量ができない特別の事情がある場合にあっては,近傍の恒久的な地物に基づく測量の成果による筆界点の座標

第2章　嘱託登記のための前提としての代位登記

値），境界標（筆界点にある永続性のある石杭又は金属標その他こ
れに類する標識をいう。）があるときは，当該境界標の表示等を記
録しなければならない（規則74条，75条，77条）。ただし，分筆前の
土地が広大な土地であって，分筆後の土地の一方がわずかであるな
ど特別の事情があるときに限り，分割後の土地の1筆については，
必ずしも地積の求積方法等を明らかにしなくてもよい（準則72条2
項）。

　なお，地積測量図の作成方法については，127 ～ 129頁を参照の
こと。

【注6】　代位原因証書として，差押調書の謄本（参加差押えの場合に
は，参加差押調書の謄本）を提供する。なお，滞納税金の存するこ
とを証する書面も代位原因証書となる（昭和26・11・20民事甲第2229
号民事局長通達＝ 20頁）。

　なお，旧法においては，分筆する土地について先取特権，質権又
は抵当権の登記がある場合において，分筆後の土地にその権利が存
続するときは，嘱託書に共同担保目録を添付しなければならないも
のとされ，また，分筆前の土地に登記されている抵当権等が他の登
記所の管轄に属する不動産に関する権利と共同担保にあるときは，
その登記所の数に応じた共同担保目録を添付しなければならないも
のとされていた（旧法81条ノ4第2項）が，新法においては，共同担
保目録は登記官が作成するものとされた（規則102条）ので，それを
添付することは要しない。

【注7】　嘱託書を提出する日と提出先の法務局若しくは地方法務局又は
その支局若しくは出張所の名称を表示する（規則34条1項7号・8
号）。なお，嘱託書を郵送等で送付する場合には，その送付する日
を表示すればよい。

【注8】　この登記の嘱託は，徴税権限を有する官庁又は公署によりされ
るのであるから，嘱託官庁又は公署の名称及び代表者の職及び氏名

第2節　徴税官署又は地方公共団体による差押えの登記をするための前提としての代位登記

　を表示し職印を押印する。

【注9】　嘱託情報に補正すべき箇所がある場合に，登記所の担当者から嘱託官庁又は公署に連絡するための連絡先の担当部署及び担当者並びに電話番号を表示する（規則34条1項1号）。

【注10】　国又は地方公共団体等が債務者に代位してする登記は，登録免許税が課されない（登録免許税法5条1号）ので，その免除条項を表示する。

【注11】　不動産の表示として，まず分筆前と分筆後の表示及び分筆する土地に区分して書式例のように表示する。分筆前の土地は，登記記録上の表示と符合していることを要し（法25条6号），分筆後の土地及び分筆する土地の表示は，【注5】の地積測量図の表示と符合していることを要する。また，分筆後の土地及び分筆する土地には地積測量図の符号を(イ)・(ロ)のように表示する（規則34条1項2号，78条）。

　　なお，分筆後の土地の地番は登記官によって付されるものであるが，登記官から予定地番を示された場合には，嘱託者があらかじめ書式例のように表示しても差し支えない。この場合において，単番の土地を分筆する場合には，何番1，何番2というように表示して差し支えないが，分筆前の土地の地番が支号を付されたものである場合には，分筆後の土地の地番が何番になるかについて，事前に登記官に確認する必要がある。

【注12】　登記を嘱託する場合において，不動産番号を表示して不動産を特定したときには，現在の不動産の表示事項（所在，地番，地目，地積）を省略することができる（令6条1項1号，規則34条2項等）が，不動産番号を表示したときでも，その全部を表示しておくのが望ましい。

第 2 章　嘱託登記のための前提としての代位登記

⦿昭和 26 年 11 月 20 日民事甲第 2229 号民事局長通達

〔不動産等の代位登記嘱託について〕　標記の件について，今般別紙甲号の通り国税庁長官から照会があつたので，別紙乙号の通り回答したから，この旨貴管下登記官吏に周知方しかるべく取り計らわれたい。

（別紙甲号）　国税滞納者の所有する不動産又は船舶の差押えに当り，その登記名義人が第三者になつているため差押え登記の嘱託ができない場合において滞納者がその名義人に対し登記権利者であることが明らかなときは，不動産登記法第四十六条ノ二又は船舶登記規則第一条の規定により，別記様式に従つて債権者代位権による登記嘱託をなしうると考えられますが，これに対する貴庁の御意見をお伺いいたします。

　なお，登録税の徴否については，新潟地方裁判所に対する大正二年六月民事第七八一号司法次官回答の趣旨に準じ，登録税を徴収しないものとして取扱つてさしつかえないと考えますがあわせて貴見をお伺いいたします。

（別記様式）

　　債権者代位に因る土地（建物又は船舶）所有権移転登記代位登記嘱託書

一，不動産の表示

一，登記原因及びその日付　　　昭和　年　月　日売買（または贈与等）

一，登記の目的　　　所有権移転の登記

一，代位原因　　　昭和　年　月　日何年度国税滞納による国の債権保全のため

一，債権者の表示　　　大蔵省

一，債務者（登記権利者）の表示　　　住　　所，氏　　名

一，登記義務者の表示　　　住　　所，氏　　名

一，登録税　　　登録税法第十九条第一号により非課税

一，添付書類

　一，登記原因を証する書面　　　　　　　　　　　　　　　壱通

　（一，登記原因を証する書類が初めから存在しないので嘱託書副本　壱通）

　一，代位原因を証する書面（一人別徴収簿正本）　　　　　壱通

　一，登記義務者の承諾書　　　　　　　　　　　　　　　　壱通

第2節　徴税官署又は地方公共団体による差押えの登記をするための前提としての代位登記

　　一，印鑑証明書　　　　　　　　　　　　　　　　　　　壱通
右代位登記を嘱託します。
　　　年　　月　　日
　　　　　　　　　　　大蔵省登記嘱託指定官吏
　　　　　　　　　　　　何税務署長　官　氏　名㊞
何法務局（地方法務局又はその支局若しくは出張所）宛
　　（註）　一人別徴収簿正本とは，原本の写で税務署長が認証したも
　　のをいう。
（別紙乙号）　貴見の通りと考える。
　　なお，照会にかかる様式により登記を嘱託されてさしつかえない。
　　追つて，この旨登記官吏にも周知させるよう各法務局長及び地方法
務局長に通達しておいたから念のため申し添える。

第2章　嘱託登記のための前提としての代位登記

第2　地目の変更の登記〔書式2〕

登　記　嘱　託　書

登 記 の 目 的　　地目変更登記【注1】
（被 代 位 者）　　何市何町何丁目何番何号
　　　　　　　　　　　何　　　某【注2】
代　位　者　　何　市【注3】
代　位　原　因　　年月日滞納処分の差押【注4】
添　付　書　類
　　代位原因証書【注5】
年月日嘱託　　　何法務局何支局【注6】
嘱　託　者　　何市長　　　何　　　某 職印 【注7】
連絡先の電話番号　〇〇 - 〇〇〇〇 - 〇〇〇〇
　　　　　担当者　何部何課何係　　何　　　某【注8】

不動産番号		1234567890123 【注10】		
土地の表示【注9】	所　在	何市何町何丁目		
	①地　番	②地目	③地　積 m²	登記原因及びその日付
	35 番	畑	220	
		宅地	220：00	②③年月日地目変更

第2節　徴税官署又は地方公共団体による差押えの登記をするための前提としての代位登記

【注1】　登記の目的は,「地目変更登記」と表示する。

【注2】　被代位者として,滞納者（差押えを受けた者）,すなわち,所有権の登記名義人（所有権の登記がされていない場合は,表題部に記録されている所有者）の氏名又は名称及び住所を表示する。この表示は,登記記録上の表示及び代位原因証書の滞納者の表示と符合していることを要する。なお,登記名義人の住所等の変更の登記又は相続による所有権移転の登記が未了であるために,滞納者と登記名義人の表示が符合しない場合には,差押えの登記の前提として,あらかじめ,これらの登記をも嘱託する必要があるが,地目変更の登記を嘱託するときには,変更又は相続を証する情報等を提供し,登記記録上の所有権の登記名義人等の現在の氏名又は名称及び住所を表示することとして差し支えない。

【注3】　代位者として,国税の場合は徴税官署として財務省と表示し,都道府県税・市町村税の場合はその地方公共団体名を表示する。

【注4】　代位原因として,滞納処分による差押えである旨（参加差押えの場合は,その旨）及び差押え等の年月日を表示する。この年月日は,差押調書等の謄本の年月日と符合していることを要する。

【注5】　代位原因証書として,差押調書の謄本（参加差押えの場合には,参加差押調書の謄本）を提供する。なお,滞納税金の存することを証する書面も代位原因証書となる（昭和26・11・20民事甲第2229号民事局長通達＝20頁）。

【注6】　嘱託書を提出する日と提出先の法務局若しくは地方法務局又はその支局若しくは出張所の名称を表示する（規則34条1項7号・8号）。なお,嘱託書を郵送等で送付する場合には,その送付する日を表示すればよい。

【注7】　この登記の嘱託は,徴税権限を有する官庁又は公署によりされるのであるから,嘱託官庁又は公署の名称及び代表者の職及び氏名を表示し職印を押印する。

第2章　嘱託登記のための前提としての代位登記

【注8】　嘱託情報に補正すべき箇所がある場合に，登記所の担当者から嘱託官庁又は公署に連絡するための連絡先の担当部署及び担当者並びに電話番号を表示する（規則34条1項1号）。

【注9】　不動産の表示として，変更前と変更後の表示をする（令別表5及び6の項申請情報欄）。変更前の表示は，登記記録上の表示と符合していることを要し，第2行目には，変更後の土地の地目及び地積を表示する。地目変更登記において，変更後の表示として地積をも表示するのは，変更後の地目が「宅地」又は「鉱泉地」である場合であり，この場合の地積は，1平方メートルの100分の1まで表示する必要がある（規則100条参照）ためである。したがって，変更後の地目が「宅地」又は「鉱泉地」以外である場合には，変更後の地積を表示することを要しない。なお，登記原因及びその日付欄には，地目の変更の旨及びその変更した年月日を表示する。また，地目の変更（又は更正）と地積の変更（又は更正）の登記は，同一の嘱託情報で嘱託できる（規則35条6号）が，この場合には，嘱託情報に登記原因及び登記の目的を併記することを要し（準則73条），併せて，地積測量図の提供をも要する（令別表6の項添付情報欄）。

【注10】　登記を嘱託する場合において，不動産番号を表示して不動産を特定したときには，現在の不動産の表示事項（所在，地番，地目，地積）を省略することができる（令6条1項1号，規則34条2項等）が，不動産番号を表示したときでも，その全部を表示しておくのが望ましい。

第2節　徴税官署又は地方公共団体による差押えの登記をするための前提としての代位登記

第3　登記名義人の住所（又は氏名）の変更の登記（登記名義人が個人である場合）〔書式3〕

登　記　嘱　託　書

登 記 の 目 的　　何番登記名義人住所（又は氏名）変更【注1】

原　　　　　因　　年月日住所移転（又は氏名変更）【注2】

変更後の事項

　　住　　　所　　何市何町何丁目何番何号

　　　　　　　　　（住民票コード 12345678901）

　　　　　　　　　（又は氏名　何　某）【注3】

（被 代 位 者）　　何市何町何丁目何番何号

　　　　　　　　　　　　何　　　某【注4】

代　位　者　　財務省【注5】

代 位 原 因　　年月日滞納処分の差押【注6】

添 付 書 類

　　登記原因証明情報【注7】　　　　代位原因証書【注8】

年月日嘱託　　　何法務局何支局【注9】

嘱　託　者　　何税務署長　　何　　　某 職印 【注10】

連絡先の電話番号　○○－○○○○－○○○○

　　　　担当者　　何部何課何係　　　何　　　某【注11】

登 録 免 許 税　　登録免許税法第5条第1号【注12】

不動産の表示【注13】

　　　不動産番号　　1234567890123【注14】

　　　所　　在　　何市何町何丁目何番地

　　　家屋番号　　何番

　　　種　　類　　居宅

　　　構　　造　　木造かわらぶき平家建

　　　床 面 積　　何・何平方メートル

第2章　嘱託登記のための前提としての代位登記

【注1】　登記の目的は，住所移転又は氏名変更に伴う所有権の登記名義人の表示変更であるから，「何番登記名義人住所（又は氏名）変更」と表示する。

【注2】　登記原因は，「住所移転」又は「氏名変更」と表示し，その日付は，住民票の写し，戸籍の謄抄本等に記載されている住所移転又は氏名変更の日である。住所又は氏名を数回移転又は変更している場合には，最後の住所移転又は最後の氏名変更のみ表示すればよい（昭和32・3・22民事甲第423号民事局長通達＝27頁）。もっとも，その場合においても，登記記録上の住所又は氏名から現在の住所又は氏名に至るまでの変動の過程を証する情報を提供することを要することはもちろんである。

【注3】　変更後の事項として，住所移転又は氏名変更による移転後又は変更後の住所又は氏名を表示する。この表示は，登記原因証明情報としての住民票の写し，戸籍の謄抄本等の表示と符合していることを要する。なお，住民票コード（住民基本台帳法7条13号）を嘱託情報として表示することができる（令9条，規則36条4項）。

【注4】　被代位者として，滞納者（差押えを受けた者），すなわち，登記名義人の住所及び氏名を表示する。

【注5】　代位者として，国税の場合は徴税官署として財務省と表示し，都道府県税・市町村税の場合はその地方公共団体名を表示する。

【注6】　代位原因として，滞納処分による差押えである旨（参加差押えの場合は，その旨）及び差押え等の年月日を表示する。この年月日は差押調書等の謄本の年月日と符合していることを要する。

【注7】　登記原因証明情報として住所又は氏名の移転又は変更を証する住民票の写し（住所移転の場合），戸籍の謄抄本（氏名変更の場合）等（令別表23の項添付情報欄）を提供する。なお，住所移転があったことを確認することができる場合において，【注3】の住民票コードを表示したときは，住所を証する情報（住民票の写し）の提供を

第2節 徴税官署又は地方公共団体による差押えの登記をするための前提としての代位登記

要しない（令9条，規則36条4項ただし書）。

【注8】 代位原因証書として，差押調書の謄本（参加差押えの場合には，参加差押調書の謄本）を提供する。なお，滞納税金の存することを証する書面も代位原因証書となる（昭和26・11・20民事甲第2229号民事局長通達＝20頁）。

【注9】 嘱託書を提出する日と提出先の法務局若しくは地方法務局又はその支局若しくは出張所の名称を表示する（規則34条1項7号・8号）。なお，嘱託書を郵送等で送付する場合には，その送付する日を表示すればよい。

【注10】 この登記の嘱託は，徴税権限を有する官庁又は公署によりされるのであるから，嘱託官庁又は公署の名称及び代表者の職及び氏名を表示し職印を押印する。

【注11】 嘱託情報に補正すべき箇所がある場合に，登記所の担当者から嘱託官庁又は公署に連絡するための連絡先の担当部署及び担当者並びに電話番号を表示する（規則34条1項1号）。

【注12】 国又は地方公共団体等が債務者に代位してする登記は，登録免許税が課されない（登録免許税法5条1号）ので，その免除条項を表示する。

【注13】 不動産の表示は，登記記録上の表示と符合していることを要する。

【注14】 登記を嘱託する場合において，不動産番号を表示して不動産を特定したときには，現在の不動産の表示事項（所在地番，家屋番号，建物の種類，構造及び床面積等）を省略することができる（令6条1項2号，規則34条2項等）が，不動産番号を表示したときでも，その全部を表示しておくのが望ましい。

◉昭和32年3月22日民事甲第423号民事局長通達
〔不動産又は登記名義人の表示変更の登記手続の簡易化について〕　標

第2章　嘱託登記のための前提としての代位登記

記の件については，不動産又は登記名義人の表示変更の登記の性質に
かんがみ，左記のとおり取り扱つてさしつかえないものと考えるの
で，この旨貴管下登記官吏に周知方しかるべく取り計らわれたい。
　追つて，明治三十二年十二月二十八日付民刑第二〇五九号司法省民
刑局長回答中問合事項四に関する部分は，本通達の範囲内において変
更されたものと了知されたい。
記
第一　左の各号の場合には，それぞれ一個の申請により，直ちに現状
　　に変更の登記をすることができる。なお，この登記の申請書には，
　　登記原因及びその日付を併記するのが相当である。ただし，同種の
　　登記原因（例えば，地目変換又は増築）が数個存するときは，便宜
　　その最後のもののみを記載してもさしつかえない。
　一，不動産の表示の変更（分合及び附属建物の新築を除く。）が数
　　　回にわたつてなされている場合
　二，不動産の分割又は合併の一方のみが数回にわたつてなされてい
　　　る場合
　三，甲不動産を分割してその一部を乙不動産とした後，乙不動産を
　　　丙不動産に合併した場合
　四，附属建物の新築のみが数回にわたつてなされている場合
　五，附属建物の新築と当該附属建物の表示の変更のみが数回にわた
　　　つてなされている場合
　　　前項により登記を申請する場合の登録税は，次のとおり徴収すべ
　　きである。
　一，前項第一号の場合には，一件として徴収する。ただし，建物の
　　　表示の変更の場合において，変更前の床面積と変更後の床面積の
　　　差引計算により床面積の増加に係るものがあるときは，その増加
　　　分については，登録税法第二条第三項の規定により徴収する（な
　　　お，昭和十九年五月二日付民事甲第二九七号及び昭和二十二年六
　　　月四日付民事甲第四八四号本官通達参照）。
　二，前項第二号の場合には，分割又は合併の登記前の登記簿上の不
　　　動産の個数により徴収する。
　三，前項第三号の場合には，前号に準ずる。
　四，前項第四号及び第五号の場合には，当該附属建物の現存部分に

ついて登録税法第二条第三項の規定により徴収する。

　第一項第五号の場合の登記の実行手続としては，附属建物の新築の登記手続によつてさしつかえない。

第二　不動産の表示の変更があつた後，その不動産が滅失した場合には，その変更の登記を省略して，直ちに滅失の登記をすることができる。なお，この登記を申請するには，申請書に登記原因及びその日付を併記するのが相当であり，登録税は，滅失の分一件として徴収すべきである。

第三　登記名義人の表示の変更が数回にわたつてなされている場合には，一個の申請により，直ちに現在の表示に変更の登記をすることができる。なお，この登記を申請するには，申請書に，登記原因及びその日付を併記し（ただし，同種の登記原因（例えば，住所移転）が数個存するときは，便宜その最後のもののみを記載してもさしつかえない。），各変更を証する書面を添付するのが相当であり，登録税は，一件として徴収すべきである。

第四　第一から第三までにより省略することのできる不動産又は登記名義人の表示の変更の登記には，不動産又は登記名義人の表示の登記の更正をも含むものとする。

第五　第一の各場合の登記申請書に記載すべき登記原因及びその日付並びに不動産の表示は，次の振合によるのが相当である。なお，登記記載例については，一般の場合と異なるところはない。

(1)　一の場合

（例一）　地目が田から畑，畑から宅地に順次変更されている場合

登記原因及びその日付

　昭和何年何月何日地目変換（畑から宅地に変更した年月日を記載する。）

不動産の表示

　変更前の土地（登記簿上の表示を記載する。）

　　何市何町何丁目何番

　　一　田　　何畝何歩

　変更後の土地（土地台帳上の現在の表示を記載する。）

　　同所同番

　　一　宅地　　何坪

第2章　嘱託登記のための前提としての代位登記

　　　（例二）　構造変更がなされた後に増築がなされている場合
　　　登記原因及びその日付
　　　　昭和何年何月何日構造変更，同年何月何日増築
　　　不動産の表示
　　　　変更の建物（登記簿上の表示を記載する。）
　　　　　何市何町何丁目何番地
　　　　　家屋番号同町何番
　　　　　一　木造亜鉛メツキ鋼板葺平家建店舗壱棟
　　　　　　建坪　何坪何合何勺
　　　　変更後の建物（家屋台帳上の現在の表示を記載する。）
　　　　　同所同番地
　　　　　家屋番号同町同番
　　　　　一　木造瓦葺平家建店舗壱棟
　　　　　　建坪　何坪何合何勺
　　(2)　二の場合
　　　（例一）　一番の土地を分筆して一番の一，一番の二の土地とした
　　　後，更に一番の一の土地を分筆して一番の一，一番の三の土地とし
　　　た場合又は一番の二の土地を分筆して一番の二，一番の三の土地と
　　　した場合
　　　登記原因及びその日付
　　　　昭和何年何月何日分筆，昭和何年何月何日分筆
　　　不動産の表示
　　　　分割前の土地
　　　　　何市何町何丁目壱番
　　　　　一　宅地　百五拾坪
　　　　現在の土地
　　　　　同所壱番の壱
　　　　　一　宅地　七拾坪
　　　　分割した土地
　　　　　同所壱番の弐
　　　　　一　宅地　四拾坪
　　　　　同所壱番の参
　　　　　一　宅地　四拾坪

第2節　徴税官署又は地方公共団体による差押えの登記をするための前提としての代位登記

　　　（例二）　五番の土地へ六番の二の土地を合筆して五番の土地とした
　　　後，更に五番の土地へ七番の二の土地を合筆して五番の土地とした
　　　場合又は六番の二の土地へ七番の二の土地を合筆して六番の二の土
　　　地とした後，五番の土地へ六番の二の土地を分筆した場合
　　　登記原因及びその日付
　　　　昭和何年何月何日合筆，昭和何年何月何日合筆
　　　不動産の表示
　　　　合併前の土地
　　　　　何市何町何丁目五番
　　　　　一　宅地　弐拾坪五合
　　　　合併した土地
　　　　　同所六番の弐
　　　　　一　宅地　拾壱坪弐合
　　　　　同所七番の弐
　　　　　一　宅地　五坪四合
　　　　現在の土地
　　　　　同所五番
　　　　　一　宅地　参拾七坪壱合
　(3)　三の場合
　　（例一）　二番の土地を分筆して二番の一，二番の二の土地とした
　　　後，二番の二の土地を一番の土地に合筆した場合
　　　登記原因及びその日付
　　　　昭和何年何月何日分筆，昭和何年何月何日合筆
　　　不動産の表示
　　　　分割前の土地
　　　　　何市何町何丁目弐番
　　　　　一　宅地　四拾坪
　　　　分割後の現在の土地
　　　　　同所弐番の壱
　　　　　一　宅地　弐拾五坪
　　　　分割して壱番の土地に合併した土地
　　　　　同所弐番の弐
　　　　　一　宅地　拾五坪

第2章　嘱託登記のための前提としての代位登記

　　　　合併前の土地
　　　　　同所壱番
　　　　　一　宅地　拾五坪
　　　　合併後の現在の土地
　　　　　同所同番
　　　　　一　宅地　参拾坪
（例二）　六番の土地を分筆して六番の一，六番の二，六番の三の土
地とした後，六番の三の土地を五番の土地に合筆した場合
登記原因及びその日付
　　昭和何年何月何日分筆，昭和何年何月何日合筆
不動産の表示
　　分割前の土地
　　　何市何町何丁目六番
　　　一　宅地　六拾坪
　　分割後の現在の土地
　　　同所六番の壱
　　　一　宅地　弐拾坪
　　分割した土地
　　　同所六番の弐
　　　一　宅地　弐拾坪
　　分割して五番の土地に合併した土地
　　　同所六番の参
　　　一　宅地　弐拾坪
　　合併前の土地
　　　同所五番
　　　一　宅地　拾五坪
　　合併後の現在の土地
　　　同所同番
　　　一　宅地　参拾五坪
（例三）　八番の土地を分筆して八番の一，八番の二，八番の三の土
地とした後（二回にわたつて分筆した場合でもよい。），八番の二の
土地を七番の一の土地に，八番の三の土地を七番の二の土地にそれ
ぞれ合筆（双方の合筆の年月日が異なる場合でもよい。）した場合

32

第2節　徴税官署又は地方公共団体による差押えの登記をするための前提としての代位登記

　　　　登記原因及びその日付
　　　イ　分筆が同一の日に行われた後，合筆も同一の日に行われた場合
　　　　　昭和何年何月何日分筆，昭和何年何月何日合筆
　　　ロ　分筆が二回にわたつて行われた後，合筆が異なる日で行われた
　　　　場合
　　　　　昭和何年何月何日分筆，昭和何年何月何日分筆
　　　　　昭和何年何月何日合筆，同年何月何日合筆
　　　不動産の表示
　　　　分割前の土地
　　　　　何市何町何丁目八番
　　　　　一　宅地　八拾坪
　　　　分割後の現在の土地
　　　　　同所八番の壱
　　　　　一　宅地　五拾坪
　　　　分割して七番の壱の土地に合併した土地
　　　　　同所八番の弐
　　　　　一　宅地　拾五坪
　　　　分割して七番の弐の土地に合併した土地
　　　　　同所八番の参
　　　　　一　宅地　拾五坪
　　　　合併前の土地
　　　　　同所七番の壱
　　　　　一　宅地　弐拾坪
　　　　合併後の現在の土地
　　　　　同所七番の壱
　　　　　一　宅地　参拾五坪
　　　　合併前の土地
　　　　　同所七番の弐
　　　　　一　宅地　拾五坪
　　　　合併後の現在の土地
　　　　　同所七番の弐
　　　　　一　宅地　参拾坪
　⑷　四の場合

第 2 章　嘱託登記のための前提としての代位登記

　　　　附属建物（物置）を新築した後，更に附属建物（車庫）を新築した
　　　場合
　　　登記原因及びその日付
　　　　昭和何年何月何日附属建物新築（車庫を新築した年月日を記載す
　　　　る。）
　　　不動産の表示
　　　　主たる建物
　　　　　何市何町何丁目八番地
　　　　　家屋番号同町六番
　　　　　一　木造瓦葺弐階建店舗兼居宅壱棟
　　　　　　　建坪　何坪何合何勺
　　　　　　　弐階　何坪何合何勺
　　　　新築した附属建物
　　　　　一　木造亜鉛メツキ鋼板葺平家建物置壱棟
　　　　　　　建坪　何坪何合
　　　　　一　木造スレート葺平家建車庫壱棟
　　　　　　　建坪　何坪何合
　(5)　五の場合
　　　附属建物原材料置場壱棟拾坪を新築した後当該附属建物について拾
　　　坪の増築がなされている場合
　　　登記原因及びその日付
　　　　昭和何年何月何日附属建物新築，昭和何年何月何日右附属建物増
　　　　築
　　　不動産の表示
　　　　主たる建物
　　　　　何市何町何丁目六番地
　　　　　家屋番号同町五番
　　　　　一　木造スレート葺平家建工場壱棟
　　　　　　　建坪　五拾坪
　　　　新築した附属建物
　　　　　一　木造亜鉛メツキ鋼板葺平家建原材料置場壱棟
　　　　　　　建坪　弐拾坪

第2節　徴税官署又は地方公共団体による差押えの登記をするための前提としての代位登記

（登記名義人が法人である場合）〔書式4〕

登　記　嘱　託　書

登 記 の 目 的　何番登記名義人住所（又は名称）変更【注1】
原　　　　因　年月日住所移転（又は名称変更）【注2】
変更後の事項
　　住　　所　何市何町何丁目何番何号
　　　　　　　（会社法人等番号 1234-56-789012）
　　　　　　　（又は名称　株式会社　何
　　　　　　　（会社法人等番号 1234-56-789012））【注3】
（被 代 位 者）　何市何町何丁目何番何号
　　　　　　　　　　株式会社　何【注4】
代　 位　 者　財務省【注5】
代 位 原 因　年月日滞納処分の差押【注6】
添 付 書 類
　　登記原因証明情報【注7】　　　代位原因証書【注8】
年月日嘱託　　何法務局何支局【注9】
嘱　 託　 者　何税務署長　　何　　　　某 職印 【注10】
連絡先の電話番号　○○－○○○○－○○○○
　　　　担当者　何部何課何係　　　何　　　某【注11】
登 録 免 許 税　登録免許税法第5条第1号【注12】
不動産の表示【注13】
　　不動産番号　1234567890123【注14】
　　所　　在　何市何町何丁目何番地
　　家屋番号　何番
　　種　　類　居宅
　　構　　造　木造かわらぶき平家建
　　床 面 積　何・何平方メートル

35

第2章　嘱託登記のための前提としての代位登記

【注1】　登記の目的は，住所移転（又は名称変更）に伴う所有権の登記
　　　　名義人の表示変更であるから，「何番登記名義人住所（又は名称）
　　　　変更」と表示する。

【注2】　登記原因は，「住所移転」又は「名称変更」と表示し，その日
　　　　付は，当該法人の登記事項証明書に記載されている住所移転又は名
　　　　称変更の日である。住所又は名称を数回移転又は変更している場合
　　　　には，最後の住所移転又は最後の名称変更のみ表示すればよい（昭
　　　　和32・3・22民事甲第423号民事局長通達＝27頁）。もっとも，その場合
　　　　においても，登記記録上の住所又は名称から現在の住所又は名称に
　　　　至るまでの変動の過程を証する情報を提供することを要することは
　　　　もちろんである。

【注3】　住所移転又は名称変更による移転後又は変更後の住所又は名称
　　　　を表示する。この表示は，登記原因証明情報としての登記事項証明
　　　　書の表示と符合していることを要する。なお，会社法人等番号（商
　　　　業登記法7条）を嘱託情報として表示することができる（令9条，規則
　　　　36条4項）。

【注4】　被代位者として，滞納者（差押えを受けた者），すなわち，登
　　　　記名義人である法人の住所及び名称を表示する。

【注5】　代位者として，国税の場合は徴税官署として財務省と表示し，
　　　　都道府県税・市町村税の場合はその地方公共団体名を表示する。

【注6】　代位原因として，滞納処分による差押えである旨（参加差押え
　　　　の場合は，その旨）及び差押え等の年月日を表示する。この年月日
　　　　は差押調書等の謄本の年月日と符合していることを要する。

【注7】　登記原因証明情報として住所及び名称の移転又は変更を証する
　　　　法人の登記事項証明書（令別表23の項添付情報欄）を提供する。なお，
　　　　住所移転があったことを確認することができる場合において，【注
　　　　3】の会社法人等番号を表示したときは，住所を証する情報（法人
　　　　の登記事項証明書）の提供を要しない（令9条，規則36条4項ただし

第2節　徴税官署又は地方公共団体による差押えの登記をするための前提としての代位登記

　　　書）。名称変更の場合についても同様である（平成27・10・23民二第
　　　512号民事局長通達2(4)ア参照＝38頁）。ただし，会社法人等番号の付番
　　　方法は，平成24年5月21日（外国会社にあっては平成27年3月
　　　2日）から変更されることとなったが，これ以前の法人登記におい
　　　ては，組織変更の登記，他の登記所の管轄区域内への本店移転の登
　　　記及び管轄転属による管轄登記所の変更をしたときに，会社法人等
　　　番号が変更されていた。したがって，このような事由に基づいて会
　　　社法人等番号が変更されている法人については，現在の会社法人等
　　　番号を提供したとしても，当該住所変更の事項を確認することはで
　　　きないから，その変更を証する情報を提供しなければならない。

【注8】　代位原因証書として，差押調書の謄本（参加差押えの場合に
　　　は，参加差押調書の謄本）を提供する。なお，滞納税金の存するこ
　　　とを証する書面も代位原因証書となる（昭和26・11・20民事甲第2229
　　　号民事局長通達＝20頁）。

【注9】　嘱託書を提出する日と提出先の法務局若しくは地方法務局又は
　　　その支局若しくは出張所の名称を表示する（規則34条1項7号・8
　　　号）。なお，嘱託書を郵送等で送付する場合には，その送付する日
　　　を表示すればよい。

【注10】　この登記の嘱託は，徴税権限を有する官庁又は公署によりされ
　　　るのであるから，嘱託官庁又は公署の名称及び代表者の職及び氏名
　　　を表示し職印を押印する。

【注11】　嘱託情報に補正すべき箇所がある場合に，登記所の担当者から
　　　嘱託官庁又は公署に連絡するための連絡先の担当部署及び担当者並
　　　びに電話番号を表示する（規則34条1項1号）。

【注12】　国又は地方公共団体等が債務者に代位してする登記は，登録免
　　　許税が課されない（登録免許税法5条1号）ので，その免除条項を表
　　　示する。

【注13】　不動産の表示は，登記記録上の表示と符合していることを要す

第2章　嘱託登記のための前提としての代位登記

る。

【注14】　登記を嘱託する場合において，不動産番号を表示して不動産を
特定したときには，現在の不動産の表示事項（所在地番，家屋番
号，建物の種類，構造及び床面積等）を省略することができる（令
6条1項2号，規則34条2項等）が，不動産番号を表示したときでも，
その全部を表示しておくのが望ましい。

⦿平成27年10月23日民二第512号民事局長通達（抄）

〔不動産登記令等の一部を改正する政令等の施行に伴う不動産登記事
務等の取扱いについて〕

不動産登記令等の一部を改正する政令（平成27年政令第262号。
以下「改正政令」という。）及び不動産登記規則等の一部を改正する
省令（平成27年法務省令第43号。以下「改正省令」という。）が本
年11月2日から施行されることとなりましたが，これらに伴う不動
産登記事務等の取扱いについては，下記の点に留意し，事務処理に遺
憾のないよう，貴管下登記官に周知方お取り計らい願います。

なお，本通達中，「不登法」とあるのは不動産登記法（平成16年法
律第123号）を，「不登令」とあるのは改正政令による改正後の不動
産登記令（平成16年政令第379号）を，「不登規則」とあるのは改正
省令による改正後の不動産登記規則（平成17年法務省令第18号）
を，「旧不登規則」とあるのは改正省令による改正前の不動産登記規
則をいいます。また，その他の政令及び省令については，いずれも改
正政令及び改正省令による改正後のものをいいます。

記

1　改正の趣旨

行政手続における特定の個人を識別するための番号の利用等に関
する法律の施行に伴う関係法律の整備等に関する法律（平成25年
法律第28号）による改正後の商業登記法（昭和38年法律第125
号）第7条の規定により，商業登記簿には会社法人等番号を記録す
ることとされた。この会社法人等番号を基礎とし，特定の法人を識
別する機能を有する法人番号制度が創設されたことにより，申請，

第2節　徴税官署又は地方公共団体による差押えの登記をするための前提としての代位登記

届出その他の手続を行う国民が手続の簡素化による負担の軽減や利便性の向上を得られるようにするための基盤が整備された。

そこで，この法人番号の基礎となる会社法人等番号を利用して，不動産登記等の申請における申請人の負担の軽減等を図ることとし，改正政令においては，申請人が会社法人等番号を有する法人であるときに提供すべき添付情報を，当該法人の代表者の資格を証する情報から当該法人の会社法人等番号に変更するものとされ（不登令第7条第1項第1号イ），改正省令においては，法人である代理人の代表者の資格を証する情報等についても，会社法人等番号に代替することができることとされるなどの所要の整備がされた。

2　不動産登記に関する登記手続

(1)　申請人が法人である場合における添付情報の取扱い

ア　不登令第7条第1項第1号イの規定により会社法人等番号が提供された場合の取扱い

(ｱ)　会社法人等番号の提供

申請人が会社法人等番号を有する法人である場合には，当該法人の会社法人等番号を提供しなければならないとされた（不登令第7条第1項第1号イ）。

申請人の会社法人等番号を提供するときは，不登令第3条第1号の「申請人の名称」に続けて記録して差し支えない。

(ｲ)　会社法人等番号が提供された場合の取扱い

不登令第7条第1項第1号イの規定により会社法人等番号が提供された場合には，申請人である法人の登記記録について調査を行うものとする。

この場合において，不動産登記の申請の受付時に，当該法人について，商業登記その他法人登記の処理がされているときは，当該法人の登記記録についての調査は，当該法人の法人登記の完了後に行うものとする。

イ　不登規則第36条第1項各号の規定により登記事項証明書が提供された場合の取扱い

(ｱ)　登記事項証明書の提供

申請人が会社法人等番号を有する法人である場合であっても，当該法人の代表者の資格を証する登記事項証明書又は支

39

第2章　嘱託登記のための前提としての代位登記

　　　　　配人等の権限を証する登記事項証明書を提供したときは，会
　　　　　社法人等番号の提供を要しないとされた（不登令第7条第1
　　　　　項第1号及び不登規則第36条第1項各号）。また，この登記
　　　　　事項証明書はその作成後1月以内のものでなければならない
　　　　　とされた（同条第2項）。
　　　(イ)　登記事項証明書が提供された場合の取扱い
　　　　　不登規則第36条第1項各号の規定により，上記(ア)の登記
　　　　　事項証明書が提供された場合には，当該登記事項証明書によ
　　　　　り当該法人の代表者の資格又は支配人等の権限について調査
　　　　　を行うものとする。
　(2)　法人である代理人の代理権限証明情報の取扱い
　　ア　法人である代理人によって登記の申請をする場合において，
　　　　当該代理人の会社法人等番号を提供したときは，当該代理人の
　　　　代表者の資格を証する情報の提供に代えることができるとされ
　　　　た（不登規則第37条の2）。
　　イ　この会社法人等番号の提供は上記(1)ア(ア)に準ずるものとし，
　　　　会社法人等番号が提供された場合の取扱いは上記(1)ア(イ)と同様
　　　　である。
　(3)　住所（変更）証明情報の取扱い
　　ア　登記名義人となる者等の住所を証する情報（以下「住所証明
　　　　情報」という。）を提供しなければならない場合において，そ
　　　　の申請情報と併せて会社法人等番号を提供したときは，当該住
　　　　所証明情報を提供することを要しないとされた（不登令第9条
　　　　及び不登規則第36条第4項）。
　　イ　この会社法人等番号の提供は，住所について変更又は錯誤若
　　　　しくは遺漏があったことを証する情報（以下「住所変更証明情
　　　　報」という。）の提供に代替することができる（不登令第9条）
　　　　が，当該会社法人等番号は当該住所についての変更又は錯誤若
　　　　しくは遺漏があったことを確認することができるものに限られ
　　　　る（不登規則第36条第4項ただし書）。
　　ウ　住所証明情報又は住所変更証明情報の提供に代替する会社法
　　　　人等番号の提供は上記(1)ア(ア)に準ずるものとし，会社法人等番
　　　　号が提供された場合の取扱いは上記(1)ア(イ)と同様である。

第2節　徴税官署又は地方公共団体による差押えの登記をするための前提としての代位登記

(4)　その他会社法人等番号の提供により代替することができる添付
情報の取扱い
ア　法人の合併による承継又は法人の名称変更等を証する情報の
取扱い
法人の承継を証する情報（不登令第7条第1項第4号及び第
5号イ並びに別表の22の項添付情報欄等）又は法人の名称変
更等を証する情報（不登令別表の23の項添付情報欄等）の提
供を要する場合において，当該法人の会社法人等番号を提供し
たときは，これらの情報の提供に代えることができるものとす
る。
また，同一登記所（申請を受ける登記所が申請人である法人
の登記を受けた登記所と同一であり，法務大臣が指定した登記
所以外のものである場合（旧不登規則第36条第1項第1号）
をいう。以下同じ。）における当該法人の承継又は変更を証す
る情報の提供の省略を定めた昭和38年12月17日付け民事甲
第3237号当職通達は廃止する。
イ　第三者の許可等を証する情報の取扱い
登記原因について第三者が許可等したことを証する情報を提
供しなければならない（不登令第7条第1項第5号ハ）場合に
おいて，登記官が必要であると認めたときは，当該第三者の代
表者の資格を証する情報を提供させることができるものとされ
ている（大正8年12月10日民事第5154号当職回答）ところ，
当該第三者の会社法人等番号を提供したときは，その代表者の
資格を証する情報の提供に代えることができるものとする。
ウ　その他の情報の取扱い
会社の分割による権利の移転の登記の申請をする場合におい
て提供すべき新設会社又は吸収分割承継会社の登記事項証明書
（平成18年3月29日付け法務省民二第755号当職通達）など，
登記原因証明情報の一部として登記事項証明書の提供が必要と
されている場合においても，これらの会社の会社法人等番号を
提供したときは，登記事項証明書の提供に代えることができる
ものとする。
エ　会社法人等番号の取扱い

第2章　嘱託登記のための前提としての代位登記

　　　　上記アからウまでの場合における会社法人等番号の取扱いに
　　　ついては，上記(3)イ及びウと同様である。
　　　　また，電子申請（不登規則第1条第3号）の申請人がその者
　　　の商業登記規則（昭和39年法務省令第23号）第33条の8第
　　　2項（他の法令において準用する場合を含む。）に規定する電
　　　子証明書を提供したときは，当該電子証明書の提供をもって，
　　　当該申請人の会社法人等番号の提供に代えることができるとさ
　　　れた（不登規則第44条第2項）ところ，上記アからウまでの
　　　場合においても，当該電子証明書の提供をもって会社法人等番
　　　号の提供に代えることができるものとする。

第2節　徴税官署又は地方公共団体による差押えの登記をするための前提としての代位登記

第4　登記名義人の住所（又は氏名）の更正の登記（登記名義人が個人である場合）〔書式5〕

```
                登 記 嘱 託 書

登 記 の 目 的    何番登記名義人住所（又は氏名）更正【注1】
原    因        錯　誤【注2】
更正後の事項
    住    所    何市何町何丁目何番何号
                （住民票コード 12345678901）
                （又は氏名　何　某）【注3】
（被 代 位 者）   何市何町何丁目何番何号
                    何　　某【注4】
代  位  者      財務省【注5】
代 位 原 因      年月日滞納処分の差押【注6】
添 付 書 類
    登記原因証明情報【注7】        代位原因証書【注8】
年月日嘱託       何法務局何出張所【注9】
嘱  託  者      何税務署長　　何　　某 職印 【注10】
連絡先の電話番号   ○○－○○○○－○○○○
        担当者  何部何課何係　　何　　某【注11】
登 録 免 許 税    登録免許税法第5条第1号【注12】
不動産の表示【注13】
    不動産番号    1234567890123【注14】
    所    在    何市何町何丁目
    地    番    何番
    地    目    宅地
    地    積    何・何平方メートル
```

43

第2章　嘱託登記のための前提としての代位登記

【注1】　登記の目的は，錯誤による所有権の登記名義人の表示更正であるから，「何番登記名義人住所（又は氏名）更正」と表示する。

【注2】　登記原因は，「錯誤」と表示する。錯誤を登記原因とする登記の場合には，登記原因の日付の表示を要しない。

【注3】　更正後の事項として，登記名義人の正しい住所又は氏名を表示する。なお，住民票コード（住民基本台帳法7条13号）を嘱託情報として表示することができる（令9条，規則36条4項）。

【注4】　被代位者として，滞納者（差押えを受けた者），すなわち，登記名義人の住所及び氏名を表示する。

【注5】　代位者として，国税の場合は徴税官署として財務省と表示し，都道府県税・市町村税の場合はその地方公共団体名を表示する。

【注6】　代位原因として，滞納処分による差押えである旨（参加差押えの場合は，その旨）及び差押え等の年月日を表示する。この年月日は，差押調書等の謄本の年月日と符合していることを要する。

【注7】　登記原因証明情報として所有者の正しい住所（又は氏名）を証する住民票の写し，又は戸籍の謄抄本等若しくは登記記録に記録されている住所に該当者がない旨の証明情報（不在証明書）等を提供する。なお，住所の錯誤又は遺漏があったことを確認することができる場合において，【注3】の住民票コードを表示したときは，住所を証する情報（住民票の写し）の提供を要しない（令9条，規則36条4項ただし書）。

【注8】　代位原因証書として，差押調書の謄本（参加差押えの場合には，参加差押調書の謄本）を提供する。なお，滞納税金の存することを証する書面も代位原因証書となる（昭和26・11・20民事甲第2229号民事局長通達＝20頁）。

【注9】　嘱託書を提出する日と提出先の法務局若しくは地方法務局又はその支局若しくは出張所の名称を表示する（規則34条1項7号・8号）。なお，嘱託書を郵送等で送付する場合には，その送付する日

第2節　徴税官署又は地方公共団体による差押えの登記をするための前提としての代位登記

を表示すればよい。

【注10】　この登記の嘱託は，徴税権限を有する官庁又は公署によりされ
るのであるから，嘱託官庁又は公署の名称及び代表者の職及び氏名
を表示し職印を押印する。

【注11】　嘱託情報に補正すべき箇所がある場合に，登記所の担当者から
嘱託官庁又は公署に連絡するための連絡先の担当部署及び担当者並
びに電話番号を表示する（規則34条1項1号）。

【注12】　国又は地方公共団体等が債務者に代位してする登記は，登録免
許税が課されない（登録免許税法5条1号）ので，その免除条項を表
示する。

【注13】　不動産の表示は，登記記録上の表示と符合していることを要す
る。

【注14】　登記を嘱託する場合において，不動産番号を表示して不動産を
特定したときには，現在の不動産の表示事項（所在，地番，地目，
地積）を省略することができる（令6条1項1号，規則34条2項等）
が，不動産番号を表示したときでも，その全部を表示しておくのが
望ましい。

45

第2章　嘱託登記のための前提としての代位登記

第5　相続による所有権移転の登記〔書式6〕

登　記　嘱　託　書

登 記 の 目 的　　所有権移転【注1】
原　　　因　　年月日相続【注2】
相　続　人　　（被相続人　何　某）【注3】
（被 代 位 者）　　何市何町何丁目何番何号
　　　　　　　　（住民票コード 12345678901）
　　　　　　　　持分何分の何　　何　　　某
　　　　　　　　何市何町何丁目何番何号
　　　　　　　　（住民票コード 23456789012）
　　　　　　　　何分の何　　何　　　某【注4】
代　位　者　　何　県【注5】
代 位 原 因　　年月日滞納処分の差押【注6】
添　付　書　類
　　登記原因証明情報【注7】　　　　住所証明書【注8】
　　代 位 原 因 証 書【注9】
年月日嘱託　　何法務局何出張所【注10】
嘱　託　者　　何県知事　何　　　某 職印【注11】
連絡先の電話番号　　○○ - ○○○○ - ○○○○
　　　　担当者　　何部何課何係　　何　　　某【注12】
登 録 免 許 税　　登録免許税法第5条第1号【注13】
不動産の表示【注14】
　　　不動産番号　　1234567890123【注15】
　　　所　　在　　何市何町何丁目
　　　地　　番　　何番
　　　地　　目　　宅地
　　　地　　積　　何・何平方メートル

46

第2節　徴税官署又は地方公共団体による差押えの登記をするための前提としての代位登記

【注1】　登記の目的は，「所有権移転」と表示する。

【注2】　登記原因は，「相続」であり，その日付は，被相続人の死亡の日（相続開始の日）である。なお，その日付は，戸籍の表示と一致していることを要する。

【注3】　被相続人の氏名のみを表示する。この氏名は登記記録上の表示と一致していることを要するが，一致しない場合には，登記記録の氏名に該当する者がない旨の不在証明書等の提供を要する。

【注4】　滞納者である相続人（被代位者）の住所及び氏名を表示する。この相続人の表示は，登記原因証明情報として提供する戸籍謄本等の表示と一致していることを要する。なお，相続人が2人以上の場合は，必ず共有持分を表示する（法59条4号）。また，住民票コード（住民基本台帳法7条13号）を嘱託情報として表示することができる（令9条，規則36条4項）。

【注5】　代位者として，国税の場合は徴税官署として財務省と表示し，都道府県税・市町村税の場合はその地方公共団体名を表示する。

【注6】　代位原因として，滞納処分による差押えである旨（参加差押えの場合は，その旨）及び差押え等の年月日を表示する。この年月日は，差押調書等の謄本の年月日と符合していることを要する。

【注7】　登記原因証明情報として相続を証する戸籍謄本・除籍謄本等，関連する戸籍の謄抄本を提供する（令別表22の項添付情報欄）。その他，相続放棄申述受理証明書，遺産分割協議書（又は遺産分割の審判若しくは調停調書の正本），特別受益証明書等がある場合には，それをも提供する。

【注8】　相続人の住所証明書として，住民票の写し等を提供する。なお，【注4】の住民票コードを表示したときは，住所を証する情報（住民票の写し）の提供を要しない（令9条，規則36条4項本文）。

【注9】　代位原因証書として，差押調書の謄本（参加差押えの場合には，参加差押調書の謄本）を提供する。なお，滞納税金の存するこ

第2章　嘱託登記のための前提としての代位登記

とを証する書面も代位原因証書となる（昭和26・11・20民事甲第2229
号民事局長通達＝20頁）。

【注10】　嘱託書を提出する日と提出先の法務局若しくは地方法務局又は
その支局若しくは出張所の名称を表示する（規則34条1項7号・8
号）。なお，嘱託書を郵送等で送付する場合には，その送付する日
を表示すればよい。

【注11】　この登記の嘱託は，徴税権限を有する官庁又は公署によりされ
るのであるから，嘱託官庁又は公署の名称及び代表者の職及び氏名
を表示し職印を押印する。

【注12】　嘱託情報に補正すべき箇所がある場合に，登記所の担当者から
嘱託官庁又は公署に連絡するための連絡先の担当部署及び担当者並
びに電話番号を表示する（規則34条1項1号）。

【注13】　国又は地方公共団体等が債務者に代位してする登記は，登録免
許税が課されない（登録免許税法5条1号）ので，その免除条項を表
示する。

【注14】　不動産の表示は，登記記録上の表示と符合していることを要す
る。

【注15】　登記を嘱託する場合において，不動産番号を表示して不動産を
特定したときには，現在の不動産の表示事項（所在，地番，地目，
地積）を省略することができる（令6条1項1号，規則34条2項等）
が，不動産番号を表示したときでも，その全部を表示しておくのが
望ましい。

48

第2節　徴税官署又は地方公共団体による差押えの登記をするための前提としての代位登記

第6　相続以外の原因による所有権移転の登記〔書式7〕

```
              登 記 嘱 託 書

  登記の目的    所有権移転【注1】
  原     因    年月日売買【注2】
  権 利 者    何市何町何丁目何番何号
              （住民票コード 12345678901）
  （被代位者）      何   某【注3】
  代 位 者    財務省【注4】
  代 位 原 因    年月日滞納処分の差押【注5】
  義 務 者    何市何町何丁目何番何号
                  何   某【注6】
  添 付 書 類
    登記原因証明情報【注7】
    承諾書（印鑑証明書付）【注8】
    住 所 証 明 書【注9】    代位原因証書【注10】
  年月日嘱託    何法務局何出張所【注11】
  嘱 託 者    何税務署長   何   某 職印 【注12】
  連絡先の電話番号    ○○－○○○○－○○○○
        担当者    何部何課何係    何   某【注13】
  登 録 免 許 税    登録免許税法第5条第1号【注14】
  不動産の表示【注15】
      不動産番号    1234567890123【注16】
      所   在    何市何町何丁目
      地   番    何番
      地   目    宅地
      地   積    何・何平方メートル
```

49

第2章　嘱託登記のための前提としての代位登記

【注1】　登記の目的は,「所有権移転」と表示する。

【注2】　登記原因及びその日付として,登記権利者,すなわち,滞納者が所有権を取得した原因(売買等)とその原因の成立した日を表示する。

【注3】　登記権利者(被代位者)として,滞納者(所有権を取得した者)の氏名及び住所を表示する。この表示は,差押調書の滞納者の表示と符合していることを要し,登記原因証明情報として売買契約書等を提供したときは,その契約書等の表示と符合していることを要する。なお,住民票コード(権利者が個人の場合。住民基本台帳法7条13号)又は会社法人等番号(権利者が法人の場合。商業登記法7条)を嘱託情報として表示することができる(令9条,規則36条4項)。

【注4】　代位者として,国税の場合は徴税官署として財務省と表示し,都道府県税・市町村税の場合はその地方公共団体名を表示する。

【注5】　代位原因としては,滞納処分による差押えである旨(参加差押えの場合は,その旨)及び差押え等の年月日を表示する。この年月日は,差押調書等の謄本の年月日と符合していることを要する。

【注6】　登記義務者として,現在の登記記録上の所有権の登記名義人の氏名及び住所を表示する。

【注7】　登記原因証明情報として,売買契約書等を提供する。なお,登記原因証明情報は,物権変動の原因行為とこれに基づく物権の変動という二つの要素から構成され,この二つの要素を証明する情報であることから,複数の情報の組合せや,報告的な情報(登記申請用に当事者が作成した情報。特に登記義務者がその内容を自認したことが分かる情報)でもよいとされている。

【注8】　所有権移転の登記の嘱託をすることについての登記義務者(登記記録上の所有権の登記名義人)の印鑑証明書(この印鑑証明書については,令16条3項の規定の適用はなく,したがって,作成後3か月以内のものであることを要しない。)付きの承諾書を提供す

第2節　徴税官署又は地方公共団体による差押えの登記をするための前提としての代位登記

る（昭和26・11・20民事甲第2229号民事局長通達＝20頁）。登記義務者が法人である場合には，その法人の代表者が承諾し，押印することになるが，この場合は，印鑑証明書のほか，その代表権限を証する情報として，会社法人等番号を有する法人にあっては当該会社法人等番号を，会社法人等番号を有する法人以外の法人にあっては当該法人の登記事項証明書の提供をも要する。

【注9】　住所証明書として，登記権利者が個人であるときは，その者の住民票の写し等を提供し，登記権利者が法人であるときは，その法人の登記事項証明書等を提供する（令別表30の項添付情報欄ロ）。なお，【注3】の住民票コード又は会社法人等番号を表示したときは，住所を証する情報（個人の住民票の写し又は法人の登記事項証明書等）の提供を要しない（令9条，規則36条4項本文）。

【注10】　代位原因証書として，差押調書の謄本（参加差押えの場合は，参加差押調書の謄本）を提供する。なお，滞納税金の存することを証する書面も代位原因証書となる（昭和26・11・20民事甲第2229号民事局長通達＝20頁）。

【注11】　嘱託書を提出する日と提出先の法務局若しくは地方法務局又はその支局若しくは出張所の名称を表示する（規則34条1項7号・8号）。なお，嘱託書を郵送等で送付する場合には，その送付する日を表示すればよい。

【注12】　この登記の嘱託は，徴税権限を有する官庁又は公署によりされるのであるから嘱託官庁又は公署の名称及び代表者の職及び氏名を表示し職印を押印する。

【注13】　嘱託情報に補正すべき箇所がある場合に，登記所の担当者から嘱託官庁又は公署に連絡するための連絡先の担当部署及び担当者並びに電話番号を表示する（規則34条1項1号）。

【注14】　国又は地方公共団体等が債務者に代位してする登記は，登録免許税が課されない（登録免許税法5条1号）ので，その免除条項を表

第2章　嘱託登記のための前提としての代位登記

示する。

【注15】　不動産の表示は，登記記録上の表示と符合していることを要する。

【注16】　登記を嘱託する場合において，不動産番号を表示して不動産を特定したときには，現在の不動産の表示事項（所在，地番，地目，地積）を省略することができる（令6条1項1号，規則34条2項等）が，不動産番号を表示したときでも，その全部を表示しておくのが望ましい。

第2節　徴税官署又は地方公共団体による差押えの登記をするための前提としての代位登記

第7　契約解除（又は取消）等による所有権移転登記の抹消の登記
〔書式8〕

登　記　嘱　託　書

登 記 の 目 的　　何番所有権抹消【注1】
原　　　　　因　　年月日合意解除（又は取消）【注2】
権　利　者　　何市何町何丁目何番何号
（被 代 位 者）　　　　何　　　某【注3】
代　位　者　　財務省【注4】
代　位　原　因　　年月日滞納処分の差押【注5】
義　務　者　　何市何町何丁目何番何号
　　　　　　　　　　　　何　　　某【注6】
添　付　書　類
　　登記原因証明情報【注7】
　　承　　　諾　　書（印鑑証明書付）【注8】
　　変　更　証　明　書【注9】　　　代位原因証書【注10】
年月日嘱託　　何法務局何出張所【注11】
嘱　託　者　　何税務署長　　何　　　某［職印］【注12】
連絡先の電話番号　　〇〇－〇〇〇〇－〇〇〇〇
　　　　担当者　　何部何課何係　　　何　　　某【注13】
登　録　免　許　税　　登録免許税法第5条第1号【注14】
不動産の表示【注15】
　　不動産番号　　1234567890123【注16】
　　所　　在　　何市何町何丁目
　　地　　番　　何番
　　地　　目　　宅地
　　地　　積　　何・何平方メートル

第2章　嘱託登記のための前提としての代位登記

【注1】　登記の目的は,「何番所有権抹消」と表示する。

【注2】　登記原因は,所有権移転の原因が合意解除され又は取消である場合は,「合意解除（又は取消）」と表示し,その日付としては,その解除又は取り消された日を表示する。

【注3】　登記権利者（被代位者）として,滞納者を表示する。この表示は,登記記録上の前所有者の表示及び差押調書の滞納者の表示と符合していることを要する。登記記録上の表示と符合しないときは,変更証明書【注9】を提供して嘱託することができるが,その場合には,この登記の後に,更に差押えの登記を嘱託する前提として,別途,登記名義人（滞納者）の氏名（又は名称）又は住所の変更又は更正の登記を嘱託しなければならない（書式3から書式5）。

【注4】　代位者として,国税の場合は徴税官署として財務省と表示し,都道府県税・市町村税の場合はその地方公共団体名を表示する。

【注5】　代位原因として,滞納処分による差押えである旨（参加差押えの場合は,その旨）及び差押えの年月日を表示する。この年月日は,差押調書等の謄本の年月日と符合していることを要する。

【注6】　登記義務者として,現在の登記記録上の所有権の登記名義人の氏名及び住所を表示する。

【注7】　登記原因証明情報として,解除証書等を提供する。なお,登記原因証明情報は,物権変動の原因行為とこれに基づく物権の変動という二つの要素から構成され,この二つの要素を証明する情報であることから,複数の情報の組合せや,報告的な情報（登記申請用に当事者が作成した情報。特に登記義務者がその内容を自認したことが分かる情報）でもよいとされている。

【注8】　所有権抹消の登記の嘱託をすることについての登記義務者（登記記録上の所有権の登記名義人）の印鑑証明書（この印鑑証明書については,令16条3項の規定の適用はなく,したがって,作成後3か月以内のものであることを要しない。）付きの承諾書を提供す

第2節　徴税官署又は地方公共団体による差押えの登記をするための前提としての代位登記

る（昭和26・11・20民事甲第2229号民事局長通達＝20頁）。登記義務者が
法人である場合は，その法人の代表者が承諾し，押印することにな
るが，この場合は，印鑑証明書のほか，その代表権限を証する情
報として，会社法人等番号を有する法人にあっては当該会社法人等
番号を，会社法人等番号を有する法人以外の法人にあっては当該法
人の登記事項証明書の提供をも要する。

【注9】　登記権利者の表示が登記記録上の前所有者の表示と符合しない
ときは，その変更証明書を提供することを要する。すなわち，登記
権利者が個人である場合には住民票の写し等を，登記権利者が法人
であるときは，会社法人等番号を有する法人にあっては当該会社法
人等番号を，会社法人等番号を有する法人以外の法人にあっては当
該法人の登記事項証明書を提供する。

【注10】　代位原因証書として，差押調書の謄本（参加差押えの場合は，
参加差押調書の謄本）を提供する。なお，滞納税金の存することを
証する書面も代位原因証書となる（昭和26・11・20民事甲第2229号民
事局長通達＝20頁）。

【注11】　嘱託書を提出する日と提出先の法務局若しくは地方法務局又は
その支局若しくは出張所の名称を表示する（規則34条1項7号・8
号）。なお，嘱託書を郵送等で送付する場合には，その送付する日
を表示すればよい。

【注12】　この登記の嘱託は，徴税権限を有する官庁又は公署によりされ
るのであるから，嘱託官庁又は公署の名称及び代表者の職及び氏名
を表示し職印を押印する。

【注13】　嘱託情報に補正すべき箇所がある場合に，登記所の担当者から
嘱託官庁又は公署に連絡するための連絡先の担当部署及び担当者並
びに電話番号を表示する（規則34条1項1号）。

【注14】　国又は地方公共団体等が債務者に代位してする登記は，登録免
許税が課されない（登録免許税法5条1号）ので，その免除条項を表

第2章　嘱託登記のための前提としての代位登記

示する。

【注15】　不動産の表示は，登記記録上の表示と符合していることを要する。

【注16】　登記を嘱託する場合において，不動産番号を表示して不動産を特定したときには，現在の不動産の表示事項（所在，地番，地目，地積）を省略することができる（令6条1項1号，規則34条2項等）が，不動産番号を表示したときでも，その全部を表示しておくのが望ましい。

第2節　徴税官署又は地方公共団体による差押えの登記をするための前提としての代位登記

第8　数次の所有権移転がされている場合における最初の所有権移転の登記〔書式9〕

登　記　嘱　託　書

登 記 の 目 的　　所有権移転【注1】
原　　　　因　　年月日売買【注2】
権　利　者　　何市何町何丁目何番何号
　　　　　　　　（住民票コード 12345678901）
（被代位者）　　　　　　B【注3】
代　位　者　　財務省【注4】
代 位 原 因　　年月日売買の所有権移転登記請求権
　　　　　　　　年月日滞納処分の差押【注5】
義　務　者　　何市何町何丁目何番何号
　　　　　　　　　　　A【注6】
添 付 書 類
　　登記原因証明情報【注7】
　　承　　諾　　書（印鑑証明書付）【注8】
　　住 所 証 明 書【注9】　　代位原因証書【注10】
年月日嘱託　　何法務局何出張所【注11】
嘱　託　者　　何税務署長　　何　　某 職印 【注12】
連絡先の電話番号　　○○－○○○○－○○○○
　　　　担当者　　何部何課何係　　何　　某【注13】
登 録 免 許 税　　登録免許税法第5条第1号【注14】
不動産の表示【注15】
　　　不動産番号　　1234567890123【注16】
　　　所　　在　　何市何町何丁目
　　　地　　番　　何番
　　　地　　目　　宅地
　　　地　　積　　何・何平方メートル

57

第2章　嘱託登記のための前提としての代位登記

【注1】　登記の目的は，「所有権移転」と表示する。

【注2】　AからB，BからCに所有権が移転したが，その登記がいずれも未了の場合において，Cに対して滞納処分による差押えをしたときは，その差押えの登記をする前提として，まずA，B間の所有権移転の登記をしなければならない。そこで，その登記原因及び日付として，A（登記記録上の登記名義人）からBに移転した原因（売買等）とその日付を表示する。

【注3】　登記権利者（被代位者）として，登記記録上の登記名義人Aから所有権を取得したBの住所及び氏名を表示する。なお，住民票コード（権利者が個人の場合。住民基本台帳法7条13号）又は会社法人等番号（権利者が法人の場合。商業登記法7条）を嘱託情報として表示することができる（令9条，規則36条4項）。

【注4】　代位者として，国税の場合は徴税官署として財務省と表示し，都道府県税・市町村税の場合にはその地方公共団体名を表示する。

【注5】　代位原因として，CのBに対する登記請求権とそれが発生した要因及び年月日を表示し，更にCに対する滞納処分による差押えである旨（参加差押えの場合は，その旨）及び差押えの年月日を表示する。なお，差押えの年月日は，差押調書等の謄本の年月日と符合していることを要する。

【注6】　登録義務者として，現在の登記記録上の所有権の登記名義人Aの住所及び氏名を表示する。

【注7】　登記原因証明情報として，売買契約書等を提供する。なお，登記原因証明情報は，物権変動の原因行為とこれに基づく物権の変動という二つの要素から構成され，この二つの要素を証明する情報であることから，複数の情報の組合せや，報告的な情報（登記申請用に当事者が作成した情報。特に登記義務者がその内容を自認したことが分かる情報）でもよいとされている。

【注8】　登記記録上の所有権の登記名義人AがBへの所有権移転の登記

第2節　徴税官署又は地方公共団体による差押えの登記をするための前提としての代位登記

を嘱託することについて承諾していることを証する書面を提供する（昭和26・11・20民事甲第2229号民事局長通達＝20頁）。

　　この場合，この承諾書の真正を担保するため承諾書に押印した承諾者（A）の印鑑証明書（この印鑑証明書については，令16条3項の規定の適用はなく，したがって，作成後3か月以内のものであることを要しない。）を添付することを要する。また，承諾者（A）が法人である場合は，その法人の代表者が，承諾し，押印することになるが，この場合は，印鑑証明書のほか，その代表権限を証する情報として，会社法人等番号を有する法人にあっては当該会社法人等番号を，会社法人等番号を有する法人以外の法人にあっては当該法人の登記事項証明書の提供をも要する。

【注9】　住所証明書として，登記権利者が個人であるときは，その者の住民票の写し等を提供し，登記権利者が法人であるときは，その法人の登記事項証明書等を提供する（令別表30の項添付情報欄ロ）。なお，【注3】の住民票コード又は会社法人等番号を表示したときは，住所を証する情報（個人の住民票の写し又は法人の登記事項証明書等）の提供を要しない（令9条，規則36条4項本文）。

【注10】　代位原因証書として，CのBに対する登記請求権を証する情報（【注7】の登記原因証明情報として提供する売買契約書等をもって兼ねることができる。）及びCに対する差押調書の謄本（参加差押えの場合は，参加差押調書の謄本）を提供する。なお，滞納税金の存することを証する書面も代位原因証書となる（昭和26・11・20民事甲第2229号民事局長通達＝20頁）。

【注11】　嘱託書を提出する日と提出先の法務局若しくは地方法務局又はその支局若しくは出張所の名称を表示する（規則34条1項7号・8号）。なお，嘱託書を郵送等で送付する場合には，その送付する日を表示すればよい。

【注12】　この登記の嘱託は，徴税権限を有する官庁又は公署によりされ

第2章　嘱託登記のための前提としての代位登記

るのであるから，嘱託官庁又は公署の名称及び代表者の職及び氏名を表示し職印を押印する。

【注13】　嘱託情報に補正すべき箇所がある場合に，登記所の担当者から嘱託官庁又は公署に連絡するための連絡先の担当部署及び担当者並びに電話番号を表示する（規則34条1項1号）。

【注14】　国又は地方公共団体等が債務者に代位してする登記は，登録免許税が課されない（登録免許税法5条1号）ので，その免除条項を表示する。

【注15】　不動産の表示は，登記記録上の表示と符号していることを要する。

【注16】　登記を嘱託する場合において，不動産番号を表示して不動産を特定したときには，現在の不動産の表示事項（所在，地番，地目，地積）を省略することができる（令6条1項1号，規則34条2項等）が，不動産番号を表示したときでも，その全部を表示しておくのが望ましい。

第2節　徴税官署又は地方公共団体による差押えの登記をするための前提としての代位登記

第9　差押登記後に一部について差押えを解除するための分筆の登記〔書式10〕

登　記　嘱　託　書

登記の目的　　分筆登記【注1】
（被代位者）　何市何町何丁目何番何号
　　　　　　　　何　　　　某【注2】
代　位　者　　財務省【注3】
代位原因　　　年月日4番2の差押解除【注4】
添付書類
　地積測量図【注5】　　代位原因証書【注6】
年月日嘱託　　何法務局何支局【注7】
嘱　託　者　　何税務署長　　何　　　某 職印【注8】
連絡先の電話番号　　○○－○○○○－○○○○
　　　　担当者　　何部何課何係　　　何　　　某【注9】
登録免許税　　登録免許税法第5条第1号【注10】

不動産番号		1234567890123【注12】			
土地の表示【注11】	所　在	何市何町何丁目			
		①地　番	②地目	③地　　積 m²	登記原因及びその日付
		4番	畑	900	
		(イ)　4番1		300	①③4番1，4番2に分筆
		(ロ)　4番2		600	4番から分筆

61

第2章　嘱託登記のための前提としての代位登記

【注1】　差押不動産の価額が，滞納税額より過大となった場合等には，その一部について差押えを解除することができる。その場合に，解除された部分について差押の登記の抹消を嘱託する前提として，差押えをした官公署は，差押不動産の分筆の登記を嘱託することができる（昭和29・10・8民事甲第2094号民事局長回答＝64頁）とされていることから，登記の目的は，「分筆登記」と表示する。

【注2】　被代位者として，滞納者（差押えを受けた者）すなわち，所有権の登記名義人（所有権の登記がされていない場合は，表題部に記録されている所有者）の氏名又は名称及び住所を表示する。この表示は，登記記録上の表示及び代位原因証書の滞納者の表示と符合していることを要する。なお，登記名義人の住所等の変更の登記又は相続による所有権移転の登記が未了であるために，滞納者と登記名義人の表示が符合しない場合には，差押えの登記の前提として，あらかじめ，これらの登記をも嘱託する必要があるが，分筆の登記を嘱託するときには，変更又は相続を証する情報等を提供し，登記記録上の所有権の登記名義人等の現在の氏名又は名称及び住所を表示することとして差し支えない。

【注3】　代位者として，国税の場合は徴税官署として財務省と表示し，都道府県税・市町村税の場合はその地方公共団体名を表示する。

【注4】　代位原因は，分割後の一方の土地に対する差押えの解除であり，その年月日は，差押えが解除された日である。

【注5】　分筆の登記の嘱託書には，分筆前の土地を図示し，分筆線を明らかにして分筆後の各土地を表示した地積測量図を提供する必要がある（令別表8の項添付情報欄イ，規則78条）。この地積測量図は，規則別記第一号様式により，日本工業規格B列4番の丈夫な用紙を用いて250分の1の縮尺（この縮尺によることが適当でないときは，適宜の縮尺によっても差し支えない。）によって作成し，地番区域の名称，方位，縮尺，地番（隣接地の地番を含む。），地積及びその

求積方法，筆界点間の距離，基本三角点等に基づく測量の成果による筆界点の座標値（近傍に基本三角点等が存しない場合その他の基本三角点等に基づく測量ができない特別の事情がある場合にあっては，近傍の恒久的な地物に基づく測量の成果による筆界点の座標値），境界標（筆界点にある永続性のある石杭又は金属標その他これに類する標識をいう。）があるときは，当該境界標の表示等を記録しなければならない（規則74条，75条，77条）。ただし，分筆前の土地が広大な土地であって，分筆後の土地の一方がわずかであるなど特別の事情があるときに限り，分割後の土地の１筆については，必ずしも地積の求積方法等を明らかにしなくてもよい（準則72条2項）。

　なお，地積測量図の作成方法については，127 〜 129 頁を参照のこと。

【注6】　代位原因証書として，分筆後の土地の一方に対する差押えの解除を証する書面（解除証書）を提供する（昭和29・10・8民事甲第2094号民事局長回答＝64頁）。

【注7】　嘱託書を提出する日と提出先の法務局若しくは地方法務局又はその支局若しくは出張所の名称を表示する（規則34条1項7号・8号）。なお，嘱託書を郵送等で送付する場合には，その送付する日を表示すればよい。

【注8】　この登記の嘱託は，徴税権限を有する官庁又は公署によりされるのであるから，嘱託官庁又は公署の名称及び代表者の職及び氏名を表示し職印を押印する。

【注9】　嘱託情報に補正すべき箇所がある場合に，登記所の担当者から嘱託官庁又は公署に連絡するための連絡先の担当部署及び担当者並びに電話番号を表示する（規則34条1項1号）。

【注10】　国又は地方公共団体等が債務者に代位してする登記は，登録免許税が課されない（登録免許税法5条1号）ので，その免除条項を表

第2章　嘱託登記のための前提としての代位登記

示する。

【注11】　不動産の表示として，まず分筆前と分筆後の表示及び分筆する
土地に区分して書式例のように表示する。分筆前の土地は，登記記
録上の表示と符合していることを要し（法25条6号），分筆後の土地
及び分筆する土地の表示は，【注5】の地積測量図の表示と符合し
ていることを要する。また，分筆後の土地及び分筆する土地には地
積測量図の符号を(イ)・(ロ)のように表示する（規則34条1項2号，78
条）。

　なお，分筆後の土地の地番は登記官によって付されるものである
が，登記官から予定地番を示された場合には，嘱託者があらかじめ
書式例のように表示しても差し支えない。この場合において，単番
の土地を分筆する場合には，何番1，何番2というように表示して
差し支えないが，分筆前の土地の地番が支号を付されたものである
場合には，分筆後の土地の地番が何番になるかについて，事前に登
記官に確認する必要がある。

【注12】　登記を嘱託する場合において，不動産番号を表示して不動産を
特定したときには，現在の不動産の表示事項（所在，地番，地目，
地積）を省略することができる（令6条1項1号，規則34条2項等）
が，不動産番号を表示したときでも，その全部を表示しておくのが
望ましい。

　　　　⦿昭和29年10月8日民事甲第2094号民事局長回答
　　　〔差押登記後における土地の分筆について〕　標題のことについては，
　　　左記のとおり収税官吏が滞納者に代つて，土地分筆の申告ができると
　　　考えられますが，貴見をお伺いします。
　　　　　　　　　　　　　　記
　　　　国税徴収法第二十三条ノ三（不動産等の差押手続）の規定によつて
　　　土地を差し押え，その登記を了した後に，次に掲げる事由の一に該当
　　　し，その土地を分筆する必要が生じた場合には，差押後において同法

第二十三条ノ三の規定を準用しその土地を分割し，この登記を嘱託できる。従つて，土地台帳法第四十一条の二の規定により収税官吏が滞納者に代つて土地分筆の申告（土地台帳法第二十六条）をすることができる。

一．差押後滞納税額の一部納付があつた等のため差押中の土地の価格が国税及び滞納処分費の合計額に比し過大となつたとき，差押中の土地を分筆して滞納税額に見合う部分以外の土地の差押を解除する場合

二．差押した土地を公売したところ，その土地がひろすぎる等の理由で買受人がなく，公売ができない場合において，これを分割することにより公売が可能とみられる場合

（理由）国税徴収法第二十三条ノ三第二項は，「差押ノ為不動産ヲ分割又ハ区分シタルトキハ」と規定されているため，差押するために必要な場合に限りその分割又は区分した不動産の登記の嘱託ができるものと解される。そしてこの取扱について差押後の分筆登記はできないと解する向きがあるが，差押の前後によりその可否を区分するのは妥当ではないと考える。すなわち，一の場合には，実質的には差押の一部解除ということであるが，これを分筆という手続で処理しようということであり，もし，全部解除して改めて分筆し，その後差押登記ということになれば差押の時期が遅れることとなり，最初の差押の後に，たとえば譲渡登記があつた場合には新しい差押では対抗できないことになり，差押の意義を失うこととなる。従つて，「差押ノ為」に含めて解釈しうるものと考える。これに対し二の場合には，差押が公売によつてその目的を達成するものと解されるので，公売を成立させるための必要な手続も広義の「差押ノ為」に含めて解釈することができるものと考える。

（回答）　本年八月十日附徴徴一――二―で照会のあつた標記の件については，次のように考える。

記

一．問合せの一の場合は，貴見のとおり分筆の申告をすることができる。この場合には，代位原因として分筆後の土地の一方につき差押の解除をすることを証明しなければならない。

二．問合せの二の場合は，分筆の申告をすることはできない。なお，

第2章　嘱託登記のための前提としての代位登記

　　　当該土地の一部を公売した後，落札人に代つて分筆の申告をすることはできる。この場合には，代位原因として公売のあつたことを証明しなければならない。

第2節　徴税官署又は地方公共団体による差押えの登記をするための前提としての代位登記

第10　差押登記をした不動産の一部の公売による所有権移転登記を するための分筆の登記〔書式11〕

登 記 嘱 託 書

登記の目的　　分筆登記【注1】
（被代位者）　　何市何町何丁目何番何号
　　　　　　　　何　　　　某【注2】
債　権　者　　何市何町何丁目何番何号
　　　　　　　　何　　　　某【注3】
代 位 原 因　　年月日8番2の土地の公売【注4】
添 付 書 類
　　地積測量図【注5】　　　代位原因証書【注6】
年月日嘱託　　　何法務局何支局【注7】
嘱 託 者　　　何税務署長　　何　　某[職印]【注8】
連絡先の電話番号　○○－○○○○－○○○○
　　　　　担当者　何部何課何係　　何　　某【注9】
登録免許税　　登録免許税法第5条第1号【注10】

不動産番号		1234567890123【注12】			
土地の表示【注11】	所　在	何 市 何 町 何 丁 目			
	①地　番	②地目	③地　　積 m²		登記原因及びその日付
	8番	宅地	123	00	
	(イ)　8番1		99	45	①③8番1，8番2 に分筆
	(ロ)　8番2		23	55	8番から分筆

67

第 2 章　嘱託登記のための前提としての代位登記

【注1】　差押不動産の一部を公売処分により売却した場合，公売をした
官公署は，買受人に代わって分筆の登記を嘱託することができる
（昭和29・10・8民事甲第2094号民事局長回答＝64頁）とされていること
から，登記の目的は，「分筆登記」と表示する。

【注2】　被代位者として，差押え当時の登記記録上の所有権の登記名義
人を表示する。この表示は，登記記録上の表示と符合していること
を要する。

【注3】　債権者として，公売により所有権を取得した者（買受人）の住
所及び氏名を表示する。この表示は，代位原因証書の表示と符合し
ていることを要する。

【注4】　代位原因は，分筆後の一方の土地についての買受人のための公
売であり，その年月日は，公売の日（買受人が買受代金を納入した
日）である。

【注5】　分筆の登記の嘱託書には，分筆前の土地を図示し，分筆線を明
らかにして分筆後の各土地を表示した地積測量図を提供する必要が
ある（令別表8の項添付情報欄イ，規則78条）。この地積測量図は，規
則別記第一号様式により，日本工業規格B列4番の丈夫な用紙を用
いて250分の1の縮尺（この縮尺によることが適当でないときは，
適宜の縮尺によっても差し支えない。）によって作成し，地番区域
の名称，方位，縮尺，地番（隣接地の地番を含む。），地積及びその
求積方法，筆界点間の距離，基本三角点等に基づく測量の成果によ
る筆界点の座標値（近傍に基本三角点等が存しない場合その他の基
本三角点等に基づく測量ができない特別の事情がある場合にあって
は，近傍の恒久的な地物に基づく測量の成果による筆界点の座標
値），境界標（筆界点にある永続性のある石杭又は金属標その他こ
れに類する標識をいう。）があるときは，当該境界標の表示等を記
録しなければならない（規則74条，75条，77条）。ただし，分筆前の
土地が広大な土地であって，分筆後の土地の一方がわずかであるな

第2節　徴税官署又は地方公共団体による差押えの登記をするための前提としての代位登記

　　　　ど特別の事情があるときに限り，分割後の土地の１筆については，

　　　　必ずしも地積の求積方法等を明らかにしなくてもよい（準則72条２

　　　　項）。

　　　　　なお，地積測量図の作成方法については，127 ～ 129 頁を参照の

　　　　こと。

【注6】　代位原因証書として，分筆後の一方の土地の公売があったこと

　　　　を証する書面（売却通知書の謄本等）を提供する（昭和29・10・8民

　　　　事甲第 2094 号民事局長回答＝ 64 頁）。

【注7】　嘱託書を提出する日と提出先の法務局若しくは地方法務局又は

　　　　その支局若しくは出張所の名称を表示する（規則34条１項７号・８

　　　　号）。なお，嘱託書を郵送等で送付する場合には，その送付する日

　　　　を表示すればよい。

【注8】　この登記の嘱託は，徴税権限を有する官庁又は公署によりされ

　　　　るのであるから，嘱託官庁又は公署の名称及び代表者の職及び氏名

　　　　を表示し職印を押印する。

【注9】　嘱託情報に補正すべき箇所がある場合に，登記所の担当者から

　　　　嘱託官庁又は公署に連絡するための連絡先の担当部署及び担当者並

　　　　びに電話番号を表示する（規則34条１項１号）。

【注10】　国又は地方公共団体等が債務者に代位してする登記は，登録免

　　　　許税が課されない（登録免許税法５条１号）ので，その免除条項を表

　　　　示する。

【注11】　不動産の表示として，まず分筆前と分筆後の表示及び分筆する

　　　　土地に区分して書式例のように表示する。分筆前の土地は，登記記

　　　　録上の表示と符合していることを要し（法25条６号），分筆後の土地

　　　　及び分筆する土地の表示は，【注5】の地積測量図の表示と符合し

　　　　ていることを要する。また，分筆後の土地及び分筆する土地には地

　　　　積測量図の符号を(イ)・(ロ)のように表示する（規則34条１項２号，78

　　　　条）。

69

第2章　嘱託登記のための前提としての代位登記

　　なお，分筆後の土地の地番は登記官によって付されるものである
　が，登記官から予定地番を示された場合には，嘱託者があらかじめ
　書式例のように表示しても差し支えない。この場合において，単番
　の土地を分筆する場合には，何番1，何番2というように表示して
　差し支えないが，分筆前の土地の地番が支号を付されたものである
　場合には，分筆後の土地の地番が何番になるかについて，事前に登
　記官に確認する必要がある。

【注12】　登記を嘱託する場合において，不動産番号を表示して不動産を
　　特定したときには，現在の不動産の表示事項（所在，地番，地目，
　　地積）を省略することができる（令6条1項1号，規則34条2項等）
　　が，不動産番号を表示したときでも，その全部を表示しておくのが
　　望ましい。

第3節　官公署が一般債権者としてする代位登記

第1　売買による所有権移転登記の前提としてする地目の変更の登記〔書式12〕

```
　　　　　　　　　登　記　嘱　託　書

　登記の目的　　　地目変更登記【注1】
　（被代位者）　　何市何町何丁目何番何号
　　　　　　　　　　　何　　　　某【注2】
　代　位　者　　　国土交通省【注3】
　代 位 原 因　　年月日売買の所有権移転登記請求権【注4】
　添 付 書 類
　　代位原因証書【注5】
　年月日嘱託　　　何法務局何支局【注6】
　嘱　託　者　　　国土交通省所管不動産登記嘱託指定職員
　　　　　　　　　国土交通大臣官房会計課長
　　　　　　　　　　　何　　　　某 職印【注7】
　連絡先の電話番号　○○－○○○○－○○○○
　　　　担当者　　何部何課何係　　　何　　　　某【注8】
```

不動産番号	1234567890123【注10】			
土地の表示【注9】	所　在	何市何町何丁目		
	①地　番	②地目	③地　　積 m²	登記原因及びその日付
	51番	畑	132	
		宅地	132 00	②③年月日地目変更

71

第2章　嘱託登記のための前提としての代位登記

【注1】　登記の目的は，「地目変更登記」と表示する。

【注2】　被代位者として，当該土地の所有者の住所及び氏名を表示する。この表示は，登記記録上の表示及び代位原因証書における売主の表示と符合していることを要する。符合しない場合は，その同一性を証する情報，例えば，住所移転を証する住民票の写し又は氏名の変更を証する戸籍謄（抄）本等の提供を要する。

【注3】　代位者として，債権者である買い受けた官庁又は公署が国の場合は所管省庁名を，地方公共団体の場合はその地方公共団体名を表示する。

【注4】　代位原因として，債権者である官庁又は公署がその代位登記を債務者に代わって嘱託しなければ保全することができない登記請求権とその発生原因を書式例のように表示する（法59条7号）。

【注5】　代位原因証書として，売買契約書等を提供する（令7条1項3号）。

【注6】　嘱託書を提出する日と提出先の法務局若しくは地方法務局又はその支局若しくは出張所の名称を表示する（規則34条1項7号・8号）。なお，嘱託書を郵送等で送付する場合には，その送付する日を表示すればよい。

【注7】　嘱託者として，国の場合は所管各省庁の不動産登記嘱託指定職員を，地方公共団体の場合はその団体の長の職及び氏名を表示し，職印を押印する。

【注8】　嘱託情報に補正すべき箇所がある場合に，登記所の担当者から嘱託官庁又は公署に連絡するための連絡先の担当部署及び担当者並びに電話番号を表示する（規則34条1項1号）。

【注9】　不動産の表示として，変更前と変更後の表示をする（令別表5及び6の項申請情報欄）。変更前の表示は，登記記録上の表示と符合していることを要し，第2行目には，変更後の土地の地目及び地積を表示する。地目変更登記において，変更後の表示として地積をも表

示するのは，変更後の地目が「宅地」又は「鉱泉地」である場合であり，この場合の地積は，1平方メートルの100分の1まで表示する必要がある（規則100条参照）ためである。したがって，変更後の地目が「宅地」又は「鉱泉地」以外である場合には，変更後の地積を表示することを要しない。なお，登記原因及びその日付欄には，地目の変更の旨及びその変更した年月日を表示する。また，地目の変更（又は更正）と地積の変更（又は更正）の登記は，同一の嘱託情報で嘱託できる（規則35条6号）が，この場合には，嘱託情報に登記原因及び登記の目的を併記することを要し（準則73条），併せて，地積測量図の提供をも要する（令別表6の項添付情報欄）。

【注10】　登記を嘱託する場合において，不動産番号を表示して不動産を特定したときには，現在の不動産の表示事項（所在，地番，地目，地積）を省略することができる（令6条1項1号，規則34条2項等）が，不動産番号を表示したときでも，その全部を表示しておくのが望ましい。

第2章　嘱託登記のための前提としての代位登記

第2　売買による所有権移転登記の前提としてする登記名義人の氏名（又は住所）の変更の登記〔書式13〕

```
                    登 記 嘱 託 書

登 記 の 目 的    何番登記名義人氏名（又は住所）変更【注1】
原　　　　　因    年月日氏名変更（又は住所移転）【注2】
変更後の事項【注3】
      氏　　名    何　　某
      （又は住所    何市何町何丁目何番何号）
                  （住民票コード 12345678901）
（被 代 位 者）    何市何町何丁目何番何号
                      何　　某【注4】
代　位　者    何　県【注5】
代 位 原 因    年月日売買の所有権移転登記請求権【注6】
添 付 書 類
    登記原因証明情報【注7】        代位原因証書【注8】
年月日嘱託　何法務局何出張所【注9】
嘱　託　者    何県知事　　何　　某 職印【注10】
連絡先の電話番号    ○○−○○○○−○○○○
        担当者    何部何課何係　　何　　某【注11】
登 録 免 許 税    登録免許税法第5条第1号【注12】
不動産の表示【注13】
      不動産番号    1234567890123【注14】
      所　　在    何市何町何丁目何番地
      家屋番号    何番
      種　　類    事務所
      構　　造    木造かわらぶき2階建
      床 面 積    1階　何・何平方メートル
                  2階　何・何平方メートル
```

74

第3節　官公署が一般債権者としてする代位登記

【注1】　登記の目的は，氏名変更又は住所移転に伴う所有権の登記名義
　　　人の表示変更であるから，「何番登記名義人氏名（又は住所）変更」
　　　と表示する。

【注2】　登記原因としては，氏名変更の場合は，婚姻，養子縁組，離
　　　婚，離縁等が考えられるが，いずれの場合も単に「氏名変更」と表
　　　示する。その日付は，戸籍の謄抄本等に記載されている氏名変更の
　　　届出の日を表示する。

　　　　住所移転の場合には，登記原因として「住所移転」と表示し，そ
　　　の日付は，住民票の写しに記載されている住所移転の日を表示す
　　　る。

　　　　氏名又は住所を数回変更又は移転している場合には，最後の氏名
　　　変更又は最後の住所移転のみを表示すればよい（昭和32・3・22民事
　　　甲第423号民事局長通達＝27頁）。もっとも，その場合においても，登
　　　記記録上の氏名又は住所から現在の氏名又は住所に至るまでの過程
　　　を証する情報を提供することを要することはもちろんである。

【注3】　変更後の事項として，氏名変更又は住所移転による変更後又は
　　　移転後の氏名又は住所を表示する。この表示は，登記原因証明情報
　　　としての戸籍の謄抄本，住民票の写し等の表示と符号していること
　　　を要する。なお，住民票コード（住民基本台帳法7条13号）を嘱託情
　　　報として表示することができる（令9条，規則36条4項）。

【注4】　被代位者として，債務者である所有権の登記名義人の現在の氏
　　　名及び住所を表示する。

【注5】　代位者として，債権者である買い受けた官庁又は公署が国の場
　　　合は所管省庁名を，地方公共団体の場合はその地方公共団体名を表
　　　示する。

【注6】　代位原因として，債権者である官庁又は公署がその代位登記を
　　　債務者に代わって嘱託しなければ保全することができない登記請求
　　　権とその発生原因を書式例のように表示する。

75

第2章　嘱託登記のための前提としての代位登記

【注7】　登記原因証明情報として，氏名又は住所の変更を証する戸籍の
謄（抄）本，住民票の写し等を提供する。なお，住所の変更があっ
たことを確認することができる場合において，【注3】の住民票
コードを表示したときは，住所を証する情報（住民票の写し）の提
供を要しない（令9条，規則36条4項ただし書）。

【注8】　代位原因証書として，売買契約書等を提供する（令7条1項3
号）。

【注9】　嘱託書を提出する日と提出先の法務局若しくは地方法務局又は
その支局若しくは出張所の名称を表示する（規則34条1項7号・8
号）。なお，嘱託書を郵送等で送付する場合には，その送付する日
を表示すればよい。

【注10】　嘱託者として，国の場合は所管各省庁の不動産登記嘱託指定職
員を，地方公共団体の場合はその団体の長の職及び氏名を表示し，
職印を押印する。

【注11】　嘱託情報に補正すべき箇所がある場合に，登記所の担当者から
嘱託官庁又は公署に連絡するための連絡先の担当部署及び担当者並
びに電話番号を表示する（規則34条1項1号）。

【注12】　国又は地方公共団体等が債務者に代位してする登記は，登録免
許税が課されない（登録免許税法5条1号）ので，その免除条項を表
示する。

【注13】　不動産の表示は，登記記録上の表示と符合していることを要す
る。

【注14】　登記を嘱託する場合において，不動産番号を表示して不動産を
特定したときには，現在の不動産の表示事項（所在地番，家屋番
号，建物の種類，構造及び床面積等）を省略することができる（令
6条1項2号，規則34条2項等）が，不動産番号を表示したときでも，
その全部を表示しておくのが望ましい。

第3節　官公署が一般債権者としてする代位登記

第3　抵当権設定登記の前提としてする登記名義人の住所の更正の登記〔書式14〕

登 記 嘱 託 書

登 記 の 目 的　　何番登記名義人住所更正【注1】

原　　　　因　　錯　誤【注2】

更正後の事項

住　　　所　　何市何町何丁目何番何号

　　　　　　　　（住民票コード 12345678901）

　　　　　　　　　　　　　　　　　【注3】

（被 代 位 者）　何市何町何丁目何番何号

　　　　　　　　　　何　　某【注4】

代　位　者　　何　市【注5】

代 位 原 因　　年月日延納市民税及び利子税担保の抵当権
　　　　　　　　設定登記請求権【注6】

添 付 書 類

　登記原因証明情報【注7】　　代位原因証書【注8】

年月日嘱託　　何法務局何出張所【注9】

嘱　託　者　　何市長　　何　　　某［職印］【注10】

連絡先の電話番号　○○-○○○○-○○○○

　　　　担当者　何部何課何係　　　何　　某【注11】

登 録 免 許 税　　登録免許税法第5条第1号【注12】

不動産の表示【注13】

　　　不動産番号　1234567890123【注14】

　　　所　　在　　何市何町何丁目

　　　地　　番　　何番

　　　地　　目　　山林

　　　地　　積　　何平方メートル

77

第2章　嘱託登記のための前提としての代位登記

【注1】　登記の目的は，錯誤による所有権の登記名義人の表示更正であるから，「何番登記名義人住所更正」と表示する。

【注2】　登記原因は，「錯誤」と表示する。錯誤を登記原因とする登記の場合には，登記原因の日付の表示を要しない。

【注3】　更正後の事項としては，登記名義人の正しい住所を表示する。なお，住民票コード（住民基本台帳法7条13号）を嘱託情報として表示することができる（令9条，規則36条4項）。

【注4】　被代位者として，債務者である所有権の登記名義人の現在の住所及び氏名を表示する。

【注5】　代位者として，債権者である抵当権を設定する官庁又は公署が国の場合は所管省庁名を，地方公共団体の場合はその地方公共団体名を表示する。

【注6】　代位原因として，債権者である官庁又は公署がその代位登記を債務者に代わって嘱託しなければ保全することができない登記請求権とその発生原因を書式例のように表示する。

【注7】　登記原因証明情報として，所有者の正しい住所を証する住民票の写し，登記記録に記録されている住所に該当者がない旨の証明書（不在証明書）等を提供する。

【注8】　代位原因証書として，抵当権設定契約書等を提供する。

【注9】　嘱託書を提出する日と提出先の法務局若しくは地方法務局又はその支局若しくは出張所の名称を表示する（規則34条1項7号・8号）。なお，嘱託書を郵送等で送付する場合には，その送付する日を表示すればよい。

【注10】　嘱託者として，国の場合は所管各省庁の不動産登記嘱託指定職員を，地方公共団体の場合はその団体の長の職及び氏名を表示し，職印を押印する。

【注11】　嘱託情報に補正すべき箇所がある場合に，登記所の担当者から嘱託官庁又は公署に連絡するための連絡先の担当部署及び担当者並

第3節　官公署が一般債権者としてする代位登記

びに電話番号を表示する（規則34条1項1号）。

【注12】　国又は地方公共団体等が債務者に代位してする登記は，登録免
許税が課されない（登録免許税法5条1号）ので，その免除条項を表
示する。

【注13】　不動産の表示は，登記記録上の表示と符合していることを要す
る。

【注14】　登記を嘱託する場合において，不動産番号を表示して不動産を
特定したときには，現在の不動産の表示事項（所在，地番，地目，
地積）を省略することができる（令6条1項1号，規則34条2項等）
が，不動産番号を表示したときでも，その全部を表示しておくのが
望ましい。

79

第2章　嘱託登記のための前提としての代位登記

第4　市が買い受けた所有権の登記のない土地につき所有権移転登記の前提としてする所有権保存の登記〔書式15〕

登　記　嘱　託　書

登 記 の 目 的　　所有権保存【注1】
所　有　者　　何市何町何丁目何番何号
（被 代 位 者）　　（住民票コード 12345678901）
　　　　　　　　　何　　某【注2】
代　位　者　　何　市【注3】
代 位 原 因　　年月日売買の所有権移転登記請求権【注4】
添 付 書 類
　　住所証明書【注5】　　　代位原因証書【注6】
　　年月日法第74条第1項第1号（表題部所有者）嘱託【注7】
　　　　　　　　　　　　何法務局何出張所【注8】
嘱　託　者　　何市長　　何　　某 職印【注9】
連絡先の電話番号　　○○－○○○○－○○○○
　　　担当者　　何部何課何係　　何　　某【注10】
登 録 免 許 税　　登録免許税法第5条第1号【注11】
不動産の表示【注12】
　　不動産番号　　1234567890123【注13】
　　所　　在　　何市何町何丁目
　　地　　番　　何番
　　地　　目　　宅地
　　地　　積　　何・何平方メートル

80

第3節　官公署が一般債権者としてする代位登記

【注１】　登記の目的は，「所有権保存」と表示する。

【注２】　所有者として，債務者である被代位者の住所及び氏名を表示する。この表示は，登記記録の表題部に記録されている所有者の表示と符合していることを要する。したがって，表題部の所有者の表示と符合しないときは，その前提として住所又は氏名の変更又は更正の登記を要する。なお，住民票コード（所有者が個人の場合。住民基本台帳法７条13号）又は会社法人等番号（所有権利者が法人の場合（この場合の会社法人等番号は，当該法人の名称に続けて表示する。）。商業登記法７条）を嘱託情報として表示することができる（令９条，規則36条４項）。

【注３】　代位者として，債権者である買い受けた官庁又は公署が国の場合は所管省庁名を，地方公共団体の場合はその地方公共団体名を表示する。

【注４】　代位原因として，債権者である官庁又は公署がその代位登記を債務者に代わって嘱託しなければ保全することができない登記請求権とその発生原因を書式例のように表示する（法59条７号）。

【注５】　所有者の住所証明書として，所有者が個人であるときは，その者の住民票の写し等を提供し，所有者が法人であるときは，その法人の登記事項証明書等を提供する（令別表28の項添付情報欄ニ）。なお，【注２】の住民票コード又は会社法人等番号を表示したときは，住所を証する情報（個人の住民票の写し又は法人の登記事項証明書等）の提供を要しない（令９条，規則36条４項本文）。

【注６】　代位原因証書として，売買契約書等を提供する。

【注７】　所有権保存の登記を嘱託する場合には，申請人が法第74条第１項各号に掲げる者のいずれであるかを，嘱託情報の内容としなければならない（令別表28の項申請情報欄イ）ので，その旨を書式例のように表示する。

【注８】　嘱託書を提出する日と提出先の法務局若しくは地方法務局又は

第2章　嘱託登記のための前提としての代位登記

その支局若しくは出張所の名称を表示する（規則34条1項7号・8号）。なお，嘱託書を郵送等で送付する場合には，その送付する日を表示すればよい。

【注9】　嘱託者として，国の場合は所管各省庁の不動産登記嘱託指定職員を，地方公共団体の場合はその団体の長の職及び氏名を表示し，職印を押印する。

【注10】　嘱託情報に補正すべき箇所がある場合に，登記所の担当者から嘱託官庁又は公署に連絡するための連絡先の担当部署及び担当者並びに電話番号を表示する（規則34条1項1号）。

【注11】　国又は地方公共団体等が債務者に代位してする登記は，登録免許税が課されない（登録免許税法5条1号）ので，その免除条項を表示する。

【注12】　不動産の表示は，登記記録上の表示と符合していることを要する。

【注13】　登記を嘱託する場合において，不動産番号を表示して不動産を特定したときには，現在の不動産の表示事項（所在，地番，地目，地積）を省略することができる（令6条1項1号，規則34条2項等）が，不動産番号を表示したときでも，その全部を表示しておくのが望ましい。

第3節　官公署が一般債権者としてする代位登記

第5　市が買い受けた土地の所有権移転登記の前提としてする相続による所有権移転の登記〔書式16〕

登 記 嘱 託 書

登 記 の 目 的　　所有権移転【注1】
原　　　　因　　年月日相続【注2】
相　　続　　人　　（被相続人　何　某）【注3】
（被 代 位 者）　　何市何町何丁目何番何号
　　　　　　　　　（住民票コード 12345678901）
　　　　　　　　　持分何分の何　何　　某
　　　　　　　　　何市何町何丁目何番何号
　　　　　　　　　（住民票コード 12345678901）
　　　　　　　　　何分の何　何　　某【注4】
代　　位　　者　　何　市【注5】
代　位　原　因　　年月日売買の所有権移転登記請求権【注6】
添　付　書　類
　　登記原因証明情報【注7】　　　　住所証明書【注8】
　　代 位 原 因 証 書【注9】
年月日嘱託　　　　何法務局何出張所【注10】
嘱　　託　　者　　何市長　　何　　　某 職印【注11】
連絡先の電話番号　　○○－○○○○－○○○○
　　　　担当者　　何部何課何係　　何　　某【注12】
登 録 免 許 税　　登録免許税法第 5 条第 1 号【注13】
不動産の表示【注14】
　　不動産番号　　1234567890123【注15】
　　所　　在　　何市何町何丁目
　　地　　番　　何番
　　地　　目　　宅地
　　地　　積　　何・何平方メートル

83

第2章　嘱託登記のための前提としての代位登記

【注1】　登記の目的は，「所有権移転」と表示する。

【注2】　登記原因は，「相続」であり，その日付は，被相続人の死亡の日（相続開始の日）である。なお，その日付は，戸籍の表示と一致していることを要する。

【注3】　被相続人の氏名のみを表示する。この氏名は登記記録上の表示と一致していることを要するが，一致しない場合には，登記記録の氏名に該当する者がない旨の不在証明書等の提供を要する。

【注4】　債務者である相続人（被代位者）の住所及び氏名を表示する。この相続人の表示は，登記原因証明情報として提供する戸籍謄本等の表示と一致していることを要する。なお，相続人が2人以上の場合は，必ず共有持分を表示する（法59条4号）。また，住民票コード（住民基本台帳法7条13号）を嘱託情報として表示することができる（令9条，規則36条4項）。

【注5】　代位者として，債権者である買い受けた官庁又は公署が国の場合は所管省庁名を，地方公共団体の場合はその地方公共団体名を表示する。

【注6】　代位原因として，債権者である官庁又は公署がその代位登記を債務者に代わって嘱託しなければ保全することができない登記請求権とその発生原因を書式例のように表示する（法59条7号）。

【注7】　登記原因証明情報として，相続を証する戸籍謄本，除籍謄本等，関連する戸籍の謄抄本等を提供することを要する（令別表22の項添付情報欄）。その他，相続放棄申述受理証明書，遺産分割協議書（又は遺産分割の審判若しくは調停調書の正本），特別受益証明書等がある場合には，それをも提供する。

【注8】　相続人の住所証明書として，住民票の写し等を提供する。なお，【注4】の住民票コードを表示したときは，住所を証する情報（住民票の写し）の提供を要しない（令9条，規則36条4項本文）。

【注9】　代位原因証書として，売買契約書等を提供する。

84

第3節　官公署が一般債権者としてする代位登記

【注10】　嘱託書を提出する日と提出先の法務局若しくは地方法務局又は
その支局若しくは出張所の名称を表示する（規則34条1項7号・8
号）。なお，嘱託書を郵送等で送付する場合には，その送付する日
を表示すればよい。

【注11】　嘱託者として，国の場合は所管各省庁の不動産登記嘱託指定職
員を，地方公共団体の場合はその団体の長の職及び氏名を表示し，
職印を押印する。

【注12】　嘱託情報に補正すべき箇所がある場合に，登記所の担当者から
嘱託官庁又は公署に連絡するための連絡先の担当部署及び担当者並
びに電話番号を表示する（規則34条1項1号）。

【注13】　国又は地方公共団体等が債務者に代位してする登記は，登録免
許税が課されない（登録免許税法5条1号）ので，その免除条項を表
示する。

【注14】　不動産の表示は，登記記録上の表示と符合していることを要す
る。

【注15】　登記を嘱託する場合において，不動産番号を表示して不動産を
特定したときには，現在の不動産の表示事項（所在，地番，地目，
地積）を省略することができる（令6条1項1号，規則34条2項等）
が，不動産番号を表示したときでも，その全部を表示しておくのが
望ましい。

第2章　嘱託登記のための前提としての代位登記

第6　抵当権設定登記の前提としてする相続による所有権移転の登記〔書式17〕

```
              登　記　嘱　託　書

登 記 の 目 的　　所有権移転【注1】
原　　　　因　　年月日相続【注2】
相　続　人　　（被相続人　何　某）【注3】
（被 代 位 者）　　何市何町何丁目何番何号
　　　　　　　　（住民票コード 12345678901）
　　　　　　　　持分何分の何　何　　　某
　　　　　　　　何市何町何丁目何番何号
　　　　　　　　（住民票コード 12345678901）
　　　　　　　　何分の何　何　　　某【注4】
代　位　者　　何　県【注5】
代 位 原 因　　年月日延納県民税及び利子税担保の抵当権
　　　　　　　　設定登記請求権【注6】
添　付　書　類
　　登記原因証明情報【注7】　　　住所証明書【注8】
　　代 位 原 因 証 書【注9】
年月日嘱託　　何法務局何支局【注10】
嘱　託　者　　何県県税事務所長　　何　　某 職印 【注11】
連絡先の電話番号　　○○‐○○○○‐○○○○
　　　　　担当者　　何部何課何係　　　何　　某【注12】
登 録 免 許 税　　登録免許税法第5条第1号【注13】
不動産の表示【注14】
　　　不動産番号　　1234567890123【注15】
　　　所　　在　　何市何町何丁目何番地
　　　家屋番号　　何番
　　　種　　類　　居宅
　　　構　　造　　木造かわらぶき2階建
　　　床面積　　　1階　何・何平方メートル
　　　　　　　　　2階　何・何平方メートル
```

第3節　官公署が一般債権者としてする代位登記

【注1】　登記の目的は,「所有権移転」と表示する。

【注2】　登記原因は,「相続」であり,その日付は,被相続人の死亡の日（相続開始の日）である。なお,その日付は,戸籍の表示と一致していることを要する。

【注3】　被相続人の氏名のみを表示する。この氏名は登記記録上の表示と一致していることを要するが,一致しない場合には,登記記録の氏名に該当する者がない旨の不在証明書等の提供を要する。

【注4】　債務者である相続人（被代位者）の住所及び氏名を表示する。この相続人の表示は,登記原因証明情報として提供する戸籍謄本等の表示と一致していることを要する。なお,相続人が2人以上の場合は,必ず共有持分を表示する（法59条4号）。また,住民票コード（住民基本台帳法7条13号）を嘱託情報として表示することができる（令9条,規則36条4項）。

【注5】　代位者として,債権者（抵当権者）が国の場合は所管省庁名を,地方公共団体の場合はその地方公共団体名を表示する。

【注6】　代位原因として,債権者である官庁又は公署がその代位登記を債務者に代わって嘱託しなければ保全することができない登記請求権とその発生原因を書式例のように表示する（法59条7号）。

【注7】　登記原因証明情報として,相続を証する戸籍謄本,除籍謄本等,関連する戸籍の謄抄本等を提供することを要する（令別表22の項添付情報欄）。その他,相続放棄申述受理証明書,遺産分割協議書（又は遺産分割の審判若しくは調停調書の正本）,特別受益証明書等がある場合には,それをも提供する。

【注8】　相続人の住所証明書として,住民票の写し等を提供する。なお,【注4】の住民票コードを表示したときは,住所を証する情報（住民票の写し）の提供を要しない（令9条,規則36条4項本文）。

【注9】　代位原因証書として,抵当権設定契約書等を提供する。

【注10】　嘱託書を提出する日と提出先の法務局若しくは地方法務局又は

87

第 2 章　嘱託登記のための前提としての代位登記

その支局若しくは出張所の名称を表示する（規則 34 条 1 項 7 号・8号）。なお，嘱託書を郵送等で送付する場合には，その送付する日を表示すればよい。

【注11】　嘱託者として，国の場合は所管各省庁の不動産登記嘱託指定職員を，地方公共団体の場合はその団体の長の職及び氏名を表示し，職印を押印する。

【注12】　嘱託情報に補正すべき箇所がある場合に，登記所の担当者から嘱託官庁又は公署に連絡するための連絡先の担当部署及び担当者並びに電話番号を表示する（規則 34 条 1 項 1 号）。

【注13】　国又は地方公共団体等が債務者に代位してする登記は，登録免許税が課されない（登録免許税法 5 条 1 号）ので，その免除条項を表示する。

【注14】　不動産の表示は，登記記録上の表示と符合していることを要する。

【注15】　登記を嘱託する場合において，不動産番号を表示して不動産を特定したときには，現在の不動産の表示事項（所在地番，家屋番号，建物の種類，構造及び床面積等）を省略することができる（令 6 条 1 項 2 号，規則 34 条 2 項等）が，不動産番号を表示したときでも，その全部を表示しておくのが望ましい。

第4節　河川区域内の土地となった旨の登記等をするための登記

第1　土地の一部が河川区域内の土地となったためにするその旨の登記の前提としてする分筆の登記〔書式18〕

```
                    登 記 嘱 託 書

   登 記 の 目 的    分筆登記【注1】
   （被 代 位 者）    何市何町何丁目何番何号
                    何　　　　某【注2】
   代 　位 　者    何　県【注3】
   代 位 原 因    不動産登記法第43条第4項【注4】
   添 付 書 類
     地 積 測 量 図【注5】            代位原因証書【注6】
   年月日嘱託                何法務局何出張所【注7】
   嘱 　託 　者    河川管理者　何県知事　何　某 職印【注8】
   連絡先の電話番号    ○○－○○○○－○○○○
          担当者    何部何課何係　　何　　　　某【注9】
   登 録 免 許 税    登録免許税法第5条第1号【注10】
```

不動産番号	1234567890123【注12】		
土地の表示【注11】	所　在	何 市 何 町 何 丁 目	
	①地　番	②地目	③地　　積 m³	登記原因及びその日付
	3番	原野	400	
	(イ) 3番1		320	①③3番1，3番2 に分筆
	(ロ) 3番2		80	3番から分筆

第2章　嘱託登記のための前提としての代位登記

【注1】　土地の一部が河川法の適用又は準用される河川区域内のものと
なった場合には，その旨の登記を嘱託する前提として，河川管理者
において，分筆の登記を嘱託することができる（法43条4項）。この
場合の登記の目的は，「分筆登記」と表示する。

【注2】　被代位者として，土地の所有者の住所及び氏名を表示する。こ
の表示は，登記記録上の表示と符合していることを要する。

【注3】　代位者として，河川管理者の名称を表示する。

【注4】　代位原因として，土地の一部が河川区域内の土地となったとき
の嘱託手続を定める根拠規定を書式例のように表示する。

【注5】　分筆の登記の嘱託書には，分筆前の土地を図示し，分筆線を明
らかにして分筆後の各土地を表示した地積測量図を提供する必要が
ある（令別表8の項添付情報欄イ，規則78条）。この地積測量図は，規
則別記第一号様式により，日本工業規格B列4番の丈夫な用紙を用
いて250分の1の縮尺（この縮尺によることが適当でないときは，
適宜の縮尺によっても差し支えない。）によって作成し，地番区域
の名称，方位，縮尺，地番（隣接地の地番を含む。），地積及びその
求積方法，筆界点間の距離，基本三角点等に基づく測量の成果によ
る筆界点の座標値（近傍に基本三角点等が存しない場合その他の基
本三角点等に基づく測量ができない特別の事情がある場合にあって
は，近傍の恒久的な地物に基づく測量の成果による筆界点の座標
値），境界標（筆界点にある永続性のある石杭又は金属標その他こ
れに類する標識をいう。）があるときは，当該境界標の表示等を記
載しなければならない（規則74条，75条，77条）。ただし，分筆前の
土地が広大な土地であって，分筆後の土地の一方がわずかであるな
ど特別の事情があるときに限り，分割後の土地の1筆については，
必ずしも地積の求積方法等を明らかにしなくてもよい（準則72条2
項）。

なお，地積測量図の作成方法については，127～129頁を参照の

第4節　河川区域内の土地となった旨の登記等をするための登記

こと。

【注6】　代位原因証書として，河川区域内の土地となったことが公示されている官報又は都道府県の公報等を提供する。

【注7】　嘱託書を提出する日と提出先の法務局若しくは地方法務局又はその支局若しくは出張所の名称を表示する（規則34条1項7号・8号）。なお，嘱託書を郵送等で送付する場合には，その送付する日を表示すればよい。

【注8】　嘱託者として，河川管理者の職及び氏名を表示し職印を押印する。

【注9】　嘱託情報に補正すべき箇所がある場合に，登記所の担当者から嘱託官庁又は公署に連絡するための連絡先の担当部署及び担当者並びに電話番号を表示する（規則34条1項1号）。

【注10】　国又は地方公共団体等が債務者に代位してする登記は，登録免許税が課されない（登録免許税法5条1号）ので，その免除条項を表示する。

【注11】　不動産の表示として，まず分筆前と分筆後の表示及び分筆する土地に区分して書式例のように表示する。分筆前の土地は，登記記録上の表示と符合していることを要し（法25条6号），分筆後の土地及び分筆する土地の表示は，【注5】の地積測量図の表示と符合していることを要する。また，分筆後の土地及び分筆する土地には地積測量図の符号を(イ)・(ロ)のように記載する（規則34条1項2号，78条）。

　なお，分筆後の土地の地番は登記官によって付されるものであるが，登記官から予定地番を示された場合には，嘱託者があらかじめ書式例のように表示しても差し支えない。この場合において，単番の土地を分筆する場合には，何番1，何番2というように表示して差し支えないが，分筆前の土地の地番が支号を付されたものである場合には，分筆後の土地の地番が何番になるかについて，事前に登

第2章　嘱託登記のための前提としての代位登記

　　記官に確認する必要がある。

【注12】　登記を嘱託する場合において，不動産番号を表示して不動産を
　　　　特定したときには，現在の不動産の表示事項（所在，地番，地目，
　　　　地積）を省略することができる（令6条1項1号，規則34条2項等）
　　　　が，不動産番号を表示したときでも，その全部を表示しておくのが
　　　　望ましい。

第5節 収用に関する登記をするための代位登記

第1 地目の変更の登記〔書式19〕

登 記 嘱 託 書

登記の目的　　地目変更登記【注1】
（被代位者）　何市何町何丁目何番何号
　　　　　　　　　何　　　某【注2】
代 位 者　　何 市【注3】
代 位 原 因　　年月日収用の所有権移転登記請求権【注4】
添 付 書 類
　代位原因証書【注5】
年月日嘱託　　何法務局何支局【注6】
嘱 託 者　　何市長　何　　　某 [職印]【注7】
連絡先の電話番号　　○○－○○○○－○○○○
　　　担当者　何部何課何係　　何　　　某【注8】

不動産番号		1234567890123【注10】			
土地の表示【注9】	所　在	何市区郡何町村大字何字何			
	①地　番	②地目	③地　積 m²		登記原因及びその日付
	51番	畑	300		
		宅地	300	00	②③年月日地目変更

第 2 章　嘱託登記のための前提としての代位登記

【注1】　登記の目的は,「地目変更登記」と表示する。

【注2】　被代位者として,当該土地の所有者の住所及び氏名を表示する。この表示は,登記記録上の表示及び代位原因証書における収用に係る土地の所有者の表示と符合していることを要する。符合しない場合は,その同一性を証する情報,例えば,住所移転を証する住民票の写し又は氏名の変更を証する戸籍謄(抄)本等の提供を要する。

【注3】　代位者として,収用の起業者が国の場合は所管省庁名を,地方公共団体の場合はその地方公共団体名を表示する。

【注4】　代位原因として,債権者である官庁又は公署がその代位登記を債務者に代わって嘱託しなければ保全することができない登記請求権とその発生原因を書式例のように表示する(法59条7号)。

【注5】　代位原因証書として,土地収用法第48条第1項の規定による裁決のあったことを証する書面,同法第50条第1項の規定による和解のあったことを証する書面,補償金の受領証(又は供託受領証)を提供する。

【注6】　嘱託書を提出する日と提出先の法務局若しくは地方法務局又はその支局若しくは出張所の名称を表示する(規則34条1項7号・8号)。なお,嘱託書を郵送等で送付する場合には,その送付する日を表示すればよい。

【注7】　嘱託者として,起業者が国の場合は所管各省庁の不動産登記嘱託指定職員を,地方公共団体の場合はその団体の長の職・氏名を表示し,職印を押印する。

【注8】　嘱託情報に補正すべき箇所がある場合に,登記所の担当者から嘱託官庁又は公署に連絡するための連絡先の担当部署及び担当者並びに電話番号を表示する(規則34条1項1号)。

【注9】　不動産の表示として,変更前と変更後の表示をする(令別表5及び6の項申請情報欄)。変更前の表示は,登記記録上の表示と符合し

ていることを要し，第2行目には，変更後の土地の地目及び地積を
表示する。地目変更登記において，変更後の表示として地積をも表
示するのは，変更後の地目が「宅地」又は「鉱泉地」である場合で
あり，この場合の地積は，1平方メートルの100分の1まで表示す
る必要がある（規則100条参照）ためである。したがって，変更後の
地目が「宅地」又は「鉱泉地」以外である場合には，変更後の地積
を表示することを要しない。なお，登記原因及びその日付欄には，
地目の変更の旨及びその変更した年月日を表示する。また，地目の
変更（又は更正）と地積の変更（又は更正）の登記は，同一の嘱託
情報で嘱託できる（規則35条6号）が，この場合には，嘱託情報に
登記原因及び登記の目的を併記することを要し（準則73条），併せ
て，地積測量図の提供をも要する（令別表6の項添付情報欄）。

【注10】　登記を嘱託する場合において，不動産番号を表示して不動産を
特定したときには，現在の不動産の表示事項（所在，地番，地目，
地積）を省略することができる（令6条1項1号，規則34条2項等）
が，不動産番号を表示したときでも，その全部を表示しておくのが
望ましい。

第2章　嘱託登記のための前提としての代位登記

第2　登記名義人の住所（又は氏名）の変更の登記〔書式20〕

```
                登 記 嘱 託 書

登 記 の 目 的   何番登記名義人住所（又は氏名）変更【注1】
原        因   年月日住所移転（又は氏名変更）【注2】
変 更 後 の 事 項
   住      所   何市何町何丁目何番何号
               （住民票コード 12345678901）
               （又は氏名　何某）【注3】
（被 代 位 者）   何市何町何丁目何番何号
                     何      某【注4】
代  位  者     国土交通省【注5】
代 位 原 因     年月日収用の所有権移転登記請求権【注6】
添  付  書  類
   登記原因証明情報【注7】            代位原因証書【注8】
年月日嘱託      何法務局何支局【注9】
嘱  託  者     国土交通省所管不動産登記嘱託指定職員
               何地方建設局長　　　何　　　某職印【注10】
連絡先の電話番号   ○○ - ○○○○ - ○○○○
     担当者     何部何課何係　　　何　　　某【注11】
登 録 免 許 税   登録免許税法第5条第1号【注12】
不動産の表示【注13】
   不 動 産 番 号   1234567890123【注14】
   所      在   何市何町何丁目
   地      番   何番
   地      目   宅地
   地      積   何・何平方メートル
```

96

第5節　収用に関する登記をするための代位登記

【注1】　登記の目的は，住所移転又は氏名変更に伴う所有権の登記名義人の表示変更であるから，「何番登記名義人住所（又は氏名）変更」と表示する。

【注2】　登記原因は，「住所移転」又は「氏名変更」と表示し，その日付は，住民票の写し，戸籍謄抄本等に記載されている住所移転又は氏名変更の日である。住所又は氏名を数回変更している場合には，最後の住所移転又は最後の氏名変更のみ表示すればよい（昭和32・3・22民事甲第423号民事局長通達＝27頁）。もっとも，その場合においても，登記記録上の住所又は氏名から現在の住所又は氏名に至るまでの変動の過程を証する情報を提供することを要することはもちろんである。

【注3】　変更後の事項として，住所移転又は氏名変更による変更後の住所又は氏名を表示する。この表示は，登記原因証明情報としての住民票の写し，戸籍の謄抄本等の表示と符合していることを要する。なお，住民票コード（住民基本台帳法7条13号）を嘱託情報として表示することができる（令9条，規則36条4項）。

【注4】　被代位者として，債務者である所有者の現在の住所及び氏名を表示する。

【注5】　代位者として，収用の起業者が国の場合は所管省庁名を，地方公共団体の場合はその地方公共団体名を表示する。

【注6】　代位原因として，債権者である官庁又は公署がその代位登記を債務者に代わって嘱託しなければ保全することができない登記請求権とその発生原因を書式例のように表示する（法59条7号）。

【注7】　登記原因証明情報として住所又は氏名の移転又は変更を証する住民票の写し（住所移転の場合），戸籍の謄抄本（氏名変更の場合）等（令別表23の項添付情報欄）を提供する。なお，住所移転があったことを確認することができる場合において，【注3】の住民票コードを表示したときは，住所を証する情報（住民票の写し）の提供を

第2章　嘱託登記のための前提としての代位登記

要しない（令9条，規則36条4項ただし書）。

【注8】　代位原因証書として，土地収用法第48条第1項の規定による裁決のあったことを証する書面，同法第50条第1項の規定による和解のあったことを証する書面，補償金の受領証（又は供託受領証）を提供する。

【注9】　嘱託書を提出する日と提出先の法務局若しくは地方法務局又はその支局若しくは出張所の名称を表示する（規則34条1項7号・8号）。なお，嘱託書を郵送等で送付する場合には，その送付する日を表示すればよい。

【注10】　嘱託者として，起業者が国の場合は所管各省庁の不動産登記嘱託指定職員を，地方公共団体の場合はその団体の長の職・氏名を表示し，職印を押印する。

【注11】　嘱託情報に補正すべき箇所がある場合に，登記所の担当者から嘱託官庁又は公署に連絡するための連絡先の担当部署及び担当者並びに電話番号を表示する（規則34条1項1号）。

【注12】　国又は地方公共団体等が債務者に代位してする登記は，登録免許税は免除される（登録免許税法5条1号）ので，その免除条項を表示する。

【注13】　不動産の表示は，登記記録上の表示と符合していることを要する。

【注14】　登記を嘱託する場合において，不動産番号を表示して不動産を特定したときには，現在の不動産の表示事項（所在，地番，地目，地積）を省略することができる（令6条1項1号，規則34条2項等）が，不動産番号を表示したときでも，その全部を表示しておくのが望ましい。

98

第3章　一般官公署の嘱託登記

第1節　総　説

　官庁又は公署は，一方では権力の主体であると同時に，他方では財産の主体となり得るものです。したがって，官庁又は公署が，実体法上の権利関係の当事者として，登記を嘱託しなければならない場合も少なくありません。この場合には，官庁又は公署は，私人と同列の資格で登記権利者又は登記義務者となるものであり，その手続は，原則として，申請による登記手続に関する規定が準用されます。すなわち，官庁又は公署が，未登記の不動産を取得した場合，あるいはその所有に係る不動産の現況について変更等が生じた場合には，官庁又は公署は，不動産の表示に関する登記を嘱託しなければなりません。

　他方で，不動産登記法においては，官庁又は公署が当事者となる権利に関する登記手続について，申請による登記手続を準用することなく，特則を設けています。すなわち，法第116条の規定がそれであり，この規定によって行われる登記は，狭義の嘱託登記ともいわれるべきものです。

　不動産登記法の特則による嘱託登記は，次の二つに大別することができます。

1　官庁又は公署が登記権利者としてする場合

　官庁又は公署が不動産に関する権利を取得したときは，官庁又は公署は，嘱託情報に登記原因を証する情報及び登記義務者の承諾を証する情報を提供して登記を嘱託することを要します（法116条1項）。この場合，登記義務者の権利に関する登記済証（いわゆる権利証）又は登記識別情報については，提出又は提供することを要しません。

第3章　一般官公署の嘱託登記

　また，官庁又は公署が取得した不動産に関する権利の変更又は処分の制限の登記において，官庁又は公署が登記権利者であるときも，上記と同様です。

2　官庁又は公署が登記義務者としてする場合

　官庁又は公署が，その所有に係る不動産に関する権利を失い又はその範囲が縮小したときには，官庁又は公署は，登記権利者の請求によって，嘱託情報に登記原因を証する情報を提供して登記の嘱託をしなければなりません（法116条2項）。この場合，登記義務者である官庁又は公署の権利に関する登記済証又は登記識別情報は，提出又は提供することを要しません。また，官庁又は公署が取得した不動産に関する権利の消滅，変更又は処分の制限の登記において，官庁又は公署が登記義務者であるときも，上記と同様です。

　なお，官庁又は公署の所有に係る不動産で，表題登記のみがされているものがある場合には，官庁又は公署は，法第74条の規定により所有権保存の登記を嘱託することができ，また，官庁又は公署の所有等に係る不動産又は権利について登記名義人の名称等の変更等が生じた場合には，官庁又は公署は，法第64条第1項の規定により登記名義人の名称等の変更の登記を嘱託することができます。これらの場合には，一般の申請の場合と同様の登記手続によることになります。

第2節　不動産の表示に関する登記

第1　土地の表題登記（官庁又は公署が嘱託する場合）〔書式21〕

　土地の表題登記は，新たに生じた土地（海底の隆起等により既存の土地に接しないまったく新たな土地が生ずる場合，また，従来，海若しくは湖水であったものが，公有水面埋立法の規定により埋め立てられ，土地になった場合等）若しくは，従来から存在していたにもかかわらず登記がされていなかった土地について，初めて表題部のみの登記記録を設け，土地自体の現況を明確にさせるとともに，その所有者の氏名及び住所をも表示して明らかにするものです。ただし，ここに表示された所有者は，所有権保存の登記申請人の適格性を示す（法74条）ものとされていますが，それ自体は，民法第177条の所有権取得の対抗力を有する登記ではないと解されています。

　なお，旧法の附則第5条（不動産の表示に関する登記の申請義務についての経過措置）において，土地の表示の登記申請（旧法80条1項・3項），地目及び地積の変更（旧法81条1項・3項），土地の滅失（旧法81条ノ8）の登記についての規定は，地方税法第348条の規定により固定資産税を課すことができない土地については，当分の間は適用しないこととされていましたが，この規定は，新法においても，なお従前の例によるとして，そのまま維持されています（新法附則9条）。したがって，国及び地方公共団体等の所有する土地は，固定資産税を課すことができないものに該当しますから，土地の表示に関する登記の嘱託については，一般私人による申請の場合とは異なり，嘱託義務は課されていません。

第3章　一般官公署の嘱託登記

登 記 嘱 託 書

登 記 の 目 的　　　土地表題登記【注1】
添 付 書 類
　土 地 所 在 図【注2】
　地 積 測 量 図【注3】　　　所有権証明書【注4】
年月日嘱託　　　何法務局何出張所【注5】
嘱 　託 　者　　　何市長　　　何　　　某 職印【注6】
連絡先の電話番号　　〇〇 - 〇〇〇〇 - 〇〇〇〇
　　　　　担当者　　何部何課何係　　　何　　　某【注7】

	所 在	何 市 何 町 何 丁 目【注8】		
土地の表示	①地番	②地目	③地　　積 m^2	登記原因及びその日付
	【注9】	宅地 【注10】	562 ⫶ 06 【注11】	不詳 【注12】

第2節　不動産の表示に関する登記

【注1】　登記の目的は,「土地表題登記」と表示する。

　　なお,土地の表題登記には所有者の住所を証する情報を提供する
ものとされているが（令別表4の項添付情報欄ニ）,官庁又は公署につ
いては,私人の場合のような住所という観念はなく,また,その所
在が不明であるということはあり得ないため,官庁又は公署が嘱託
をする場合は,その情報の提供を要しない。

【注2】　土地の表題登記には,隣地との関係を明確にした土地所在図を
提供する必要がある（令別表4項添付情報欄イ）。この土地所在図は,
規則別記第一号様式により,日本工業規格B列4番の丈夫な用紙を
用いて作成し,0.2ミリメートル以下の細線により,図形を鮮明に
表示し,方位,縮尺,土地の形状及び隣地の地番を記録しなければ
ならない。また,近傍類似の土地についての法第14条第1項の地
図と同一の縮尺により一筆の土地ごとに作成し,作成の年月日を記
載し,嘱託者が記名するとともに,その作成者が署名し,又は記名
押印しなければならない（規則74条,75条,76条）。

　　なお,土地所在図の作成方法については,106・107頁を参照の
こと。

【注3】　土地の表題登記には,地積測量図を提供する必要がある（令別
表4の項添付情報欄ロ）。この地積測量図は,規則別記第一号様式によ
り,日本工業規格B列4番の丈夫な用紙を用いて250分の1の縮尺
（この縮尺によることが適当でないときは,適宜の縮尺によっても
差し支えない。）によって作成し,地番区域の名称,方位,縮尺,
地番（隣接地の地番を含む。）,地積及びその求積方法,筆界点間の
距離,基本三角点等に基づく測量の成果による筆界点の座標値（近
傍に基本三角点等が存しない場合その他の基本三角点等に基づく測
量ができない特別の事情がある場合にあっては,近傍の恒久的な地
物に基づく測量の成果による筆界点の座標値）,境界標（筆界点に
ある永続性のある石杭又は金属標その他これに類する標識をいう。）

103

第3章　一般官公署の嘱託登記

があるときは，当該境界標の表示，等を記録しなければならない（規則74条，75条，77条）。

　地積測量図の作成方法については，108・109頁を参照のこと。

　なお，地積測量図を提供すべき登記を嘱託する場合には，法令上の根拠はないものの，当該嘱託に係る土地が，正しい筆界に基づいて測量された成果であることを証する情報として，関係土地所有者の筆界確認書等を提供（これを提供することができないときは，その理由書の提供）するのが，登記実務における取扱いである。

【注4】　所有権を証する情報（令別表4の項添付情報欄ハ）として，例えば国有地払下げの契約書，公有水面埋立法第22条の規定による竣工認可書等，嘱託者が所有者であることを認めることのできる情報を提供しなければならない（準則71条1項）が，国又は地方公共団体の所有する土地について，官庁又は公署が土地の表題登記を嘱託する場合には，所有権を証する情報の提供を便宜省略して差し支えないものとされている（準則71条2項）。

【注5】　嘱託書を提出する日と提出先の法務局若しくは地方法務局又はその支局若しくは出張所の名称を表示する（規則34条1項7号・8号）。なお，嘱託書を郵送等で送付する場合には，その送付する日を表示すればよい。

【注6】　嘱託者として，国の場合は所管各省庁の不動産登記嘱託指定職員を，地方公共団体の場合はその団体の長の職及び氏名を表示し，職印を押印する。

　なお，土地の所管庁の命令又は規則で登記嘱託職員に指定されている職員は，その指定職員の代理権限を証する情報を提供することなく，登記を嘱託することができる（令7条2項）。

【注7】　嘱託情報に補正すべき箇所がある場合に，登記所の担当者から嘱託官庁又は公署に連絡するための連絡先の担当部署及び担当者並びに電話番号を表示する（規則34条1項1号）。

第2節　不動産の表示に関する登記

【注8】　土地の所在の市，区，郡，町，村及び字（令3条7号イ）を表示する。

【注9】　地番（令3条7号ロ）は，嘱託の際は，未だ定まっていないため，空欄としておくことで差し支えないが，予定地番が登記所から示されたときは，その予定地番を表示する。

【注10】　地目（令3条7号ハ）を表示する。地目とは，その土地の利用状況によって区分された土地の呼称であって，土地の主たる用途により，田・畑・宅地等23種に区分されている（法34条2項，規則99条）。

　　地目の定め方は，土地の現況及び利用目的に重点を置き，部分的にわずかな差異の存するときでも，土地全体としての状況を観察して定められる（準則68条）。

【注11】　地積（令3条7号ニ）を表示する。地積は，法第34条第1項第4号の規定によって，土地の登記事項の一つとされているが，宅地及び鉱泉地以外の土地で10平方メートルを超えるものについては，1平方メートル未満の端数は，表示しない。

　　宅地及び鉱泉地並びに宅地及び鉱泉地以外の土地で10平方メートル以下のものについては，1平方メートルの100分の1まで表示し，100分の1以下は切り捨てるものとされている（規則100条）。

【注12】　既存の土地について表題登記を嘱託する場合には，土地が生じた原因とその日付が不明の場合が多い。したがって，そのような場合には，書式例のように「不詳」と表示する。また，新たに土地が生じた場合には，その事由を「公有水面埋立」又は「海底隆起」のように表示し，その日付は，埋立竣工認可の告示の日又は事実上土地の生じた日を表示する。

105

第3章 一般官公署の嘱託登記

〔参考1〕 土地所在図

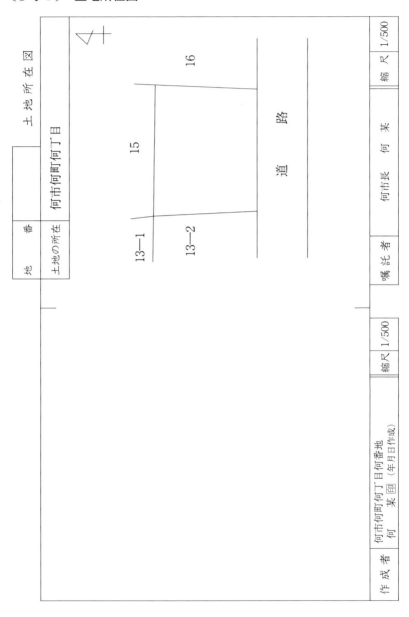

第2節　不動産の表示に関する登記

土地所在図の作成方法

1　土地所在図は，規則別記第一号様式により，日本工業規格B列4番の丈夫な用紙を用いて作成する（規則74条3項）。

2　土地所在図は，0.2ミリメートル以下の細線により，図形を鮮明に表示しなければならない（規則74条1項）。

3　土地所在図は，1筆の土地ごとに作成しなければならない（規則75条1項）。

4　地積測量図の余白を用いて土地所在図を作成することができるときは，図面の標記に「土地所在図」と追記して，便宜，土地所在図を作成して差し支えない（準則51条3項）。また，地積測量図の縮尺が，その土地について作成すべき土地所在図の縮尺と同一であって，当該地積測量図によって土地の所在を明確に表示することができるときは，図面の標記を「地積測量図兼土地所在図」と記載して，便宜，当該地積測量図をもって土地所在図を兼ねることができる（準則51条4項）。

5　土地所在図は市街地地域にあっては250分の1又は500分の1，村落・農耕地域にあっては500分の1又は1000分の1，山林・原野地域にあっては1000分の1又は2500分の1の縮尺によって作成し，方位，縮尺，土地の形状及び隣地の地番を記録する（法14条1項，15条，規則10条2項，76条）。

6　土地所在図には，作成の年月日を記録し，嘱託者が記名するとともに，その作成者が署名し，又は記名押印しなければならない（規則74条2項）。

第3章 一般官公署の嘱託登記

〔参考2〕 **地積測量図**（筆界に境界標がある場合）

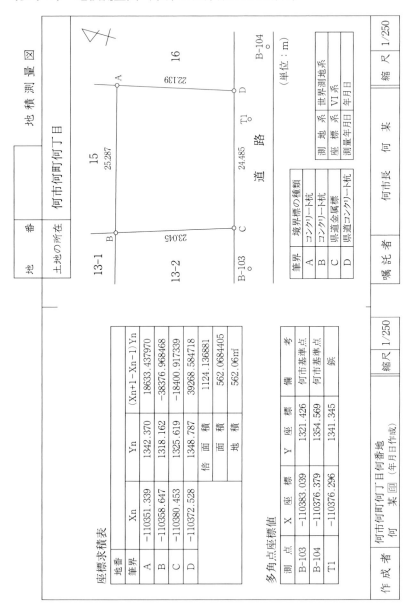

地積測量図の作成方法

1　地積測量図は，規則別記第一号様式により，日本工業規格Ｂ列４番の丈夫な用紙を用いて作成する（規則74条3項）。

2　地積測量図は，0.2ミリメートル以下の細線により，図形を鮮明に表示しなければならない（規則74条1項）。

3　地積測量図は，１筆の土地ごとに作成しなければならない（規則75条1項）。

4　地積測量図は，原則として250分の１の縮尺によって作成し，地番区域の名称，方位，縮尺，地番（隣接地の地番を含む。），地積及びその求積の方法並びに筆界点間の距離を記録する（規則77条1項1号ないし6号・3項）。なお，地積測量図には，以上のほかに，基本三角点等に基づく測量の成果による筆界点の座標値（近傍に基本三角点等が存しない場合その他の基本三角点等に基づく測量ができない特別の事情がある場合にあっては，近傍の恒久的地物に基づく測量の成果による筆界点の座標値）を，境界標（筆界点にある永続性のある石杭又は金属標その他これに類する標識をいう。）があるときは，当該境界標の表示を記録するものとされている（規則77条1項7号・8号）。そして，基本三角点等に基づく測量の成果による筆界点の座標値を記録する場合には，当該基本三角点等に符号を付した上，地積測量図の適宜の箇所にその符号，基本三角点等の名称及びその座標値も記録するものとし，また，近傍の恒久的な地物に基づく測量の成果による筆界点の座標値を記録する場合には，当該地物の存する地点に符号を付した上で，地積測量図の適宜の箇所にその符号，地物の名称，概略図及びその座標値も記録するものとされている（準則50条）。

5　地積測量図には，作成の年月日を記録し，嘱託者が記名するとともに，その作成者が署名し，又は記名押印をしなければならない（規則74条2項）。

第3章　一般官公署の嘱託登記

（代理人が嘱託する場合）〔書式22〕

登　記　嘱　託　書

登記の目的　　　土地表題登記【注1】
添 付 書 類
　土 地 所 在 図【注2】　　　　地 積 測 量 図【注3】
　所 有 権 証 明 書【注4】　　　代 理 権 限 情 報【注5】
年月日嘱託　　　何法務局何出張所【注6】
嘱　託　者　　　何市長　　　　何　　　某【注7】
代　理　人　　　何市何町何丁目何番何号
　　　　　　　　社団法人何公共嘱託登記土地家屋調査士協会
　　　　　　　　理　事　　　何　　某 ［職印］【注8】
　　　　　連絡先の電話番号　〇〇-〇〇〇〇-〇〇〇〇【注9】

土地の表示	所　在	何 市 何 町 何 丁 目【注10】		
		①地番	②地目	③地　　積 m²	登記原因及びその日付
		【注11】	宅地 【注12】	562 ¦ 06 【注13】	不詳 【注14】

110

第2節　不動産の表示に関する登記

【注1】　登記の目的は，「土地表題登記」と表示する。

　　　　なお，土地の表題登記には所有者の住所を証する情報を提供する
　　　ものとされているが（令別表4の項添付情報欄ニ），官庁又は公署につ
　　　いては，私人の場合のような住所という観念はなく，また，その所
　　　在が不明であるということはあり得ないため，官庁又は公署が嘱託
　　　をする場合は，その情報の提供を要しない。

【注2】　土地の表題登記には，隣地との関係を明確にした土地所在図を
　　　提供する必要がある（令別表4項添付情報欄イ）。この土地所在図は，
　　　規則別記第一号様式により，日本工業規格B列4番の丈夫な用紙を
　　　用いて作成し，0.2ミリメートル以下の細線により，図形を鮮明に
　　　表示し，方位，縮尺，土地の形状及び隣地の地番を記録しなければ
　　　ならない。また，近傍類似の土地についての法第14条第1項の地
　　　図と同一の縮尺により一筆の土地ごとに作成し，作成の年月日を記
　　　載し，嘱託者が記名するとともに，その作成者が署名し，又は記名
　　　押印しなければならない（規則74条，75条，76条）。

　　　　なお，土地所在図の作成方法については，106・107頁を参照の
　　　こと。

【注3】　土地の表題登記には，地積測量図を提供する必要がある（令別
　　　表4の項添付情報欄ロ）。この地積測量図は，規則別記第一号様式によ
　　　り，日本工業規格B列4番の丈夫な用紙を用いて250分の1の縮尺
　　　（この縮尺によることが適当でないときは，適宜の縮尺によっても
　　　差し支えない。）によって作成し，地番区域の名称，方位，縮尺，
　　　地番（隣接地の地番を含む。），地積及びその求積方法，筆界点間の
　　　距離，基本三角点等に基づく測量の成果による筆界点の座標値（近
　　　傍に基本三角点等が存しない場合その他の基本三角点等に基づく測
　　　量ができない特別の事情がある場合にあっては，近傍の恒久的な地
　　　物に基づく測量の成果による筆界点の座標値），境界標（筆界点に
　　　ある永続性のある石杭又は金属標その他これに類する標識をいう。）

III

第3章　一般官公署の嘱託登記

があるときは，当該境界標の表示，等を記録しなければならない（規則74条，75条，77条）。

　地積測量図の作成方法については，108・109頁を参照のこと。

　なお，地積測量図を提供すべき登記を嘱託する場合には，法令上の根拠はないものの，当該嘱託に係る土地が，正しい筆界に基づいて測量された成果であることを証する情報として，関係土地所有者の筆界確認書等を提供（これを提供することができないときは，その理由書の提供）するのが，登記実務における取扱いである。

【注4】　所有権を証する情報（令別表4の項添付情報欄ハ）として，例えば国有地払下げの契約書，公有水面埋立法第22条の規定による竣工認可書等，嘱託者が所有者であることを認めることのできる情報を提供しなければならない。しかし，国又は地方公共団体の所有する土地について，官庁又は公署が土地の表題登記を嘱託する場合には，所有権を証する情報の提供を便宜省略して差し支えない（準則71条2項）ものとされている。

【注5】　公共嘱託登記土地家屋調査士協会が代理人として登記を嘱託するときは，その代理人の権限を証する情報として，嘱託者が作成した委任状を提供する（令7条1項2号）。

【注6】　嘱託書を提出する日と提出先の法務局若しくは地方法務局又はその支局若しくは出張所の名称を表示する（規則34条1項7号・8号）。なお，嘱託書を郵送等で送付する場合には，その送付する日を表示すればよい。

【注7】　嘱託者として，国の場合は所管各省庁の不動産登記嘱託指定職員を，地方公共団体の場合はその団体の長の職及び氏名を表示し，職印を押印する。

　なお，土地の所管庁の命令又は規則で登記嘱託職員に指定されている職員は，その指定職員の代理権限を証する情報を提供することなく，登記を嘱託することができる（令7条2項）。

第 2 節　不動産の表示に関する登記

【注8】　公共嘱託登記土地家屋調査士協会が代理人として登記を嘱託するときは，当該協会名，その代表者の職及び氏名を表示し職印を押印する。

【注9】　嘱託情報に補正すべき箇所がある場合に，登記所の担当者から嘱託官庁又は公署に連絡するための連絡先の担当部署及び担当者並びに電話番号を表示する（規則 34 条 1 項 1 号）。

【注10】　土地の所在の市，区，郡，町，村及び字（令 3 条 7 号イ）を表示する。

【注11】　地番（令 3 条 7 号ロ）は，嘱託の際は，未だ定まっていないため，空欄としておくことで差し支えないが，予定地番が登記所から示されたときは，その予定地番を表示する。

【注12】　地目（令 3 条 7 号ハ）を表示する。地目とは，その土地の利用状況によって区分された土地の呼称であって，土地の主たる用途により，田・畑・宅地等 23 種に区分されている（法 34 条 2 項，規則 99 条）。

　　　地目の定め方は，土地の現況及び利用目的に重点を置き，部分的にわずかな差異の存するときでも，土地全体としての状況を観察して定められる（準則 68 条）。

【注13】　地積（令 3 条 7 号ニ）を表示する。地積は，法第 34 条第 1 項第 4 号の規定によって，土地の登記事項の一つとされているが，宅地及び鉱泉地以外の土地で 10 平方メートルを超えるものについては，1 平方メートル未満の端数は，表示しない。

　　　宅地及び鉱泉地並びに宅地及び鉱泉地以外の土地で 10 平方メートル以下のものについては，1 平方メートルの 100 分の 1 まで表示し，100 分の 1 以下は切り捨てるものとされている（規則 100 条）。

【注14】　既存の土地について表題登記を嘱託する場合には，土地が生じた原因とその日付が不明の場合が多い。したがって，そのような場合には，書式例のように「不詳」と表示する。また，新たに土地が

113

第3章　一般官公署の嘱託登記

生じた場合には，その事由を「公有水面埋立」又は「海底隆起」の
ように表示し，その日付は，埋立竣工認可の告示の日又は事実上土
地の生じた日を表示する。

第2節　不動産の表示に関する登記

第2　地目の変更（又は更正）の登記（山林を宅地に変更した場合。他の場合も本書式例に準じる）〔書式23〕

　地目の変更の登記（法37条1項）とは，既に登記されている土地について，その主たる用途を変更した場合に，その土地の登記記録上の表示を現況に合致させるためにされる登記です。

　変更の原因は，人為的に利用方法を変更したか又は自然現象により変更されたかは問いません。

　地目の更正の登記（法38条）とは，既に登記されている土地の地目が，その登記の当初から誤っていた場合に，これを訂正して，登記記録上の表示を現況に合致させるためにされる登記です。

　なお，農地を農地以外の地目に変更する地目の変更の登記には，農地法第4条又は第5条の規定による都道府県知事等の許可書の提供を要しますが，官庁又は公署の所有する土地について地目の変更があったときは，その提供を要しないものとされています（市町村が農地を買収した場合の所有権移転の登記の嘱託について，昭和35・11・21民事甲第2751号民事局長通達＝118頁）。

115

第3章　一般官公署の嘱託登記

登　記　嘱　託　書

登 記 の 目 的　　地目変更（又は更正）【注1】
年月日嘱託　　　何法務局何出張所【注2】
嘱　託　者　　　何市長　　　何　　　某 職印【注3】
連絡先の電話番号　　○○－○○○○－○○○○
　　　担当者　　何部何課何係　　　何　　　某【注4】

不動産番号		1234567890123【注6】		
土地の表示【注5】	所　在	何 市 何 町 何 丁 目		
	①地番	②地目	③地　　　積　　m²	登記原因及びその日付
	35番	山林	160	
		宅地	160 ¦ 00	②③年月日地目変更（又は②③錯誤）

116

第2節　不動産の表示に関する登記

【注1】　登記の目的は，「地目変更（又は更正）」と表示する。

【注2】　嘱託書を提出する日と提出先の法務局若しくは地方法務局又は
　　　その支局若しくは出張所の名称を表示する（規則34条1項7号・8
　　　号）。なお，嘱託書を郵送等で送付する場合には，その送付する日
　　　を表示すればよい。

【注3】　嘱託者として，国の場合は所管各省庁の不動産登記嘱託指定職
　　　員を，地方公共団体の場合はその団体の長の職及び氏名を表示し，
　　　職印を押印する。

【注4】　嘱託情報に補正すべき箇所がある場合に，登記所の担当者から
　　　嘱託官庁又は公署に連絡するための連絡先の担当部署及び担当者並
　　　びに電話番号を表示する（規則34条1項1号）。

【注5】　不動産の表示として，変更前と変更後の表示をする（令別表5
　　　及び6の項申請情報欄）。変更前の表示は，登記記録上の表示と符合し
　　　ていることを要し，第2行目には，変更後の土地の地目及び地積を
　　　表示する。地目変更登記において，変更後の表示として地積をも表
　　　示するのは，変更後の地目が「宅地」又は「鉱泉地」である場合で
　　　あり，この場合の地積は，1平方メートルの100分の1まで表示す
　　　る必要がある（規則100条参照）ためである。したがって，変更後の
　　　地目が「宅地」又は「鉱泉地」以外である場合には，変更後の地積
　　　を表示することを要しない。なお，登記原因及びその日付欄には，
　　　地目の変更の旨及びその変更した年月日を表示する。更正の場合に
　　　は，単に「②③錯誤」と表示すれば足り，その年月日は表示するこ
　　　とを要しない。また，地目の変更（又は更正）と地積の変更（又は
　　　更正）の登記は，同一の嘱託情報で嘱託できる（規則35条6号）が，
　　　この場合には，嘱託情報に登記原因及び登記の目的を併記すること
　　　を要し（準則73条），併せて，地積測量図の提供をも要する（令別表
　　　6の項添付情報欄）。

【注6】　登記を嘱託する場合において，不動産番号を表示して不動産を

117

第3章　一般官公署の嘱託登記

特定したときには，現在の不動産の表示事項（所在，地番，地目，地積）を省略することができる（令6条1項1号，規則34条2項等）が，不動産番号を表示したときでも，その全部を表示しておくのが望ましい。

◉昭和35年11月21日民事甲第2751号民事局長通達

〔農地法第五条の許可書の添付の要否について〕　標記の件について，別紙甲号のとおり東京法務局長から問合せがあつたので，別紙乙号のとおり回答したから，この旨貴管下登記官吏に周知方しかるべく取り計らわれたい。

（別紙甲号）　市区町村が道路敷とするため買収した農地についての所有権移転登記嘱託書には，農地法第五条の許可書の添付を要しないものと考えますが，いささか疑義がありますので何分の御垂示賜わりたく，お伺いいたします。

（別紙乙号）　九月二十一日付登第二四二号をもつて問合せのあつた標記の件については，貴見のとおりと考える。

第2節　不動産の表示に関する登記

第3　地積の更正（又は変更）の登記〔書式24〕

　地積の更正の登記（法38条）は，既に登記されている地積の表示が，実際の地積と異なっている場合に，それを訂正するためにされる登記です。

　また，登記後に自然現象により土地の一部が海没した場合，寄洲によって地積に変動を生じた場合等には，地積の変更の登記（法37条1項）をすることになります。

第3章　一般官公署の嘱託登記

登　記　嘱　託　書

登記の目的　　地積更正（又は変更）【注1】
添　付　書　類
　地積測量図【注2】
年月日嘱託　　何法務局何出張所【注3】
嘱　託　者　　何市長　　　何　　　某 職印 【注4】
連絡先の電話番号　　○○－○○○○－○○○○
　　　　担当者　　何部何課何係　　　何　　　某【注5】

不動産番号		1234567890123【注6】			
土地の表示	所　在	何市何町何丁目【注7】			
		①地番	②地目	③地　　積　m²	登記原因及びその日付
		15番【注7】	宅地【注8】	62 ┊ 86 【注8】	
				127 ┊ 65 【注9】	③錯　誤　【注10】

第2節　不動産の表示に関する登記

【注1】　登記の目的は,「地積更正（又は変更）」と表示する。

【注2】　地積の更正の登記には,地積測量図を提供する必要がある（令別表6の項添付情報欄）。なお,地積測量図の内容等については,103頁の【注3】参照。

【注3】　嘱託書を提出する日と提出先の法務局若しくは地方法務局又はその支局若しくは出張所の名称を表示する（規則34条1項7号・8号）。なお,嘱託書を郵送等で送付する場合には,その送付する日を表示すればよい。

【注4】　嘱託者として,国の場合は所管各省庁の不動産登記嘱託指定職員を,地方公共団体の場合はその団体の長の職及び氏名を表示し,職印を押印する。

【注5】　嘱託情報に補正すべき箇所がある場合に,登記所の担当者から嘱託官庁又は公署に連絡するための連絡先の担当部署及び担当者並びに電話番号を表示する（規則34条1項1号）。

【注6】　登記を嘱託する場合において,不動産番号を表示して不動産を特定したときには,現在の不動産の表示事項（所在,地番,地目,地積）を省略することができる（令6条1項1号,規則34条2項等）が,不動産番号を表示したときでも,その全部を表示しておくのが望ましい。

【注7】　土地の所在の市,区,郡,町,村,字及び地番を表示する（令3条7号イ・ロ）。これは登記記録上の表示と符合していることを要する。

【注8】　土地の地目及び更正前又は変更前の土地の地積（令3条7号ハ・ニ）を表示する。この表示は,登記記録上の表示と符合していることを要する。

【注9】　更正後又は変更後の土地の地積（令別表6の項申請情報欄）を表示する。宅地及び鉱泉地並びに宅地及び鉱泉地以外の土地で,地積が10平方メートル以下のものについては,1平方メートルの100分

第3章　一般官公署の嘱託登記

の1まで表示する。しかし，宅地及び鉱泉地以外の土地で地積が10平方メートルを超えるものについては，1平方メートル未満の端数は，表示しない。

【注10】　登記原因及びその日付欄には，単に「③錯誤」と表示すれば足り，その年月日は，表示することを要しない。なお，土地の一部が海没等したことにより地積に変動が生じた場合には，「③年月日一部海没」等のように表示する。

第2節　不動産の表示に関する登記

第4　分筆の登記（1筆の土地を2筆に分筆する場合。3筆以上に分筆する場合も本書式例に準じる）〔書式25〕

　分筆の登記とは，1筆の土地を分割して数筆の土地とする登記をいいます。

　分筆は，その登記をすることによって初めて分筆の効果が形成されます。この点，土地が生じたときのように，単に，その不動産の現況を公示することを目的とする他の表示に関する登記とは異なります。分筆の登記は，原則として，表題部所有者又は所有権の登記名義人以外の者は，申請することができません（法39条1項）。

　分筆の登記がされる場合としては，土地の一部を譲渡するとき，又は土地の一部について抵当権，地上権，賃借権等を設定等するような場合が考えられますが，土地をどのように分筆するかは，土地所有者の自由です。

　しかし，1筆の土地の一部が別地目となった場合，又は地番区域を異にするようになった場合等には，その土地の所有者から分筆登記の申請がない場合でも，登記官は，職権で，その土地の分筆の登記をしなければなりません（法39条2項・3項）。

第3章　一般官公署の嘱託登記

登 記 嘱 託 書

登 記 の 目 的　　土地分筆【注1】

添 付 書 類

　地 積 測 量 図【注2】

年月日嘱託　　　何法務局何出張所【注3】

嘱 　託 　者　　　何市長　　　何　　　某 職印 【注4】

連絡先の電話番号　　○○－○○○○－○○○○

　　　　担当者　　　何部何課何係　　　何　　　某【注5】

登 録 免 許 税　　　登録免許税法第4条第1項【注6】

不動産番号		1234567890123【注8】	
土地の表示【注7】	所　在	何 市 何 町 何 丁 目	
		①地番　②地目　③地　積 m²	登記原因及びその日付
		4番　　宅地　　　500 ¦ 00	
		(イ) 4番1　　　　294 ¦ 62	①③4番1，4番2に分筆
		(ロ) 4番2　　　　205 ¦ 38	4番から分筆

124

第2節　不動産の表示に関する登記

【注1】　登記の目的は，「土地分筆」と表示する。

【注2】　分筆の登記の嘱託書には，分筆前の土地を図示し，分筆線を明らかにして分筆後の各土地を表示した地積測量図を提供する必要がある（令別表8の項添付情報欄イ，規則78条）。この地積測量図は，規則別記第一号様式により，日本工業規格B列4番の丈夫な用紙を用いて250分の1の縮尺（この縮尺によることが適当でないときは，適宜の縮尺によっても差し支えない。）によって作成し，地番区域の名称，方位，縮尺，地番（隣接地の地番を含む。），地積及びその求積方法，筆界点間の距離，基本三角点等に基づく測量の成果による筆界点の座標値（近傍に基本三角点等が存しない場合その他の基本三角点等に基づく測量ができない特別の事情がある場合にあっては，近傍の恒久的な地物に基づく測量の成果による筆界点の座標値），境界標（筆界点にある永続性のある石杭又は金属標その他これに類する標識をいう。）があるときは，当該境界標の表示等を記録しなければならない（規則74条，75条，77条）。ただし，分筆前の土地が広大な土地であって，分筆後の土地の一方がわずかであるなど特別の事情があるときに限り，分割後の土地の1筆については，必ずしも地積の求積方法等を明らかにしなくてもよい（準則72条2項）。

　　なお，地積測量図の作成方法については，127 ～ 129頁を参照のこと。

【注3】　嘱託書を提出する日と提出先の法務局若しくは地方法務局又はその支局若しくは出張所の名称を表示する（規則34条1項7号・8号）。なお，嘱託書を郵送等で送付する場合には，その送付する日を表示すればよい。

【注4】　嘱託者として，国の場合は所管各省庁の不動産登記嘱託指定職員を，地方公共団体の場合はその団体の長の職及び氏名を表示し，職印を押印する。

第3章　一般官公署の嘱託登記

【注5】　嘱託情報に補正すべき箇所がある場合に，登記所の担当者から嘱託官庁又は公署に連絡するための連絡先の担当部署及び担当者並びに電話番号を表示する（規則34条1項1号）。

【注6】　国及び登録免許税法別表第二に掲げる者が自己のために登記を嘱託する場合は非課税である（登録免許税法4条1項）ので，その免除条項を表示する。

【注7】　不動産の表示として，まず分筆前と分筆後の表示及び分筆する土地に区分して書式例のように表示する。分筆前の土地は，登記記録上の表示と符合していることを要し（法25条6号），分筆後の土地及び分筆する土地の表示は，【注2】の地積測量図の表示と符合していることを要する。また，分筆後の土地及び分筆する土地には地積測量図の符号を(イ)・(ロ)のように表示する（規則34条1項2号，78条）。

　なお，分筆後の土地の地番は登記官によって付されるものであるが，登記官から予定地番を示された場合には，嘱託者があらかじめ書式例のように表示しても差し支えない。この場合において，単番の土地を分筆する場合には，何番1，何番2というように表示して差し支えないが，分筆前の土地の地番が支号を付されたものである場合には，分筆後の土地の地番が何番になるかについて，事前に登記官に確認する必要がある。

【注8】　登記を嘱託する場合において，不動産番号を表示して不動産を特定したときには，現在の不動産の表示事項（所在，地番，地目，地積）を省略することができる（令6条1項1号，規則34条2項等）が，不動産番号を表示したときでも，その全部を表示しておくのが望ましい。

第2節　不動産の表示に関する登記

〔参考３〕　**地積測量図**（筆界に境界標がない場合）

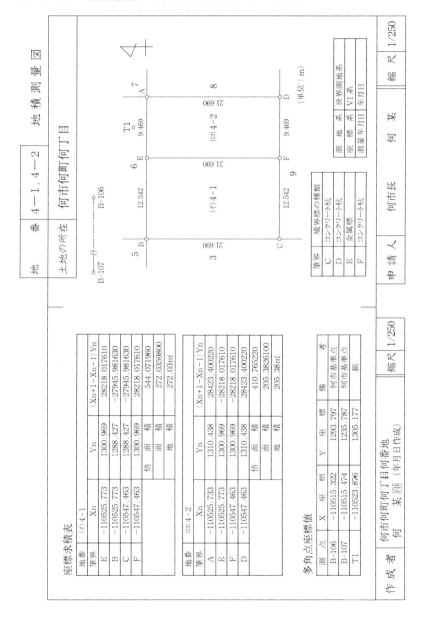

第3章　一般官公署の嘱託登記

地積測量図の作成方法

1　地積測量図は，規則別記第一号の様式により，日本工業規格Ｂ列４番の丈夫な用紙を用いて作成する（規則74条3項）。

2　地積測量図は，0.2ミリメートル以下の細線により，図形を鮮明に表示しなければならない（規則74条1項）。

3　地積測量図は，1筆の土地ごとに作成しなければならない（規則75条1項）。

4　地積測量図は原則として250分の1の縮尺によって作成し，地番区域の名称，方位，縮尺，地番（隣接地の地番を含む。），地積及びその求積の方法並びに筆界点間の距離を記録する（規則77条1項1号ないし6号・3項）。なお，地積測量図には，以上のほかに，基本三角点等に基づく測量の成果による筆界点の座標値（近傍に基本三角点等が存しない場合その他の基本三角点等に基づく測量ができない特別の事情がある場合にあっては，近傍の恒久的地物に基づく測量の成果による筆界点の座標値）を，境界標（筆界点にある永続性のある石杭又は金属標その他これに類する標識をいう。）があるときは，当該境界標の表示を記録するものとされている（規則77条1項7号・8号）。そして，基本三角点等に基づく測量の成果による筆界点の座標値を記録する場合には，当該基本三角点に符号を付した上，地積測量図の適宜の箇所にその符号，基本三角点等の名称及びその座標値も記録するものとし，また，近傍の恒久的な地物に基づく測量の成果による筆界点の座標値を記録する場合には，当該地物の存する地点に符号を付した上で，地積測量図の適宜の箇所にその符号，地物の名称，概略図及びその座標値も記録するものとされている（準則50条）。

5　分筆後の土地のそれぞれには(イ)・(ロ)等の符号を付ける。この符号は嘱託情報に表示した符号と一致しなければならない（規則78条，34条1項2号）。

128

第2節　不動産の表示に関する登記

6　地積測量図には作成の年月日を記録し，嘱託者が記名するとともに，その作成者が署名し，又は記名押印をしなければならない（規則74条2項）。

第3章　一般官公署の嘱託登記

第5　合筆の登記（2筆の土地を1筆にする場合。3筆以上を合筆する場合も本書式例に準じる）〔書式26〕

　合筆の登記とは，登記記録上1筆の土地として登記されている2筆以上の土地を合併して1筆の土地とする登記をいいます。

　合筆の登記は，原則として，登記記録の表題部所有者又は所有権の登記名義人の全員の申請によってされ（法39条1項），登記官が，その合筆の登記をすることによって合併の効力が生じます。

　なお，合筆の登記には，次のような制限があり，この制限に該当する場合は，合筆の登記をすることはできません（法41条）。

(1)　相互に接続していない土地

(2)　地目又は地番区域が相互に異なる土地

(3)　表題部所有者又は所有権の登記名義人が相互に異なる土地

(4)　表題部所有者又は所有権の登記名義人が相互に持分を異にする土地

(5)　所有権の登記がない土地と所有権の登記がある土地

(6)　所有権の登記以外の権利に関する登記がある土地（権利に関する登記であって，合筆後の土地の登記記録に登記することができるものとして法務省令で定めるものがある土地を除く。）

　上記(6)の法務省令で定める合筆後の土地の登記記録にすることができる登記としては，①承役地についてする地役権の登記，②担保権の登記であって，登記の目的，申請の受付の年月日及び受付番号並びに登記原因及びその日付が同一のもの，③信託の登記であって，法第97条第1項各号に掲げる登記事項が同一のもの，④鉱害賠償登録令第26条に規定する鉱害賠償登録に関する登記であって，鉱害賠償登録規則第2条に規定する登録番号が同一のものとされています（規則105条）。

第2節　不動産の表示に関する登記

登　記　嘱　託　書

登記の目的　　土地合筆【注1】

□登記識別情報の通知を希望する。【注2】

年月日嘱託　　何法務局何出張所【注3】

嘱　託　者　　何市長　　何　　某 [職印]【注4】

連絡先の電話番号　　○○－○○○○－○○○○

　　　担当者　　何部何課何係　　何　　某【注5】

登録免許税　　登録免許税法第4条第1項【注6】

不動産番号		1234567890123，1234567890124【注7】			
土地の表示	所　在	何市何町何丁目【注8】			
	①地番	②地目	③地　　積 m²		登記原因及びその日付
	1番【注8】	宅地【注8】	100	00【注8】	
	2番【注8】	宅地【注8】	50	00【注8】	1番に合筆　　　　　【注9】
	1番【注10】	宅地【注10】	150	00【注10】	③2番を合筆　　　　【注11】

131

第3章 一般官公署の嘱託登記

【注1】 登記の目的は,「土地合筆」と表示する。

【注2】 登記をすることによって申請人自らが登記名義人となる場合において,その登記が完了したときは,登記官から申請人に対し,登記識別情報が通知される(法21条)。合筆の登記を嘱託し,その登記をするときには,登記記録の甲区に合併による所有権の登記がされる(規則107条1項1号)ので,合筆の登記が完了したときにも登記識別情報が通知される。しかし,官庁又は公署の嘱託による登記で,官庁又は公署が自ら登記名義人となる場合には,官庁又は公署が特に希望する場合を除いて,この登記識別情報の通知はされない(規則64条1項4号)。したがって,登記識別情報の通知を希望するときは,あらかじめ嘱託情報にその旨を明示(□にチェックする)しなければならない。

なお,所有権の登記がない数筆の土地を合筆する場合には,登記記録の甲区が設けられていないから,登記記録に合併による所有権の登記がされることはない。したがって,登記識別情報は,そもそも通知されないから,登記識別情報の通知を希望する旨の表示をする必要はない。

【注3】 嘱託書を提出する日と提出先の法務局若しくは地方法務局又はその支局若しくは出張所の名称を表示する(規則34条1項7号・8号)。なお,嘱託書を郵送等で送付する場合には,その送付する日を表示すればよい。

【注4】 嘱託者として,国の場合は所管各省庁の不動産登記嘱託指定職員を,地方公共団体の場合はその団体の長の職及び氏名を表示し,職印を押印する。

【注5】 嘱託情報に補正すべき箇所がある場合に,登記所の担当者から嘱託官庁又は公署に連絡するための連絡先の担当部署及び担当者並びに電話番号を表示する(規則34条1項1号)。

【注6】 国及び登録免許税法別表第二に掲げる者が自己のために登記を

第2節　不動産の表示に関する登記

　　　嘱託する場合は非課税である（登録免許税法4条1項）ので，その免
　　　除条項を表示する。

【注7】　登記を嘱託する場合において，不動産番号を表示して不動産を
　　　特定したときには，現在の不動産の表示事項（所在，地番，地目，
　　　地積）を省略することができる（令6条1項1号，規則34条2項等）
　　　が，不動産番号を表示したときでも，その全部を表示しておくのが
　　　望ましい。

【注8】　合筆前の土地の所在の市，区，郡，町，村，字及び地番，地
　　　目，地積を表示する（令3条7号イ・ロ・ハ・ニ）。この表示は，登記
　　　記録上の表示と符合していることを要する。

【注9】　合筆する土地の「登記原因及びその日付」欄に，「何番に合筆
　　　した」旨を書式例のように表示する。

【注10】　合筆後に存続する土地の地番，地目，地積を表示する（令別表
　　　9の項申請情報欄イ）。なお，合筆後に存続する土地については，特
　　　別の事情がある場合を除き，合筆前の首位の地番をもってその地番
　　　とする（準則67条1項6号・7号）。なお，地積については，1平方
　　　メートルの100分の1（宅地及び鉱泉地以外の土地で10平方メー
　　　トルを超えるものについては，1平方メートル）未満の端数を表示
　　　することを要しない（規則100条）。

【注11】　合筆後に存続する土地の「登記原因及びその日付」欄に，合筆
　　　によって地積が増加したことを示すために③と冠記した上で，「何
　　　番を合筆した」旨を書式例のように表示する。

第3章　一般官公署の嘱託登記

第6　土地の滅失の登記（海没により土地が滅失した場合。不存在の場合等も本書式に準じる）〔書式27〕

　土地の滅失の登記とは，土地が海面下に没してしまった場合，又は河川法が適用又は準用されている河川の区域内にある既登記の土地がその河川の流水下に没した場合（書式28参照）等に，土地が滅失したことを登記記録上明らかにして，その登記記録を閉鎖するためにされる登記です。

　なお，1筆の土地の一部が滅失した場合には，地積の変更の登記をすることになり，また，当初から不存在の土地が登記されていた場合には，土地の滅失に準じて登記することになります。土地の滅失の登記については，表題部所有者又は所有権の登記名義人にその申請義務が課せられており（法42条），また，河川法が適用又は準用されている土地が滅失した場合には，河川管理者の嘱託により滅失の登記がされます（法43条5項）。

第2節　不動産の表示に関する登記

登 記 嘱 託 書

登 記 の 目 的　　土地滅失【注1】
年 月 日 嘱 託　　何法務局何出張所【注2】
嘱　託　者　　何市長　　　何　　　某 職印 【注3】
連絡先の電話番号　　○○ - ○○○○ - ○○○○
　　　担当者　　何部何課何係　　　何　　　某【注4】

不動産番号		1234567890123【注5】	
土地の表示	所　在	何 市 何 町 何 丁 目【注6】	
	①地番	②地目	③地　　積 m²	登記原因及びその日付
	3番【注6】	雑種地【注6】	360　【注6】	年月日海没　　【注7】

135

第3章　一般官公署の嘱託登記

【注1】　登記の目的は，「土地滅失」と表示する。不存在の場合は，「土地表題抹消」と表示する。

【注2】　嘱託書を提出する日と提出先の法務局若しくは地方法務局又はその支局若しくは出張所の名称を表示する（規則34条1項7号・8号）。なお，嘱託書を郵送等で送付する場合には，その送付する日を表示すればよい。

【注3】　嘱託者として，国の場合は所管各省庁の不動産登記嘱託指定職員を，地方公共団体の場合はその団体の長の職及び氏名を表示し，職印を押印する。

【注4】　嘱託情報に補正すべき箇所がある場合に，登記所の担当者から嘱託官庁又は公署に連絡するための連絡先の担当部署及び担当者並びに電話番号を表示する（規則34条1項1号）。

【注5】　登記を嘱託する場合において，不動産番号を表示して不動産を特定したときには，現在の不動産の表示事項（所在，地番，地目，地積）を省略することができる（令6条1項1号，規則34条2項等）が，不動産番号を表示したときでも，その全部を表示しておくのが望ましい。

【注6】　滅失した土地の所在の市，区，郡，町，村，字及び地番，地目，地積を表示する（令3条7号イ・ロ・ハ・ニ）。この表示は，登記記録上の表示と符合していることを要する。

【注7】　滅失の場合の登記原因及びその日付は，滅失の具体的事由及びその日付を表示し，滅失した年月日が明らかでないときは，「年月日不詳」と表示する。不存在の場合は，単に「不存在」と表示すれば足り，その日付を表示することを要しない。

第2節　不動産の表示に関する登記

第7　河川区域内の土地の全部が河川の流水下に没したためにする土地の滅失の登記（法 43 条 5 項の登記嘱託）〔書式 28〕

登　記　嘱　託　書

登 記 の 目 的　　土地滅失【注1】
所有者の表示　　何市何町何丁目何番何号
　　　　　　　　　　何　　某【注2】
年月日不動産登記法第 43 条第 5 項の規定により嘱託
　　　　　　　　　　何法務局何出張所【注3】
嘱　託　者　　河川管理者何県知事
　　　　　　　　　　何　　某 職印 【注4】
連絡先の電話番号　○○ - ○○○○ - ○○○○
　　担当者　　何部何課何係　　何　　某【注5】

不動産番号		1234567890123【注6】			
土地の表示	所　在	何 市 何 町 何 丁 目【注7】			
	①地番	②地目	③地　　積 m²		登記原因及びその日付
	20 番【注7】	原野【注7】	500	【注7】	年月日河川の流水下の土地となり滅失【注8】

第3章　一般官公署の嘱託登記

【注1】　登記の目的は,「土地滅失」と表示する。

【注2】　所有者の表示として,滅失した土地の表題部所有者又は所有権の登記名義人を表示する。この表示は,登記記録上の表示と符合していることを要する。

【注3】　嘱託情報を提出する日と提出先の法務局若しくは地方法務局又はその支局若しくは出張所の名称を表示する（規則34条1項7号・8号）。なお,この場合には,「不動産登記法第43条第5項の規定により登記を嘱託する」旨を表示しなければならない（令別表10の項申請情報欄）。

【注4】　嘱託者として,河川管理者の職及び氏名を表示し,その職印を押印する。

【注5】　嘱託情報に補正すべき箇所がある場合に,登記所の担当者から嘱託官庁又は公署に連絡するための連絡先の担当部署及び担当者並びに電話番号を表示する（規則34条1項1号）。

【注6】　登記を嘱託する場合において,不動産番号を表示して不動産を特定したときには,現在の不動産の表示事項（所在,地番,地目,地積）を省略することができる（令6条1項1号,規則34条2項等）が,不動産番号を表示したときでも,その全部を表示しておくのが望ましい。

【注7】　滅失した土地の所在の市,区,郡,町,村,字及び地番,地目,地積を表示する（令3条7号イ・ロ・ハ・ニ）。この表示は,登記記録上の表示と符合していることを要する。

【注8】　登記原因及びその日付は,「年月日河川の流水下の土地となり滅失」と表示するのが相当であろう。

第2節　不動産の表示に関する登記

第8　土地が河川法による河川区域（又は高規格堤防特別区域，河川立体区域）内の土地となった場合の登記〔書式29〕

　土地の全部又はその一部が河川法の適用又は準用される河川の河川区域内のものとなった場合には，河川管理者は，遅滞なく，その旨の登記を嘱託しなければなりません（法43条2項）。

第3章　一般官公署の嘱託登記

登　記　嘱　託　書

登 記 の 目 的　　河川区域（又は高規格堤防特別区域，河川
　　　　　　　　　立体区域）内の土地である旨の登記【注
　　　　　　　　　1】

所有者の表示　　何市何町何丁目何番何号
　　　　　　　　　　　何　　　某【注2】

年月日嘱託　　　何法務局何出張所【注3】

嘱　託　者　　　河川管理者何県知事
　　　　　　　　　　　何　　　某 職印 【注4】

連絡先の電話番号　○○－○○○○－○○○○

　　担当者　　　何部何課何係　　　何　　　某【注5】

不動産番号	1234567890123【注6】			
土地の表示	所　在	何 市 何 町 何 丁 目【注7】		
	①地番	②地目	③地　　積 m²	登記原因及びその日付
	1番【注7】	雑種地【注7】	50　【注7】	年月日河川法による河川区域（又は高規格堤防特別区域，河川立体区域）内の土地　【注8】

140

第2節　不動産の表示に関する登記

【注1】　登記の目的は，「河川区域（又は高規格堤防特別区域，河川立体区域）内の土地である旨の登記」と表示する。

【注2】　所有者の表示として，河川区域内等となった土地の表題部所有者又は所有権の登記名義人を表示する。この表示は，登記記録上の所有者と符合していることを要する。

【注3】　嘱託書を提出する日と提出先の法務局若しくは地方法務局又はその支局若しくは出張所の名称を表示する（規則34条1項7号・8号）。なお，嘱託書を郵送等で送付する場合には，その送付する日を表示すればよい。

【注4】　嘱託者として，河川管理者の職及び氏名を表示し，その職印を押印する。

【注6】　登記を嘱託する場合において，不動産番号を表示して不動産を特定したときには，現在の不動産の表示事項（所在，地番，地目，地積）を省略することができる（令6条1項1号，規則34条2項等）が，不動産番号を表示したときでも，その全部を表示しておくのが望ましい。

【注7】　河川区域内等となった土地の市，区，郡，町，村，字及び地番，地目，地積を表示する（令3条7号イ・ロ・ハ・ニ）。この表示は，登記記録上の表示と符合していることを要する。

【注8】　登記原因は，「河川法による河川区域（又は高規格堤防特別区域，河川立体区域）内の土地」と表示する。また，その日付は，河川法による河川区域内又は高規格堤防特別区域内，河川立体区域内の土地と認定された日を表示する。

141

第3章　一般官公署の嘱託登記

第9　建物の表題登記（普通建物の場合）〔書式30〕

　建物は土地の定着物ですが，土地とは別個の不動産とされ，独立して権利の客体となります（民法86条1項）。ただし，昭和59年1月1日以後に新築された区分建物にあっては，その建物を所有するために敷地に関して有する権利と一体として処分するものとされています。

　建物の表題登記とは，この権利の客体となる建物の現況を明確にするため，登記記録の表題部に初めて記録する登記です。

　建物の表題登記は，建物が新築された場合，あるいは，既存の建物であるが登記記録に登記されていない場合にされるものであり，建物自体の物理的状況を明確にするとともに，その建物の所有者の氏名，住所をも表示します。

　ただし，ここに表示された所有者は所有権の保存の登記申請人の適格性を示す（法74条1項）ものとされていますが，民法第177条の所有権取得の対抗力を有する登記ではないと解されています。

　なお，旧法附則第5条（不動産の表示に関する登記の申請義務についての経過措置）において，建物の表示（旧法93条1項・3項），建物の表示の変更（旧法93条ノ5第1項・3項），建物の滅失（旧法93条ノ11）の登記についての規定は，地方税法第348条の規定により，固定資産税を課すことができない建物については，当分の間は適用しないこととされていましたが，この規定は，新法においても，なお従前の例によるとして，そのまま維持されています（新法附則9条）。したがって，国及び地方公共団体等の所有する建物は，固定資産税を課すことができないものに該当しますから，建物の表示に関する登記の嘱託については，一般私人による申請の場合とは異なり，嘱託義務は，課されていません。

142

第2節　不動産の表示に関する登記

登 記 嘱 託 書

登記の目的　　建物表題登記【注1】

添 付 書 類

　建 物 図 面【注2】

　各階平面図【注3】　　　　所有権証明書【注4】

年月日嘱託　　　何法務局何出張所【注5】

嘱 託 者　　　何市長　　　何　　某 職印【注6】

連絡先の電話番号　　○○ - ○○○○ - ○○○○

　　　　担当者　　何部何課何係　　　何　　某【注7】

	所　在	何市何町何丁目 3 番地【注8】				
建物の表示	家屋番号	番【注9】				
	主である建物又は附属建物	①種類	②構　造	③床 面 積		登記原因及びその日付
	主【注10】	集会所【注11】	木造かわらぶき2階建【注11】	1 階　70	00	年月日新築【注12】
				2 階　70	00【注11】	
	符号1【注10】	物　置【注11】	木造亜鉛メッキ鋼板ぶき平家建【注11】	32	50【注11】	

143

第3章　一般官公署の嘱託登記

【注1】　登記の目的は，「建物表題登記」と表示する。

【注2】　建物の表題登記には，建物図面を提供する必要がある（令別表
12の項添付情報欄イ）。この建物図面は，規則別記第二号様式により，
日本工業規格B列4番の丈夫な用紙を用いて500分の1の縮尺（こ
の縮尺によることが適当でないときは，適宜の縮尺によっても差し
支えない。）により，1個の建物（附属建物があるときは，主であ
る建物と附属建物を合わせて1個の建物とする。）ごとに作成し，
建物の敷地並びにその1階（区分建物にあっては，その地上の最低
階）の位置及び形状を明確にするものでなければならない。また，
方位，縮尺，敷地の地番及びその形状，隣接地の地番並びに附属建
物があるときは主である建物又は附属建物の別及び附属建物の符号
を記録しなければならない（規則74条3項，81条，82条）。

　　　建物図面の作成方法については，147・148頁を参照のこと。

【注3】　建物の表題登記には，各階平面図を提供する必要がある（令別
表12の項添付情報欄ロ）。この各階平面図は，規則別記第二号様式に
より，日本工業規格B列4番の丈夫な用紙を用いて250分の1の縮
尺（この縮尺によることが適当でないときは，適宜の縮尺によって
も差し支えない。）により，1個の建物（附属建物があるときは，
主である建物と附属建物を合わせて1個の建物とする。）ごとに作
成し，縮尺，各階の別，各階の平面の形状，1階の位置，各階ごと
の建物の周囲の長さ，床面積及びその求積方法並びに附属建物があ
るときは主である建物又は附属建物の別及び附属建物の符号を記録
しなければならない（規則74条3項，81条，83条）。

　　　各階平面図の作成方法については，147・148頁を参照のこと。

【注4】　所有権を証する情報（令別表12の項添付情報欄ハ）として，一般
的には，建築基準法第6条の確認及び同法第7条の検査のあったこ
とを証する情報，建築請負人又は敷地所有者の証明情報，国有建物
の払下げの契約に係る情報，固定資産税の納付証明に係る情報その

他申請人の所有権の取得を証するに足りる情報を提供しなければならない（準則87条1項）が，国又は地方公共団体の所有する建物について，官庁又は公署が建物の表題登記を嘱託する場合には，所有権を証する情報の提供を便宜省略して差し支えないものとされている（準則87条3項）。

【注5】 嘱託書を提出する日と提出先の法務局若しくは地方法務局又はその支局若しくは出張所の名称を表示する（規則34条1項7号・8号）。なお，嘱託書を郵送等で送付する場合には，その送付する日を表示すればよい。

【注6】 嘱託者として，国の場合は所管各省庁の不動産登記嘱託指定職員を，地方公共団体の場合はその団体の長の職及び氏名を表示し，職印を押印する。

　　　なお，土地の所管庁の命令又は規則で登記嘱託職員に指定されている職員は，その指定職員の代理権限を証する情報を提供することなく，登記を嘱託することができる（令7条2項）。

【注7】 嘱託情報に補正すべき箇所がある場合に，登記所の担当者から嘱託官庁又は公署に連絡するための連絡先の担当部署及び担当者並びに電話番号を表示する（規則34条1項1号）。

【注8】 建物の所在の市，区，郡，町，村，字及び土地の地番を表示する（令3条8号イ）。

【注9】 家屋番号は登記所で付すものであるから表示することを要しない（法45条）が，登記所から予定番号を示された場合は，あらかじめ表示して差し支えない。

【注10】 附属建物がある建物の表題登記については，主である建物及び附属建物の別を明らかにし，附属建物の符号を表示しなければならない（規則34条1項4号，112条2項）。附属建物が，2棟以上あるときの符号は，順次，番号を追って表示し，その符号は，建物図面及び各階平面図に表示した符号と符合しなければならない。

第3章　一般官公署の嘱託登記

【注11】　主である建物及び附属建物の種類，構造及び床面積を表示する（令3条8号ハ・ホ）。なお，平家建以外の建物の場合は，各階ごとに床面積を表示する（準則91条1項）。

　　建物の種類については，規則第113条及び準則第80条の規定により，建物の構造については，規則114条及び準則第81条の規定により，また，建物の床面積については，規則第115条及び準則第82条の規定により定めるものとされている。

【注12】　登記原因及びその日付として，建物の完成した日付と新築の旨を表示する（令3条6号）。なお，附属建物についての新築日付が主である建物と同一であるときは，その表示を省略して差し支えない（準則93条1項）。

第2節　不動産の表示に関する登記

〔参考4〕 建物図面・各階平面図

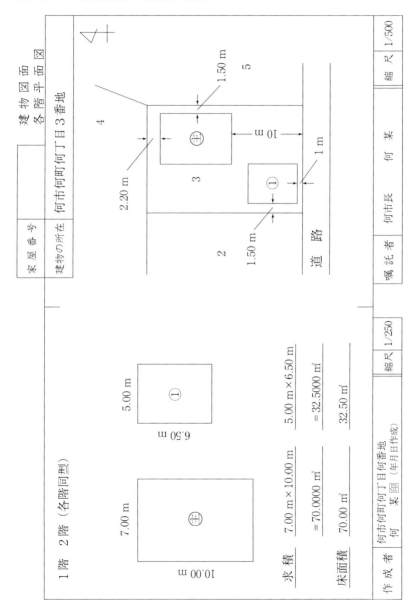

第3章　一般官公署の嘱託登記

建物図面及び各階平面図の作成方法

1　建物図面及び各階平面図は，規則別記第二号様式により，日本工業規格B列4番の丈夫な用紙を用いて作成する（規則74条3項）。

2　建物図面及び各階平面図は，0.2ミリメートル以下の細線により，図形を鮮明に表示しなければならない（規則74条1項）。

3　建物図面及び各階平面図は，1個の建物（附属建物があるときは，主である建物と附属建物を併せて1個の建物とする。）ごとに作成しなければならない（規則81条）。

4　建物図面と各階平面図は，例のように一葉で作成すべきであるが，これによることを適当としない場合には，各別に一葉ごとに作成しても差し支えない。

5　建物図面は，原則として，500分の1の縮尺によって作成し，建物の敷地並びにその1階（区分建物にあっては，その地上の最低階）の位置及び形状を明確にするものでなければならない（規則82条1項・3項）。また，建物図面には，方位，縮尺，敷地の地番及びその形状，隣接地の地番並びに附属建物があるときは主である建物又は附属建物の別及び附属建物の符号を記録しなければならない（規則82条2項）。

6　各階平面図は，原則として，250分の1の縮尺によって作成し，縮尺，各階の別，各階の平面の形状，1階の位置，各階ごとの建物の周囲の長さ，床面積及びその求積方法並びに附属建物があるときは，主である建物又は附属建物の別及び附属建物の符号を記録しなければならない（規則83条）。

7　建物図面及び各階平面図の作成の年月日を記録し，嘱託者が記名するとともに，その作成者が署名し，又は記名押印しなければならない（規則74条2項）。

148

第2節　不動産の表示に関する登記

第10　区分建物の表題登記（敷地権がある区分建物について各別の嘱託情報によって嘱託する場合）〔書式31〕

　区分建物については，昭和58年法律第51号により建物の区分所有等に関する法律（以下「区分所有法」といいます。）及び不動産登記法の一部が改正され，昭和59年1月1日から，その取扱いが若干異なることとなっていますので，以下，その主な改正点等について説明することとします。

　改正区分所有法第22条においては，敷地利用権（専有部分を所有するための建物の敷地に関する権利。同法2条6項）が数人で有する所有権その他の権利である場合には，区分所有者は，その有する専有部分とその専有部分に係る敷地利用権とは，これを分離して処分することができないものとしています（同法22条1項本文）。すなわち，専有部分と，これを所有するために建物の敷地に関して有する権利とは，一体として処分しなければならないものとされています。もっとも，規約をもって別段の定めをすれば，分離して処分することは可能です（同条1項ただし書）。その場合において，区分所有者が数個の専有部分を所有するときの各専有部分に係る敷地利用権の割合は，規約をもって特段の定めをしない限り，各専有部分の床面積の割合によるものとされています（同条2項）。

　また，敷地利用権の目的となっている土地（建物の敷地）を明らかにするための定義規定が設けられており，建物の敷地とは，建物が所在する土地（法定敷地）並びに建物及びその法定敷地と一体として管理又は使用する土地で，区分所有者が規約をもって建物の敷地と定めた土地（規約敷地）をいうものとされています（同法2条5項）。

　以上の区分所有法の改正規定を受けて，不動産登記法についても所要の改正がされているわけですが，このことは，新法においても維持されています。次に，建物の表題登記の手続に関する改正の若干の部分について，説明することとします。

　まず**第1**は，申請情報の内容についてです。不動産登記法においては，

第3章　一般官公署の嘱託登記

登記された実体法上の敷地利用権で，かつ，建物と分離して処分すること
ができないもの（これを「敷地権」といいます。）があるときは，これを
区分建物の表題登記の申請（嘱託）情報に表示することを要するものとし
ています（法44条1項9号，令別表12の項申請情報欄）。すなわち，敷地権と
は，①実体法上の敷地利用権であること，②それが登記されていること，
③その権利が建物と分離して処分することができる旨の規約が設定されて
いないこと，という要件を兼ね備えているものであるということができま
す。以上のことから，敷地権となり得る権利は，所有権，地上権及び賃借
権に限られるということになります。

　第2は，その申請人（嘱託者）についてです。改正前においては，区分
建物の所有権を原始的に取得した者はもとより，その転得者についても，
その申請義務を負うものとされていました（旧法93条3項）が，改正後は
転得者からの申請は認められず（新法47条，48条），その原始取得者が申請
（嘱託）しなければならないものとされました。

　第3は，その申請（嘱託）の方法です。改正前においては，一棟の建物
に属するどの専有部分についても，個々に独立して表示の登記の申請をす
ることが認められていましたが，改正後は，一棟の建物に属する全ての区
分した建物（専有部分）について，一括して一の申請（嘱託）情報によっ
て申請（嘱託）しなければならないものとされました（新法48条1項）。これ
は，敷地権を表示することとされ，しかも，同一人が複数の専有部分を所
有するときは，原則として，各専有部分に対応する敷地権の割合は，その
床面積の割合によることとされたことに伴い，一棟の建物に属する全専有
部分の床面積を，表題登記の段階において的確に把握しておく必要がある
ためです。なお，一棟の建物に属する全専有部分について一括して申請（嘱
託）がされるのであれば，必ずしも一の申請（嘱託）情報でもって申請（嘱
託）する必要はなく，各別の申請（嘱託）情報によって申請しても差し支
えありません（昭和58・11・10民三第6400号民事局長通達第二の一・二＝151頁）。

　第4は，敷地権の表示の登記がされたときは，登記官は，職権をもっ

第2節　不動産の表示に関する登記

て，敷地権の目的となっている土地の登記記録に，敷地権である旨の登記をすることとされました（新法46条）。そして，区分建物の表題部に敷地権の表示の登記がされ，その建物の敷地の登記記録に敷地権である旨の登記がされたときは，以後，原則として，その建物又は建物の敷地のみを目的とする所有権移転の登記，一般の先取特権，質権又は抵当権の保存又は設定の登記は，することができないものとされています（新法73条）。すなわち，敷地権の表示の登記等がされたときは，以後，専有部分と敷地権とは一体として処分しなければならないので，その一体としてされた処分の登記は，土地の登記記録に登記せずに，建物の登記記録のみに登記することとし，その建物にした登記は，敷地権についても同一の登記原因による相当の登記としての効力を有するものとされています（新法73条）。

⦿昭和58年11月10日民三第6400号民事局長通達（抄）

〔建物の区分所有等に関する法律及び不動産登記法の一部改正に伴う登記事務の取扱いについて〕
第二　建物の表示の登記
一　一括申請
1　区分建物の表示の登記の申請は，敷地権の有無にかかわらず，その所有権を原始的に取得した者（以下「原始取得者」という。）から，新築後1か月内に，その一棟の建物に属する他の区分建物の全部の表示の登記の申請と共にすることを要する（法第93条ノ2第1項，第93条ノ2第1項）。
2　1の申請は，一棟の建物に属する区分建物の全部につき同一の申請書で申請することを要する。ただし，一棟の建物に属する区分建物の全部についてその申請がされれば，各別の申請書によつても差し支えない。
3　一棟の建物に属する区分建物の一部について表示の登記の申請があつたときは，その申請を法第49条第4号により却下するものとする。ただし，この場合においても，直ちにその申請を却下することなく，当該申請人又はその一棟の建物に属する他の区分建物の所有者に，表示の登記又は代位による表示の登記（二参照）の申請を催告するものとする。
4　区分建物でない建物（以下「非区分建物」という。）に接続して建物を新築したことにより区分建物が生じた場合における当該新築に係る区分建物の表示の登記の申請は，他の建物についてする非区分建物の区分建物への変更の登記の申請と共

にすることを要する（法第93条ノ2第2項）。
この場合の共にする申請については，3に準じて取り扱うものとする。
二　代位による申請
1　区分建物の所有者は，一棟の建物に属する他の区分建物の所有者に代位して，その他の区分建物の表示の登記を申請することができる（法第93条ノ2第3項）。また，一の4の場合においては，新築に係る区分建物の所有者は，他の建物の登記用紙中表題部に記載された所有者又は所有権の登記名義人に代位してその建物の表示の変更の登記を申請することができる（同条第4項，なお，第七の一の2参照）。
2　1により代位登記を申請するときは，申請書に，代位原因として，法第93条ノ2第3項（又は第4項）による代位たる旨を記載することを要し，また代位原因を証する書面として，代位者が同一の一棟の建物に属する区分建物の所有権を取得したことを証する書面を添付することを要する（同条第5項，法第46条ノ2）。この場合の代位原因を証する書面は，他の申請書に添付した所有権を証する書面（法第93条第2項参照）を援用して差し支えない（不動産登記法施行細則（以下「細則」という。）第44条ノ9）。
3　1の申請により登記をしたときは，表題部に記載した所有者又は所有権の登記名義人にその登記をした旨を通知することを要する（法第62条）。

第3章　一般官公署の嘱託登記

登　記　嘱　託　書

登 記 の 目 的　　区分建物表題登記【注1】

添 付 書 面

　建 物 図 面【注2】　　各階平面図【注3】

　所有権証明書【注4】　　規約証明書【注5】

年月日嘱託　　　　何法務局何支局【注6】

嘱　託　者　　　　何市長　　　　何　　某 職印【注7】

連絡先の電話番号　　○○ - ○○○○ - ○○○○

　　　　　担当者　　何部何課何係　　　何　　某【注8】

一棟の建物の表示	所　在	何市何町何丁目 5 番地【注9】		
	建物の名称	RB 1 号【注9】		
	①構　造	②床　　面　　積 m²	m²	登記原因及びその日付
	鉄筋コンクリート造陸屋根5階建	1 階　　300 : 00 2 階　　300 : 00 3 階　　300 : 00 4 階　　300 : 00 5 階　　300 : 00 【注9】		

敷地権の目的となる土地の表示	①土地の符　号	②所在及び地番	③地目	④地　積 m²	登記原因及びその日付
	1 【注10】	何市何町何丁目5番【注10】	宅地 【注10】	516 : 75 【注10】	
	2 【注10】	何市何町何丁目2番【注10】	雑種地 【注10】	300 【注10】	

第2節　不動産の表示に関する登記

	家屋番号	建物の名　称	主である建物又は附属建物	①種類	②構造	③床　面　積 m²		登記原因及びその日付
区分した建物の表示	【注11】	RB 13号 【注12】		事務所 【注12】	鉄筋コンクリート造1階建 【注12】	1階部分　54 【注12】	00	年月日 新築 【注13】

	①土地の符号	②敷地権の種類	③敷地権の割合	登記原因及びその日付
敷地権の表示	1 【注14】	所　有　権 【注14】	100分の2 【注14】	年月日敷地権 【注15】
	2 【注14】	所　有　権 【注14】	100分の2 【注14】	年月日敷地権 【注15】

（次葉以下略）【注16】

第3章　一般官公署の嘱託登記

【注1】　登記の目的は，「区分建物表題登記」と表示する。

【注2】　区分建物の表題登記には，建物図面を提供する必要がある（令別表12の項添付情報欄イ）。この建物図面は，規則別記第二号様式により，日本工業規格B列4番の丈夫な用紙を用いて500分の1の縮尺（この縮尺によることが適当でないときは，適宜の縮尺によっても差し支えない。）により，1個の建物（附属建物があるときは，主である建物と附属建物を合わせて1個の建物とする。）ごとに作成し，建物の敷地並びにその1階（区分建物にあっては，その地上の最低階）の位置及び形状を明確にするものでなければならない。また，方位，縮尺，敷地の地番及びその形状，隣接地の地番並びに附属建物があるときは主である建物又は附属建物の別及び附属建物の符号を記録しなければならない（規則74条3項，81条，82条）。

　　　建物図面の作成方法については，158〜160頁を参照のこと。

【注3】　区分建物の表題登記には，各階平面図を提供する必要がある（令別表12の項添付情報欄ロ）。この各階平面図は，規則別記第二号様式により，日本工業規格B列4番の丈夫な用紙を用いて250分の1の縮尺（この縮尺によることが適当でないときは，適宜の縮尺によっても差し支えない。）により，1個の建物（附属建物があるときは，主である建物と附属建物を合わせて1個の建物とする。）ごとに作成し，縮尺，各階の別，各階の平面の形状，1階の位置，各階ごとの建物の周囲の長さ，床面積及びその求積方法並びに附属建物があるときは主である建物又は附属建物の別及び附属建物の符号を記録しなければならない（規則74条3項，81条，83条）。

　　　各階平面図の作成方法については，158〜160頁を参照のこと。

【注4】　所有権を証する情報（令別表12の項添付情報欄ハ）として，一般的には，建築基準法第6条の確認及び同法第7条の検査のあったことを証する情報，建築請負人又は敷地所有者の証明情報，国有建物の払下げの契約に係る情報，固定資産税の納付証明に係る情報その

第2節　不動産の表示に関する登記

他申請人の所有権の取得を証するに足りる情報を提供しなければならない（準則87条1項）が，国又は地方公共団体の所有する建物について，官庁又は公署が区分建物の表題登記を嘱託する場合には，所有権を証する情報の提供を便宜省略して差し支えないものとされている（準則87条3項）。

【注5】　区分建物の表題登記を嘱託する場合において，その建物に敷地権があるときはそれをも嘱託情報に表示するものとされている（令別表12の項申請情報欄イ）が，敷地権が専有部分と分離して処分することができる旨の規約が設定されているときは，その規約を証する情報を提供する必要がある。また，規約によって建物の敷地が定められているとき若しくは同一人が複数の専有部分を所有している場合で，各専有部分の敷地権に対する割合が，各専有部分の床面積の割合によることとされずに，規約をもって定められているとき等も，規約を証する情報を提供する必要がある（令別表12の項添付情報欄ホ，ヘ(1)・(2)）。

【注6】　嘱託書を提出する日と提出先の法務局若しくは地方法務局又はその支局若しくは出張所の名称を表示する（規則34条1項7号・8号）。なお，嘱託書を郵送等で送付する場合には，その送付する日を表示すればよい。

【注7】　区分建物の表題登記は，その原始取得者がするものとされているので，地方公共団体がその一棟の建物に属する全専有部分の所有権を原始的に取得したのであれば単独で，他の者と共同で取得したのであればその者と共同（又はその者に代位して）で，その登記を嘱託する。嘱託者として，国の場合は所管各省庁の不動産登記嘱託指定職員を，地方公共団体の場合はその団体の長の職及び氏名を表示し，職印を押印する。

　なお，土地の所管庁の命令又は規則で登記嘱託職員に指定されている職員は，その指定職員の代理権限を証する情報を提供すること

第3章　一般官公署の嘱託登記

なく，登記を嘱託することができる（令7条2項）。

【注8】　嘱託情報に補正すべき箇所がある場合に，登記所の担当者から嘱託官庁又は公署に連絡するための連絡先の担当部署及び担当者並びに電話番号を表示する（規則34条1項1号）。

【注9】　区分建物が属する一棟の建物の所在の市，区，郡，町，村，字及び土地の地番並びに構造及び床面積を表示し（令3条8号イ・ヘ），一棟の建物の名称（家屋番号ではなく，現実の一棟の建物自体に付されている名称）があるときは，それをも表示する（令3条8号ト）。なお，平家建以外の建物については，各階ごとに床面積を表示する（準則91条1項）。

【注10】　敷地権の目的となっている土地の所在，地番，地目及び地積を表示する（令別表12の項申請情報欄イ(1)）。ここに表示する土地は，法定敷地であると規約敷地であるとを問わない。もっとも，規約敷地である場合は，規約を証する情報（**【注5】**）を提供する必要がある（本書式例においては，2番の土地の地目が雑種地であることから，これが規約敷地に該当する。）。

　　これらの土地の表示は，専有部分に表示される敷地権と符合させるため，必ず土地の符号を1，2，3のように付することを要する。

【注11】　家屋番号は登記所で付すものであるから表示することを要しない（法45条）が，登記所から予定番号を示されたときは，あらかじめ表示しても差し支えない。

【注12】　一棟の建物を区分した建物（専有部分）の種類，構造（屋根の構造は不要）及び床面積を表示し，建物の名称（家屋番号ではなく，現実にその専有部分である建物に付されている名称）があるときは，これも表示する（令3条8号ハ・ニ）。なお，専有部分が1階部分のみにある場合には，構造の表示は「1階建」とし，床面積の表示についても，書式例のように1階部分であることを明らかにす

第2節　不動産の表示に関する登記

る（準則90条）。

【注13】　登記原因及びその日付として，建物の完成した日付と新築の旨を表示する（令3条6号）。

【注14】　敷地権の表示として，敷地権の目的である土地との関連を付けるための土地の符号，敷地権の種類及び割合を表示する（令別表12の項申請情報欄イ(2)）。

【注15】　登記原因及びその日付としては，敷地権となった旨及び敷地権が生じた日を表示する（令別表12の項申請情報欄イ(3)）。区分建物の所有権の原始取得者が区分建物が新築される前からその敷地について登記した権利を有している場合には，区分建物が新築されたときに，各専有部分とその敷地について有する権利は，一体として処分され分離して処分することができなくなる。したがって，区分建物が新築されたときが敷地権の生じたときになることから，敷地権が生じた日として，当該区分建物の新築の日を表示すればよい。

【注16】　一棟の建物に属する全ての区分した建物について，一括して一の申請（嘱託）情報でもって申請（嘱託）するときは，次葉以下に，当該区分した建物（専有部分）及び敷地権について，上記【注11】から【注15】の例に倣って表示する。

第3章　一般官公署の嘱託登記

〔参考5〕　**建物図面・各階平面図**（区分建物）

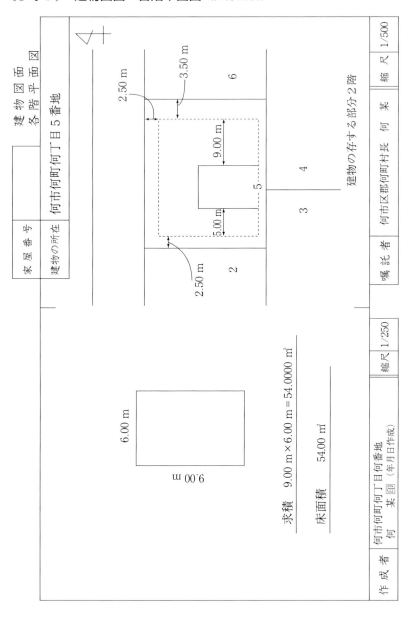

第2節　不動産の表示に関する登記

区分建物の建物図面及び各階平面図の作成方法

1　建物図面及び各階平面図は，規則別記第二号の様式により，日本工業規格B列4番の丈夫な用紙を用いて作成する（規則74条3項）。

2　建物図面及び各階平面図は，0.2ミリメートル以下の細線により，図形を鮮明に表示しなければならない（規則74条1項）。

3　建物図面と各階平面図は，1個の建物ごとに一葉で作成しなければならない（規則81条）。ただし，これによることを適当としない場合には各別に一葉ごとに作成しても差し支えない。

4　建物図面は，原則として，500分の1の縮尺によって作成し，建物の敷地並びにその地上の最低階の位置及び形状を明確にするものでなければならない（規則82条1項・3項）。また，建物図面には，方位，縮尺，敷地の地番及びその形状，隣接地の地番並びに附属建物があるときは主である建物又は附属建物の別及び附属建物の符号を記載しなければならない（規則82条2項）。そして，区分された建物が属する一棟の建物の1階の形状を前頁の例のように点線をもって明確にし，当該区分された建物が1階以外の部分に存在する場合には，その存する階層を，適宜の箇所に，例えば「建物の存する部分2階」のように表示する（準則52条2項）。

5　各階平面図（一棟の建物の各階の全部については，不要）は，原則として，250分の1の縮尺によって作成し，縮尺，各階の別，各階の平面の形状，1階の位置，各階ごとの建物の周囲の長さ，床面積及びその求積方法並びに附属建物があるときは，主である建物又は附属建物の別及び附属建物の符号を記録しなければならない（規則83条）。そして，区分された建物が，例えば，2階と3階にまたがる場合は，2階と3階の各階平面図を作成することを要し，3階の平面図には，2階部分の位置を点線で図示しなければならない（準則53条）。

　なお，一棟の建物の床面積は，壁その他の区画の中心線で囲まれた部

第3章　一般官公署の嘱託登記

　分の水平投影面積により定め，区分した建物の床面積は，壁その他の区
　画の内側線で囲まれた部分の水平投影面積により定める（規則115条）。
6　建物図面及び各階平面図には，作成の年月日を表示し，嘱託者が記名
　するとともに，その作成者が署名し，又は記名押印しなければならない
　（規則74条2項）。

第2節　不動産の表示に関する登記

第11　建物の所在・構造の更正の登記（建物の所在地番及び構造を更正する場合。種類の更正の場合も本書式例に準じる）〔書式32〕

<table>
<tr><td colspan="5" align="center">登　記　嘱　託　書</td></tr>
<tr><td colspan="5">登 記 の 目 的　　建物所在地番，構造更正【注1】</td></tr>
<tr><td colspan="5">添 付 書 類</td></tr>
<tr><td colspan="5">　建 物 図 面【注2】</td></tr>
<tr><td colspan="5">年月日嘱託　　　　何地方法務局何出張所【注3】</td></tr>
<tr><td colspan="5">嘱 託 者　　　　何市長　　　　何　　　某 職印【注4】</td></tr>
<tr><td colspan="5">連絡先の電話番号　○○－○○○○－○○○○</td></tr>
<tr><td colspan="5">　　　　　担当者　何部何課何係　　　何　　　某【注5】</td></tr>
</table>

<table>
<tr>
<td rowspan="6">建
物
の
表
示</td>
<td colspan="2">不動産番号</td>
<td colspan="3">1234567890123【注6】</td>
</tr>
<tr>
<td colspan="2" rowspan="2">所　在</td>
<td colspan="3">何 市 何 町 何 丁 目 3 1 番 地【注7】</td>
</tr>
<tr>
<td colspan="2">何市何町何丁目31番地1【注8】</td>
<td>錯　誤【注9】</td>
</tr>
<tr>
<td colspan="2">家屋番号</td>
<td colspan="3">31番2【注7】</td>
</tr>
<tr>
<td>主である
建物又は
附属建物</td>
<td>①種類</td>
<td>②構　　造</td>
<td>③床 面 積
m²</td>
<td>登記原因及
びその日付</td>
</tr>
<tr>
<td></td>
<td>集会所
【注7】</td>
<td>木造かわらぶき
平家建【注7】</td>
<td>53 ｜ 65
　　【注7】</td>
<td></td>
</tr>
<tr>
<td></td>
<td></td>
<td></td>
<td>木造亜鉛メッキ
鋼板ぶき平家建
　　　　【注8】</td>
<td></td>
<td>②錯　誤
　　【注9】</td>
</tr>
</table>

161

第3章　一般官公署の嘱託登記

【注１】　登記の目的は，「建物所在地番，構造更正」と表示する。

【注２】　更正後の建物図面を提供する必要がある（令別表14の項添付情報欄イ）。ただし，種類又は構造の更正の登記の場合は，不要である。

　　なお，建物図面の作成方法については，147・148頁を参照のこと。

【注３】　嘱託書を提出する日と提出先の法務局若しくは地方法務局又はその支局若しくは出張所の名称を表示する（規則34条1項7号・8号）。なお，嘱託書を郵送等で送付する場合には，その送付する日を表示すればよい。

【注４】　嘱託者として，国の場合は所管各省庁の不動産登記嘱託指定職員を，地方公共団体の場合はその団体の長の職及び氏名を表示し，職印を押印する。

　　なお，土地の所管庁の命令又は規則で登記嘱託職員に指定されている職員は，その指定職員の代理権限を証する情報を提供することなく，登記を嘱託することができる（令7条2項）。

【注５】　嘱託情報に補正すべき箇所がある場合に，登記所の担当者から嘱託官庁又は公署に連絡するための連絡先の担当部署及び担当者並びに電話番号を表示する（規則34条1項1号）。

【注６】　登記を嘱託する場合において，不動産番号を表示して不動産を特定したときには，現在の不動産の表示事項（所在地番，家屋番号，建物の種類，構造及び床面積等）を省略することができる（令6条1項2号，規則34条2項等）が，不動産番号を表示したときでも，その全部を表示しておくのが望ましい。

【注７】　現在の建物の所在の市，区，郡，町，村，字及び土地の地番並びに家屋番号，建物の種類，構造及び床面積を表示する。この表示は，登記記録上の表示と符合していなければならない。

【注８】　更正後の建物の所在地番及び建物の構造を表示する（令別表14の項申請情報欄イ）。

第2節　不動産の表示に関する登記

【注9】　所在の更正の登記原因については，書式例のように，更正後の建物の所在地番の表示に続いて「錯誤」と表示し，構造の更正の登記原因及びその日付については，単に「②錯誤」と表示すれば足り，いずれも，その年月日を表示する必要はない。

第3章　一般官公署の嘱託登記

第12　建物の床面積の変更の登記（建物を増築した場合。床面積を更正する場合も本書式例に準じる）〔書式33〕

登 記 嘱 託 書

　登記の目的　　床面積変更【注1】
　添 付 書 類
　　建物図面【注2】
　　各階平面図【注3】　　　所有権証明書【注4】
　年月日嘱託　　　何地方法務局何出張所【注5】
　　嘱　託　者　　　何市長　　　何　　　某 ［職印］【注6】
　　連絡先の電話番号　　○○－○○○○－○○○○
　　　　担当者　　　何部何課何係　　　何　　　某【注7】

	不動産番号	1234567890123【注8】			
建物の表示	所　在	何市何町何丁目5番地【注9】			
	家屋番号	5番【注9】			
	主である建物又は附属建物	①種類	②構　造	③床 面 積 m²	登記原因及びその日付
		居宅【注9】	木造かわらぶき平家建【注9】	72 00	【注9】
				100 00 【注10】	③年月日増築【注11】

164

第2節　不動産の表示に関する登記

【注1】　登記の目的は，「床面積変更」と表示する。なお，更正の場合は，「床面積更正」と表示する。

【注2・注3】　増築による変更後の建物図面及び各階平面図を提供する必要がある（令別表14の項添付情報欄ロ(1)）。

　　なお，建物図面及び各階平面図の作成方法については，147・148頁を参照のこと。

【注4】　増築部分についての所有権を証する情報を提供する（令別表14の項添付情報欄ロ(2)）。この情報は，建築基準法第6条の確認及び同法第7条の検査のあったことを証する情報，建築請負人又は敷地所有者の証明情報その他申請人の所有権の取得を証するに足りる情報でなければならない（準則87条1項）。ただし，国又は地方公共団体の所有する建物について，増築による床面積変更の登記を嘱託する場合には，所有権を証する情報の提供を便宜省略して差し支えないものとされている（準則87条3項）。

【注5】　嘱託書を提出する日と提出先の法務局若しくは地方法務局又はその支局若しくは出張所の名称を表示する（規則34条1項7号・8号）。なお，嘱託書を郵送等で送付する場合には，その送付する日を表示すればよい。

【注6】　嘱託者として，国の場合は所管各省庁の不動産登記嘱託指定職員を，地方公共団体の場合はその団体の長の職及び氏名を表示し，職印を押印する。

　　なお，土地の所管庁の命令又は規則で登記嘱託職員に指定されている職員は，その指定職員の代理権限を証する情報を提供することなく，登記を嘱託することができる（令7条2項）。

【注7】　嘱託情報に補正すべき箇所がある場合に，登記所の担当者から嘱託官庁又は公署に連絡するための連絡先の担当部署及び担当者並びに電話番号を表示する（規則34条1項1号）。

【注8】　登記を嘱託する場合において，不動産番号を表示して不動産を

第3章　一般官公署の嘱託登記

　　　　特定したときには，現在の不動産の表示事項（所在地番，家屋番
　　　　号，建物の種類，構造及び床面積等）を省略することができる（令
　　　　6条1項2号，規則34条2項等）が，不動産番号を表示したときでも，
　　　　その全部を表示しておくのが望ましい。

【注9】　建物の所在の市，区，郡，町，村，字及び土地の地番並びに家
　　　　屋番号，建物の種類，構造及び床面積を表示する。この表示は，登
　　　　記記録上の表示と符合していなければならない。

【注10】　増築による変更後（更正の場合は更正後）の床面積を表示する
　　　　（令別表14の項申請情報欄イ）。

【注11】　登記原因及びその日付として，増築の旨及びその年月日を，書
　　　　式例のように「③年月日増築」と表示する。なお，更正の場合は，
　　　　「③錯誤」と表示すれば足り，その年月日を表示する必要はない。

第2節　不動産の表示に関する登記

第13　建物の滅失の登記（建物全部が滅失した場合）〔書式34〕

　建物の滅失の登記とは，登記されている建物が取毀し等により滅失した場合に，その滅失したことを登記記録上明らかにして，その登記記録を閉鎖するためにする登記です。

　建物が滅失した場合とは，登記記録上1個の建物とされているものの全体が焼失，取毀し等により建物としての効用を失った場合です。なお，建物の一部滅失の場合は，床面積の減少の登記をすることになり，また，当初から不存在であるにもかかわらず，誤って建物が登記されている場合には，滅失に準じて登記をすることになります。

登 記 嘱 託 書

登 記 の 目 的　　建物滅失【注1】
年月日嘱託　　　　何地方法務局何出張所【注2】
嘱　託　者　　　　何市長　　　　何　　　某 職印【注3】
連絡先の電話番号　〇〇 - 〇〇〇〇 - 〇〇〇〇
　　　　担当者　　何部何課何係　　　何　　某【注4】

不動産番号		123567890123【注5】			
建物の表示	所　在	何市何町何丁目何35番地【注6】			
	家屋番号	35番【注6】			
	主である建物又は附属建物	①種類	②構　造	③床 面 積 m²	登記原因及びその日付
		集会所【注6】	木造かわらぶき平家建【注6】	88 ¦ 00 【注6】	年月日取壊し【注7】

第3章　一般官公署の嘱託登記

【注1】　登記の目的は，「建物滅失」と表示する。

【注2】　嘱託書を提出する日と提出先の法務局若しくは地方法務局又は
その支局若しくは出張所の名称を表示する（規則34条1項7号・8
号）。なお，嘱託書を郵送等で送付する場合には，その送付する日
を表示すればよい。

【注3】　嘱託者として，国の場合は所管各省庁の不動産登記嘱託指定職
員を，地方公共団体の場合はその団体の長の職及び氏名を表示し，
職印を押印する。

　なお，土地の所管庁の命令又は規則で登記嘱託職員に指定されて
いる職員は，その指定職員の代理権限を証する情報を提供すること
なく，登記を嘱託することができる（令7条2項）。

【注4】　嘱託情報に補正すべき箇所がある場合に，登記所の担当者から
嘱託官庁又は公署に連絡するための連絡先の担当部署及び担当者並
びに電話番号を表示する（規則34条1項1号）。

【注5】　登記を嘱託する場合において，不動産番号を表示して不動産を
特定したときには，現在の不動産の表示事項（所在地番，家屋番
号，建物の種類，構造及び床面積等）を省略することができる（令
6条1項2号，規則34条2項等）が，不動産番号を表示したときでも，
その全部を表示しておくのが望ましい。

【注6】　建物の所在の市，区，郡，町，村，字及び土地の地番並びに家
屋番号，建物の種類，構造及び床面積を表示する。この表示は，登
記記録上の表示と符合していなければならない。

【注7】　登記原因及びその日付として，取壊しの旨及びその年月日を表
示する。

第3節　不動産の権利に関する登記

〈A〉　官庁又は公署が登記義務者としてする登記

　官庁又は公署が所有する不動産を私人に払下げ（売買）した場合には，当該官庁又は公署は，登記義務者として，不動産を取得した者（登記権利者）のために所有権移転の登記を嘱託することになります。また，官庁又は公署が所有する不動産について，私人が賃借権を取得した場合には，当該官庁又は公署は，登記義務者として，当該賃借権を取得した者（登記権利者）のために設定の登記を嘱託することになります。この所有権移転等の登記は，法第116条第2項の特則により，登記権利者の請求があったときに，官庁又は公署が，登記原因を証する情報（売買契約書等）を提供して，登記を嘱託することになります。

　法第116条第2項の「登記権利者の請求があったとき」とは，登記権利者の登記申請の意思表示があったときと解されます。したがって，登記権利者から請求があるまでは，不動産を払い下げた官庁又は公署は，嘱託登記の手続をしなくても差し支えないものと解されますが，実体上の権利変動が生じた場合には，速やかに登記をすべきですから，登記権利者から当該官庁又は公署に対して，登記を嘱託すべき旨の請求があったときは，遅滞なく，これに応ずべきことはいうまでもありません。

第3章　一般官公署の嘱託登記

第1　国有地の払下げによる所有権移転の登記（官庁又は公署が嘱託する場合）〔書式35〕

登　記　嘱　託　書

登 記 の 目 的　　所有権移転【注1】
原　　　　　因　　年月日払下【注2】
権　利　者　　何市何町何丁目何番何号
　　　　　　　　（住民票コード　12345678901）
　　　　　　　　　　何　　　某【注3】
義　務　者　　財務省【注4】
添　付　書　類
　　登記原因証明情報【注5】　　　住所証明書【注6】
□登記識別情報の通知を希望しない。【注7】
年月日嘱託　　　何法務局何支局【注8】
嘱　託　者　　財務省所管不動産登記嘱託職員
　　　　　　　　何財務局長　　　何　　　某 職印【注9】
連絡先の電話番号　○○－○○○○－○○○○
　　　　担当者　　何部何課何係　　　何　　　某【注10】
課　税　価　格　　金何円【注11】
登 録 免 許 税　　金何円（租税特別措置法第72条第1項第
　　　　　　　　1号）【注12】

不動産の表示【注13】
　　　不動産番号　　1234567890123【注14】
　　　所　　在　　何市何町何丁目
　　　地　　番　　何番
　　　地　　目　　宅地
　　　地　　積　　何・何平方メートル

第3節　不動産の権利に関する登記

【注1】　登記の目的は,「所有権移転」と表示する。

【注2】　登記原因は,「払下」であり,その日付は,払下(売買)契約の成立した日である。なお,払下げといっても法律的には売買にほかならないから,登記原因を「売買」と表示しても差し支えない。

【注3】　登記権利者として,払下げを受けた者の氏名又は名称及び住所を表示し,会社等の法人の場合には代表者の氏名をも表示する。この表示は,登記原因証明情報及び住所証明書の表示と符合していなければならない。なお,登記権利者が個人の場合は住民票コード(住民基本台帳法7条13号)を,また,会社法人等番号(商業登記法7条)を有する法人の場合は当該会社法人等番号を,表示することができる。この場合,住民票コードは個人の住所に続けて,また,会社法人等番号は会社の名称に続けて表示することで差し支えない。

【注4】　登記義務者として,払下げをした官庁又は公署名を表示する。当該不動産について所管換を受けた官庁又は公署が払下げをした場合は,所管換による登記名義人名称変更の登記を省略して,所有権移転の登記を嘱託することができる。この場合の登記義務者は,「農林水産省所管換財務省」「国土交通省所管換財務省」のように表示することができる(昭和27・8・19民事甲第56号民事局長通達＝184頁)。

【注5】　登記原因証明情報として,国有地の払下げ(又は売買)を証する土地払下契約書,売買契約書等を提供する(令別表30の項添付情報欄イ)。なお,契約の内容が記載されている官庁又は公署と払下げを受けた者が作成した報告的な登記原因証明情報を提供することも差し支えない。土地払下契約書若しくは売買契約書等は,原本に相違ない旨を記載した写しを提供することにより,原本の還付を受けることができる(規則55条1項・2項)

【注6】　登記権利者の住所証明書として,個人の場合は住所地の市区町村長が作成した住民票の写しを,会社等の法人の場合は登記官が作

第3章　一般官公署の嘱託登記

成した登記事項証明書等を提供する（令別表30の項添付情報欄ロ）。な
お，個人が住民票コードを提供したとき，若しくは会社法人等番号
を有する法人が会社法人等番号を提供したときは，住所を証する情
報の提供を要しない（令9条，規則36条4項）。

【注7】　官庁又は公署が登記権利者の請求によって登記を嘱託した場合
には，登記権利者に対する登記識別情報の通知は，官庁又は公署に
対してされる（法117条1項）ので，官庁又は公署は，遅滞なく，こ
れを登記権利者に通知しなければならない（法117条2項）。

　　ただし，登記名義人となる登記権利者が，登記識別情報の通知を
希望しない旨の申出を官庁又は公署に対してした場合には，登記識
別情報の通知はされない（規則64条1項1号）ので，通知を希望しな
い場合は，その旨を嘱託情報に明示（□にチェックする）しなけれ
ばならない。登記識別情報の通知を希望するときは，特にその旨を
明示する必要はない。

【注8】　嘱託書を提出する日と提出先の法務局若しくは地方法務局又は
その支局若しくは出張所の名称を表示する（規則34条1項7号・8
号）。なお，嘱託書を郵送等で送付する場合には，その送付する日
を表示すればよい。

【注9】　嘱託者として，国の場合は所管各省庁の不動産登記嘱託指定職
員を，地方公共団体の場合はその団体の長の職及び氏名を表示し，
職印を押印する。

　　なお，土地の所管庁の命令又は規則で登記嘱託職員に指定されて
いる職員は，その指定職員の代理権限を証する情報を提供すること
なく，登記を嘱託することができる（令7条2項）。

【注10】　嘱託情報に補正すべき箇所がある場合に，登記所の担当者から
嘱託官庁又は公署に連絡するための連絡先の担当部署及び担当者並
びに電話番号を表示する（規則34条1項1号）。

【注11】　課税価格として，登録免許税の課税標準の金額を表示する（規

172

則189条1項）。この金額は，当該登記のときにおける不動産の価額によることとされているが（登録免許税法10条1項），当該価額は，当分の間，当該登記の嘱託の日の属する年の前年の12月31日現在又は当該嘱託の日の属する年の1月1日現在において固定資産課税台帳に登録された価格に100分の100を乗じて計算した金額とされている（同法附則7条，同法施行令附則3項）。この金額に1,000円未満の端数があるときは，その端数は切り捨て（国税通則法118条1項），その全額が1,000円に満たないときは，1,000円と表示する（登録免許税法15条）。なお，固定資産課税台帳に登録された価格のない不動産については，当該不動産に類似する不動産で，固定資産課税台帳に登録された価格のある不動産の金額を基礎として，登記官が認定した価額によるものとされている（同法施行令附則3項）。

【注12】　登録免許税額を表示する（規則189条1項）。この金額は，【注11】に表示した課税価格の1000分の20とされているが（登録免許税法別表第一・一・（二）ハ），土地について，一定の期間内に登記を受ける場合には，その金額が軽減される（租税特別措置法72条1項1号）ことから，その根拠となる法令の条項を書式例のように表示する（規則189条3項）。

　この金額に100円未満の端数があるときは，その端数は切り捨て（国税通則法119条1項），その金額が1,000円に満たないときは，1,000円と表示する（登録免許税法19条）。なお，登録免許税は，現金を国に納付したときは当該納付に係る領収証書を嘱託書にはり付ける方法により，また，収入印紙で納付するときは当該収入印紙を嘱託書にはり付ける方法により納付する（同法23条）。

【注13】　不動産の表示として，土地の場合は，当該土地の所在する市，区，郡，町，村及び字，地番，地目，地積を表示する（令3条7号）。また，建物の場合は，当該建物の所在する市，区，郡，町，村，字及び土地の地番，家屋番号，種類，構造，床面積を表示する（令3

第3章　一般官公署の嘱託登記

条8号)。

　これらの表示は，登記記録上の表示と符合していることを要する。登記記録上の表示と符合しないときは，所有権移転の登記の前提として，不動産の表示の変更又は更正の登記をすることを要する。また，土地の一部を払い下げる場合には，所有権移転の登記の前提として，分筆の登記をすることを要する。

【注14】　登記を嘱託する場合において，不動産番号を表示して不動産を特定したときには，現在の不動産の表示事項（所在，地番，地目，地積）を省略することができる（令6条1項1号，規則34条2項等）が，不動産番号を表示したときでも，その全部を表示しておくのが望ましい。

第3節　不動産の権利に関する登記

（代理人が嘱託する場合）〔書式36〕

登 記 嘱 託 書

登 記 の 目 的　　所有権移転【注1】

原　　　　　因　　年月日払下【注2】

権　利　者　　何市何町何丁目何番何号

　　　　　　　　（住民票コード　12354678901）

　　　　　　　　　　　何　　　某【注3】

義　務　者　　財務省【注4】

添 付 書 類

　　登記原因証明情報【注5】　　　住所証明書【注6】

　　代 理 権 限 証 書【注7】

□登記識別情報の通知を希望しない。【注8】

年月日嘱託　　　何法務局何支局【注9】

嘱　託　者　　財務省所管不動産登記嘱託職員

　　　　　　　　何財務局長　　　何　　　某【注10】

代　理　人　　何市何町何丁目何番何号

　　　　　　　　社団法人何公共嘱託登記司法書士協会

　　　　　　　　理 事　何　　某 職印 【注11】

　　　　　　　連絡先の電話番号　○○-○○○○-○○○○【注12】

課 税 価 格　　金何円【注13】

登 録 免 許 税　　金何円（租税特別措置法第72条第1項第

　　　　　　　　　　1号）【注14】

不動産の表示【注15】

　　不動産番号　　1234567890123【注16】

　　所　　在　　何市何町何丁目

　　地　　番　　何番

　　地　　目　　宅地

　　地　　積　　何・何平方メートル

175

第3章　一般官公署の嘱託登記

【注1】　登記の目的は,「所有権移転」と表示する。

【注2】　登記原因は,「払下」であり,その日付は,払下（売買）契約の成立した日である。なお,払下げといっても法律的には売買にほかならないから,登記原因を「売買」と表示しても差し支えない。

【注3】　登記権利者として,払下げを受けた者の氏名又は名称及び住所を表示し,会社等の法人の場合には代表者の氏名をも表示する。この表示は,登記原因証明情報及び住所証明書の表示と符合していなければならない。なお,登記権利者が個人の場合は住民票コード（住民基本台帳法7条13号）を,また,会社法人等番号（商業登記法7条）を有する法人の場合は当該会社法人等番号を,表示することができる。この場合,住民票コードは個人の住所に続けて,また,会社法人等番号は会社の名称に続けて表示することで差し支えない。

【注4】　登記義務者として,払下げをした官庁又は公署名を表示する。当該不動産について所管換を受けた官庁又は公署が払下げをした場合は,所管換による登記名義人名称変更の登記を省略して,所有権移転の登記を嘱託することができる。この場合の登記義務者は,「農林水産省所管換財務省」「国土交通省所管換財務省」のように表示することができる（昭和27・8・19民事甲第56号民事局長通達＝184頁）。

【注5】　登記原因証明情報として,国有地の払下げ（又は売買）を証する土地払下契約書,売買契約書等を提供する（令別表30の項添付情報欄イ）。なお,契約の内容が記載されている官庁又は公署と払下げを受けた者が作成した報告的な登記原因証明情報を提供することも差し支えない。土地払下契約書若しくは売買契約書等は,原本に相違ない旨を記載した写しを提供することにより,原本の還付を受けることができる（規則55条1項・2項）。

【注6】　登記権利者の住所証明書として,個人の場合は住所地の市区町村長が作成した住民票の写しを,会社等の法人の場合は登記官が作

第3節　不動産の権利に関する登記

成した登記事項証明書等を提供する（令別表30の項添付情報欄ロ）。な
お，個人が住民票コードを提供したとき，若しくは会社法人等番号
を有する法人が会社法人等番号を提供したときは，住所を証する情
報の提供を要しない（令9条，規則36条4項）。

【注7】　公共嘱託登記司法書士協会が代理人として登記を嘱託するとき
は，その代理人の権限を証する情報として，嘱託者が作成した委任
状を提供する（令7条1項2号）。

【注8】　官庁又は公署が登記権利者の請求によって登記を嘱託した場合
には，登記権利者に対する登記識別情報の通知は，官庁又は公署に
対してされる（法117条1項）ので，官庁又は公署は，遅滞なく，こ
れを登記権利者に通知しなければならない（法117条2項）。

　　ただし，登記名義人となる登記権利者が，登記識別情報の通知を
希望しない旨の申出を官庁又は公署に対してした場合には，登記識
別情報の通知はされない（規則64条1項1号）ので，通知を希望しな
い場合はその旨を嘱託情報に明示（□にチェックする）しなければ
ならない。登記識別情報の通知を希望するときは，特にその旨を明
示する必要はない。

【注9】　嘱託書を提出する日と提出先の法務局若しくは地方法務局又は
その支局若しくは出張所の名称を表示する（規則34条1項7号・8
号）。なお，嘱託書を郵送等で送付する場合には，その送付する日
を表示すればよい。

【注10】　嘱託者として，国の場合は所管各省庁の不動産登記嘱託指定職
員を，地方公共団体の場合はその団体の長の職及び氏名を表示し，
職印を押印する。

　　なお，土地の所管庁の命令又は規則で登記嘱託職員に指定されて
いる職員は，その指定職員の代理権限を証する情報を提供すること
なく，登記を嘱託することができる（令7条2項）。

【注11】　公共嘱託登記司法書士協会が代理人として登記を嘱託するとき

第3章　一般官公署の嘱託登記

は，当該協会名，その代表者の職及び氏名を表示し職印を押印する。

【注12】　嘱託情報に補正すべき箇所がある場合に，登記所の担当者から嘱託官庁又は公署に連絡するための連絡先の担当部署及び担当者並びに電話番号を表示する（規則34条1項1号）。

【注13】　課税価格として，登録免許税の課税標準の金額を表示する（規則189条1項）。この金額は，当該登記のときにおける不動産の価額によることとされているが（登録免許税法10条1項），当該価額は，当分の間，当該登記の嘱託の日の属する年の前年の12月31日現在又は当該嘱託の日の属する年の1月1日現在において固定資産課税台帳に登録された価格に100分の100を乗じて計算した金額とされている（同法附則7条，同法施行令附則3項）。この金額に1,000円未満の端数があるときは，その端数は切り捨て（国税通則法118条1項），その全額が1,000円に満たないときは，1,000円と表示する（登録免許税法15条）。なお，固定資産課税台帳に登録された価格のない不動産については，当該不動産に類似する不動産で，固定資産課税台帳に登録された価格のある不動産の金額を基礎として，登記官が認定した価額によるものとされている（同法施行令附則3項）。

【注14】　登録免許税額を表示する（規則189条1項）。この金額は，【注13】に表示した課税価格の1000分の20とされているが（登録免許税法別表第一・一・（二）ハ），土地について，一定の期間内に登記を受ける場合には，その金額が軽減される（租税特別措置法72条1項1号）ことから，その根拠となる法令の条項を書式例のように表示する（規則189条3項）。

　　この金額に100円未満の端数があるときは，その端数は切り捨て（国税通則法119条1項），その金額が1,000円に満たないときは，1,000円と表示する（登録免許税法19条）。なお，登録免許税は，現金を国に納付したときは当該納付に係る領収証書を嘱託書にはり付け

第3節　不動産の権利に関する登記

る方法により，また，収入印紙で納付するときは当該収入印紙を嘱
託書にはり付ける方法により納付する（同法23条）。

【注15】　不動産の表示として，土地の場合は，当該土地の所在する市，
区，郡，町，村及び字，地番，地目，地積を表示する（令3条7号）。
また，建物の場合は，当該建物の所在する市，区，郡，町，村，字
及び土地の地番，家屋番号，種類，構造，床面積を表示する（令3
条8号）。

　これらの表示は，登記記録上の表示と符合していることを要す
る。登記記録上の表示と符合しないときは，所有権移転の登記の前
提として，不動産の表示の変更又は更正の登記をすることを要す
る。また，土地の一部を払い下げる場合には，所有権移転の登記の
前提として，分筆の登記をすることを要する。

【注16】　登記を嘱託する場合において，不動産番号を表示して不動産を
特定したときには，現在の不動産の表示事項（所在，地番，地目，
地積）を省略することができる（令6条1項1号，規則34条2項等）
が，不動産番号を表示したときでも，その全部を表示しておくのが
望ましい。

第3章　一般官公署の嘱託登記

第2　国有地の売買による所有権移転の登記（国有財産法29条・30条の用途指定のある場合）〔書式37〕

```
                登 記 嘱 託 書

登 記 の 目 的    所有権移転【注1】
原       因    年月日売買【注2】
特       約    年月日から何年間何々の製造工場の用に供
              しない場合には売買契約を解除する【注3】
権   利   者    何市何町何丁目何番何号
                何工業株式会社【注4】
                （会社法人等番号　123456789012）
                代表取締役　何　　某
義   務   者    財務省【注5】
添 付 書 類
    登記原因証明情報【注6】      住所証明書【注7】
  □登記識別情報の通知を希望しない。【注8】
年月日嘱託        何法務局何出張所【注9】
嘱   託   者    財務省所管不動産登記嘱託職員
                何財務局長      何      某職印【注10】
連絡先の電話番号    ○○－○○○○－○○○○
      担当者      何部何課何係      何      某【注11】
課 税 価 格      金何円【注12】
登 録 免 許 税    金何円（租税特別措置法第72条第1項第
                1号）【注13】
不動産の表示【注14】
    不動産番号      1234567890123【注15】
    所    在      何市何町何丁目
    地    番      何番
    地    目      宅地
    地    積      何・何平方メートル
```

180

第3節　不動産の権利に関する登記

【注1】　登記の目的は，「所有権移転」と表示する。

【注2】　登記原因は，「売買」と表示し，その日付は，「売買契約の成立した日」を表示する。

【注3】　売買契約において，国有財産法第29条及び第30条の規定により，買受人に対して，用途及びその用途に供すべき期日並びに期間を指定し，その指定に違反したときには売買契約を解除する定めをした場合，その定めは，法第59条第5号に規定する権利の消滅に関する定めに該当するので，その定めを嘱託情報に表示し，登記をすることができる（昭和30・5・17民事甲第968号民事局長通達＝186頁）。

【注4】　登記権利者として，国有地を買い受けた者の氏名又は名称及び住所を表示し，会社等の法人の場合には代表者の氏名をも表示する。この表示は，登記原因証明情報及び住所証明書の表示と符合していなければならない。なお，登記権利者が個人の場合は住民票コード（住民基本台帳法7条13号）を，また，会社法人等番号（商業登記法7条）を有する法人の場合は当該会社法人等番号を，表示することができる。この場合，住民票コードは個人の住所に続けて，また，会社法人等番号は会社の名称に続けて表示することで差し支えない。

【注5】　登記義務者として，売り渡した官庁又は公署名を表示する。当該不動産について所管換を受けた官庁又は公署が売り渡した場合は，所管換による登記名義人名称変更の登記を省略して，所有権の移転の登記を嘱託することができる。この場合の登記義務者は，「農林水産省所管換財務省」「国土交通省所管換財務省」のように表示することができる（昭和27・8・19民事甲第56号民事局長通達＝184頁）。

【注6】　登記原因証明情報として，国有地の売買契約書を提供する（令別表30の項添付情報欄イ）。なお，契約の内容が記載されている官庁

第3章　一般官公署の嘱託登記

又は公署と買主が作成した報告的な登記原因証明情報を提供することも差し支えない。売買契約書は、原本に相違ない旨を記載した写しを提供することにより、原本の還付を受けることができる（規則55条1項・2項）。

【注7】　登記権利者の住所証明書として、個人の場合は住所地の市区町村長が作成した住民票の写しを、会社等の法人の場合は登記官が作成した登記事項証明書等を提供する（令別表30の項添付情報欄ロ）。なお、個人が住民票コードを提供したとき、若しくは会社法人等番号を有する法人が会社法人等番号を提供したときは、住所を証する情報の提供を要しない（令9条、規則36条4項）。

【注8】　官庁又は公署が登記権利者の請求によって登記を嘱託した場合には、登記権利者に対する登記識別情報の通知は、官庁又は公署に対してされる（法117条1項）ので、官庁又は公署は、遅滞なく、これを登記権利者に通知しなければならない（法117条2項）。

　　　ただし、登記名義人となる登記権利者が、登記識別情報の通知を希望しない旨の申出を官庁又は公署に対してした場合には、登記識別情報の通知はされない（規則64条1項1号）ので、通知を希望しない場合は、その旨を嘱託情報に明示（□にチェックする）しなければならない。登記識別情報の通知を希望するときは、特にその旨を明示する必要はない。

【注9】　嘱託書を提出する日と提出先の法務局若しくは地方法務局又はその支局若しくは出張所の名称を表示する（規則34条1項7号・8号）。なお、嘱託書を郵送等で送付する場合には、その送付する日を表示すればよい。

【注10】　嘱託者として、国の場合は所管各省庁の不動産登記嘱託指定職員を、地方公共団体の場合はその団体の長の職及び氏名を表示し、職印を押印する。

　　　なお、土地の所管庁の命令又は規則で登記嘱託職員に指定されて

第3節　不動産の権利に関する登記

いる職員は，その指定職員の代理権限を証する情報を提供すること
なく，登記を嘱託することができる（令7条2項）。

【注11】　嘱託情報に補正すべき箇所がある場合に，登記所の担当者から
　　　　嘱託官庁又は公署に連絡するための連絡先の担当部署及び担当者並
　　　　びに電話番号を表示する（規則34条1項1号）。

【注12】　課税価格として，登録免許税の課税標準の金額を表示する（規則189条1項）。この金額は，当該登記のときにおける不動産の価額によることとされているが（登録免許税法10条1項），当該価額は，当分の間，当該登記の嘱託の日の属する年の前年の12月31日現在又は当該嘱託の日の属する年の1月1日現在において固定資産課税台帳に登録された価格に100分の100を乗じて計算した金額とされている（同法附則7条，同法施行令附則3項）。この金額に1,000円未満の端数があるときは，その端数は切り捨て（国税通則法118条1項），その全額が1,000円に満たないときは，1,000円と表示する（登録免許税法15条）。なお，固定資産課税台帳に登録された価格のない不動産については，当該不動産に類似する不動産で，固定資産課税台帳に登録された価格のある不動産の金額を基礎として，登記官が認定した価額によるものとされている（同法施行令附則3項）。

【注13】　登録免許税額を表示する（規則189条1項）。この金額は，【注12】に表示した課税価格の1000分の20とされているが（登録免許税法別表第一・一・（二）ハ），土地について，一定の期間内に登記を受ける場合には，その金額が軽減される（租税特別措置法72条1項1号）ことから，その根拠となる法令の条項を書式例のように表示する（規則189条3項）。

　　　この金額に100円未満の端数があるときは，その端数は切り捨て（国税通則法119条1項），その金額が1,000円に満たないときは，1,000円と表示する（登録免許税法19条）。なお，登録免許税は，現金を国に納付したときは当該納付に係る領収証書を嘱託書にはり付け

第3章　一般官公署の嘱託登記

る方法により，また，収入印紙で納付するときは当該収入印紙を嘱
託書にはり付ける方法により納付する（同法23条）。

【注14】　不動産の表示として，土地の場合は，当該土地の所在する市，
区，郡，町，村及び字，地番，地目，地積を表示する（令3条7号）。
また，建物の場合は，当該建物の所在する市，区，郡，町，村，字
及び土地の地番，家屋番号，種類，構造，床面積を表示する（令3
条8号）。

　これらの表示は，登記記録上の表示と符合していることを要す
る。登記記録上の表示と符合しないときは，所有権移転の登記の前
提として，不動産の表示の変更又は更正の登記をすることを要す
る。また，土地の一部を払い下げる場合には，所有権移転の登記の
前提として，分筆の登記をすることを要する。

【注15】　登記を嘱託する場合において，不動産番号を表示して不動産を
特定したときには，現在の不動産の表示事項（所在，地番，地目，
地積）を省略することができる（令6条1項1号，規則34条2項等）
が，不動産番号を表示したときでも，その全部を表示しておくのが
望ましい。

⦿昭和27年8月19日民事甲第56号民事局長通達

〔日本電信電話公社発足に伴う不動産登記について〕　標記の件につい
て，今般別紙甲号の通り日本電信電話公社施設局長から照会があつた
ので別紙乙号の通り回答したから，この旨貴管下登記官吏に周知方し
かるべく取り計られたい。

（別紙甲号）　今般日本電信電話公社発足に伴い，当社と致しまして
は，電気通信省より承継した不動産の所有権取得の登記をする必要が
ありますがこれが登記嘱託については，左記事項につき格別なる御配
慮を賜りたく御協議申し上げます。

　　　　　　　　　　記

一，旧電気通信省所有の不動産は全部公社が承継したのであります

第3節　不動産の権利に関する登記

が，登記簿上旧権利者の名義が逓信省，運輸通信省，大蔵省又は宮内省等の名義になつているものについては，所管換による登記名義人の表示変更の登記を省略し日本電信電話公社のための所有権移転登記の嘱託をして差支えないでしようか。

二，未登記の不動産については，直接保存登記を嘱託して差支えないでしようか。

三，不動産登記法第三十一条第一項の規定による登記義務者の承諾書は日本電信電話公社法施行令附則第二項により添附しませんが，登記義務者の権利に関する登記済証の添付も省略して差支えないでしようか。

四，登記嘱託書の記載方法は別紙㊀及び㊁の通りで差支えないでしようか。

別紙㊀

　　　所有権移転登記嘱託書（案）

一，不 動 産 の 表 示　後記の通り

一，登記原因及其日附　昭和弐拾七年八月壱日電気通信省より承継

一，登 記 権 利 者　日本電信電話公社

一，登 記 義 務 者　電気通信省

一，登 記 の 目 的　所有権移転の登記

一，附 属 書 類　登記原因を証する書面は初より存在しないから嘱託書副本　壱通

一，登 録 税　登録税法第拾九条第壱号の参により納付しない。

右登記相成度く嘱託致します。

　　昭和 年 月 日

　　　　　　　　日本電信電話公社指定職員

　　　　　　　　日本電信電話公社

　　　　　　　　　施設局建築部長　中田　亮吉

　　法務局御中

一，不 動 産 の 表 示

別紙㊁

第3章　一般官公署の嘱託登記

　　　　　所有権保存登記嘱託書（案）
一，不 動 産 の 表 示　後記の通り
一，登 記 の 目 的　所有権保存の登記
一，附 属 書 類　嘱託書副本　壱通
一，登 　録 　税　登録税法第拾九条第壱号の参により納付しな
　い。
右登記相成度く嘱託致します。
　　　昭和　年　月　日
　　　　　　　　　日本電信電話公社指定職員
　　　　　　　　　日本電信電話公社
　　　　　　　　　　施設局建築部長　中田　亮吉
　　　法務局御中
一，不 動 産 の 表 示
（別紙乙号）　いずれも貴見の通り取り扱つてさしつかえないものと考
える。但し，別紙㈠中「一，登記権利者」の表示は，「東京都
　区　　町　　番地日本電信電話公社」と記載し，別紙㈡中「一，登記
の目的」の次に「一，所有者の表示　東京都　　区　　町　　番地日
本電信電話公社」を加えること。
　　なお，第一項の場合における登記の嘱託書の登記義務者の記載は，
「逓信省所管換電気通信省」のようにすること。

⦿昭和30年5月17日民事甲第968号民事局長通達
〔不動産登記法第三十八条の解釈について〕　標記の件に関し，別紙甲
号のとおり熊本地方法務局長から照会があつたので，別紙乙号のとお
り回答したから，この旨貴管下登記官吏に周知方しかるべく取り計ら
われたい。
（別紙甲号）　国有財産法第二十九条第三十条の規定により，財務局が
普通財産を売渡し，買受人に対して，用途並びにその用途に供しなけ
ればならない期日及び期間を指定し，指定条項に違反したときは，売
買契約を解除する旨を約定した場合に，その指定及び約定事項を不動
産登記法第三十八条にいう特約事項として登記することができると思
料致しますが，左記先例等の趣旨を比較考量致しますと，可否いずれ
とも決しかねますので，何分の御指示をお願い致します。

第3節　不動産の権利に関する登記

　　　　　記

一，明治三十二年十二月二十八日民刑第二〇五九号回答

一，明治三十七年六月登記学会解答

一，明治四十五年三月同上

一，大正六年六月法曹会決議

一，昭和四年二月大審院判例

一，昭和十年十二月法曹会決議

一，昭和十一年四月同上

一，昭和二十八年十一月民甲第二〇五七号回答

（別紙乙号）　本年四月十一日付登第一七四号で照会のあつた標記の件については，貴見のとおりその登記をすることができるものと考える。なお，不動産登記法第三十八条にいわゆる「権利ノ消滅ニ関スル事項ノ定アルトキ」とは，権利の存続に終期又は解除条件が附されている場合を指すものと解せられるところ，引用の昭和二十八年十一月二日民事甲第二〇五七号本職回答の事案は，学校敷地を寄附するにあたり，将来その土地が学校敷地として不用になつたときは，寄附者に無償贈与する旨のいわゆる停止条件付所有権移転契約をした場合のものであつて，その条件の成就によつて当然に寄附の効果が消滅するという趣旨のいわゆる解除条件が附された場合のものではないから，念のため申し添える。

第3章　一般官公署の嘱託登記

第3　地方公共団体の所有不動産の払下げによる所有権移転の登記
〔書式38〕

登　記　嘱　託　書

登 記 の 目 的　　所有権移転【注1】

原　　　　因　　年月日払下【注2】

権　利　者　　何市何町何丁目何番何号
　　　　　　　　　住民票コード　12345678901
　　　　　　　　　　　　　　　　　　何　　　某【注3】

義　務　者　　何　県【注4】

添　付　書　類
　　　登記原因証明情報【注5】　　　住所証明書【注6】
　　□登記識別情報の通知を希望しない。【注7】

年月日嘱託　　　何法務局何支局【注8】

嘱　託　者　　何県知事　　何　　　某 職印【注9】

連絡先の電話番号　○○－○○○○－○○○○
　　　　担当者　　何部何課何係　　何　　　某【注10】

課　税　価　格　　金何円【注11】

登 録 免 許 税　　金何円（租税特別措置法第72条第1項第
　　　　　　　　　1号）【注12】

不動産の表示【注13】
　　　不動産番号　1234567890123【注14】
　　　所　　在　　何市何町何丁目
　　　地　　番　　何番
　　　地　　目　　宅地
　　　地　　積　　何・何平方メートル

第3節　不動産の権利に関する登記

【注1】　登記の目的は,「所有権移転」と表示する。

【注2】　登記原因は,「払下」であり,その日付は,払下（売買）契約の成立した日である。なお,払下げといっても法律的には売買にほかならないから,登記原因を「売買」と表示しても差し支えない。

【注3】　登記権利者として,払下げを受けた者の氏名又は名称及び住所を表示し,会社等の法人の場合には代表者の氏名をも表示する。この表示は,登記原因証明情報及び住所証明書の表示と符合していなければならない。なお,登記権利者が個人の場合は住民票コード（住民基本台帳法7条13号）を,また,会社法人等番号（商業登記法7条）を有する法人の場合は当該会社法人等番号を,表示することができる。この場合,住民票コードは個人の住所に続けて,また,会社法人等番号は会社の名称に続けて表示することで差し支えない。

【注4】　登記義務者として,払下げをした地方公共団体名を表示する。

【注5】　登記原因証明情報として,払下げ（又は売買）を証する土地払下契約書,売買契約書等を提供する（令別表30の項添付情報欄イ）。なお,契約の内容が記載されている地方公共団体と払下げを受けた者が作成した報告的な登記原因証明情報を提供することも差し支えない。土地払下契約書若しくは売買契約書等は,原本に相違ない旨を記載した写しを提供することにより,原本の還付を受けることができる（規則55条1項・2項）

【注6】　登記権利者の住所証明書として,個人の場合は住所地の市区町村長が作成した住民票の写しを,会社等の法人の場合は登記官が作成した登記事項証明書等を提供する（令別表30の項添付情報欄ロ）。なお,個人が住民票コードを提供したとき,若しくは会社法人等番号を有する法人が会社法人等番号を提供したときは,住所を証する情報の提供を要しない（令9条,規則36条4項）。

【注7】　地方公共団体が登記権利者の請求によって登記を嘱託した場合には,登記権利者に対する登記識別情報の通知は,地方公共団体に

第3章　一般官公署の嘱託登記

対してされる（法117条1項）ので，地方公共団体は，遅滞なく，こ
れを登記権利者に通知しなければならない（法117条2項）。

　ただし，登記名義人となる登記権利者が，登記識別情報の通知を
希望しない旨の申出を地方公共団体に対してした場合には，登記識
別情報の通知はされない（規則64条1項1号）ので，通知を希望しな
い場合は，その旨を嘱託情報に明示（□にチェックする）しなけれ
ばならない。登記識別情報の通知を希望するときは，特にその旨を
明示する必要はない。

【注8】　嘱託書を提出する日と提出先の法務局若しくは地方法務局又は
その支局若しくは出張所の名称を表示する（規則34条1項7号・8
号）。なお，嘱託書を郵送等で送付する場合には，その送付する日
を表示すればよい。

【注9】　嘱託者として，地方公共団体の長の職及び氏名を表示し，職印
を押印する。

【注10】　嘱託情報に補正すべき箇所がある場合に，登記所の担当者から
嘱託官庁又は公署に連絡するための連絡先の担当部署及び担当者並
びに電話番号を表示する（規則34条1項1号）。

【注11】　課税価格として，登録免許税の課税標準の金額を表示する（規
則189条1項）。この金額は，当該登記のときにおける不動産の価額
によることとされているが（登録免許税法10条1項），当該価額は，
当分の間，当該登記の嘱託の日の属する年の前年の12月31日現在
又は当該嘱託の日の属する年の1月1日現在において固定資産課税
台帳に登録された価格に100分の100を乗じて計算した金額とされ
ている（同法附則7条，同法施行令附則3項）。この金額に1,000円未満
の端数があるときは，その端数は切り捨て（国税通則法118条1項），
その全額が1,000円に満たないときは，1,000円と表示する（登録免
許税法15条）。なお，固定資産課税台帳に登録された価格のない不
動産については，当該不動産に類似する不動産で，固定資産課税台

第3節　不動産の権利に関する登記

帳に登録された価格のある不動産の金額を基礎として，登記官が認定した価額によるものとされている（同法施行令附則3項）。

【注12】　登録免許税額を表示する（規則189条1項）。この金額は，**【注11】**に表示した課税価格の1000分の20とされているが（登録免許税法別表第一・一・（二）ハ），土地について，一定の期間内に登記を受ける場合には，その金額が軽減される（租税特別措置法72条1項1号）ことから，その根拠となる法令の条項を書式例のように表示する（規則189条3項）。

　　この金額に100円未満の端数があるときは，その端数は切り捨て（国税通則法119条1項），その金額が1,000円に満たないときは，1,000円と表示する（登録免許税法19条）。なお，登録免許税は，現金を国に納付したときは当該納付に係る領収証書を嘱託書にはり付ける方法により，また，収入印紙で納付するときは当該収入印紙を嘱託書にはり付ける方法により納付する（同法23条）。

【注13】　不動産の表示として，土地の場合は，当該土地の所在する市，区，郡，町，村及び字，地番，地目，地積を表示する（令3条7号）。また，建物の場合は，当該建物の所在する市，区，郡，町，村，字及び土地の地番，家屋番号，種類，構造，床面積を表示する（令3条8号）。これらの表示は，登記記録上の表示と符合していることを要する。登記記録上の表示と符合しないときは，所有権移転の登記の前提として，不動産の表示の変更又は更正の登記をすることを要する。また，土地の一部を払い下げる場合には，所有権移転の登記の前提として，分筆の登記をすることを要する。

【注14】　登記を嘱託する場合において，不動産番号を表示して不動産を特定したときには，現在の不動産の表示事項（所在，地番，地目，地積）を省略することができる（令6条1項1号，規則34条2項等）が，不動産番号を表示したときでも，その全部を表示しておくのが望ましい。

第3章　一般官公署の嘱託登記

第4　市町村所有の不動産につき私人が賃借権を取得した場合の賃借権設定の登記〔書式39〕

　不動産の賃借権とは，他人の土地又は建物を使用及び収益する権利であり，賃借人は，賃貸人にその賃料を支払う義務を負います（民法601条）。

　賃借権は，不動産の所有者（賃貸人）と賃借人との賃貸借契約により生じる債権ですが，不動産の賃借権設定の登記をしたときは，その不動産について，物権を取得した第三者（所有者，抵当権者等）に賃借権の取得を対抗できるのであり（民法605条），いわば物権的効力を有することになります。

　また，一般的に，賃貸人が登記することを承諾する特約がない限り，賃借人は，登記請求権を有せず，賃借権設定の登記をすることができないと解されています。なお，賃借権は，不動産の所有権のみならず，地上権又は永小作権についても設定することができます。

　官庁又は公署が所有する不動産に，私人のために賃借権を設定したときは，当該官庁又は公署が，登記義務者として，登記権利者の請求により登記原因を証する情報を提供して登記を嘱託することになります（法116条2項）。

第3節　不動産の権利に関する登記

登　記　嘱　託　書

登 記 の 目 的　　賃借権設定【注1】

原　　　　　因　　年月日設定【注2】

目　　　　　的　　建物所有【注3】

賃　　　　　料　　1月何円【注4】

支 払 時 期　　毎月末日【注4】

存 続 期 間　　何 　年【注4】

敷　　　　　金　　金何円【注4】

特　　　　　約　　譲渡，転貸ができる【注5】

権　利　者　　何市何町何丁目何番何号

　　　　　　　　　　　　　何　　　某【注6】

義　務　者　　何　市【注7】

添 付 書 類

　　登記原因証明情報【注8】

□登記識別情報の通知を希望しない。【注9】

年月日嘱託　　　何法務局何出張所【注10】

嘱　託　者　　　何市長　何　　　某 職印【注11】

連絡先の電話番号　　○○－○○○○－○○○○

　　　　担当者　　何部何課何係　　何　　　某【注12】

課 税 価 格　　金何円【注13】

登 録 免 許 税　　金何円【注14】

不動産の表示【注15】

　　　不動産番号　　1234567890123【注16】

　　　所　　在　　何市何町何丁目

　　　地　　番　　何番

　　　地　　目　　宅地

　　　地　　積　　何・何平方メートル

第3章　一般官公署の嘱託登記

【注1】　登記の目的は,「賃借権設定」と表示する。なお,地上権又は
　　永小作権を目的とする賃借権である場合は,当該地上権,永小作権
　　についての登記であることを明らかにするため「何番地上権の賃借
　　権設定」のように表示する。

【注2】　登記原因は,単に「設定」とのみ表示すれば足り,その日付
　　は,賃貸借契約の成立した日である。

【注3】　建物所有を目的とする賃借権の設定の登記の場合には,その旨
　　を表示する(法81条6号)。また,賃借権が事業用定期借地権である
　　場合には,目的として,「借地借家法第23条第1項(又は第2項)
　　の建物所有」と表示する(法81条7号)。

　　なお,借地権でない一般の賃借権の設定の登記の場合には,建物
　　所有の目的を表示する必要はない。

【注4】　(1)　賃料　賃貸借契約は有償契約であるから,賃料は,必ず定
　　めることを要し(法81条1号),書式例のように「1月何円」のよう
　　に表示する。賃料は,各個の土地又は建物について定めるべきで
　　あって,数個の不動産の賃料の合計額で定めるべきではなく,必ず
　　個々別々に賃料を定めて登記する。なお,「1平方メートル1月何
　　円」と定めても差し支えない。

　　(2)　支払期日　設定契約において,賃料の支払時期の定めがある
　　ときは,その旨を表示する(法81条2号)。

　　(3)　存続期間　設定契約において,存続期間の定めがあるとき
　　は,その旨を表示する(法81条2号)。

　　なお,借地権である賃借権の存続期間は,借地借家法の適用(借
　　地借家法3条)があり,一般的には設定契約の日から30年(定期借
　　地権の場合は50年以上(借地借家法22条),事業用定期借地権の場
　　合は10年以上50年未満(借地借家法23条))とされているので,そ
　　れより短い期間とすることはできない。借地借家法の適用がない場
　　合は,20年を超えない期間で定めることになり,20年を超える期

第3節　不動産の権利に関する登記

間を定めた場合は，20年に短縮される（民法604条1項）。

　(4)　設定契約において，敷金の定めがあるときは，その旨を表示する（法81条4号）。

【注5】　賃借人は，賃貸人の承諾がなければ，賃借権を譲渡したり転貸することはできないこととされている（民法612条1項）ので，その承諾がある場合には，それを特約として表示する（法81条3号）。

　　また，賃借権が定期借地権である場合には，特約として「借地借家法第22条の特約」と表示する。

【注6】　登記権利者として，賃借人の氏名又は名称及び住所を表示し，会社等の法人の場合には代表者の氏名をも表示する。

【注7】　登記義務者である市町村名を表示する。この表示は，登記記録上の表示と符合していることを要する。

【注8】　登記原因証明情報として，賃借権設定契約証書等を提供する。これには賃借権の設定である旨，賃料，支払時期，存続期間その他の特約事項，賃貸人及び賃借人，目的不動産が表示されていることを要する。なお，契約の内容が記載されている市町村と賃借人が作成した報告的な登記原因証明情報を提供することも差し支えない。賃借権設定契約書は，原本に相違ない旨を記載した写しを提供することにより，原本の還付を受けることができる（規則55条1項・2項）。

【注9】　市町村が登記権利者の請求によって登記を嘱託した場合には，登記権利者に対する登記識別情報の通知は，市町村に対してされる（法117条1項）ので，市町村は，遅滞なく，これを登記権利者に通知しなければならない（法117条2項）。

　　ただし，登記名義人となる登記権利者が，登記識別情報の通知を希望しない旨の申出を市町村に対してした場合には，登記識別情報の通知はされない（規則64条1項1号）ので，通知を希望しない場合は，その旨を嘱託情報に明示（□にチェックする）しなければなら

第3章　一般官公署の嘱託登記

ない。登記識別情報の通知を希望するときは，特にその旨を明示する必要はない。

【注10】　嘱託書を提出する日と提出先の法務局若しくは地方法務局又はその支局若しくは出張所の名称を表示する（規則34条1項7号・8号）。なお，嘱託書を郵送等で送付する場合には，その送付する日を表示すればよい。

【注11】　嘱託者として，地方公共団体の長の職及び氏名を表示し，職印を押印する。

【注12】　嘱託情報に補正すべき箇所がある場合に，登記所の担当者から嘱託官庁又は公署に連絡するための連絡先の担当部署及び担当者並びに電話番号を表示する（規則34条1項1号）。

【注13】　課税価格として，登録免許税の課税標準の金額を表示する（規則189条1項）。この金額は，当該登記のときにおける不動産の価額によることとされているが（登録免許税法10条1項），当該価額は，当分の間，当該登記の嘱託の日の属する年の前年の12月31日現在又は当該嘱託の日の属する年の1月1日現在において固定資産課税台帳に登録された価格に100分の100を乗じて計算した金額とされている（同法附則7条，同法施行令附則3項）。この金額に1,000円未満の端数があるときは，その端数は切り捨て（国税通則法118条1項），その全額が1,000円に満たないときは，1,000円と表示する（登録免許税法15条）。なお，固定資産課税台帳に登録された価格のない不動産については，当該不動産に類似する不動産で，固定資産課税台帳に登録された価格のある不動産の金額を基礎として，登記官が認定した価額によるものとされている（同法施行令附則3項）。

【注14】　登録免許税額を表示する（規則189条1項）。この金額は，【注13】に表示した課税価格の1000分の10とされている（登録免許税法別表第一・一・(三)　イ）。

　　　この金額に100円未満の端数があるときは，その端数は切り捨て

第3節　不動産の権利に関する登記

（国税通則法119条1項），その金額が1,000円に満たないときは，1,000円と表示する（登録免許税法19条）。なお，登録免許税は，現金を国に納付したときは当該納付に係る領収証書を嘱託書にはり付ける方法により，また，収入印紙で納付するときは当該収入印紙を嘱託書にはり付ける方法により納付する（同法23条）。

【注15】　不動産の表示として，土地の所在する市，区，郡，町，村及び字，地番，地目，地積を表示する（令3条7号）。

　　この表示は，登記記録上の表示と符合していることを要する。登記記録上の表示と符合しないときは，賃借権設定の登記の前提として，不動産の表示の変更又は更正の登記をすることを要する。また，土地の一部について賃借権を設定する場合には，賃借権設定の登記の前提として，分筆の登記をすることを要する。

【注16】　登記を嘱託する場合において，不動産番号を表示して不動産を特定したときには，現在の不動産の表示事項（所在，地番，地目，地積）を省略することができる（令6条1項1号，規則34条2項等）が，不動産番号を表示したときでも，その全部を表示しておくのが望ましい。

197

第3章　一般官公署の嘱託登記

第5　地方公共団体が民有不動産について取得した抵当権の変更の登記（抵当権の債権額を減額した場合）〔書式40〕

登 記 嘱 託 書

登 記 の 目 的　　何番抵当権変更【注1】
原　　　　因　　年月日県民税一部納付【注2】
変更後の事項　　債権額金何円【注3】
権　利　者　　何市何町何丁目何番何号
　　　　　　　　　　　何　　　某【注4】
義　務　者　　何　県【注5】
添 付 書 面
　　登記原因証明情報【注6】
年月日嘱託　　　何法務局何出張所【注7】
嘱　託　者　　何県税事務所長　　何　　　某 [職印]【注8】
連絡先の電話番号　○○－○○○○－○○○○
　　　　担当者　　何部何課何係　　何　　　某【注9】
登 録 免 許 税　　金何円【注10】
不動産の表示【注11】
　　不動産番号　　1234567890123【注12】
　　所　　在　　何市何町何丁目
　　地　　番　　何番
　　地　　目　　宅地
　　地　　積　　何・何平方メートル

198

第3節　不動産の権利に関する登記

【注1】　登記の目的として，変更登記の対象である抵当権の登記を順位番号で表示し，その変更の登記である旨を書式例のように表示する。

【注2】　県民税が一部納付されたことにより債権額が減少した場合であれば，登記原因は，書式例のように「県民税一部納付」と表示し，その日付は，県民税が一部納付された日を表示する。

【注3】　変更後の事項として，変更後の債権額を表示する。

【注4・注5】　債権額を減額する場合の登記権利者は，当該抵当権設定者（抵当不動産の所有権の登記名義人）であるから，その氏名又は名称及び住所を表示し，会社等の法人の場合には代表者の氏名をも表示する。登記義務者として，地方公共団体を表示する。

　なお，債権額の減額，利率の引下げ等の場合は，抵当権者（地方公共団体）の権利が縮小されるので，抵当権設定者が登記権利者となるが，利率の引上げ等の場合には，反対に抵当権者（地方公共団体）が登記権利者となり，抵当権設定者が登記義務者となる。

【注6】　登記原因証明情報として，抵当権変更契約書等を提供する。なお，変更の内容が記載されている地方公共団体と権利者が作成した報告的な登記原因証明情報を提供することも差し支えない。抵当権変更契約書等は，原本に相違ない旨を記載した写しを提供することにより，原本の還付を受けることができる（規則55条1項・2項）。

【注7】　嘱託書を提出する日と提出先の法務局若しくは地方法務局又はその支局若しくは出張所の名称を表示する（規則34条1項7号・8号）。なお，嘱託書を郵送等で送付する場合には，その送付する日を表示すればよい。

【注8】　徴収職員の官職及び氏名を表示し職印を押印する。

【注9】　嘱託情報に補正すべき箇所がある場合に，登記所の担当者から嘱託官庁又は公署に連絡するための連絡先の担当部署及び担当者並びに電話番号を表示する（規則34条1項1号）。

199

第3章　一般官公署の嘱託登記

【注10】　登録免許税額を表示する。この金額は，不動産の個数1個につき，1,000円である（登録免許税法別表第一・一・(圖)）。

【注11】　不動産の表示として，土地の所在の市，区，郡，町，村及び字，地番，地目，地積を表示する（令3条7号）。この表示は，登記記録上の表示と符合していることを要する。

【注12】　登記を嘱託する場合において，不動産番号を表示して不動産を特定したときには，現在の不動産の表示事項（所在，地番，地目，地積）を省略することができる（令6条1項1号，規則34条2項等）が，不動産番号を表示したときでも，その全部を表示しておくのが望ましい。

第3節　不動産の権利に関する登記

第6　地方公共団体が民有不動産について取得した賃借権の抹消
〔書式41〕

　賃借権が消滅する場合としては，賃借権の目的である不動産の滅失，混同（民法179条），存続期間の満了，消滅時効（民法167条2項），解約（合意解除）等があります。これらのうち，賃借権の目的である不動産の滅失，混同及び存続期間の満了による消滅の場合は，抹消の登記がなくても賃借権の消滅を第三者に対抗できますが，その他の場合には，賃借権の登記の抹消を要します。

　賃借権の登記に誤りがあり無効であるとき，また，当該賃借権の登記が仮登記である場合でも，消滅した場合は，抹消の登記を要します。なお，混同又は存続期間の満了により消滅した場合も，抹消登記をすることは差し支えありません。ただし，土地が海没等により滅失した場合は，土地の滅失登記をすべきであり，賃借権の抹消登記をする必要は，ありません。

201

第3章　一般官公署の嘱託登記

登　記　嘱　託　書

登 記 の 目 的　　何番賃借権抹消【注1】

原　　　　因　　年月日解除【注2】

権　利　者　　何市何町何丁目何番何号

　　　　　　　　　　何　　　某【注3】

義　務　者　　何市【注4】

添 付 書 面

　　登記原因証明情報【注5】

年月日嘱託　　　　何法務局何支局【注6】

嘱　託　者　　何市長　何　　　某 職印 【注7】

連絡先の電話番号　○○‐○○○○‐○○○○

　　　担当者　　何部何課何係　　何　　　某【注8】

登 録 免 許 税　　金何円【注9】

不動産の表示【注10】

　　　不動産番号　　1234567890123【注11】

　　　所　　在　　何市何町何丁目

　　　地　　番　　何番

　　　地　　目　　宅地

　　　地　　積　　何・何平方メートル

第3節　不動産の権利に関する登記

【注1】　登記の目的は，抹消すべき賃借権を順位番号をもって特定し，「何番賃借権抹消」と表示する。

【注2】　登記原因は，「存続期間満了」，「解除」，「放棄」，「混同」等と表示し，また，その日付は，消滅原因の生じた日を表示する。

【注3】　登記権利者として，賃借権設定者（所有権の登記名義人）氏名又は名称及び住所を表示し，会社等の法人の場合には代表者の氏名をも表示する。

【注4】　登記義務者として，地方公共団体を表示する。

【注5】　登記原因証明情報として，賃借権の消滅を証する賃借権解除証書等を提供する。なお，消滅事由の内容が記載されている地方公共団体と権利者が作成した報告的な登記原因証明情報を提供することも差し支えない。賃借権解除証書等は，原本に相違ない旨を記載した写しを提供することにより，原本の還付を受けることができる（規則55条1項・2項）。

【注6】　嘱託書を提出する日と提出先の法務局若しくは地方法務局又はその支局若しくは出張所の名称を表示する（規則34条1項7号・8号）。なお，嘱託書を郵送等で送付する場合には，その送付する日を表示すればよい。

【注7】　嘱託者として，地方公共団体の長の職及び氏名を表示し職印を押印する。

【注8】　嘱託情報に補正すべき箇所がある場合に，登記所の担当者から嘱託官庁又は公署に連絡するための連絡先の担当部署及び担当者並びに電話番号を表示する（規則34条1項1号）。

【注9】　登録免許税額を表示する。この金額は，不動産の個数1個につき1,000円である。不動産が20個を超える場合は，申請件数1件につき，20,000円である（登録免許税法別表第一・一・$\binom{り}{る}$）。

【注10】　不動産の表示として，賃借権の目的となっている土地の所在の市，区，郡，町，村及び字，地番，地目，地積を表示する（令3条

203

第3章　一般官公署の嘱託登記

7号）。この表示は，登記記録上の表示と符合していることを要する。

【注11】　登記を嘱託する場合において，不動産番号を表示して不動産を特定したときには，現在の不動産の表示事項（所在，地番，地目，地積）を省略することができる（令6条1項1号，規則34条2項等）が，不動産番号を表示したときでも，その全部を表示しておくのが望ましい。

第3節　不動産の権利に関する登記

第7　地方自治法第294条による財産区が合併前の市町村から不動産を承継した場合の所有権移転の登記〔書式42〕

　B町をA市に合併した場合において，B町所有の不動産をA市において承継せず，A市の一部であるA市B町の所有財産とする場合があります（地方自治法294条参照）。この場合には，従前のB町とB財産区とは別個の地方公共団体ですから，合併前のB町からB財産区への所有権移転の登記をすることになります（昭和25・6・10民事甲第1624号民事局長通達＝207頁）。

登　記　嘱　託　書

　登 記 の 目 的　　所有権移転【注1】
　原　　　　　因　　年月日承継【注2】
　権　利　者　　　A市B財産区【注3】
　義　務　者　　　何郡B町【注4】
　添　付　書　類
　　登記原因証明情報【注5】
　□登記識別情報の通知を希望する。【注6】
　年月日嘱託　　　何法務局何出張所【注7】
　嘱　託　者　　　A市長　　何　　　某 職印 【注8】
　連絡先の電話番号　○○－○○○○－○○○○
　　　　担当者　　何部何課何係　　　何　　　某【注9】
　登 録 免 許 税　　登録免許税法第4条第1項【注10】
　不動産の表示【注11】
　　　不動産番号　　1234567890123【注12】
　　　所　　在　　何市何町何丁目
　　　地　　番　　何番
　　　地　　目　　宅地
　　　地　　積　　何・何平方メートル

205

第3章　一般官公署の嘱託登記

【注1】　登記の目的は,「所有権移転」と表示する。

【注2】　登記原因は,単に「承継」とし,その日付は,合併の効力が生じた日（地方自治法7条7項の規定により合併に関する告示があった日）を表示する。

【注3】　登記権利者として,権利を承継したB財産区の名称を書式例のように表示する。

【注4】　登記義務者として,登記記録上の所有権の登記名義人である合併前のB町を表示する。

【注5】　登記原因証明情報として,合併に係る地方自治法所定の総務大臣の告示が掲載された官報若しくはその写しを提供する。この場合,登記所において,承継の事実が明らかであるときは,その提供を省略してよいが,その場合には,嘱託情報に例えば,「年月日官報告示」のように表示する。

【注6】　地方公共団体の嘱託による登記で,地方公共団体が自ら登記名義人となる場合には,地方公共団体が特に希望する場合を除いて,登記識別情報の通知はされない（規則64条1項4号）。したがって,登記識別情報の通知を希望するときは,あらかじめ,嘱託情報にその旨を明示（□にチェックする）しなければならない。

【注7】　嘱託書を提出する日と提出先の法務局若しくは地方法務局又はその支局若しくは出張所の名称を表示する（規則34条1項7号・8号）。なお,嘱託書を郵送等で送付する場合には,その送付する日を表示すればよい。

【注8】　合併前のB町の権利義務の承継者であるA市が嘱託者となる。したがって,A市長名を表示し職印を押印する。

【注9】　嘱託情報に補正すべき箇所がある場合に,登記所の担当者から嘱託官庁又は公署に連絡するための連絡先の担当部署及び担当者並びに電話番号を表示する（規則34条1項1号）。

【注10】　登録免許税については,財産区は登録免許税法別表第二に掲げ

第3節　不動産の権利に関する登記

られている法人であり，その類推適用により非課税とする取扱い
（昭和25・6・10民事甲第1624号民事局長通達＝本頁）であるので，その
免除条項を表示する。

【注11】　不動産の表示として，権利承継の対象となった土地の所在の
市，区，郡，町，村及び字，地番，地目，地積を表示する（令3条
7号）。この表示は，登記記録上の表示と符合していることを要す
る。

【注12】　登記を嘱託する場合において，不動産番号を表示して不動産を
特定したときには，現在の不動産の表示事項（所在，地番，地目，
地積）を省略することができる（令6条1項1号，規則34条2項等）
が，不動産番号を表示したときでも，その全部を表示しておくのが
望ましい。

◉昭和25年6月10日民事甲第1624号民事局長通達
〔市町村合併による登記の取扱方について〕標記の件について，今般
別紙甲号の通り神戸地方法務局長から問合せがあつたので，別紙乙号
の通り回答したから，この旨貴管下登記官吏に周知方然るべく取り計
らわれたい。右通達する。
（別紙甲号）　標記の件について左記の如き疑義が生じましたので御指
示を願います。

記

一，甲町乙村を丙市に吸収合併し従前の甲町所有の不動産は丙市にお
いて承継せず，丙市の一部である甲財産区（地方自治法二九四条）
の所有財産とした場合の登記の取扱方については，登記名義人の表
示変更の登記とすべきか又は左の如く所有権移転の登記をなすべき
でしようか。
　甲町乙村を廃し其地域をもつて丙市を置き従前乙村所有の不動産
は市に於て承継せず市の一部たる乙財産区（旧市制一四四条）の所
有財産としたるも登記簿面は乙村所有名義の儘なる場合に於ては，
之を他に処分し其登記を為さんとするときは，先ずもつて乙村より

第3章　一般官公署の嘱託登記

　　　　乙財産区に所有権移転の登記手続を為したる上処分すべきものとす
　　　　（昭和十六年法曹雑誌第十九巻第八号八八頁掲載決議）。
　　二，前項後段の所有権移転の登記を要するとしますと，その移転と
　　　　なるべき原因はいかように定むべきか又その登録税は登録税法第十
　　　　九条各号に規定がないものとして有税として取り扱うべきでしよう
　　　　か。
（別紙乙号）　昭和二十五年五月二十七日附日記第七〇二四号で問合せ
のあつた標記の件については，次のように考える。右回答する。
　　　　　　　　記
一，従前の甲町と甲財産区とは全然別個の地方公共団体であるから，
　　所有権移転の登記をなすべきである。
二，前項の場合における所有権移転の登記の登記原因は，「承継」と
　　し，その登録税については，登録税法第十九条第四号の規定を類推
　　適用すべきである。

第3節　不動産の権利に関する登記

〈B〉　官庁又は公署が登記権利者としてする登記

官庁又は公署が不動産に関する権利変動の当事者である場合において，法第116条第1項に規定する登記権利者としてする嘱託登記を大別すれば，次のようになります。

1　官庁又は公署が不動産に関する権利を取得した場合

官庁又は公署が不動産に関する権利を取得した場合，例えば，私人から不動産の任意売却を受けた場合において，登記権利者である官庁又は公署は，遅滞なく，登記原因証明情報（売買契約書等）及び登記義務者の承諾書（印鑑証明書付）を提供して，その権利の取得等の登記を，単独で，嘱託することができます。

2　官庁又は公署が取得した不動産に関する権利の変更等があった場合

官庁又は公署が取得した不動産に関する権利の変更等の登記をする場合（例えば，官庁又は公署が取得した抵当権あるいは賃借権について変更契約がされ，その旨の登記をする場合等）において，官庁又は公署が登記権利者であるときは，当該官庁又は公署は，遅滞なく，登記原因証明情報及び登記義務者の承諾書（印鑑証明書付）を提供して，その変更等の登記を，単独で，嘱託することができます。

3　官庁又は公署所有の不動産上に設定した私人の権利が消滅した場合

官庁又は公署所有の不動産上に私人が設定した権利の消滅についての登記は，官庁又は公署が，登記権利者として，登記原因証明情報及び登記義務者の承諾書（印鑑証明書付）を提供して，その権利の抹消の登記を嘱託することになります。

第3章　一般官公署の嘱託登記

第1　官庁又は公署が売買により取得した土地の所有権移転の登記

〔書式43〕

```
                登 記 嘱 託 書

登 記 の 目 的    所有権移転【注1】
原      因    年月日売買【注2】
権  利  者    農林水産省【注3】
義  務  者    何市何町何丁目何番何号
                何    某【注4】
添 付 書 類
    登記原因証明情報【注5】
    承諾書（印鑑証明書付）【注6】
□登記識別情報の通知を希望する。【注7】
年月日嘱託      何法務局何出張所【注8】
嘱  託  者    農林水産省所管不動産登記嘱託職員
                何農政局長    何    某 職印 【注9】
連絡先の電話番号   ○○ - ○○○○ - ○○○○
      担当者    何部何課何係    何    某【注10】
登 録 免 許 税    登録免許税法第4条第1項【注11】
不動産の表示【注12】
    不動産番号    1234567980123【注13】
    所   在    何市何町何丁目
    地   番    何番
    地   目    宅地
    地   積    何・何平方メートル
```

210

第3節　不動産の権利に関する登記

【注1】　登記の目的は,「所有権移転」と表示する。

【注2】　登記原因は,「売買」と表示し,その日付は,売買契約が成立した日を表示する。

【注3】　登記権利者として,買主である所管省庁名を表示する。

【注4】　登記義務者として,売主である登記記録上の所有権の登記名義人の氏名又は名称及び住所を表示し,会社等の法人の場合には代表者の氏名をも表示する。この表示は,登記原因証明情報及び登記記録上の表示と符合していなければならない。

【注5】　登記原因証明情報として,売買契約書等を提供する（令別表73の項添付情報欄イ）。なお,契約の内容が記載されている官庁又は公署と義務者が作成した報告的な登記原因証明情報を提供することも差し支えない。売買契約書等は,原本に相違ない旨を記載した写しを提供することにより,原本の還付を受けることができる（規則55条1項・2項）。

　　また,官庁又は公署が権利に関する登記の嘱託をする場合には,登記原因について第三者の許可,同意又は承諾を要するときであっても,当該第三者が許可し,同意し,又は承諾をしたことを証する情報（令7条1項5号ハ）を提供することを要しないとするのが,登記実務の取扱いである。そこで,市区町村が,私人所有の農地を道路とするために買収したことにより所有権移転の登記の嘱託をする場合には,農地法所定の許可書の提供を要しないとされている（昭和35・11・21民事甲第2751号民事局長通達＝118頁）。

【注6】　登記義務者の所有権移転の登記をすることを承諾した旨の承諾書（213頁参照）を提供しなければならない（令別表73の項添付情報欄ロ）。なお,承諾書には,その真正を担保するため承諾書に押印した印鑑に係る印鑑証明書を添付する。この印鑑証明書は,作成後3か月以内のものでなくても差し支えない（昭和31・11・2民事甲第2530号民事局長通達＝214頁）。

第3章　一般官公署の嘱託登記

【注7】　官庁又は公署の嘱託による登記で，官庁又は公署が自ら登記名
　　　　義人となる場合には，官庁又は公署が特に希望する場合を除いて，
　　　　登記識別情報の通知はされない（規則64条1項4号）。したがって，
　　　　登記識別情報の通知を希望するときは，あらかじめ，嘱託情報にそ
　　　　の旨を明示（□にチェックする）しなければならない。

【注8】　嘱託書を提出する日と提出先の法務局若しくは地方法務局又は
　　　　その支局若しくは出張所の名称を表示する（規則34条1項7号・8
　　　　号）。なお，嘱託書を郵送等で送付する場合には，その送付する日
　　　　を表示すればよい。

【注9】　嘱託者として，国の場合は所管各省庁の不動産登記嘱託指定職
　　　　員を，地方公共団体の場合はその団体の長の職及び氏名を表示し職
　　　　印を押印する。なお，土地の所管庁の命令又は規則で登記嘱託職員
　　　　に指定されている職員は，その指定職員の代理権限を証する情報を
　　　　提供することなく，登記を嘱託することができる（令7条2項）。

【注10】　嘱託情報に補正すべき箇所がある場合に，登記所の担当者から
　　　　嘱託官庁又は公署に連絡するための連絡先の担当部署及び担当者並
　　　　びに電話番号を表示する（規則34条1項1号）。

【注11】　国又は地方公共団体が自己のために受ける登記については，登
　　　　録免許税が課されない（登録免許税法4条1項）ので，その免除条項
　　　　を表示する。

【注12】　不動産の表示として，土地の所在の市，区，郡，町，村及び
　　　　字，地番，地目，地積を表示する（令3条7号）。この表示は，登記
　　　　記録上の表示と符合していることを要する。

【注13】　登記を嘱託する場合において，不動産番号を表示して不動産を
　　　　特定したときには，現在の不動産の表示事項（所在，地番，地目，
　　　　地積）を省略することができる（令6条1項1号，規則34条2項等）
　　　　が，不動産番号を表示したときでも，その全部を表示しておくのが
　　　　望ましい。

第3節　不動産の権利に関する登記

〔参考6〕　**承諾書の様式**

官庁又は公署が登記権利者の場合の登記義務者の承諾書（承諾書に押印の
印鑑証明書添付）

承　　諾　　書

何農政局長　何　　　某　殿

　私所有の下記不動産を，年月日農林水産省へ売り渡したの
で，その所有権移転の登記をすることを承諾する。

　年月日

　　　　何市何町何丁目何番何号

　　　　　　　　　　何　　　　　某㊞

不動産の表示

　　　所　　　在　何市何町何丁目

　　　地　　　番　何番

　　　地　　　目　宅地

　　　地　　　積　何・何平方メートル

　所有権移転の登記を申請する場合には，一般通則によれば，申請情報と
併せて登記義務者の登記識別情報を提供しなければならないとされていま
すが（法22条），官庁又は公署が，登記権利者として，法第116条第1項
の規定により登記を嘱託する場合には，登記義務者の登記識別情報を提供
することを要しない（昭和33・5・1民事甲第893号民事局長心得通達＝10頁）
とされています。しかし，官庁又は公署が登記権利者となる権利に関する
登記については，その登記の真正を担保するため，嘱託に係る登記をする

第3章　一般官公署の嘱託登記

ことについて，登記義務者の承諾を証する当該登記義務者が作成した情報
を提供する必要があります（法116条1項，令別表73の項添付情報欄ロ）。この
承諾を証する情報が得られない場合は，承諾を求める勝訴の確定判決の正
本を提供しなければなりません。

　また，承諾を証する情報には，その真正を担保するため，承諾を証する
情報に押印した印鑑についての印鑑証明書を添付する必要がありますが，
登記義務者が個人である場合は，市町村長の作成によるものを，法人であ
るときは，登記官の作成による代表者の印鑑証明書を添付します。この印
鑑証明書については，令第16条第2項の規定の適用はなく，作成後3か
月以内のものでなくても差し支えありません（昭和31・11・2民事甲第2530
号民事局長事務代理通達＝本頁）。

　なお，登記義務者が会社等の法人であり，その法人の代表者が承諾して
いる場合には，その代表権限を証する当該法人の登記事項証明書又は資格
証明書をも提供する必要がありますが，当該法人が，会社法人等番号を有
する法人であるときは，当該会社法人等番号を提供することによって，代
表権限を証する登記事項証明書又は資格証明書に代えることができます。
また，親権者等の法定代理人が本人に代わり承諾しているときは，その法
定代理権限を証する戸籍の謄（抄）本等を提供する必要があります。

◉昭和31年11月2日民事甲第2530号民事局長事務代理通達

　〔登記の嘱託書に添附すべき登記義務者の承諾書の印鑑について〕　標
　記の件について別紙甲号のとおり熊本地方法務局長から照会があつた
　ので，別紙乙号のとおり回答したから，この旨貴管下登記官吏に周知
　方しかるべく取り計らわれたい。
　（別紙甲号）　官公署が登記権利者として登記の嘱託をする場合に登記
　義務者の印鑑証明書を提出するを相当とされておりますところ，（昭
　和二六，九，二〇民事甲第一八九六号民事局長通達），この場合に不
　動産登記法施行細則第四十四条ノ四の規定の適用があることも疑問の
　余地はないと考えられますが，たとえば県が県道用地の買収登記を嘱

第3節　不動産の権利に関する登記

託するに当り，分筆，相続等の前提登記，筆数，その他の事情のた
め，同条に定める三箇月以内に嘱託書の提出が困難視せられ，かつ，
被買収者の再度の印鑑証明書の徴収につき，その協力が得られない場
合等があり事務処理上困難を生じていますので，何らかの特例をお認
め願えないものか，関係方面の要望の次第もありますので何分の御回
示をお願いします。

（別紙乙号）　本年八月二十二日付登第八八五号で照会のあつた標記の
件については，次のように考える。

　　　　　　　　　　記

　官庁又は公署が登記権利者として登記を嘱託する場合にも，登記義
務者の印鑑を提出するを相当とするとの昭和二十六年九月二十日付民
事甲第一八九六号本職通達の趣旨は，不動産登記法第三十一条の規定
により嘱託書に添附すべき登記義務者の承諾書の真正なることを形式
的に確証するためであつて，同法施行細則第四十二条の規定により提
出するものではない。したがつて，右により提出する印鑑について
は，同施行細則第四十四条ノ四の規定の適用はないものと解すべきで
ある。

第3章　一般官公署の嘱託登記

第2　都道府県が交換により取得した不動産の所有権移転の登記
〔書式44〕

```
　　　　　　　　　　登　記　嘱　託　書

　登 記 の 目 的　　所有権移転【注1】
　原　　　　因　　年月日交換【注2】
　権　利　者　　何　県【注3】
　義　務　者　　何市何町何丁目何番何号
　　　　　　　　　　何　　　某【注4】
　添 付 書 類
　　登記原因証明情報【注5】
　　承諾書（印鑑証明書付）【注6】
　□登記識別情報の通知を希望する。【注7】
　年月日嘱託　　　何法務局何出張所【注8】
　嘱　託　者　　何県知事　　何　　　某 職印【注9】
　連絡先の電話番号　　○○－○○○○－○○○○
　　　　　担当者　　何部何課何係　　何　　　某【注10】
　登 録 免 許 税　　登録免許税法第4条第1項【注11】
　不動産の表示【注12】
　　　不動産番号　　1234567980123【注13】
　　　所　　　在　　何市何町何丁目
　　　地　　　番　　何番
　　　地　　　目　　宅地
　　　地　　　積　　何・何平方メートル
```

第3節　不動産の権利に関する登記

【注1】　登記の目的は,「所有権移転」と表示する。

【注2】　登記原因は,「交換」と表示し,その日付は交換契約の成立した日を表示する。

【注3】　登記権利者として,都道府県名を表示する。

【注4】　登記義務者として,交換によって所有権を失った者である登記記録上の所有権の登記名義人の氏名又は名称及び住所を表示し,会社等の法人の場合には代表者の氏名をも表示する。この表示は,登記原因証明情報及び登記記録上の表示と符合していなければならない。

【注5】　登記原因証明情報として,交換契約書等を提供する（令別表73の項添付情報欄イ）。なお,契約の内容が記載されている都道府県と義務者が作成した報告的な登記原因証明情報を提供することも差し支えない。交換契約書等は,原本に相違ない旨を記載した写しを提供することにより,原本の還付を受けることができる（規則55条1項・2項）。

　　また,官庁又は公署が権利に関する登記の嘱託をする場合には,登記原因について第三者の許可,同意又は承諾を要するときであっても,当該第三者が許可し,同意し,又は承諾をしたことを証する情報（令7条1項5号ハ）を提供することを要しないとするのが,登記実務の取扱いである。そこで,都道府県が,私人所有の農地を交換により取得したことにより所有権移転の登記の嘱託をする場合には,農地法所定の許可書の提供を要しないとされている（昭和35・11・21民事甲第2751号民事局長通達＝118頁）。

【注6】　登記義務者の所有権移転の登記をすることを承諾した旨の承諾書（213頁参照）を提供しなければならない（令別表73の項添付情報欄ロ）。なお,承諾書には,その真正を担保するため承諾書に押印した印鑑に係る印鑑証明書を添付する。この印鑑証明書は,作成後3か月以内のものでなくても差し支えない（昭和31・11・2民事甲第

第3章　一般官公署の嘱託登記

2530号民事局長通達 = 214頁）。

【注7】　官庁又は公署の嘱託による登記で，官庁又は公署が自ら登記名義人となる場合には，官庁又は公署が特に希望する場合を除いて，登記識別情報の通知はされない（規則64条1項4号）。したがって，登記識別情報の通知を希望するときは，あらかじめ，嘱託情報にその旨を明示（□にチェックする）しなければならない。

【注8】　嘱託書を提出する日と提出先の法務局若しくは地方法務局又はその支局若しくは出張所の名称を表示する（規則34条1項7号・8号）。なお，嘱託書を郵送等で送付する場合には，その送付する日を表示すればよい。

【注9】　嘱託者として，地方公共団体の長である都道府県知事の職及び氏名を表示して職印を押印する。

【注10】　嘱託情報に補正すべき箇所がある場合に，登記所の担当者から嘱託官庁又は公署に連絡するための連絡先の担当部署及び担当者並びに電話番号を表示する（規則34条1項1号）。

【注11】　地方公共団体が自己のために受ける登記については，登録免許税が課されない（登録免許税法4条1項）ので，その免除条項を表示する。

【注12】　不動産の表示として，土地の所在の市，区，郡，町，村及び字，地番，地目，地積を表示する（令3条7号）。この表示は，登記記録上の表示と符合していることを要する。

【注13】　登記を嘱託する場合において，不動産番号を表示して不動産を特定したときには，現在の不動産の表示事項（所在，地番，地目，地積）を省略することができる（令6条1項1号，規則34条2項等）が，不動産番号を表示したときでも，その全部を表示しておくのが望ましい。

第3節　不動産の権利に関する登記

第3　市町村が売買により取得した不動産の所有権移転の登記〔書式45〕

登　記　嘱　託　書

登 記 の 目 的　　所有権移転【注1】
原　　　　　因　　年月日売買【注2】
権　利　者　　何　市【注3】
義　務　者　　何市何町何丁目何番何号
　　　　　　　　　　何　　　某【注4】
添 付 書 類
　　登記原因証明情報【注5】
　　承諾書（印鑑証明書付）【注6】
□登記識別情報の通知を希望する。【注7】
年月日嘱託　　　何法務局何支局【注8】
嘱　託　者　　何市長　何　　　某 職印 【注9】
連絡先の電話番号　　○○－○○○○－○○○○
　　　　担当者　　何部何課何係　　　何　　　某【注10】
登 録 免 許 税　　登録免許税法第4条第1項【注11】
不動産の表示【注12】
　　不動産番号　　1234567890123【注13】
　　所　　在　　何市何町何丁目
　　地　　番　　何番
　　地　　目　　宅地
　　地　　積　　何・何平方メートル

第3章　一般官公署の嘱託登記

【注1】　登記の目的は,「所有権移転」と表示する。

【注2】　登記原因は,「売買」と表示し,その日付は,売買契約が成立
した日を表示する。

【注3】　登記権利者として,買主である市町村名を表示する。

【注4】　登記義務者として,売主である登記記録上の所有権の登記名義
人の氏名又は名称及び住所を表示し,会社等の法人の場合には代表
者の氏名をも表示する。この表示は,登記原因証明情報及び登記記
録上の表示と符合していなければならない。

【注5】　登記原因証明情報として,売買契約書等を提供する（令別表73
の項添付情報欄イ）。なお,契約の内容が記載されている市町村と義
務者が作成した報告的な登記原因証明情報を提供することも差し支
えない。売買契約書等は,原本に相違ない旨を記載した写しを提供
することにより,原本の還付を受けることができる（規則55条1
項・2項）。

　　また,官庁又は公署が権利に関する登記の嘱託をする場合には,
登記原因について第三者の許可,同意又は承諾を要するときであっ
ても,当該第三者が許可し,同意し,又は承諾をしたことを証する
情報（令7条1項5号ハ）を提供することを要しないとするのが,登
記実務の取扱いである。そこで,市区町村が,私人所有の農地を道
路とするために買収したことにより所有権移転の登記の嘱託をする
場合には,農地法所定の許可書の提供を要しないとされている（昭
和35・11・21民事甲第2751号民事局長通達＝118頁）。

【注6】　登記義務者の所有権移転の登記をすることを承諾した旨の承諾
書（213頁参照）を提供しなければならない（令別表73の項添付情報欄
ロ）。なお,承諾書には,その真正を担保するため承諾書に押印し
た印鑑に係る印鑑証明書を添付する。この印鑑証明書は,作成後3
か月以内のものでなくても差し支えない（昭和31・11・2民事甲第
2530号民事局長通達＝214頁）。

第3節　不動産の権利に関する登記

【注7】　官庁又は公署の嘱託による登記で，官庁又は公署が自ら登記名
　　　義人となる場合には，官庁又は公署が特に希望する場合を除いて，
　　　登記識別情報の通知はされない（規則64条1項4号）。したがって，
　　　登記識別情報の通知を希望するときは，あらかじめ，嘱託情報にそ
　　　の旨を明示（□にチェックする）しなければならない。

【注8】　嘱託書を提出する日と提出先の法務局若しくは地方法務局又は
　　　その支局若しくは出張所の名称を表示する（規則34条1項7号・8
　　　号）。なお，嘱託書を郵送等で送付する場合には，その送付する日
　　　を表示すればよい。

【注9】　嘱託者として，市町村長の職及び氏名を表示して職印を押印す
　　　る。

【注10】　嘱託情報に補正すべき箇所がある場合に，登記所の担当者から
　　　嘱託官庁又は公署に連絡するための連絡先の担当部署及び担当者並
　　　びに電話番号を表示する（規則34条1項1号）。

【注11】　地方公共団体が自己のために受ける登記については，登録免許
　　　税が課されない（登録免許税法4条1項）ので，その免除条項を表示
　　　する。

【注12】　不動産の表示として，土地の所在の市，区，郡，町，村及び
　　　字，地番，地目，地積を表示する（令3条7号）。この表示は，登記
　　　記録上の表示と符合していることを要する。

【注13】　登記を嘱託する場合において，不動産番号を表示して不動産を
　　　特定したときには，現在の不動産の表示事項（所在，地番，地目，
　　　地積）を省略することができる（令6条1項1号，規則34条2項等）
　　　が，不動産番号を表示したときでも，その全部を表示しておくのが
　　　望ましい。

第3章　一般官公署の嘱託登記

第4　公共企業体である土地開発公社が売買により取得した不動産の所有権移転の登記〔書式46〕

登 記 嘱 託 書

登 記 の 目 的　　所有権移転【注1】

原　　　　　因　　年月日売買【注2】

権　利　者　　　何市何町何丁目何番何号

　　　　　　　　　　　何土地開発公社【注3】

義　務　者　　　何市何町何丁目何番何号

　　　　　　　　　　　何　　　某【注4】

添 付 書 類

　　登記原因証明情報【注5】

　　承諾書（印鑑証明書付）【注6】

□登記識別情報の通知を希望する。【注7】

年月日嘱託　　　　何法務局何出張所【注8】

嘱　託　者　　　何市何町何丁目何番何号

　　　　　　　　　　　何土地開発公社

　　　　　　　　　　　理事長　　何　　　某 職印【注9】

連絡先の電話番号　○○－○○○○－○○○○

　　　　担当者　　何部何課何係　　　何　　　某【注10】

登 録 免 許 税　　登録免許税法第4条第1項【注11】

不動産の表示【注12】

　　　不動産番号　　1234567890123【注13】

　　　所　　在　　何市何町何丁目

　　　地　　番　　何番

　　　地　　目　　宅地

　　　地　　積　　何・何平方メートル

第3節　不動産の権利に関する登記

【注1】　登記の目的は,「所有権移転」と表示する。

【注2】　登記原因は,「売買」と表示し,その日付は,売買契約が成立した日を表示する。

【注3】　登記権利者として,買主である土地開発公社名を表示する。

【注4】　登記義務者として,売主である登記記録上の所有権の登記名義人の氏名又は名称及び住所を表示し,会社等の法人の場合には代表者の氏名をも表示する。この表示は,登記原因証明情報及び登記記録上の表示と符合していなければならない。

【注5】　登記原因証明情報として,売買契約書等を提供する（令別表73の項添付情報欄イ）。なお,契約の内容が記載されている土地開発公社と義務者が作成した報告的な登記原因証明情報を提供することも差し支えない。売買契約書等は,原本に相違ない旨を記載した写しを提供することにより,原本の還付を受けることができる（規則55条1項・2項）。

　　また,官庁又は公署が権利に関する登記の嘱託をする場合には,登記原因について第三者の許可,同意又は承諾を要するときであっても,当該第三者が許可し,同意し,又は承諾をしたことを証する情報（令7条1項5号ハ）を提供することを要しないとするのが,登記実務の取扱いである。そこで,土地開発公社が,私人所有の農地を道路とするために買収したことにより所有権移転の登記の嘱託をする場合には,農地法所定の許可書の提供を要しないとされている（昭和35・11・21民事甲第2751号民事局長通達＝118頁）。

【注6】　登記義務者の所有権移転の登記をすることを承諾した旨の承諾書（213頁参照）を提供しなければならない（令別表73の項添付情報欄ロ）。承諾書には,その真正を担保するため承諾書に押印した印鑑に係る印鑑証明書を添付する。この印鑑証明書は,作成後3か月以内のものでなくても差し支えない（昭和31・11・2民事甲第2530号民事局長通達＝214頁）。

第3章　一般官公署の嘱託登記

【注7】　官庁又は公署の嘱託による登記で，官庁又は公署が自ら登記名
　　　　義人となる場合には，官庁又は公署が特に希望する場合を除いて，
　　　　登記識別情報の通知はされない（規則64条1項4号）。したがって，
　　　　登記識別情報の通知を希望するときは，あらかじめ，嘱託情報にそ
　　　　の旨を明示（□にチェックする）しなければならない。

【注8】　嘱託書を提出する日と提出先の法務局若しくは地方法務局又は
　　　　その支局若しくは出張所の名称を表示する（規則34条1項7号・8
　　　　号）。なお，嘱託書を郵送等で送付する場合には，その送付する日
　　　　を表示すればよい。

【注9】　嘱託者として，土地開発公社の理事長の氏名を表示し職印を押
　　　　印する。

【注10】　嘱託情報に補正すべき箇所がある場合に，登記所の担当者から
　　　　嘱託官庁又は公署に連絡するための連絡先の担当部署及び担当者並
　　　　びに電話番号を表示する（規則34条1項1号）。

【注11】　登録免許税法別表第二に掲げる土地開発公社が自己のために受
　　　　ける登記については，登録免許税が課されない（登録免許税法4条1
　　　　項）ので，その免除条項を表示する。

【注12】　不動産の表示として，土地の所在の市，区，郡，町，村及び
　　　　字，地番，地目，地積を表示する（令3条7号）。この表示は，登記
　　　　記録上の表示と符合していることを要する。

【注13】　登記を嘱託する場合において，不動産番号を表示して不動産を
　　　　特定したときには，現在の不動産の表示事項（所在，地番，地目，
　　　　地積）を省略することができる（令6条1項1号，規則34条2項等）
　　　　が，不動産番号を表示したときでも，その全部を表示しておくのが
　　　　望ましい。

第3節　不動産の権利に関する登記

第5　市町村が合併により取得した不動産の所有権移転の登記〔書式 47〕

登　記　嘱　託　書

登 記 の 目 的　　所有権移転【注1】

原　　　　因　　年月日合併による承継【注2】

　　　　　　　　（被承継者　何郡何町）【注3】

承　継　者　　何　市【注4】

添 付 書 類

　　登記原因証明情報【注5】

□登記識別情報の通知を希望する。【注6】

年月日嘱託　　　何法務局何支局【注7】

嘱　託　者　　何市長　何　　　某［職印］【注8】

連絡先の電話番号　　○○－○○○○－○○○○

　　　　担当者　　何部何課何係　　何　　　某【注9】

登 録 免 許 税　　登録免許税法第4条第1項【注10】

不動産の表示【注11】

　　不動産番号　　1234567890123【注12】

　　所　　在　　何市何町何丁目

　　地　　番　　何番

　　地　　目　　宅地

　　地　　積　　何・何平方メートル

225

第3章　一般官公署の嘱託登記

【注1】　市町村の合併等により権利について一般承継があった場合の移転の登記は，相続又は法人の合併による登記（法63条2項）に準じてされる。したがって，登記の目的は，「所有権移転」と表示する。

【注2】　登記原因は，「合併による承継」であり，その日付は，合併の効力が生じた日（地方自治法7条7項の規定により合併に関する総務大臣の告示があった日）を表示する。

【注3】　被承継者として，合併された市町村名を括弧書きで表示する。この表示は，登記原因証明情報及び登記記録上の表示と符合していなければならない。

【注4】　承継者として，合併により権利を承継した市町村名を表示する。

【注5】　登記原因証明情報として，合併に係る地方自治法所定の総務大臣の告示が掲載された官報若しくはその写しを提供する。この場合，登記所において，承継の事実が明らかなときは，その提供を省略してよいが，その場合には，嘱託情報に例えば，「年月日官報告示」のように表示する。

【注6】　官庁又は公署の嘱託による登記で，官庁又は公署が自ら登記名義人となる場合には，官庁又は公署が特に希望する場合を除いて，登記識別情報の通知はされない（規則64条1項4号）。したがって，登記識別情報の通知を希望するときは，あらかじめ，嘱託情報にその旨を明示（□にチェックする）しなければならない。

【注7】　嘱託書を提出する日と提出先の法務局若しくは地方法務局又はその支局若しくは出張所の名称を表示する（規則34条1項7号・8号）。なお，嘱託書を郵送等で送付する場合には，その送付する日を表示すればよい。

【注8】　嘱託者として，合併により権利を承継した市町村長の職及び氏名を表示し職印を押印する。

【注9】　嘱託情報に補正すべき箇所がある場合に，登記所の担当者から

第3節　不動産の権利に関する登記

　　嘱託官庁又は公署に連絡するための連絡先の担当部署及び担当者並
　　びに電話番号を表示する（規則34条1項1号）。

【注10】　地方公共団体が自己のために受ける登記については，登録免許
　　税が課されない（登録免許税法4条1項）ので，その免除条項を表示
　　する。

【注11】　不動産の表示として，権利承継の対象となった土地の所在の
　　市，区，郡，町，村及び字，地番，地目，地積を表示する（令3条
　　7号）。この表示は，登記記録上の表示と符合していることを要す
　　る。

【注12】　登記を嘱託する場合において，不動産番号を表示して不動産を
　　特定したときには，現在の不動産の表示事項（所在，地番，地目，
　　地積）を省略することができる（令6条1項1号，規則34条2項等）
　　が，不動産番号を表示したときでも，その全部を表示しておくのが
　　望ましい。

第3章　一般官公署の嘱託登記

第6　市町村が贈与により所属市町村の一部（財産区）から取得した不動産の所有権移転の登記〔書式48〕

登　記　嘱　託　書

登 記 の 目 的　　所有権移転【注1】
原　　　　因　　年月日贈与【注2】
権　利　者　　A町【注3】
義　務　者　　A町B財産区【注4】
添 付 書 類
　　登記原因証明情報【注5】　　承諾書【注6】
□登記識別情報の通知を希望する。【注7】
年月日嘱託　　　何法務局何支局【注8】
嘱　託　者　　A町長　何　　某 職印【注9】
連絡先の電話番号　○○－○○○○－○○○○
　　　担当者　　何部何課何係　　何　　某【注10】
登 録 免 許 税　　登録免許税法第4条第1項【注11】
不動産の表示【注12】
　　不動産番号　　1234567890123【注13】
　　所　　在　　何市何町何丁目
　　地　　番　　何番
　　地　　目　　宅地
　　地　　積　　何・何平方メートル

第3節　不動産の権利に関する登記

【注1】　登記の目的は,「所有権移転」と表示する。

【注2】　登記原因は,「贈与」であり,その日付は,「贈与契約の成立した日」を表示する。

【注3】　登記権利者として,贈与を受けた市町村名を表示する。

【注4】　登記義務者として,贈与をした財産区の名称を表示する。この表示は,登記原因証明情報及び登記記録上の表示と符合していなければならない。

【注5】　登記原因証明情報として,贈与証書等を提供する（令別表73の項添付情報欄イ）。なお,契約の内容が記載されている市町村と義務者が作成した報告的な登記原因証明情報を提供することも差し支えない。贈与証書等は,原本に相違ない旨を記載した写しを提供することにより,原本の還付を受けることができる（規則55条1項・2項）。

【注6】　登記義務者が贈与により所有権移転の登記をすることを承諾した旨の承諾書を提供する（令別表73の項添付情報欄ロ）。なお,承諾者である財産区は,特別地方公共団体（地方自治法1条の3第3項）であるから,代表者の印鑑証明書及び資格を証する情報の提供は要しない。

【注7】　官庁又は公署の嘱託による登記で,官庁又は公署が自ら登記名義人となる場合には,官庁又は公署が特に希望する場合を除いて,登記識別情報の通知はされない（規則64条1項4号）。したがって,登記識別情報の通知を希望するときは,あらかじめ,嘱託情報にその旨を明示（□にチェックする）しなければならない。

【注8】　嘱託書を提出する日と提出先の法務局若しくは地方法務局又はその支局若しくは出張所の名称を表示する（規則34条1項7号・8号）。なお,嘱託書を郵送等で送付する場合には,その送付する日を表示すればよい。

【注9】　嘱託者として,贈与を受けた市町村長の職及び氏名を表示し職

第3章　一般官公署の嘱託登記

印を押印する。

【注10】　嘱託情報に補正すべき箇所がある場合に，登記所の担当者から
　　　　嘱託官庁又は公署に連絡するための連絡先の担当部署及び担当者並
　　　　びに電話番号を表示する（規則34条1項1号）。

【注11】　地方公共団体が自己のために受ける登記については，登録免許
　　　　税が課されない（登録免許税法4条1項）ので，その免除条項を表示
　　　　する。

【注12】　不動産の表示として，土地の所在の市，区，郡，町，村及び
　　　　字，地番，地目，地積を表示する（令3条7号）。この表示は，登記
　　　　記録上の表示と符合していることを要する。

【注13】　登記を嘱託する場合において，不動産番号を表示して不動産を
　　　　特定したときには，現在の不動産の表示事項（所在，地番，地目，
　　　　地積）を省略することができる（令6条1項1号，規則34条2項等）
　　　　が，不動産番号を表示したときでも，その全部を表示しておくのが
　　　　望ましい。

第3節　不動産の権利に関する登記

第7　地方公共団体が民有不動産について取得した抵当権の設定の登記〔書式49〕

　抵当権とは，特定の債権を担保するために，不動産（土地，建物等）又は地上権若しくは永小作権に設定される約定担保物権であって，債権者と債務者（目的不動産の所有者）又は第三者（物上保証人）との設定契約によって成立する権利です。そして，債務者が債務を履行をしなかった場合は，担保物件を競売して，その競売代金から優先して弁済を受けることができる権利です（民法369条1項）。

　抵当権によって担保される債権は，必ずしも金銭債権であることを要しません。一定の金額の支払いを目的としない債権であっても差し支えなく，抵当権実行のときに債務不履行による損害賠償請求権として金銭債権に転化し得るものであれば，これを被担保債権とすることができます（民法415条，417条）。また，保証契約による求償債権のように，いまだ具体的に発生していない債権であっても，法律上，発生の可能性のあるときは，将来の債権として被担保債権とすることができます。しかし，抵当権は，特定の債権の担保のために存在し，その債権に従たる権利ですから，たとえ設定行為があったとしても，被担保債権が，弁済若しくは放棄され又は無効若しくは取消しのため，当初より不成立ないし不存在であるときは，債権の存しない抵当権となりますから，当然消滅することになります。したがって，抵当権の設定契約においては，被担保債権の発生原因を明らかにしておく必要があります。

231

第3章　一般官公署の嘱託登記

登 記 嘱 託 書

登 記 の 目 的　　抵当権設定【注1】

原　　　　因　　年月日県税の徴収猶予許可による担保徴収
　　　　　　　　　金の同日設定【注2】

債　権　額　　金何円【注3】

延 滞 金 額　　地方税法所定の額【注4】

債　務　者　　何市何町何丁目何番何号
　　　　　　　　　　　何　　　某【注5】

抵 当 権 者　　何　県【注6】

設　定　者　　何市何町何丁目何番何号
　　　　　　　　　　　何　　　某【注7】

添 付 書 類

　　登記原因証明情報【注8】

　　承諾書（印鑑証明書付）【注9】

□登記識別情報の通知を希望する。【注10】

年月日嘱託　　何法務局何出張所【注11】

嘱　託　者　　何県税事務所長
　　　　　　　　　　　何　　　某 職印 【注12】

連絡先の電話番号　　○○ - ○○○○ - ○○○○

　　　　担当者　　何部何課何係　　　何　　　某【注13】

登 録 免 許 税　　登録免許税法第4条第1項【注14】

不動産の表示　　別紙のとおり【注15】

第3節　不動産の権利に関する登記

別 紙

不動産番号　　1234567980123【注16】
所　　　在　　何市何町何丁目
地　　　番　　何番
地　　　目　　宅地
地　　　積　　何・何平方メートル

不動産番号　　1234567890124【注16】
所　　　在　　何市何町何丁目何番地
家 屋 番 号　　何番
種　　　類　　事務所
構　　　造　　鉄筋コンクリート造陸屋根地下1階付4
　　　　　　　階建
床　面　積　　1階　173.55平方メートル
　　　　　　　2階　173.55平方メートル
　　　　　　　3階　152.06平方メートル
　　　　　　　4階　130.57平方メートル
　　　　　　　地下1階　69.42平方メートル

第3章　一般官公署の嘱託登記

【注1】　登記の目的は,「抵当権設定」と表示する。

【注2】　登記原因及びその日付としては,被担保債権の発生原因とその日付 (昭和30・12・23民事甲第2747号民事局長通達＝236頁),及び抵当権設定の旨とその日付を表示する。なお,書式例は,延納県民税の徴収猶予のための担保提供の場合であるが,延納事業税又は延納不動産取得税等の徴収猶予のために担保を提供した場合にも,この例に準じて表示する。この場合の被担保債権の発生原因の日付は,地方税法施行令第6条の10第3項に規定する「抵当権を設定するために必要な文書」,すなわち,納税者等が作成した当該納税者がその所有する不動産を延納県民税等の担保として提供する旨を記載した書面,抵当権者である地方公共団体が当該不動産について抵当権設定の登記の嘱託をすることを承諾する旨を記載した書面及び納税者等の印鑑証明書を,当該地方公共団体の長に提出した日である。

【注3】　抵当権の被担保債権額を表示する (法83条1項1号)。

【注4】　地方公共団体の徴収金には,延滞金も含まれる (地方税法1条1項14号) ので,その金額を表示する。

【注5】　債務者,すなわち,県税の滞納者の氏名又は名称及び住所を表示する (法83条1項2号)。

【注6】　抵当権者として,地方公共団体名を表示する。

【注7】　抵当権設定者として,登記記録上の所有権の登記名義人の氏名又は名称及び住所を表示し,会社等の法人の場合には代表者の氏名をも表示する。この表示は,登記原因証明情報及び登記記録上の表示と符合していなければならない。

【注8】　登記原因証明情報として抵当権設定契約書等を提供する (令73の項添付情報欄イ)。なお,契約の内容が記載されている抵当権者である地方公共団体と抵当権設定者が作成した報告的な登記原因証明情報を提供することも差し支えない。抵当権設定契約書等は,原本に相違ない旨を記載した写しを提供することにより,原本の還付を

第3節　不動産の権利に関する登記

受けることができる（規則55条1項・2項）。

【注9】　抵当権設定者（所有権の登記名義人）の抵当権設定の登記をすることを承諾した旨の承諾書を提供する（令73の項添付情報欄ロ）。また，承諾書には，その真正を担保するため承諾書に押印した印鑑に係る印鑑証明書を添付する。この印鑑証明書は，作成後3か月以内のものでなくても差し支えない（昭和31・11・2民事甲第2530号民事局長通達＝214頁）。

　なお，地方公共団体の長は，抵当権を設定することを文書で特別徴収義務者（債務者兼登記義務者）に通知し，それが到達したことを証する書面を嘱託情報と共に提供したときは，登記義務者の承諾書は，提供することを要しないものとされている（地方税法16条の3第6項）。

　さらに，旧法では，抵当権の目的物件である不動産が2個以上であるときは，共同担保目録を添付するものとされていた（旧法122条2項）が，新法においては，共同担保目録は登記官が作成するものとされた（法83条2項，規則166条，167条）ので，その添付は必要ない。

【注10】　官庁又は公署の嘱託による登記で，官庁又は公署が自ら登記名義人となる場合には，官庁又は公署が特に希望する場合を除いて，登記識別情報の通知はされない（規則64条1項4号）。したがって，登記識別情報の通知を希望するときは，あらかじめ，嘱託情報にその旨を明示（□にチェックする）しなければならない。

【注11】　嘱託書を提出する日と提出先の法務局若しくは地方法務局又はその支局若しくは出張所の名称を表示する（規則34条1項7号・8号）。なお，嘱託書を郵送等で送付する場合には，その送付する日を表示すればよい。

【注12】　嘱託者として，県税徴収職員の職及び氏名を表示し職印を押印する。

第3章　一般官公署の嘱託登記

【注13】　嘱託情報に補正すべき箇所がある場合に，登記所の担当者から嘱託官庁又は公署に連絡するための連絡先の担当部署及び担当者並びに電話番号を表示する（規則34条1項1号）。

【注14】　地方公共団体が自己のために受ける登記については，登録免許税が課されない（登録免許税法4条1項）ので，その免除条項を表示する。

【注15】　不動産の表示として，土地の場合には，土地の所在の市，区，郡，町，村，字及び地番，地目，地積を表示する（令3条7号）。建物の場合には，建物の所在の市，区，郡，町，村，字及び土地の地番並びに建物の種類・構造及び床面積等を表示する（令3条8号）。これらの表示は，登記記録上の土地又は建物の表示と符合していることを要する。

　　登記記録上の表示が事実上の不動産の表示と符合しないときは，抵当権設定の登記の前提として，当該不動産の表示の変更又は更正の登記を，抵当権者である地方公共団体が代位嘱託することになる。また，目的物件である不動産が数個である場合には，書式例のように，別紙を用いて表示して差し支えない。

【注16】　登記を嘱託する場合において，不動産番号を表示して不動産を特定したときには，現在の不動産の表示事項（所在，地番，地目，地積，建物の種類，床面積等）を省略することができる（令6条，規則34条2項等）が，不動産番号を表示したときでも，その全部を表示しておくのが望ましい。

◉昭和30年12月23日民事甲第2747号民事局長通達

〔抵当権その他担保権設定登記の取扱いについて〕　標記の件については，左記の点に留意すべきものと思料するので，貴管下各登記所においても，その取扱に遺憾のないよう，しかるべく取り計られたい。

記

第3節　不動産の権利に関する登記

一，抵当権（根抵当権を含む。）その他担保権の設定登記の申請書に
　は，被担保債権の発生原因たる債権契約及びその日付をも登記原因
　の一部として記載せしめ，登記簿に記載すること。

二，現に効力を有する既往の登記で右の被担保債権の発生原因及びそ
　の日付の記載がないものについては，遺漏による更正の登記の申請
　をすることができる。

第3章　一般官公署の嘱託登記

〔参考7〕　抵当権設定登記の承諾書

<table>
<tr><td colspan="2" align="center">抵 当 権 設 定 登 記 承 諾 書</td></tr>
<tr><td colspan="2">

　　年　　月　　日

何県何税務事務所長殿

　　　　　登 記 義 務 者

　　　　　住　所（所 在 地）

　　　　　氏　名 $\binom{名称及び}{代表者氏名}$

　下記のとおり，徴収猶予の担保として，抵当権設定の登記をすることを承諾します。
</td></tr>
<tr><td>物 件 の 表 示</td><td>1　何市何町何丁目何番の土地
2　何市何町何丁目何番地　家屋番号何番の建物</td></tr>
<tr><td>登 記 原 因
及びその日付</td><td>年月日県税の徴収猶予許可による担保徴収金の同日設定</td></tr>
<tr><td>登 記 の 目 的</td><td>抵 当 権 設 定 登 記</td></tr>
<tr><td>債　　権　　額</td><td>金　何　円　也</td></tr>
<tr><td>猶 予 の 期 限</td><td>年月日 $\binom{ただし徴収猶予を取り消したとき}{は期限の利益を失うものとする}$</td></tr>
<tr><td>延　　滞　　金</td><td>地 方 税 法 所 定 の 額</td></tr>
<tr><td>債　　務　　者</td><td>住　　　所
　　氏　　名</td></tr>
<tr><td>登 記 権 利 者</td><td>何　県</td></tr>
</table>

238

第3節 不動産の権利に関する登記

第8 市町村が民有不動産について取得した地上権設定の登記〔書式 50〕

地上権とは,「他人の土地において工作物又は竹木を所有するため,その土地を使用する権利」(民法265条)であり,工作物とは,建物,橋梁,溝渠,池,電柱,ガスタンク,銅像,トンネル,地下蔵等地上又は地下の一切の設備をいいます。

地上権設定の登記の嘱託情報には,その目的を具体的に表示することが必要です(法78条1号)。また,地上権には,通常の地上権のほかに,いわゆる区分地上権というものがあります(民法269条の2)。通常の地上権は,その範囲は土地の上下に及ぶことになりますが,区分地上権は,地下又は空間の一部について,工作物を所有するため,上下の範囲を定めてその部分を目的とする地上権であり,高架鉄道,空中ケーブル,地下鉄,地下駐車場の設置のように,空中又は地下のある部分のみを利用する必要性から認められたものです。

239

第3章　一般官公署の嘱託登記

登　記　嘱　託　書

登 記 の 目 的　　地上権設定【注1】

原　　　　因　　年月日設定【注2】

目　　　　的　　鉄筋コンクリート造建物所有【注3】

存 続 期 間　　何拾年【注3】

地　　　　代　　1平方メートル1年金何円【注3】

支 払 時 期　　毎年何月何日【注3】

権 利 者　　何 市【注4】

義 務 者　　何市何町何丁目何番何号

　　　　　　　　　何　　　某【注5】

添 付 書 類

　　登記原因証明情報【注6】

　　承諾書（印鑑証明書付）【注7】

□登記識別情報の通知を希望する。【注8】

年月日嘱託　　何法務局何支局【注9】

嘱 託 者　　何市長　何　　　某 職印 【注10】

連絡先の電話番号　○○－○○○○－○○○○

　　　担当者　　何部何課何係　　何　　　某【注11】

登 録 免 許 税　　登録免許税法第4条第1項【注12】

不動産の表示【注13】

　　不動産番号　　1234567890123【注14】

　　所　　在　　何市何町何丁目

　　地　　番　　何番

　　地　　目　　宅地

　　地　　積　　何・何平方メートル

第3節　不動産の権利に関する登記

【注1】　登記の目的は,「地上権設定」と表示する。

【注2】　登記原因は,「設定」と表示し,その日付は,地上権の設定契約が成立した日を表示する。

【注3】　地上権設定の目的を具体的に表示するとともに,地上権の設定契約において,地代又はその支払時期の定めがあるときにはその定めを,存続期間又は借地借家法第22条前段等の定めがあるときにはその定めを,地上権設定の目的が借地借家法第23条第1項又は第2項に規定する建物の所有であるときにはその旨等をも表示する（法78条）。

【注4】　登記権利者として,地上権者である市町村名を表示する。

【注5】　登記義務者として,地上権設定者である登記記録上の所有権の登記名義人の氏名又は名称及び住所を表示し,会社等の法人の場合には代表者の氏名をも表示する。この表示は,登記原因証明情報及び登記記録上の表示と符合していなければならない。

【注6】　登記原因証明情報として,地上権設定契約書等を提供する（令別表73の項添付情報欄イ）。なお,契約の内容が記載されている地上権者である地方公共団体と地上権設定者が作成した報告的な登記原因証明情報を提供することも差し支えない。地上権設定契約書等は,原本に相違ない旨を記載した写しを提供することにより,原本の還付を受けることができる（規則55条1項・2項）。

【注7】　登記義務者（所有権の登記名義人）の地上権設定の登記をすることを承諾した旨の承諾書を提供する（令別表73の項添付情報欄ロ）。なお,承諾書には,その真正を担保するため承諾書に押印した印鑑に係る印鑑証明書を添付する。この印鑑証明書は,作成後3か月以内のものでなくても差し支えない（昭和31・11・2民事甲第2530号民事局長通達＝214頁）。

【注8】　官庁又は公署の嘱託による登記で,官庁又は公署が自ら登記名義人となる場合には,官庁又は公署が特に希望する場合を除いて,

第3章　一般官公署の嘱託登記

登記識別情報の通知はされない（規則64条1項4号）。したがって，登記識別情報の通知を希望するときは，あらかじめ，嘱託情報にその旨を明示（□にチェックする）しなければならない。

【注9】　嘱託書を提出する日と提出先の法務局若しくは地方法務局又はその支局若しくは出張所の名称を表示する（規則34条1項7号・8号）。なお，嘱託書を郵送等で送付する場合には，その送付する日を表示すればよい。

【注10】　嘱託者として，市町村長の職及び氏名を表示し職印を押印する。

【注11】　嘱託情報に補正すべき箇所がある場合に，登記所の担当者から嘱託官庁又は公署に連絡するための連絡先の担当部署及び担当者並びに電話番号を表示する（規則34条1項1号）。

【注12】　地方公共団体が自己のために受ける登記については，登録免許税が課されない（登録免許税法4条1項）ので，その免除条項を表示する。

【注13】　不動産の表示として，土地の所在の市，区，郡，町，村及び字，地番，地目，地積を表示する（令3条7号）。この表示は，登記記録上の表示と符合していることを要する。

【注14】　登記を嘱託する場合において，不動産番号を表示して不動産を特定したときには，現在の不動産の表示事項（所在，地番，地目，地積）を省略することができる（令6条1項1号，規則34条2項等）が，不動産番号を表示したときでも，その全部を表示しておくのが望ましい。

第3節　不動産の権利に関する登記

第9　売買予約に基づく所有権移転請求権保全の仮登記〔書式51〕

　仮登記とは，本登記（終局登記）をすべき実体法上又は手続法上の要件が完備しない場合に，後日，その要件が具備されたときにされる本登記の順位を確保しておくためにされる登記であり，法第105条第1号の仮登記と同条第2号の仮登記とに大別されます。売買予約に基づく所有権移転の仮登記とは，売買予約の成立によって，将来，所有権を移転させる請求権が法律上発生している場合に，将来，その請求権に基づき，所有権移転の契約を締結し，その登記をすべき場合における登記上の順位を保全するためにされます。したがって，仮登記は，順位保全の効力を有するものですが，その仮登記に基づいて本登記がされたときには，仮登記後，本登記をするまでの間において出現した第三者の登記上の権利が，仮登記した権利と抵触する範囲において，法律上これを排除することができることになります（法106条）。

243

第3章　一般官公署の嘱託登記

登 記 嘱 託 書

登 記 の 目 的	所有権移転請求権仮登記【注1】
原　　　　因	年月日売買予約【注2】
権 利 者	何 市【注3】
義 務 者	何市何町何丁目何番何号
	何　　　某【注4】

添 付 書 類
　　登記原因証明情報【注5】
　　承諾書（印鑑証明書付）【注6】
□登記識別情報の通知を希望する。【注7】

年月日嘱託	何法務局何出張所【注8】
嘱 託 者	何市長　何　　　某職印【注9】
連絡先の電話番号	○○－○○○○－○○○○
担当者	何部何課何係　　何　　　某【注10】
登 録 免 許 税	登録免許税法第4条第1項【注11】

不動産の表示【注12】

不動産番号	1234567890123【注13】
所　　　在	何市何町大字何字何
地　　　番	何番
地　　　目	山林
地　　　積	何平方メートル

第3節　不動産の権利に関する登記

【注1】　登記の目的は，請求権保全の仮登記（法105条2号）の場合であるから，「所有権移転請求権仮登記」と表示する。

【注2】　登記原因は，「売買予約」と表示し，その日付は，売買予約契約が成立した日を表示する。

【注3】　仮登記権利者として，市町村名を表示する。

【注4】　登記義務者として，登記記録上の所有権の登記名義人の氏名又は名称及び住所を表示し，会社等の法人の場合には代表者の氏名をも表示する。この表示は，登記原因証明情報及び登記記録上の表示と符合していなければならない。

【注5】　登記原因証明情報として，売買予約書等を提供する（令別表73の項添付情報欄イ）。なお，契約の内容が記載されている仮登記権利者である地方公共団体と義務者が作成した報告的な登記原因証明情報を提供することも差し支えない。売買契約書等は，原本に相違ない旨を記載した写しを提供することにより，原本の還付を受けることができる（規則55条1項・2項）。

【注6】　仮登記義務者（所有権の登記名義人）の仮登記をすることを承諾した旨の承諾書を提供する（令別表73の項添付情報欄ロ）。なお，承諾書には，その真正を担保するため承諾書に押印した印鑑に係る印鑑証明書を添付する。この印鑑証明書は，作成後3か月以内のものでなくても差し支えない（昭和31・11・2民事甲第2530号民事局長通達＝214頁）。

【注7】　官庁又は公署の嘱託による登記で，官庁又は公署が自ら登記名義人となる場合には，官庁又は公署が特に希望する場合を除いて，登記識別情報の通知はされない（規則64条1項4号）。したがって，登記識別情報の通知を希望するときは，あらかじめ，嘱託情報にその旨を明示（□にチェックする）しなければならない。

【注8】　嘱託書を提出する日と提出先の法務局若しくは地方法務局又はその支局若しくは出張所の名称を表示する（規則34条1項7号・8

第3章　一般官公署の嘱託登記

号）。なお，嘱託書を郵送等で送付する場合には，その送付する日を表示すればよい。

【注9】　嘱託者として，市町村長の職及び氏名を表示し職印を押印する。

【注10】　嘱託情報に補正すべき箇所がある場合に，登記所の担当者から嘱託官庁又は公署に連絡するための連絡先の担当部署及び担当者並びに電話番号を表示する（規則34条1項1号）。

【注11】　地方公共団体が自己のために受ける登記については，登録免許税が課されない（登録免許税法4条1項）ので，その免除条項を表示する。

【注12】　不動産の表示として，土地の所在の市，区，郡，町，村及び字，地番，地目，地積を表示する（令3条7号）。この表示は，登記記録上の表示と符合していることを要する。

【注13】　登記を嘱託する場合において，不動産番号を表示して不動産を特定したときには，現在の不動産の表示事項（所在，地番，地目，地積）を省略することができる（令6条1項1号，規則34条2項等）が，不動産番号を表示したときでも，その全部を表示しておくのが望ましい。

第3節　不動産の権利に関する登記

第10　地方公共団体所有の不動産について私人が取得した賃借権の変更（賃料の増額）の登記〔書式52〕

登 記 嘱 託 書

登 記 の 目 的　　何番賃借権変更【注1】
原　　　　因　　年月日変更【注2】
変更後の事項　　賃料　1平方メートル1月金何円【注3】
権　利　者　　何　県【注4】
義　務　者　　何市何町何丁目何番何号
　　　　　　　　何　　　某【注5】
添 付 書 類
　　登記原因証明情報【注6】
　　承諾書（印鑑証明書付）【注7】
年月日嘱託　　何法務局何出張所【注8】
嘱　託　者　　何県知事　　何　　某 職印【注9】
連絡先の電話番号　○○ - ○○○○ - ○○○○
　　　担当者　　何部何課何係　　何　　某【注10】
登 録 免 許 税　　登録免許税法第4条第1項【注11】
不動産の表示【注12】
　　不動産番号　　1234567890123【注13】
　　所　　在　　何市何町何丁目
　　地　　番　　何番
　　地　　目　　宅地
　　地　　積　　何・何平方メートル

247

第3章　一般官公署の嘱託登記

【注1】　登記の目的として，変更登記の対象である賃借権の登記を順位
番号で表示し，その変更の登記である旨を書式例のように表示す
る。

【注2】　登記原因は，「変更」と表示し，その日付は，変更契約が成立
した日を表示する。

【注3】　変更後の事項として，変更後の賃料を表示する。

【注4・注5】　賃料を増加した場合は，登記権利者として，賃借権設定
者（所有権の登記名義人）である地方公共団体名を表示し，登記義
務者として，賃借権者の氏名又は名称及び住所を表示し，会社等の
法人の場合は代表者の氏名をも表示する。一方，賃料の減額，存続
期間の延長等のように，賃借権者にとって利益になる変更の登記の
場合には，登記権利者は，賃借権者であり，登記義務者は，地方公
共団体となる。

【注6】　登記原因証明情報として，変更契約証書等を提供する（令別表
73の項添付情報欄イ）。なお，契約の内容が記載されている地方公共
団体と賃借権者が作成した報告的な登記原因証明情報を提供するこ
とも差し支えない。変更契約書等は，原本に相違ない旨を記載した
写しを提供することにより，原本の還付を受けることができる（規
則55条1項・2項）。

【注7】　賃借権者の変更登記をすることを承諾した旨の承諾書（250頁
参照）を提供する（令別表73の項添付情報欄ロ）。なお，承諾書には，
その真正を担保するため承諾書に押印した印鑑に係る印鑑証明書を
添付する。この印鑑証明書は，作成後3か月以内のものでなくても
差し支えない（昭和31・11・2民事甲第2530号民事局長通達＝214頁）。

【注8】　嘱託書を提出する日と提出先の法務局若しくは地方法務局又は
その支局若しくは出張所の名称を表示する（規則34条1項7号・8
号）。なお，嘱託書を郵送等で送付する場合には，その送付する日
を表示すればよい。

第3節　不動産の権利に関する登記

【注9】　嘱託者として，地方公共団体の長の職及び氏名を表示し職印を押印する。

【注10】　嘱託情報に補正すべき箇所がある場合に，登記所の担当者から嘱託官庁又は公署に連絡するための連絡先の担当部署及び担当者並びに電話番号を表示する（規則34条1項1号）。

【注11】　地方公共団体が自己のために受ける登記については，登録免許税が課されない（登録免許税法4条1項）ので，その免除条項を表示する。

【注12】　不動産の表示として，土地の所在の市，区，郡，町，村及び字，地番，地目，地積を表示する（令3条7号）。この表示は，登記記録上の表示と符合していることを要する。

【注13】　登記を嘱託する場合において，不動産番号を表示して不動産を特定したときには，現在の不動産の表示事項（所在，地番，地目，地積）を省略することができる（令6条1項1号，規則34条2項等）が，不動産番号を表示したときでも，その全部を表示しておくのが望ましい。

249

第3章　一般官公署の嘱託登記

〔参考8〕　変更登記の承諾書

承　　諾　　書

所　在　　何市何町何丁目
地　番　　何　番
地　目　　宅　地
地　積　　何・何平方メートル

　私は上記の土地を目的として年月日何法務局何出張所受付
第何号順位第何番で賃借権を取得しておりますが，年月日賃
料を1平方メートル1月金何円と変更したので，その賃借権
変更の登記をすることを承諾します。

　　　年　　　月　　　日

　　　　　　　　何市何町何丁目何番何号
　　　　　　　　　賃　借　人　　何　　　　　某　㊞

何県知事　　何　　　某　殿

第3節　不動産の権利に関する登記

第11　私人が地方公共団体所有の不動産について取得した地上権の抹消〔書式53〕

　地上権が消滅する場合としては，地上権の目的である土地の滅失，存続期間の満了，混同（民法179条），消滅時効（民法167条2項），解除（合意解除（民法268条）又は土地所有者の消滅請求による解除（民法266条1項，276条）），地上権の放棄等があります。これらのうち地上権の目的である土地の滅失，混同及び存続期間の満了（登記された存続期間，又は法定存続期間の満了の場合）による消滅の場合は，抹消の登記がなくても地上権の消滅を第三者に対抗できますが，その他の消滅原因の場合においては，地上権の抹消の登記を要します。また，当該地上権の登記が仮登記である場合でも，消滅した場合は，抹消の登記を要します。なお，混同又は存続期間の満了により消滅した場合も，抹消の登記をすることは差し支えありません。ただ，土地が海没等により滅失した場合には，土地の滅失の登記をすべきであり，地上権の抹消登記をする必要はありません。

251

第3章　一般官公署の嘱託登記

登 記 嘱 託 書

登 記 の 目 的　　何番地上権抹消【注1】

原　　　　　因　　年月日解除【注2】

権　利　者　　何　県【注3】

義　務　者　　何市何町何丁目何番何号

　　　　　　　　　何　　　某【注4】

添 付 書 類

　　登記原因証明情報【注5】

　　承諾書（印鑑証明書付）【注6】

年月日嘱託　　　　何法務局何支局【注7】

嘱　託　者　　何県知事　何　　某 職印 【注8】

連絡先の電話番号　○○－○○○○－○○○○

　　　　担当者　　何部何課何係　　何　　某【注9】

登 録 免 許 税　　登録免許税法第4条第1項【注10】

不動産の表示【注11】

　　　　不動産番号　1234567890123【注12】

　　　　所　　在　　何市何町何丁目

　　　　地　　番　　何番

　　　　地　　目　　宅地

　　　　地　　積　　何・何平方メートル

第3節　不動産の権利に関する登記

【注1】　登記の目的は，抹消すべき地上権を順位番号をもって特定し，「何番地上権抹消」と表示する。

【注2】　登記原因は「存続期間満了」，「混同」，「解除」等と表示し，また，その日付は，消滅原因の生じた日を表示する。

【注3】　登記権利者として，所有権の登記名義人である地方公共団体名を表示する。

【注4】　登記義務者として，登記記録上の地上権の登記名義人の氏名又は名称及び住所を表示し，会社等の法人の場合には代表者の氏名をも表示する。この表示は，登記原因証明情報及び登記記録上の表示と符合していなければならない。

【注5】　登記原因証明情報として，解除証書等を提供する（令別表73の項添付情報欄イ）。なお，地上権の消滅の内容が記載されている地方公共団体と地上権者が作成した報告的な登記原因証明情報を提供することも差し支えない。解除証書等は，原本に相違ない旨を記載した写しを提供することにより，原本の還付を受けることができる（規則55条1項・2項）。

【注6】　登記義務者（地上権の登記名義人）の地上権の抹消の登記をすることを承諾した旨の承諾書を提供する（令別表73の項添付情報欄ロ）。なお，承諾書には，その真正を担保するため，承諾書に押印した印鑑に係る印鑑証明書を添付する。この印鑑証明書は，作成後3か月以内のものでなくても差し支えない（昭和31・11・2民事甲第2530号民事局長通達－214頁）。

【注7】　嘱託書を提出する日と提出先の法務局若しくは地方法務局又はその支局若しくは出張所の名称を表示する（規則34条1項7号・8号）。なお，嘱託書を郵送等で送付する場合には，その送付する日を表示すればよい。

【注8】　嘱託者として，地方公共団体の長の職及び氏名を表示し職印を押印する。

第3章　一般官公署の嘱託登記

【注9】　嘱託情報に補正すべき箇所がある場合に，登記所の担当者から
嘱託官庁又は公署に連絡するための連絡先の担当部署及び担当者並
びに電話番号を表示する（規則34条1項1号）。

【注10】　地方公共団体が自己のために受ける登記については，登録免許
税が課されない（登録免許税法4条1項）ので，その免除条項を表示
する。

【注11】　不動産の表示として，土地の所在の市，区，郡，町，村及び
字，地番，地目，地積を表示する（令3条7号）。この表示は，登記
記録上の表示と符合していることを要する。

【注12】　登記を嘱託する場合において，不動産番号を表示して不動産を
特定したときには，現在の不動産の表示事項（所在，地番，地目，
地積）を省略することができる（令6条1項1号，規則34条2項等）
が，不動産番号を表示したときでも，その全部を表示しておくのが
望ましい。

第3節　不動産の権利に関する登記

〈C〉　その他の登記

第1　不動産登記法第74条第1項の規定による所有権保存の登記
〔書式54〕

　所有権保存の登記とは，所有権の登記がまだされていない土地又は建物について，初めてされる所有権の登記のことです。その登記がされたときは，登記記録中の権利部の甲区に，当該土地又は建物の所有者の氏名又は名称及び住所が記録されます。

　この保存登記を基礎として，それ以後における当該土地又は建物に関する権利変動の登記がされるのであって，この保存登記がされていない場合には，所有権以外の権利，例えば，抵当権あるいは地上権設定等の登記をすることはできません。

　ところで，保存登記をするかしないかは，所有者の自由意思に任されており，法律によって申請義務を課されている表示に関する登記とは異なります。

　所有権保存の登記の効力については，不動産を原始取得した者の名義にされる登記は民法第177条の対抗要件としての効力は有しませんが，売買等による承継取得の場合に，その取得者のためにされる所有権保存の登記は，民法第177条にいう対抗要件としての効力を有することになります。

第3章　一般官公署の嘱託登記

登 記 嘱 託 書

登 記 の 目 的　　所有権保存【注1】
所　有　者　　何　市【注2】
□登記識別情報の通知を希望する。【注3】
年月日法第74条第1項第1号嘱託何法務局何出張所【注4】
嘱　託　者　　何市長　何　　　某 ⬜職印⬜【注5】
連絡先の電話番号　　○○－○○○○－○○○○
　　　　担当者　　何部何課何係　　何　　　某【注6】
登 録 免 許 税　　登録免許税法第4条第1項【注7】
不動産の表示【注8】
　　　不動産番号　　1234567890123【注9】
　　　所　　在　　何市何町何丁目何番地
　　　家屋番号　　何番
　　　種　　類　　公会堂
　　　構　　造　　鉄筋コンクリート造陸屋根2階建
　　　床 面 積　　1階　何・何平方メートル
　　　　　　　　　2階　何・何平方メートル

第3節　不動産の権利に関する登記

【注1】　登記の目的は，「所有権保存」と表示する。

　　　　なお，所有権保存の嘱託情報には，敷地権付き区分建物についての保存登記（法74条2項）の場合を除いて，登記原因及びその日付を表示することを要しない（法76条1項本文）。

【注2】　この所有者の表示は，登記記録の表題部に記録されている所有者の表示と符合していなければならない。

　　　　符合していない場合は，その前提として所有者の表示の変更若しくは更正をすることになる。

　　　　なお，所有権保存の登記の場合には，所有者の住所を証する情報を提供するものとされている（令別表28の項添付情報欄ニ）が，官庁又は公署が嘱託をする場合は，その情報を提供することを要しない。

【注3】　官庁又は公署の嘱託による登記で，官庁又は公署が自ら登記名義人となる場合には，官庁又は公署が特に希望する場合を除いて，登記識別情報の通知はされない（規則64条1項4号）。したがって，登記識別情報の通知を希望するときは，あらかじめ，嘱託情報にその旨を明示（□にチェックする）しなければならない。

【注4】　嘱託情報を提出する日と提出先の法務局若しくは地方法務局又はその支局若しくは出張所の名称を表示する（規則34条1項7号・8号）。また，法第74条第1項各号の規定により所有権保存の登記を嘱託するときは，その各号に掲げる者のいずれであるかを嘱託情報に表示しなければならない（令別表28の項申請情報欄イ）ので，その旨を書式例のように表示する。

【注5】　嘱託者として，国の場合は所管各省庁の不動産登記嘱託指定職員を，地方公共団体の場合はその団体の長の職及び氏名を表示し，職印を押印する。

　　　　なお，これらの命令又は規則で指定された官公署の職員が登記を嘱託する場合，嘱託情報に代理権限を証する情報又はその資格を証

第3章　一般官公署の嘱託登記

する情報の提供を要しない（令7条2項）。

【注6】　嘱託情報に補正すべき箇所がある場合に，登記所の担当者から嘱託官庁又は公署に連絡するための連絡先の担当部署及び担当者並びに電話番号を表示する（規則34条1項1号）。

【注7】　国又は地方公共団体が自己のために受ける登記については，登録免許税が課されない（登録免許税法4条1項）ので，その免除条項を表示する。

【注8】　建物の所在の市，区，郡，町，村，字及び土地の地番並びに建物の種類，構造及び床面積等を表示する（令3条8号）。この表示は，登記記録上の表示と符合していなければならない。

　　登記記録の表題部が設けられていないときは，所有権保存の登記ができないので，この場合は，まず不動産の表題登記をすることを要する。

　　ただし，判決（法74条1項2号），収用（法74条1項3号）により所有権を証する者による所有権保存の登記は，表題登記がなくても，直接，することができる（法75条）。

【注9】　登記を嘱託する場合において，不動産番号を表示して不動産を特定したときには，現在の不動産の表示事項（所在地番，家屋番号，建物の種類，構造及び床面積等）を省略することができる（令6条1項2号，規則34条2項等）が，不動産番号を表示したときでも，その全部を表示しておくのが望ましい。

第3節　不動産の権利に関する登記

第2　不動産登記法第74条第2項の規定による所有権保存の登記
〔書式55〕

```
              登 記 嘱 託 書

登 記 の 目 的    所有権保存【注1】
原        因    年月日売買【注2】
所  有  者    何　市【注3】
添 付 書 類
   登記原因証明情報【注4】
   承諾書（印鑑証明書付）【注5】
□登記識別情報の通知を希望する。【注6】
年月日法第74条第2項嘱託何法務局何支局【注7】
嘱  託  者    何市長　　何　　　　某 職印【注8】
連絡先の電話番号    ○○－○○○○－○○○○
        担当者    何部何課何係　　　何　　　某【注9】
登 録 免 許 税    登録免許税法第4条第1項【注10】
不 動 産 の 表 示
   一棟の建物の表示
      所    在    何市何町何丁目何番地【注11】
      建物の名称    何マンション【注11】
      構    造    鉄筋コンクリート造陸屋根2階建【注12】
      床 面 積    1階　何・何平方メートル【注12】
                  2階　何・何平方メートル【注12】
   専有部分の建物の表示【注13】
      不動産番号    1234567890123【注14】
      家屋番号    何番
      建物の名称    何
      種    類    集会所
      構    造    鉄筋コンクリート造1階建
      床 面 積    1階部分　何・何平方メートル
   敷地権の表示【注15】
      不動産番号    1234567980124【注14】
      所在及び地番    何市何町何丁目何番
      地    目    宅地
      地    積    何・何平方メートル
      敷地権の種類    所有権
      敷地権の割合    100分の30
```

第3章　一般官公署の嘱託登記

【注1】　登記の目的は,「所有権保存」と表示する。

【注2】　区分建物が敷地権の表示を登記したものでないときは,その所有権保存の登記の嘱託情報には,登記原因及びその日付を表示することを要しない(法76条1項本文)が,区分建物が敷地権の表示を登記したものであるときは,その所有権保存の登記の実質は,区分建物の表題部の所有者欄に記録された者から所有権保存の登記の申請人(転得者)への所有権移転であり,かつ,その登記は,敷地権についても相当の登記としての効力を有する(法73条1項)ものであり,敷地権の移転としての実質をも有するものであるから,その場合には,その登記原因及び日付をも表示することを要する(法76条1項ただし書)。

【注3】　所有者(転得者)として,区分建物の表題部の所有者から直接所有権の譲渡を受けた官庁又は公署名を表示する。

【注4】　区分建物が敷地権の表示を登記したものであるときは,その所有者は,区分建物と敷地権とを一体として処分する必要があるのであり,所有権保存の登記は,実質的に敷地権の移転を伴うものである。したがって,その場合には,登記原因証明情報としして売買契約書等を提供する必要がある(令別表29の項添付情報欄ロ)。なお,契約の内容が記載されている転得者である官庁又は公署と区分建物の表題部所有者が作成した報告的な登記原因証明情報を提供することも差し支えない。売買契約書等は,原本に相違ない旨を記載した写しを提供することにより,原本の還付を受けることができる(規則55条1項・2項)。また,区分建物が敷地権の表示を登記したものでないときは,登記原因証明情報を提供する必要はないが,当該官庁又は公署が表題部所有者から当該区分建物の所有権を取得したことを証する表題部所有者が作成した情報(所有権譲渡証明書。263頁参照)を提供する必要がある(令別表29の項添付情報欄イ参照)。

【注5】　区分建物が敷地権の表示を登記したものであるときは,敷地権

第3節　不動産の権利に関する登記

の登記名義人の所有権保存の登記をするについての承諾書を添付しなければならないものとされている（法74条2項後段，令別表29の項添付情報欄ロ）ので，これを提供する。なお，承諾書には，その真正を担保するため承諾書に押印した印鑑に係る印鑑証明書を添付する。承諾書の様式については264頁参照。この印鑑証明書は，作成後3か月以内のものでなくても差し支えない（昭和31・11・2民事甲第2530号民事局長通達＝214頁）。

【注6】　官庁又は公署の嘱託による登記で，官庁又は公署が自ら登記名義人となる場合には，官庁又は公署が特に希望する場合を除いて，登記識別情報の通知はされない（規則64条1項4号）。したがって，登記識別情報の通知を希望するときは，あらかじめ，嘱託情報にその旨を明示（□にチェックする）しなければならない。

【注7】　嘱託情報を提出する日と提出先の法務局若しくは地方法務局又はその支局若しくは出張所の名称を表示する（規則34条1項7号・8号）。また，法第74条第2項の規定により所有権保存の登記を嘱託をするときは，嘱託情報にその旨も表示しなければならない（令別表29の項申請情報欄）。

【注8】　嘱託者として，国の場合は所管各省庁の不動産登記嘱託指定職員を，地方公共団体の場合はその団体の長の職及び氏名を表示し，職印を押印する。

　　なお，これらの命令又は規則で指定された官公署の職員が登記を嘱託する場合，嘱託情報に代理権限を証する情報又はその資格を証する情報の提供を要しない（令7条2項）。

【注9】　嘱託情報に補正すべき箇所がある場合に，登記所の担当者から嘱託官庁又は公署に連絡するための連絡先の担当部署及び担当者並びに電話番号を表示する（規則34条1項1号）。

【注10】　国又は地方公共団体が自己のために受ける登記については，登録免許税が課されない（登録免許税法4条1項）ので，その免除条項

第3章　一般官公署の嘱託登記

を表示する。

【注11】　不動産の表示としては，まず一棟の建物の所在する市，区，郡，町，村，字及び土地の地番，一棟の建物に名称があるときは，それをも表示する（令3条8号イ・ト）。なお，一棟の建物の名称が登記されているときは，一棟の建物の構造及び床面積の表示を省略することができる（令3条8号ヘ）。

【注12】　一棟の建物に名称がないときは，一棟の建物の表示として，その構造及び床面積をも表示することを要する。

【注13】　専有部分の建物の表示としては，家屋番号，建物の名称，建物の種類，構造及び床面積を表示する。この表示は，登記記録上の表示と符合していることを要する。

【注14】　登記を嘱託する場合において，不動産番号を表示して不動産を特定したときには，現在の不動産の表示事項（所在，地番，地目，地積，建物の種類，床面積等）を省略することができる（令6条，規則34条2項等）が，不動産番号を表示したときでも，その全部を表示しておくのが望ましい。

【注15】　区分建物に敷地権の表示が登記されているときは，所有権保存の登記は，敷地権についても相当の登記たる効力を有している（法73条1項）から，不動産の表示としては，その敷地権をも表示する必要がある。この表示も登記記録上の表示と符合していることを要する。

　　　　　　　　　　　　　　　　第3節　不動産の権利に関する登記

〔参考9〕　**所有権譲渡証明書**

　敷地権のある区分建物について所有権保存の登記をする場合には，添付
情報として，登記原因証明情報及び敷地権の登記名義人の承諾書を提供す
る必要があります（令別表29の項添付情報欄ロ）。一方，敷地権のない区分建
物について所有権保存の登記をする場合には，添付情報としては，区分建
物の表題部に記録されている所有者からの所有権を取得したことを証する
情報（所有権譲渡証明書）の提供が必要です（令別表29の項添付情報欄イ）
ので，参考として，その場合の様式を示しておきます。

所 有 権 譲 渡 証 明 書

　　私は，下記建物の所有権を何市に年月日売買により直接譲
渡したことを証明します。
　　　年　　　月　　　日
　　　　　　　　　　　　　何市何町何丁目何番何号
　　　　　　　　　　　　　何　　　　　某　　㊞
　　　　　　　　記
　　建物の表示
　　　一棟の建物の表示
　　　　所　　　　在　　何市何町何丁目何番地
　　　　建物の名称　　　何マンション
　　　専有部分の建物の表示
　　　　家 屋 番 号　　何番
　　　　建物の名称　　　何
　　　　種　　　類　　集会所
　　　　構　　　造　　鉄筋コンクリート造1階建
　　　　床 面 積　　　1階部分　何・何平方メートル

263

第3章　一般官公署の嘱託登記

〔参考10〕　**敷地権の登記名義人の所有権保存登記の承諾書**

承　　諾　　書

　下記建物につき，不動産登記法第74条第2項の規定により年月日売買を原因とする所有権保存登記を嘱託することを承諾します。

　　年　　　月　　　日

　　　　　　　　　　　何市何町何丁目何番何号

　　　　　　　　　　　　　何　　　　某　　㊞

　　何　市　長　殿

　　　　　　　記

建物の表示

　一棟の建物の表示

　　所　　　　在　　何市何町何丁目何番地

　　建物の名称　　何マンション

　専有部分の建物の表示

　　家 屋 番 号　　何番

　　建物の名称　　何

　　種　　　類　　集会所

　　構　　　造　　鉄筋コンクリート造1階建

　　床 面 積　　1階部分　何・何平方メートル

　敷地権の表示

　　所在及び地番　　何市何町何丁目何番

　　地　　　目　　宅地

　　地　　　積　　何・何平方メートル

　　敷地権の種類　　所有権

　　敷地権の割合　　100分の30

264

第3節　不動産の権利に関する登記

第3　国有不動産の所管換えによる登記名義人の名称変更の登記
〔書式56〕

　登記名義人の住所等の変更の登記とは，登記名義人の氏名又は名称及び住所が，その住所の移転，氏名又は名称の変更により，実際の表示と登記記録上の表示が符合しない場合に，これを現在の正しい表示に改めるためにする登記です。登記名義人の住所等の変更の登記は，権利の主体（登記権利者）に何ら変更がなく，単に，その表示に変更を生じた場合にするのであって，権利の主体を変更するような場合，例えば，AからBへ所有権を移転するような場合にする登記とは，異なります。このような場合は，権利の移転の登記によらなければなりません。ところで，国有財産としての不動産については，その所有権の登記名義人としては，本来「国」と表示して登記すべきですが，国有財産法の関係から，所管省庁名を表示することとされています。したがって，国有財産法の所管換えにより，例えば，農林水産省から財務省に所管換えされたとしても，本来の権利主体は，「国」に変わりはありませんから，所有権が移転したことにはならず，単に，その所管省庁が変更されただけにすぎません。したがって，この場合には，登記名義人の名称の変更の登記をすることになります（昭和11・5・18民事甲第564号民事局長通牒，昭和27・8・4民事甲第1137号民事局長回答＝268頁）。

265

第3章　一般官公署の嘱託登記

登　記　嘱　託　書

登 記 の 目 的　　何番登記名義人名称変更【注1】
原　　　　因　　年月日所管換【注2】
変更後の事項　　何　省【注3】
年月日嘱託　　　何法務局何支局【注4】
嘱　　託　　者　　何省所管不動産登記嘱託職員

　　　　　　　　　何局長　　　何　　　某 職印 【注5】

連絡先の電話番号　○○－○○○○－○○○○
　　　　担当者　　何部何課何係　　　何　　　某【注6】
登 録 免 許 税　　登録免許税法第4条第1項【注7】
不動産の表示【注8】

　　　不動産番号　　1234567890123【注9】
　　　所　　在　　何市何町何丁目
　　　地　　番　　何番
　　　地　　目　　宅地
　　　地　　積　　何・何平方メートル

第3節　不動産の権利に関する登記

【注1】　登記の目的は,「何番登記名義人名称変更」と表示する。

【注2】　登記原因は,「所管換」と表示し,その日付は,その所管換えのあった日を表示する。

【注3】　変更後の事項として,変更後の省庁名を表示する。

【注4】　嘱託書を提出する日と提出先の法務局若しくは地方法務局又はその支局若しくは出張所の名称を表示する（規則34条1項7号・8号）。なお,嘱託書を郵送等で送付する場合には,その送付する日を表示すればよい。

【注5】　登記名義人の住所等の変更の登記は登記名義人のみで嘱託するのであり（法64条1項）,この場合,嘱託者として,国の場合は所管各省庁の不動産登記嘱託指定職員を,地方公共団体の場合はその団体の長の職及び氏名を表示し,職印を押印する。

【注6】　嘱託情報に補正すべき箇所がある場合に,登記所の担当者から嘱託官庁又は公署に連絡するための連絡先の担当部署及び担当者並びに電話番号を表示する（規則34条1項1号）。

【注7】　国又は地方公共団体が自己のために受ける登記については,登録免許税が課されない（登録免許税法4条1項）ので,その免除条項を表示する。

【注8】　不動産の表示として,土地の所在の市,区,郡,町,村及び字,地番,地目,地積を表示する（令3条7号）。この表示は,登記記録上の表示と符合していることを要する。

【注9】　登記を嘱託する場合において,不動産番号を表示して不動産を特定したときには,現在の不動産の表示事項（所在,地番,地目,地積）を省略することができる（令6条1項1号,規則34条2項等）が,不動産番号を表示したときでも,その全部を表示しておくのが望ましい。

267

第3章　一般官公署の嘱託登記

◉昭和 11 年 5 月 18 日民事甲第 564 号民事局長通牒
既登記ノ官有地ノ所管換アリタル場合ニ於テハ従来其ノ登記ヲ為ササル例ニ有之候処今回之ヲ変更シ所管庁ヨリ登記ノ嘱託アリタルトキハ之ヲ受理シ名義人表示変更登記ニ則リ登記ヲ為スコトニ省議決定致候此段及通牒候也

◉昭和 27 年 8 月 4 日民事甲第 1137 号民事局長回答
〔官制改正による登記名義人の表示の変更登記について〕　元逓信省所管の通信事業特別会計所属であつた一団の土地で，昭和二四年六月一日の官制改正により郵政及び電気通信の両省にそれぞれ分割して所管換されたものの内当省所管のものについては，当省において従前の名義のまま分筆登記の嘱託をした後，登記名義人の表示の変更登記を嘱託することと致したく，参考書類添附協議します。

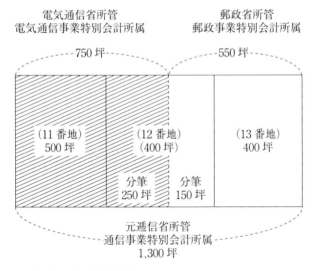

例　以下参考書類省略
(回答) 客月二十二日附郵財第一〇五四号をもって照会のあつた標記の件については，貴見の通り取り扱つてさしつかえないものと考える。

第4章　滞納処分に関する嘱託登記

第1節　総　説

　官庁又は公署は，滞納処分により不動産に関する所有権その他の権利を差し押えたときは，その権利の処分制限を第三者に対抗するために，差押えの登記を嘱託しなければなりません（国税徴収法68条3項，地方税法48条1項，68条6項，331条6項等）。この差押えは，相対的処分禁止の効力があるものとされています。すなわち，差押えの登記を受けた滞納者は，差押えに係る権利について売却，抵当権の設定等の処分をしても差し支えありませんが（国税徴収法69条1項本文），差押債権者である官庁又は公署との関係においては，その処分は効力を生ぜず，官庁又は公署は，その処分がないものとして滞納処分の手続を続行できることになります。しかし，差押えが，公売に至らずに解除され，又は取り消され，その登記が抹消された場合には，滞納者のした処分は有効となるのであり，そのような意味において，差押えの効力は，相対的処分禁止の効力があるといわれているのですが，差押えの効力を第三者に対抗するためには，差押えの登記をしなければなりません。

　官庁又は公署が差押えの登記を嘱託するのは，不動産の所有権を差し押えた場合だけでなく，不動産を目的とする地上権，永小作権，採石権，賃借権を差し押えた場合にもする必要があります。また，抵当権，質権等のような担保権付きの債権を差し押えた場合にも，差押えの効力は担保権の随伴性により担保権にも及ぶこととなるので，担保権の登記に付記して差押えの登記をする必要があります（国税徴収法68条1項参照）。

　なお，登記された買戻権，仮登記された権利，国税等の延納の場合に徴

第4章　滞納処分に関する嘱託登記

した担保権の実行としての滞納処分の財産の処分の例による場合について
も差し押えることができ，その場合には，その旨の登記を嘱託する必要が
あります。

　また，不動産の表題登記，又は所有権の登記がされていない不動産の所
有権について差押えをした場合には，直接，その旨の登記を嘱託すること
ができます（法76条2項・3項）が，所有権以外の権利を目的として差し押
えをし，その旨の登記を嘱託する場合には，債権者代位により，まず差押
えの目的となっている権利の設定の登記を嘱託した上で，差押えの登記を
嘱託することになります。

　滞納処分によって不動産等を差し押えようとする場合において，その不
動産等が，既に滞納処分により差し押えられ，その旨の登記が経由されて
いるときは，二重の差押えができないので，交付要求の一方法として，参
加差押えをすることが認められています（国税徴収法86条，地方税法68条5
項，331条5項等）。この参加差押えは，単に交付要求の一方法として認めら
れているものではなく，参加差押えに先行している差押えが解除される
と，参加差押通知書が滞納者に送達された時又はその登記がされた時にさ
かのぼって差押えの効力が生じるものとされている（国税徴収法87条）た
め，交付要求の効力と先行の滞納処分による差押えが解除された場合にお
ける差押えの効力とを併せ有していることになります。参加差押えをした
場合には，滞納者に参加差押通知書により通知するとともに，それを対抗
するために参加差押の登記を嘱託する必要があります（同法86条2項・3項）。

　また，滞納処分による差押えがされている不動産又は所有権以外の権利
が公売された場合において，買受代金を納付した買受人である登記権利者
から請求があったときは，官庁又は公署は，公売による権利の移転の登
記，公売により消滅した権利の登記の抹消及び滞納処分に関する差押えの
登記の抹消の登記を嘱託しなければなりません（法115条）。

　なお，ここにいう公売の中には，随意契約による売却（国税徴収法109
条）及び国による買入れ（同法110条）をも含むと解されています。

270

第2節　滞納処分による差押えの登記

第1　表題登記のない土地の差押えの登記〔書式57〕

登　記　嘱　託　書

登 記 の 目 的　　差　押【注1】
原　　　　　因　　年月日何税務署差押【注2】
権　利　者　　財務省【注3】
義　務　者　　何市何町何丁目何番何号
　　　　　　　　　何　　　某【注4】
添 付 書 類
　登記原因証明情報（差押調書謄本）【注5】
　土 地 所 在 図【注6】
　地 積 測 量 図【注7】
年月日嘱託　　　何法務局何出張所【注8】
嘱　託　者　　何税務署長　　何　　　某[職印]【注9】
連絡先の電話番号　　○○－○○○○－○○○○
　　　　担当者　　何部何課何係　　何　　　某【注10】
登 録 免 許 税　　登録免許税法第5条第11号【注11】
不動産の表示【注12】
　　所　　在　　何市何町何丁目
　　地　　番
　　地　　目　　宅地
　　地　　積　　何・何平方メートル

第4章　滞納処分に関する嘱託登記

【注1】　不動産の表題登記のない土地についても，直接，差押えの登記を嘱託することができる（法76条2項・3項）。登記の目的は，「差押」と表示する。

【注2】　登記原因は，「差押」と表示し，その日付は，差押え決定の日を表示する（昭和35・9・19民事甲第2304号民事局長通達＝273頁）。なお，登記原因を表示する場合には，徴税官署を明らかにすることを要する。

【注3】　登記権利者として，国税の滞納処分による場合は徴税官署として財務省と表示し，都道府県税・市町村税の場合はその地方公共団体名を表示する。

【注4】　登記義務者として，滞納者の氏名又は名称及び住所を表示し，会社等の法人の場合には代表者の氏名をも表示する。なお，この表示は，差押調書の謄本に記載されている滞納者の表示と符合していることを要する。

【注5】　登記原因証明情報として，差押調書の謄本を提供する（令別表31の項添付情報欄イ）。なお，差押調書の謄本は，徴収権限を有する徴税官署の職員が作成したものであることはいうまでもない（「差押調書」＝278頁）。

【注6】　当該差押えに係る土地を特定するために，土地所在図を提供する（令別表31の項添付情報欄ロ）。なお，土地所在図の作成方法については106・107頁参照。

【注7】　土地の地積を明らかにする地積測量図を提供する（令別表31の項添付情報欄ロ）。なお，地積測量図の作成方法については108・109頁参照。

【注8】　嘱託書を提出する日と提出先の法務局若しくは地方法務局又はその支局若しくは出張所の名称を表示する（規則34条1項7号・8号）。なお，嘱託書を郵送等で送付する場合には，その送付する日を表示すればよい。

272

第2節　滞納処分による差押えの登記

【注9】　滞納処分による差押えの登記は，徴税官署の徴収権限を有する職員の嘱託によりされるのであるから，その者の職及び氏名を表示し職印を押印する。

【注10】　嘱託情報に補正すべき箇所がある場合に，登記所の担当者から嘱託官庁又は公署に連絡するための連絡先の担当部署及び担当者並びに電話番号を表示する（規則34条1項1号）。

【注11】　滞納処分による差押えの登記の登録免許税については，登録免許税法第5条第11号の規定により非課税とされているので，その免除条項を表示する。

【注12】　嘱託書に表示する土地は，差押調書に記載された土地の表示と符合していることを要するが，当該土地には，未だ地番及び不動産番号が付されていないので，地番等を表示することを要しない。

　　なお，土地の表題登記のされていない土地について差押えの登記の嘱託があった場合には，登記官は，職権で，土地の表題登記及び滞納者名義の所有権保存の登記をした上で，差押えの登記をすることになる（法76条2項・3項）。

◉昭和35年9月19日民事甲第2304号民事局長通達

〔国税徴収法の全部改正に伴う参加差押の登記事務の取扱いについて〕
標記の件について，別紙甲号のとおり青森地方法務局長から問合せがあつたので別紙乙号のとおり回答したから，この旨貴管下登記官吏に周知方しかるべく取り計らわれたい。

（別紙甲号）　改正国税徴収法第八十六条第三項の規定による参加差押の登記事務の取扱いについて，左記のとおり疑義が生じましたので，何分の御教示賜わりたくお伺いいたします。

記

第一，参加差押の登記は主登記である本登記によるものと解しますが如何でしようか。

第二，参加差押は，滞納処分による差押が先行されていることを前提として行われるものであると解しますので，滞納処分による差押登

第4章 滞納処分に関する嘱託登記

記がなされていない参加差押の登記嘱託は，不動産登記法第四十九条第五号により却下して差支えないでしようか。

第三，参加差押登記の登記原因の日付は，参加差押通知書を滞納者へ通知（発信）した日でしようか，それともまた，参加差押書を滞納処分をした行政機関等に交付（発信）した日でしようか。

第四，参加差押登記の登記原因を証する書面は，参加差押通知書謄本及び参加差押書謄本のいずれでしようか。

（別紙乙号）　本年八月四日付庶日記第九七七号をもつて問合せのあつた標記の件については，左記のように考える。

　　　　　　　　　記

第一，貴見のとおり。ただし，所有権以外の権利についての参加差押の登記は，附記登記ですべきである（不動産登記法施行細則第五十六条）。

第二，当該登記の嘱託を不動産登記法第四十九条第二号により却下すべきである。

第三，参加差押の決定をした日が登記原因の日付となるものと考える。

第四，参加差押調書謄本が相当である。

第2節　滞納処分による差押えの登記

第2　表題登記のない建物の差押えの登記〔書式58〕

登　記　嘱　託　書

登 記 の 目 的　　差　押【注1】

原　　　　因　　年月日何県何税務事務所差押
　　　　　　　　　　　　　　　　　【注2】

権　利　者　　何　県【注3】

義　務　者　　何市何町何丁目何番何号
　　　　　　　　　　何　　某【注4】

添 付 書 類

　　登記原因証明情報（差押調書謄本）【注5】

　　建 物 図 面【注6】

　　各 階 平 面 図【注7】

年月日嘱託　　何法務局何出張所【注8】

嘱　託　者　　何県何税務事務所長　　何　　某 職印
　　　　　　　　　　　　　　　　　　【注9】

連絡先の電話番号　　○○－○○○○－○○○○

　　担当者　　何部何課何係　　何　　某【注10】

登 録 免 許 税　　登録免許税法第5条第11号【注11】

不動産の表示【注12】

　　所　　在　　何市何町何丁目何番地

　　家屋番号

　　種　　類　　居宅

　　構　　造　　木造かわらぶき平家建

　　床 面 積　　何・何平方メートル

275

第4章　滞納処分に関する嘱託登記

【注1】　不動産の表題登記のない建物についても，直接，差押えの登記を嘱託することができる（法76条2項・3項）。登記の目的は，「差押」と表示する。

【注2】　登記原因は，「差押」と表示し，その日付は，差押え決定の日を表示する（昭和35・9・19民事甲第2304号民事局長通達＝273頁）。なお，登記原因を表示する場合には，徴税官署を明らかにすることを要する。

【注3】　登記権利者として，国税の滞納処分による場合は徴税官署として財務省と表示し，都道府県税・市町村税の場合はその地方公共団体名を表示する。

【注4】　登記義務者として，滞納者の氏名又は名称及び住所を表示し，会社等の法人の場合には代表者の氏名をも表示する。なお，この表示は，差押調書の謄本に記載されている滞納者の表示と符合していることを要する。

【注5】　登記原因証明情報として，差押調書の謄本を提供する（令別表32の項添付情報欄イ）。なお，差押調書の謄本は，徴収権限を有する徴税官署の職員が作成したものであることはいうまでもない（「差押調書」＝278頁）。

【注6】　当該差押えに係る建物を特定するために，建物図面を提供する（令別表32の項添付情報欄ロ）。なお，建物図面の作成方法については147・148頁参照。

【注7】　建物の各階の形状及び床面積を明らかにする各階平面図を提供する（令別表32の項添付情報欄ロ）。なお，各階平面図の作成方法については147・148頁参照。

【注8】　嘱託書を提出する日と提出先の法務局若しくは地方法務局又はその支局若しくは出張所の名称を表示する（規則34条1項7号・8号）。なお，嘱託書を郵送等で送付する場合には，その送付する日を表示すればよい。

第2節　滞納処分による差押えの登記

【注9】　滞納処分による差押えの登記は，徴税官署の徴収権限を有する
　　　　職員の嘱託によりされるのであるから，その者の職及び氏名を表示
　　　　し職印を押印する。

【注10】　嘱託情報に補正すべき箇所がある場合に，登記所の担当者から
　　　　嘱託官庁又は公署に連絡するための連絡先の担当部署及び担当者並
　　　　びに電話番号を表示する（規則34条1項1号）。

【注11】　滞納処分による差押えの登記の登録免許税については，登録免
　　　　許税法第5条第11号の規定により非課税とされているので，その
　　　　免除条項を表示する。

【注12】　嘱託書に表示する建物は，差押調書に記載された建物の表示と
　　　　符合していることを要するが，当該建物には，未だ家屋番号及び不
　　　　動産番号が付されていないので，家屋番号等を表示することを要し
　　　　ない。

　　　　　なお，建物の表題登記のされていない建物について差押えの登記
　　　　の嘱託があった場合には，登記官は，職権で，建物の表題登記及び
　　　　滞納者名義の所有権保存の登記をした上で，差押えの登記をするこ
　　　　とになる（法76条2項・3項）。

277

第4章　滞納処分に関する嘱託登記

〔参考11〕　**差押調書**（謄本）

差 押 調 書 （謄本）

○何税徴　差第○○号
年　　月　　日

何県税事務所長

　下記のとおり，滞納金額を徴収するため，地方税法の規定により財産を差し押さえます。

記

滞納者	住(居)所	何市何町何丁目何番何号							
	氏　　名	何　某							
	年度	期 別 等	税　　目	税　　額	加算金額	延滞金額	滞 納処分費	備考
		氏名コード・登録番号	納 期 限					
滞納金額	18	4期	固定資産税都市計画税	円	円	法律による金額要す 円	円	
		○○○○○○○	何年何月何日	○○○○○○				
		合　計				法律による金額要す		
				○○○○○○				

（土地の表示）

差押財産	何市何町何丁目何番何　　宅地　　何・何平方メートル

　備考「滞納処分費」欄に掲げた金額は，この通知書作成の日までのものです。
（登記嘱託用）

第3 所有権の登記のない不動産の差押えの登記〔書式59〕

登 記 嘱 託 書

登 記 の 目 的　　差　押【注1】

原　　　　因　　年月日何税務署差押【注2】

権　利　者　　財務省【注3】

義　務　者　　何市何町何丁目何番何号
　　　　　　　　何　　　某【注4】

添 付 書 類

　　登記原因証明情報（差押調書謄本）【注5】

年月日嘱託　　　何法務局何出張所【注6】

嘱　託　者　　何税務署長　　何　　　某 職印【注7】

連絡先の電話番号　○○‐○○○○‐○○○○

　　　　担当者　　何部何課何係　　何　　　某【注8】

登 録 免 許 税　　登録免許税法第5条第11号【注9】

不動産の表示【注10】

　　　不動産番号　　1234567890123【注11】

　　　所　　在　　何市何町何丁目

　　　地　　番　　何番

　　　地　　目　　宅地

　　　地　　積　　何・何平方メートル

第 4 章　滞納処分に関する嘱託登記

【注 1】　不動産の表題登記はあるが，所有権の登記（所有権保存の登記）がない不動産についても，直接，差押えの登記を嘱託することができる（法 76 条 2 項）。登記の目的は，「差押」と表示する。

【注 2】　登記原因は，「差押」と表示し，その日付は，差押え決定の日を表示する（昭和 35・9・19 民事甲第 2304 号民事局長通達＝ 273 頁）。なお，登記原因を表示する場合には，徴税官署を明らかにすることを要する。

【注 3】　登記権利者として，国税の滞納処分による場合は徴税官署として財務省と表示し，都道府県税・市町村税の場合はその地方公共団体名を表示する。

【注 4】　登記義務者として，滞納者の氏名又は名称及び住所を表示し，会社等の法人の場合には代表者の氏名をも表示する。この表示は差押調書の謄本に記載されている滞納者の表示と符合していることを要するが，登記記録の表題部に記録されている所有者の表示とは必ずしも符合していなくても差し支えないものとされている（昭和 27・9・19 民事甲第 205 号民事局長電報回答＝ 281 頁）。

【注 5】　登記原因証明情報として，差押調書の謄本を提供する（令 7 条 1 項 5 号ロ）。なお，差押調書の謄本は，徴収権限を有する徴税官署の職員が作成したものであることはいうまでもない（「差押調書」＝ 278 頁）。

【注 6】　嘱託書を提出する日と提出先の法務局若しくは地方法務局又はその支局若しくは出張所の名称を表示する（規則 34 条 1 項 7 号・8 号）。なお，嘱託書を郵送等で送付する場合には，その送付する日を表示すればよい。

【注 7】　滞納処分による差押えの登記は，徴税官署の徴収権限を有する職員の嘱託によりされるのであるから，その者の職及び氏名を表示し職印を押印する。

【注 8】　嘱託情報に補正すべき箇所がある場合に，登記所の担当者から嘱託官庁又は公署に連絡するための連絡先の担当部署及び担当者並

びに電話番号を表示する（規則34条1項1号）。

【注9】　滞納処分による差押えの登記の登録免許税については，登録免許税法第5条第11号の規定により非課税とされているので，その免除条項を表示する。

【注10】　嘱託書に表示する不動産は，表題部に記録されている不動産の表示と符合し，かつ，差押調書に記載された不動産の表示と符合していることを要する。なお，所有権の登記のない不動産について差押えの登記の嘱託があった場合には，登記官は，職権で，滞納者名義の所有権保存の登記をした上で，差押えの登記をすることになる（法76条2項）。

【注11】　登記を嘱託する場合において，不動産番号を表示して不動産を特定したときには，現在の不動産の表示事項（所在，地番，地目，地積）を省略することができる（令6条1項1号，規則34条2項等）が，不動産番号を表示したときでも，その全部を表示しておくのが望ましい。

◉昭和27年9月19日民事甲第205号民事局長電報回答

〔未登記不動産に対する差押登記後の台帳事務の取扱いについて〕未登記の不動産に対し官庁又は公署より，差押え登記の嘱託ありたる場合，不動産登記法第百二十八条及び第百二十九条を準用し，所有権保存の登記をなしたる後差押えの登記をなすべきであるが，該嘱託書債務者の表示が（所有者）（甲）とあり，該物件は台帳に（乙）名義に登録になつている場合であつても，該嘱託書の債務者（所有者）名義に所有権保存の登記をなしたる後，差押えの登記をなして差支えないと考えるが，これに反対説もあり，目下差迫りたる事件もあり何分の御返電を願いたい。なお，差支えないとすれば台帳は二重登録になるが差支えなきや。

（回答）　客月十六日附電報問合せの件，貴見の通り取り扱つてさしつかえない。なお，台帳の関係は，所有者の表示を訂正し，その旨を従来所有者として登録されていた者に通知すべきものと考える。

第4章　滞納処分に関する嘱託登記

第4　所有権の登記がされている不動産の差押えの登記〔書式 60〕

登 記 嘱 託 書

登 記 の 目 的　　差　押【注1】

原　　　　因　　年月日何税務署差押【注2】

権　利　者　　財務省【注3】

義　務　者　　何市何町何丁目何番何号

　　　　　　　　　　何　　　某【注4】

添 付 書 類

　　登記原因証明情報（差押調書謄本）【注5】

年月日嘱託　　　何法務局何出張所【注6】

嘱　託　者　　何税務署長　　何　　　某 職印【注7】

連絡先の電話番号　　○○ - ○○○○ - ○○○○

　　　　担当者　　何部何課何係　　何　　　某【注8】

登 録 免 許 税　　登録免許税法第 5 条第 11 号【注9】

不動産の表示【注10】

　　　　不動産番号　　1234567890123【注11】

　　　　所　　在　　何市何町何丁目

　　　　地　　番　　何番

　　　　地　　目　　宅地

　　　　地　　積　　何・何平方メートル

第2節　滞納処分による差押えの登記

【注1】　登記の目的は,「差押」と表示する。

【注2】　登記原因は,「差押」と表示し,その日付は,差押え決定の日を表示する(昭和35・9・19民事甲第2304号民事局長通達＝273頁)。なお,登記原因を表示する場合には,徴税官署を明らかにすることを要する。

　　　また,滞納処分による差押えは,強制競売の開始決定があった不動産,仮差押えの執行があった不動産についてもすることができるので,それらに基づく差押え又は仮差押えの登記がされていても,更に滞納処分による差押えの登記をすることができる(滞納処分と強制執行等との手続の調整に関する法律29条,34条)。しかし,破産財団に属する財産については,差押えの登記をすることができないものとされている(昭和32・8・8民事甲第1431号民事局長通達＝284頁)。

【注3】　登記権利者として,国税の滞納処分による場合は徴税官署として財務省と表示し,都道府県税・市町村税の場合はその地方公共団体名を表示する。

【注4】　登記義務者として,滞納者の氏名又は名称及び住所を表示し,会社等の法人の場合には代表者の氏名をも表示する。この表示は,登記記録上の所有権の登記名義人の表示及び差押調書の謄本に記載されている滞納者の表示と符合していることを要する。

【注5】　登記原因証明情報として,差押調書の謄本を提供する(令7条1項5号ロ)。なお,差押調書の謄本は,徴収権限を有する徴税官署の職員が作成したものであることはいうまでもない(「差押調書」＝278頁)。

【注6】　嘱託書を提出する日と提出先の法務局若しくは地方法務局又はその支局若しくは出張所の名称を表示する(規則34条1項7号・8号)。なお,嘱託書を郵送等で送付する場合には,その送付する日を表示すればよい。

【注7】　滞納処分による差押えの登記は,徴税官署の徴収権限を有する職員の嘱託によりされるのであるから,その者の職及び氏名を表示

第4章　滞納処分に関する嘱託登記

し職印を押印する。

【注8】　嘱託情報に補正すべき箇所がある場合に，登記所の担当者から嘱託官庁又は公署に連絡するための連絡先の担当部署及び担当者並びに電話番号を表示する（規則34条1項1号）。

【注9】　滞納処分による差押えの登記の登録免許税については，登録免許税法第5条第11号の規定により非課税とされているので，その免除条項を表示する。

【注10】　嘱託書に表示する不動産は，表題部に記録されている不動産の表示と符合し，かつ，差押調書に記載された不動産の表示と符合していることを要する。

【注11】　登記を嘱託する場合において，不動産番号を表示して不動産を特定したときには，現在の不動産の表示事項（所在，地番，地目，地積）を省略することができる（令6条1項1号，規則34条2項等）が，不動産番号を表示したときでも，その全部を表示しておくのが望ましい。

◉昭和32年8月8日民事甲第1431号民事局長通達

〔滞納処分による差押の登記嘱託等について〕　標記の件について，別紙甲号のとおり国税庁長官から照会があつたので，別紙乙号のとおり回答したから，この旨貴管下登記官吏に周知方しかるべく取り計らわれたい。

（別紙甲号）　国税徴収法による滞納処分の執行に当り，下記事項については，それぞれ次のように解されますが，これらに対する貴見をお伺いいたします。

記

一　破産財団に対する滞納処分について

破産財団に属する財産については，滞納処分による差押の登記の嘱託をすることができること。

（理由）

滞納者が破産宣告を受けた場合には，国税徴収法施行規則第二十

第2節　滞納処分による差押えの登記

九条の規定により破産管財人に対して交付要求をすることになつているが，破産管財人が当該交付要求に応じないときは，破産財団に属する財産に対して直接滞納処分をすることができ，この場合においては不動産の差押の登記を嘱託することができるものと解される。

すなわち，財団債権については，破産管財人が弁済の求めに応じないときは，破産財団に属する財産について強制執行をすることができるものと解されており（兼子一「破産法」四十三ページ参照），租税債権も破産法第四十七条第二号に規定する財団債権（国税徴収法又ハ国税徴収ノ例ニ依リ徴収スルコトヲ得ヘキ請求権）であるので，租税債権について破産管財人が交付要求に応じないときは，破産財団に属する財産に対して直接滞納処分をすることができるものと解される。従つて，滞納処分により不動産を差し押えたときは，その差押の登記を嘱託することができるものと解される。

二　仮登記により保全されている請求権に対する滞納処分について

仮登記により保全されている請求権（たとえば，代物弁済予約による所有権移転請求権）について，滞納処分による差押の登記の嘱託をすることができること。

（理由）

仮登記により保全されている請求権については，譲渡が可能であり，不動産登記法上も，附記登記による権利移転登記が認められているので，滞納処分によりこの権利を差し押え，その差押の登記を嘱託することができるものと解される。

三　買もどし権に対する滞納処分について

買もどし権に対する滞納処分による差押の登記の嘱託をすることができること。

（理由）

買もどし権は，独立して取引の対象となり，その移転の対抗要件は附記登記であるとされているので，滞納処分により差し押え，その差押登記の嘱託をすることができるものと解される。

四　賃借権に対する滞納処分について

賃借権に対する滞納処分による差押の登記の嘱託をすることができること。

（理由）

第4章　滞納処分に関する嘱託登記

　　　賃借権は，民法第六百十二条の規定により賃貸人が承諾したとき
　　は譲渡することができるので，このような場合においては，滞納処
　　分により差し押え，その差押登記の嘱託をすることができるものと
　　解される。

　五　質権又は抵当権の設定されている財産を公売した場合における当
　　該財産上の用益物権等の登記のまつ消について

　　　公売処分による権利移転の登記を嘱託した場合においては，その
　　権利を目的とする抵当権等の登記はまつ消されるが，このまつ消さ
　　れた権利に対抗できない地上権，賃借権等の権利の登記もまつ消さ
　　れるべきであること。

　（理由）

　　　滞納処分の差押登記前に設定登記された地上権，賃借権等の権利
　　は，差押債権者である国に対抗できるのであるが，当該地上権，賃
　　借権等の権利の登記前に抵当権等が設定登記されているときは，当
　　該地上権，賃借権等の権利は，これらの抵当権等の権利に対抗する
　　ことができない。この場合において，抵当権等の権利に基き競売さ
　　れたときは，当該抵当権等の登記とともに当該地上権，賃借権等の
　　登記もまつ消されるのであるから，公売処分が行われたときも，当
　　該抵当権の権利の登記が不動産登記法第百四十八条の規定によりま
　　つ消されるとともに，当該地上権，賃借権等の権利の登記も同条の
　　規定に準じて登記官吏が職権でまつ消すべきものと解される。

（別紙乙号）　昭和三十一年二月二十二日付徴徴一一三〇をもつて照会
のあつた標記の件については，次のように考える。

　　　　　　　　　　　記

一，消極に解する。

二，三，四，いずれも積極に解する。なお，賃借権の移転を許す旨の
　　登記がなされていないものについて公売処分による権利移転の登記
　　を嘱託する場合には，不動産登記法第百二十七条第二項の規定によ
　　り，嘱託書に，賃貸人の承諾書を添付しなければならない。

五，所問の場合でも，不動産登記法第百四十八条の規定の類推適用に
　　よる抹消はすることができない（なお，昭和三十一年十一月十五日
　　付をもつて貴職あて通知した同日付民事甲第二六一四号本職通達参
　　照）。

第2節　滞納処分による差押えの登記

第5　地上権等の差押えの登記〔書式61〕

　差押えの目的たる権利は，不動産の所有権のみならず地上権，賃借権，永小作権，採石権等も含まれるので，これらの権利を差し押えることもできますが，その場合には，差押えの登記を嘱託することを要します。

　差押えの目的である地上権等が未登記であるときは，まず，差押えの登記の前提として，地上権等の設定の登記を債権者代位により嘱託することを要します。

　なお，地上権等の差押えの登記は，当該地上権等の登記に付記してされます（規則3条4号）。

登　記　嘱　託　書

```
登 記 の 目 的    何番地上権差押【注1】
原      因    年月日何税務署差押【注2】
権   利   者    財務省【注3】
義   務   者    何市何町何丁目何番何号

                 何    某【注4】
添 付 書 類
    登記原因証明情報（差押調書謄本）【注5】
年月日嘱託       何地方法務局何出張所【注6】
嘱   託   者    何税務署長    何    某 ［職印］【注7】
連絡先の電話番号    ○○-○○○○-○○○○
        担当者    何部何課何係    何    某【注8】
登 録 免 許 税    登録免許税法第5条第11号【注9】
不動産の表示【注10】
    不動産番号    1234567890123【注11】
    所      在    何市何町何丁目
    地      番    何番
    地      目    宅地
    地      積    何・何平方メートル
```

287

第4章　滞納処分に関する嘱託登記

【注1】　登記の目的は，差押えの目的となる地上権の登記を順位番号を
もって特定し，「何番地上権差押」と表示する。なお，賃借権に対
する差押えの登記は，その賃借権設定の登記に譲渡が許される旨の
特約がない場合であっても，差押えの登記ができるものとされてい
る（昭和32・8・8民事甲第1431号民事局長通達＝284頁）。

【注2】　登記原因は，「差押」と表示し，その日付は，差押え決定の日
を表示する（昭和35・9・19民事甲第2304号民事局長通達＝273頁）。な
お，登記原因を表示する場合には，徴税官署を明らかにすることを
要する。

【注3】　登記権利者として，国税の滞納処分による場合は徴税官署とし
て財務省と表示し，都道府県税・市町村税の場合はその地方公共団
体名を表示する。

【注4】　登記義務者として，滞納者である地上権等の登記名義人の氏名
又は名称及び住所を表示し，会社等の法人の場合には代表者の氏名
をも表示する。この表示は，登記記録上の地上権者等の表示及び差
押調書の謄本に記載されている滞納者の表示と符合していることを
要する。

【注5】　登記原因証明情報として，差押調書の謄本を提供する（令7条
1項5号ロ）。なお，差押調書の謄本は，徴収権限を有する徴税官署
の職員が作成したものであることはいうまでもない（「差押調書」＝
278頁）。

【注6】　嘱託書を提出する日と提出先の法務局若しくは地方法務局又は
その支局若しくは出張所の名称を表示する（規則34条1項7号・8
号）。なお，嘱託書を郵送等で送付する場合には，その送付する日
を表示すればよい。

【注7】　滞納処分による差押えの登記は，徴税官署の徴収権限を有する
職員の嘱託によりされるのであるから，その者の職及び氏名を表示
し職印を押印する。

288

第2節　滞納処分による差押えの登記

【注8】　嘱託情報に補正すべき箇所がある場合に，登記所の担当者から
　　　　嘱託官庁又は公署に連絡するための連絡先の担当部署及び担当者並
　　　　びに電話番号を表示する（規則34条1項1号）。

【注9】　滞納処分による差押えの登記の登録免許税については，登録免
　　　　許税法第5条第11号の規定により非課税とされているので，その
　　　　免除条項を表示する。

【注10】　嘱託書に表示する不動産は，表題部に記録されている不動産の
　　　　表示と符合し，かつ，差押調書に記載された不動産の表示と符合し
　　　　ていることを要する。

【注11】　登記を嘱託する場合において，不動産番号を表示して不動産を
　　　　特定したときには，現在の不動産の表示事項（所在，地番，地目，
　　　　地積）を省略することができる（令6条1項1号，規則34条2項等）
　　　　が，不動産番号を表示したときでも，その全部を表示しておくのが
　　　　望ましい。

第4章　滞納処分に関する嘱託登記

第6　抵当権付債権の差押えの登記〔書式62〕

　抵当権付債権を差し押えた場合には，その差押えの効力は，抵当権にも及びますから，この差押えを第三者に対抗するためには，当該抵当権の登記に，その債権が差し押えられた旨の登記を嘱託することになります。

登　記　嘱　託　書

登 記 の 目 的　　何番抵当権付債権差押【注1】

原　　　　　因　　年月日何税務署差押【注2】

権　利　者　　財務省【注3】

義　務　者　　何市何町何丁目何番何号

　　　　　　　　　　　何　　　某【注4】

添 付 書 類

　　登記原因証明情報（差押調書謄本）【注5】

年月日嘱託　　　何地方法務局何出張所【注6】

嘱　託　者　　何税務署長　　何　　　某 ㊞【注7】

連絡先の電話番号　○○－○○○○－○○○○

　　　　担当者　　何部何課何係　　何　　　某【注8】

登 録 免 許 税　　登録免許税法第5条第11号【注9】

不動産の表示【注10】

　　　不動産番号　　1234567890123【注11】

　　　所　　在　　何市何町何丁目

　　　地　　番　　何番

　　　地　　目　　宅地

　　　地　　積　　何・何平方メートル

290

第2節　滞納処分による差押えの登記

【注1】　登記の目的は，差押えの目的となる抵当権の登記を順位番号により特定し，「何番抵当権付債権差押」と表示する。なお，当該抵当権について，債権譲渡等による移転の登記が付記登記によってされているときであっても，抵当権付債権の差押えの登記は，当該抵当権設定の登記（主登記）に付記してされる（規則3条4号）。

【注2】　登記原因は，「差押」と表示し，その日付は，差押え決定の日を表示する（昭和35・9・19民事甲第2304号民事局長通達＝273頁）。なお，登記原因を表示する場合には，徴税官署を明らかにすることを要する。

【注3】　登記権利者として，国税の滞納処分による場合は徴税官署として財務省と表示し，都道府県税・市町村税の場合はその地方公共団体名を表示する。

【注4】　登記義務者として，滞納者である抵当権の登記名義人の氏名又は名称及び住所を表示し，会社等の法人の場合には代表者の氏名をも表示するが，この表示は，登記記録上の抵当権の登記名義人の表示及び差押調書の謄本に記載されている滞納者の表示と符合していることを要する。

【注5】　登記原因証明情報として，差押調書の謄本を提供する（令7条1項5号ロ）。なお，差押調書の謄本は，徴収権限を有する徴税官署の職員が作成したものであることはいうまでもない（「差押調書」＝278頁）。

【注6】　嘱託書を提出する日と提出先の法務局若しくは地方法務局又はその支局若しくは出張所の名称を表示する（規則34条1項7号・8号）。なお，嘱託書を郵送等で送付する場合には，その送付する日を表示すればよい。

【注7】　滞納処分による差押えの登記は，徴税官署の徴収権限を有する職員の嘱託によりされるのであるから，その者の職及び氏名を表示し職印を押印する。

291

第4章　滞納処分に関する嘱託登記

【注8】　嘱託情報に補正すべき箇所がある場合に，登記所の担当者から嘱託官庁又は公署に連絡するための連絡先の担当部署及び担当者並びに電話番号を表示する（規則34条1項1号）。

【注9】　滞納処分による差押えの登記の登録免許税については，登録免許税法第5条第11号の規定により非課税とされているので，その免除条項を表示する。

【注10】　嘱託書に表示する不動産は，表題部に記録されている不動産の表示と符合し，かつ，差押調書に記載された不動産の表示と符合していることを要する。

【注11】　登記を嘱託する場合において，不動産番号を表示して不動産を特定したときには，現在の不動産の表示事項（所在，地番，地目，地積）を省略することができる（令6条1項1号，規則34条2項等）が，不動産番号を表示したときでも，その全部を表示しておくのが望ましい。

第2節　滞納処分による差押えの登記

第7　買戻権の差押えの登記〔書式63〕

　買戻権は，財産権として，独立して取引の対象となり得るものであり，その譲渡も可能とされるものです。したがって，買戻権も差押えの対象となる権利となり得ます。買戻権を差し押えた場合には，これを第三者に対抗するために，やはり差押えの登記を嘱託する必要があります（昭和32・8・8民事甲第1431号民事局長通達＝284頁，昭和31・10・30民事甲第2525号民事局長事務代理通達＝295頁）。

```
　　　　　　　　　登　記　嘱　託　書

　登 記 の 目 的　　何番付記1号買戻権差押【注1】
　原　　　　　因　　年月日何税務署差押【注2】
　権　利　者　　　財務省【注3】
　義　務　者　　　何市何町何丁目何番何号
　　　　　　　　　　　何　　　某【注4】
　添　付　書　類
　　　登記原因証明情報（差押調書謄本）【注5】
　年月日嘱託　　　何地方法務局何出張所【注6】
　嘱　託　者　　　何税務署長　　何　　　某[職印]【注7】
　連絡先の電話番号　○○‐○○○○‐○○○○
　　　　担当者　　　何部何課何係　　何　　某【注8】
　登 録 免 許 税　　登録免許税法第5条第11号【注9】
　不動産の表示【注10】
　　　　不動産番号　　1234567890123【注11】
　　　　所　　在　　何市何町何丁目何番地
　　　　家屋番号　　何番
　　　　種　　類　　居宅
　　　　構　　造　　鉄筋コンクリート造陸屋根2階建
　　　　床 面 積　　1階　何・何平方メートル
　　　　　　　　　　2階　何・何平方メートル
```

第4章　滞納処分に関する嘱託登記

【注1】　登記の目的は，差押えの目的となる買戻権の登記を順位番号により特定し，「何番付記1号買戻権差押」と表示する。買戻権の登記は，必ず権利取得の登記に付記して登記される（規則3条9号）から，その順位番号による特定は，書式例のように「何番付記1号」と表示する。

【注2】　登記原因は，「差押」と表示し，その日付は，差押え決定の日を表示する（昭和35・9・19民事甲第2304号民事局長通達＝273頁）。なお，登記原因を表示する場合には，徴税官署を明らかにすることを要する。

【注3】　登記権利者として，国税の滞納処分による場合は徴税官署として財務省と表示し，都道府県税・市町村税の場合はその地方公共団体名を表示する。

【注4】　登記義務者として，滞納者である買戻権の登記名義人の氏名又は名称及び住所を表示し，会社等の法人の場合には代表者の氏名をも表示するが，この表示は，登記記録上の買戻権の登記名義人の表示及び差押調書の謄本に記載されている滞納者の表示と符合していることを要する。

【注5】　登記原因証明情報として，差押調書の謄本を提供する（令7条1項5号ロ）。なお，差押調書の謄本は，徴収権限を有する徴税官署の職員が作成したものであることはいうまでもない（「差押調書」＝278頁）。

【注6】　嘱託書を提出する日と提出先の法務局若しくは地方法務局又はその支局若しくは出張所の名称を表示する（規則34条1項7号・8号）。なお，嘱託書を郵送等で送付する場合には，その送付する日を表示すればよい。

【注7】　滞納処分による差押えの登記は，徴税官署の徴収権限を有する職員の嘱託によりされるのであるから，その者の職及び氏名を表示し職印を押印する。

第2節　滞納処分による差押えの登記

【注8】　嘱託情報に補正すべき箇所がある場合に，登記所の担当者から嘱託官庁又は公署に連絡するための連絡先の担当部署及び担当者並びに電話番号を表示する（規則34条1項1号）。

【注9】　滞納処分による差押えの登記の登録免許税については，登録免許税法第5条第11号の規定により非課税とされているので，その免除条項を表示する。

【注10】　嘱託書に表示する不動産は，表題部に記録されている不動産の表示と符合し，かつ，差押調書に記載された不動産の表示と符合していることを要する。

【注11】　登記を嘱託する場合において，不動産番号を表示して不動産を特定したときには，現在の不動産の表示事項（所在地番，家屋番号，建物の種類，構造及び床面積等）を省略することができる（令6条1項2号，規則34条2項等）が，不動産番号を表示したときでも，その全部を表示しておくのが望ましい。

⦿昭和31年10月30日民事甲第2525号民事局長事務代理通達

〔買戻権の差押の登記について〕　標記の件について，別紙甲号のとおり盛岡地方法務局長から電報問合せがあつたので，別紙乙号のとおり電報回答したから，この旨貴管下登記官吏に周知方しかるべく取り計らわれたい。

（別紙甲号）　左記につき取扱上疑義があり，差しかかつた事件がありますので，電信をもつて御指示願います。

記

　登記ある買戻権に対し国税徴収法第二三条ノ二の規定によつて差押登記の嘱託があつたが，右嘱託は受理すべきであり，該登記は主登記でなすべきものと考えますが如何でしようか。

（別紙乙号）　本年十月二十二日付電報番号第六一六号で問合せの件，前段は貴見のとおり。後段は附記登記によるべきものと考える。

第4章 滞納処分に関する嘱託登記

第8 仮登記された権利の差押えの登記〔書式64〕

　仮登記により保全されている停止条件付権利は，財産権として独立して取引の対象となり得るものであり（民法129条），これもまた，差押えの対象となる権利となり得ます。条件付権利について差押えをした場合には，その差押えを第三者に対抗するために，差押えの登記ができるものと解されています。また，仮登記により保全されている請求権についても，滞納処分による差押えの登記をすることができるものとされています（昭和32・8・8民事甲第1431号民事局長通達＝284頁）。

```
                　登　記　嘱　託　書

　登 記 の 目 的　　何番仮登記の条件付所有権差押【注1】
　原　　　　　因　　年月日何県何税務事務所差押【注2】
　権　利　者　　何　県【注3】
　義　務　者　　何市何町何丁目何番何号
　　　　　　　　　何　　　某【注4】
　添 付 書 類
　　登記原因証明情報（差押調書謄本）【注5】
　年月日嘱託　　　何地方法務局何出張所【注6】
　嘱　託　者　　何県何税務事務所長　　何　　　某 職印
　　　　　　　　　　　　　　　　　　　　　　　【注7】
　連絡先の電話番号　○○－○○○○－○○○○
　　　　担当者　　何部何課何係　　何　　　某【注8】
　登 録 免 許 税　　登録免許税法第5条第11号【注9】
　不動産の表示【注10】
　　　不動産番号　1234567890123【注11】
　　　所　　在　　何市何町何丁目
　　　地　　番　　何番
　　　地　　目　　宅地
　　　地　　積　　何・何平方メートル
```

第2節　滞納処分による差押えの登記

【注1】　登記の目的は，差押えの目的となる条件付権利の仮登記を順位
　　　番号により特定し，「何番仮登記の条件付所有権差押」と表示する。

【注2】　登記原因は，「差押」と表示し，その日付は，差押え決定の日
　　　を表示する（昭和35・9・19民事甲第2304号民事局長通達＝273頁）。な
　　　お，登記原因を表示する場合には，徴税官署を明らかにすることを
　　　要する。

【注3】　登記権利者として，国税の滞納処分による場合は徴税官署とし
　　　て財務省と表示し，都道府県税・市町村税の場合はその地方公共団
　　　体名を表示する。

【注4】　登記義務者として，滞納者である仮登記の登記名義人の氏名又
　　　は名称及び住所を表示し，会社等の法人の場合には代表者の氏名を
　　　も表示するが，この表示は，登記記録上の仮登記の登記名義人の表
　　　示及び差押調書の謄本に記載されている滞納者の表示と符合してい
　　　ることを要する。

【注5】　登記原因証明情報として，差押調書の謄本を提供する（令7条
　　　1項5号ロ）。なお，差押調書の謄本は，徴収権限を有する徴税官署
　　　の職員が作成したものであることはいうまでもない（「差押調書」＝
　　　278頁）。

【注6】　嘱託書を提出する日と提出先の法務局若しくは地方法務局又は
　　　その支局若しくは出張所の名称を表示する（規則34条1項7号・8
　　　号）。なお，嘱託書を郵送等で送付する場合には，その送付する日
　　　を表示すればよい。

【注7】　滞納処分による差押えの登記は，徴税官署の徴収権限を有する
　　　職員の嘱託によりされるのであるから，その者の職及び氏名を表示
　　　し職印を押印する。

【注8】　嘱託情報に補正すべき箇所がある場合に，登記所の担当者から
　　　嘱託官庁又は公署に連絡するための連絡先の担当部署及び担当者並
　　　びに電話番号を表示する（規則34条1項1号）。

第4章　滞納処分に関する嘱託登記

【注9】　滞納処分による差押えの登記の登録免許税については，登録免許税法第5条第11号の規定により非課税とされているので，その免除条項を表示する。

【注10】　嘱託書に表示する不動産は，表題部に記録されている不動産の表示と符合し，かつ，差押調書に記載された不動産の表示と符合していることを要する。

【注11】　登記を嘱託する場合において，不動産番号を表示して不動産を特定したときには，現在の不動産の表示事項（所在，地番，地目，地積）を省略することができる（令6条1項1号，規則34条2項等）が，不動産番号を表示したときでも，その全部を表示しておくのが望ましい。

第2節　滞納処分による差押えの登記

第9　参加差押えの登記〔書式65〕

　既に滞納処分により差押えがされている不動産の所有権又は不動産を目的とする権利（地上権，永小作権，採石権等）について差押えをする必要がある場合には，二重に差押えをすることができないことから，執行機関に対する交付要求手続の一方法として，参加差押えをすることが認められています（国税徴収法86条，地方税法331条5項等）。参加差押えは，参加差押書を先に滞納処分による差押えを行った行政機関等に交付することによって，交付要求の効力が生ずるものとされています（国税徴収法86条1項）。

　交付要求は，既に滞納者の財産が差押えられている場合において，重ねてこれを差押える繁雑さを避け，すでに差押えをしている執行機関に対し，換価代金のうちから滞納者の税額に相当する金額の交付の配当を求める行為であり，いわば国又は地方公共団体が，他の執行機関が実施する強制換価手続に便乗する行為であるともいえます。

　参加差押えは，この交付要求の効力と併せて，先行の滞納処分の差押えが解除された場合における差押えの効力をも有しています。すなわち，参加差押えに先行している差押えが解除されると，当該参加差押えは，参加差押通知書が滞納者に送達された時又はその登記がされた時（参加差押通知書の送達前に登記がされている場合）にさかのぼって差押えの効力が生じるものとされています（国税徴収法87条1項2号）。したがって，参加差押えが，差押えとしての効力を生ずると，いわゆる相対的処分禁止の効力をもつことになり，その処分の禁止を第三者に対抗するためには，参加差押えの登記を嘱託しなければなりません（国税徴収法86条3項）。

　なお，滞納処分による差押えの登記のされている甲所有の不動産（又は不動産を目的とする権利）を第三者乙が取得し，所有権移転の登記（又は不動産を目的とする権利の移転の登記）がされた場合には，当該不動産の所有権（又は不動産を目的とする権利）について，甲又は乙のいずれの滞納にかかる税についても参加差押えができないものとされています（昭和

第4章　滞納処分に関する嘱託登記

37・6・29民事甲第1838号民事局長電報回答＝302頁）。すなわち，甲の滞納処分による参加差押えは，既に乙の所有となっている不動産等についてはすることができず，また，乙の滞納処分による参加差押えは，乙の所有となった不動産等については一度も差押えがされていないことから，参加差押えの手続をすることはできないことになります。

登 記 嘱 託 書

登 記 の 目 的　　参加差押【注1】
原　　　　　因　　年月日何県何税務事務所参加差押【注2】
権　利　者　　何　県【注3】
義　務　者　　何市何町何丁目何番何号
　　　　　　　　　　何　　　某【注4】
添 付 書 類
　　登記原因証明情報（参加差押調書）【注5】
年月日嘱託　　　　何法務局何出張所【注6】
嘱　託　者　　何県何税務事務所長　　何　　　某 [職印]
　　　　　　　　　　　　　　　　　　　　　　　　　　【注7】

連絡先の電話番号　　○○－○○○○－○○○○
　　　　担当者　　何部何課何係　　　何　　　某【注8】
登 録 免 許 税　　登録免許税法第5条第11号【注9】
不動産の表示【注10】
　　不動産番号　　1234567890123【注11】
　　所　　在　　何市何町何丁目
　　地　　番　　何番
　　地　　目　　山林
　　地　　積　　何平方メートル

第2節　滞納処分による差押えの登記

【注1】　登記の目的は，「参加差押」と表示する。なお，不動産の所有権以外の権利に対する参加差押えであるときは，当該権利の登記を特定するため，「何番地上権参加差押」等のように表示する。

【注2】　登記原因は，「参加差押」と表記し，その日付は，参加差押えの決定をした日を表示する（昭和35・9・19民事甲第2304号民事局長通達＝273頁）。なお，登記原因を表示する場合には，徴税官署を明らかにすることを要する。

【注3】　登記権利者として，国税の滞納処分による場合は徴税官署として財務省と表示し，都道府県税・市町村税の場合はその地方公共団体名を表示する。

【注4】　登記義務者として，滞納者である登記名義人を表示するが，この表示は，登記記録上の登記名義人の表示と符合し，かつ，参加差押調書の謄本に記載されている滞納者の表示とも符合していることを要する。

【注5】　登記原因証明情報として，参加差押調書の謄本を提供する（令7条1項5号ロ）。参加差押調書の謄本は，徴収権限を有する徴税官署の職員が作成したものであることはいうまでもない。

【注6】　嘱託書を提出する日と提出先の法務局若しくは地方法務局又はその支局若しくは出張所の名称を表示する（規則34条1項7号・8号）。なお，嘱託書を郵送等で送付する場合には，その送付する日を表示すればよい。

【注7】　滞納処分による参加差押えの登記は，徴税官署の徴収権限を有する職員の嘱託によりされるのであるから，その者の職及び氏名を表示し職印を押印する。

【注8】　嘱託情報に補正すべき箇所がある場合に，登記所の担当者から嘱託官庁又は公署に連絡するための連絡先の担当部署及び担当者並びに電話番号を表示する（規則34条1項1号）。

【注9】　滞納処分による参加差押えの登記の登録免許税については，登

第4章　滞納処分に関する嘱託登記

録免許税法第5条第11号の規定により非課税とされているので，その免除条項を表示する。

【注10】　嘱託書に表示する不動産は，表題部に記録されている不動産の表示と符合し，かつ，参加差押調書に記載された不動産の表示と符合していることを要する。

【注11】　登記を嘱託する場合において，不動産番号を表示して不動産を特定したときには，現在の不動産の表示事項（所在，地番，地目，地積）を省略することができる（令6条1項1号，規則34条2項等）が，不動産番号を表示したときでも，その全部を表示しておくのが望ましい。

⊙昭和37年6月29日民事甲第1838号民事局長電報回答

〔差押登記嘱託の受否について〕　市のため滞納処分による差押の登記あるA所有の不動産を，Bが買受け，移転登記をなした後，その不動産について税務署からBの国税につき参加差押の登記嘱託があつたが，不動産登記法第四十九条第二号により却下すべきものと考えるが，いささか疑義がありますので，お伺いします。

　なお，目下差しかかつた事件でありますので，至急御回示願います。

（回答）　六月二十六日付日記登第三三一号で電報問合せの件，貴見のとおりと考える。

第3節　滞納処分による差押えの登記の抹消

　滞納処分により不動産の所有権又は所有権以外の権利を差し押えたが，その差押えが解除され又は取り消された場合には，その差押えは効力がなくなることから，当該差押えの登記を抹消する必要があります。また，誤って差押えの登記がされていた場合にも，差押えの登記を抹消する必要があります。差押えの登記の抹消は，差押えの登記を嘱託した徴収権限を有する官庁又は公署の職員が嘱託してすることになります。

第1　所有権差押えの登記の抹消〔書式66〕

```
　　　　　　　　　登　記　嘱　託　書

登 記 の 目 的　　何番差押抹消【注1】
原　　　　因　　　年月日解除【注2】
権　利　者　　　何市何町何丁目何番何号
　　　　　　　　　　　　何　　　某【注3】
義　務　者　　　財務省【注4】
添 付 書 類
　　登記原因証明情報（解除通知書謄本）【注5】
年月日嘱託　　　何地方法務局何出張所【注6】
嘱　託　者　　　何税務署長　　何　　　某職印【注7】
連絡先の電話番号　○○－○○○○－○○○○
　　　担当者　　　何部何課何係　　　何　　　某【注8】
登 録 免 許 税　　登録免許税法第5条第11号【注9】
不動産の表示【注10】
　　不動産番号　　1234567890123【注11】
　　　所　　在　　何市何町何丁目
　　　地　　番　　何番
　　　地　　目　　宅地
　　　地　　積　　何・何平方メートル
```

第4章　滞納処分に関する嘱託登記

【注1】　登記の目的は，抹消すべき差押えの登記を順位番号により特定し，「何番差押抹消」と表示する。

【注2】　登記原因は，差押えの失効した原因，すなわち「解除」，「取消」等であり，その日付は，その解除又は取消し等の効力の生じた日を表示する。誤ってされた差押えの登記を抹消する場合の登記原因は，単に「錯誤」と表示すれば足り，登記原因の日付は，表示することを要しない。

【注3】　登記権利者として，差押えを受けた者，すなわち，差押えの登記をした当時の所有権の登記名義人の氏名又は名称及び住所を表示し，会社等の法人の場合には代表者の氏名をも表示する。

【注4】　登記義務者として，差押えの登記の債権者，すなわち，国の場合はその所管省庁名を，地方公共団体の場合はその団体名を表示する。

【注5】　登記原因証明情報として，差押えの解除通知書の謄本又は取消しを証する情報等を提供する（令7条1項5号ロ）。なお，誤ってされた差押えの登記を抹消する場合は，登記原因証明情報として，差押えの登記が誤ってされたことを証する情報（更正証明書等）を提供する。

【注6】　嘱託書を提出する日と提出先の法務局若しくは地方法務局又はその支局若しくは出張所の名称を表示する（規則34条1項7号・8号）。なお，嘱託書を郵送等で送付する場合には，その送付する日を表示すればよい。

【注7】　嘱託者は，徴税官署の徴収権限を有する職員であるから，その者の職及び氏名を表示し職印を押印する。

【注8】　嘱託情報に補正すべき箇所がある場合に，登記所の担当者から嘱託官庁又は公署に連絡するための連絡先の担当部署及び担当者並びに電話番号を表示する（規則34条1項1号）。

【注9】　差押えの登記の抹消の登録免許税については，登録免許税法5

第3節　滞納処分による差押えの登記の抹消

条11号の規定により非課税とされているので，その免除条項を表示する。

【注10】　抹消する差押えの登記のされている不動産を表示する。この表示は登記記録上の表示と符合していることを要する。

【注11】　登記を嘱託する場合において，不動産番号を表示して不動産を特定したときには，現在の不動産の表示事項（所在，地番，地目，地積）を省略することができる（令6条1項1号，規則34条2項等）が，不動産番号を表示したときでも，その全部を表示しておくのが望ましい。

第4章　滞納処分に関する嘱託登記

第2　所有権以外の権利（抵当権付債権）の差押えの登記の抹消
　〔書式67〕

```
　　　　　　　　　　登　記　嘱　託　書

登 記 の 目 的　　何番付記何号抵当権付債権差押抹消【注1】
原　　　　　因　　年月日解除【注2】
権　　利　　者　　何市何町何丁目何番何号
　　　　　　　　　　　　何　　　某【注3】
義　　務　　者　　財務省【注4】
添　付　書　類
　　登記原因証明情報（解除通知書謄本）【注5】
年月日嘱託　　　　何地方法務局何出張所【注6】
嘱　　託　　者　　何税務署長　　何　　　某 職印【注7】
連絡先の電話番号　○○－○○○○－○○○○
　　　　担当者　　何部何課何係　　何　　　某【注8】
登 録 免 許 税　　登録免許税法第5条第11号【注9】
不動産の表示【注10】
　　　不動産番号　　1234567890123【注11】
　　　所　　在　　何市何町何丁目
　　　地　　番　　何番
　　　地　　目　　宅地
　　　地　　積　　何・何平方メートル
```

第3節　滞納処分による差押えの登記の抹消

【注1】　登記の目的は，抹消すべき差押えの登記を順位番号により特定し，「何番付記何号抵当権付債権差押抹消」と表示する。

【注2】　登記原因は，差押えの失効した原因，すなわち，「解除」，「取消」等であり，その日付は，その解除又は取消し等の効力の生じた日を表示する。誤ってされた差押えの登記を抹消する場合の登記原因は，単に「錯誤」と表示すれば足り，登記原因の日付は，表示することを要しない。

【注3】　登記権利者として，差押えを受けた者，すなわち，差押えの登記をした当時の抵当権の登記名義人の氏名又は名称及び住所を表示し，会社等法人の場合には代表者の氏名をも表示する。この表示は，登記記録上の表示と符合していることを要する。

【注4】　登記義務者として，差押えの登記の債権者，すなわち，国の場合はその所管省庁名を，地方公共団体の場合はその団体名を表示する。

【注5】　登記原因証明情報として，差押えの解除通知書の謄本又は取消しを証する情報等を提供する（令7条1項5号ロ）。誤ってされた差押えの登記を抹消する場合は，登記原因証明情報として，差押えの登記が誤ってされたことを証する情報（更正証明書等）を提供する。

【注6】　嘱託書を提出する日と提出先の法務局若しくは地方法務局又はその支局若しくは出張所の名称を表示する（規則34条1項7号・8号）。なお，嘱託書を郵送等で送付する場合には，その送付する日を表示すればよい。

【注7】　嘱託者は，徴税官署の徴収権限を有する職員であるから，その者の職及び氏名を表示し職印を押印する。

【注8】　嘱託情報に補正すべき箇所がある場合に，登記所の担当者から嘱託官庁又は公署に連絡するための連絡先の担当部署及び担当者並びに電話番号を表示する（規則34条1項1号）。

307

第4章　滞納処分に関する嘱託登記

【注9】　差押えの登記の抹消の登録免許税については，登録免許税法5条11号の規定により非課税とされているので，その免除条項を表示する。

【注10】　抹消する差押えの登記のされている不動産を表示する。この表示は登記記録上の表示と符合していることを要する。

【注11】　登記を嘱託する場合において，不動産番号を表示して不動産を特定したときには，現在の不動産の表示事項（所在，地番，地目，地積）を省略することができる（令6条1項1号，規則34条2項等）が，不動産番号を表示したときでも，その全部を表示しておくのが望ましい。

第4節　公売処分に関する登記

　滞納処分による差押えに係る不動産を公売した場合には，徴収権限を有する徴税官署の職員は，買受代金を納付した買受人（登記権利者）の請求があったときは，遅滞なく，公売処分による権利移転の登記，公売処分により消滅した権利の登記の抹消及び滞納処分に関する差押えの登記の抹消の各登記を嘱託しなければなりません（法115条）。なお，差押えの登記後，第三者にその権利の移転の登記がされて，その第三者が買受人（落札人）になった場合であっても，やはり，公売による権利移転の登記の嘱託をしなければならないとされています（昭和30・5・31民事甲第970号民事局長通達＝次頁）。

　次に，1筆の土地の全部を差し押えたがその一部を公売処分したときには，1筆の全部について公売処分による権利移転の登記を嘱託することができないことから，買受人のために所有権移転の登記をする前提として，公売した部分とそうでない部分とに土地の分筆の登記を嘱託する必要があります。

　この分筆の登記の嘱託は，買受人のために所有権移転の登記をする徴税官庁が，いわば債権者代位の場合に準じて，買受人に代わってすることができるものとされています（昭和29・10・8民事甲第2094号民事局長回答＝64頁）。すなわち，この土地の分筆の登記につき，債権者として代位できる者は，買受人であり，徴収官署には，代位権はありません。ただ，徴収官署は，買受人のために所有権移転の登記を嘱託しなければならないのですから，その前提として，買受人の代位権を代わって行使して，分筆の登記を嘱託することになるわけです。差押えをした建物のうち，区分所有の目的とすることができる建物の一部を公売した場合も，同様です。

　公売された不動産又はその他の権利の上に存する先取特権，質権，抵当権等の担保権は，国税徴収法第124条の規定により，買受人に引き受けら

第4章　滞納処分に関する嘱託登記

れない限り，公売により買受人が買受代金を納付した時に消滅します。消滅したこれらの権利の抹消は，公売による所有権移転の登記の嘱託と共にすることを要します（法115条2号）。

　また，担保仮登記に係る権利及び担保仮登記に基づく本登記で滞納処分による差押え後にされたものは，公売による買受人が代金を納付した時に消滅します（国税徴収法124条1項）。

　次に，公売された不動産上の用益権，すなわち，地上権，永小作権，採石権又は賃借権は，差押債権者に対抗することができる限り消滅せず，公売による買受人は，これらの権利に対する賃借関係を承継することになります。しかし，これら用益権に優先（先順位）する抵当権，質権等の担保権が公売により消滅するときは，短期賃借権（民法602条）を除いては，消滅するものと解すべきです。もっとも，短期賃借権であっても，それが差押えの登記の後に登記されたものであるときは，やはり消滅すべきものと考えられます。この消滅の登記も，公売処分による権利移転の登記の嘱託と共にしなければなりません。なお，公売処分前に，既に実体上消滅している権利であるにもかかわらず，登記記録上，登記のみが存するときに，当該権利の抹消の登記をも公売処分による権利移転の登記と同時にすべきか否かについては，当該権利の抹消の登記原因は，公売ではなく，それぞれの実体上の消滅原因（担保権にあっては「弁済」，用益権にあっては「解除」又は「存続期間満了」等）が存するのですから，当該権利の抹消の登記は，公売による所有権移転の登記とは別個に申請するべきであるとも考えられます。しかしながら，この場合も，公売により消滅した権利に準じ，その登記の抹消を嘱託し，実体上存しない権利の登記のない不動産として，買受人に所有権移転をすることが，より妥当であると解されます。

◉昭和30年5月31日民事甲第970号民事局長通達
　〔登記嘱託の疑義について〕　標記の件について，別紙甲号のとおり東

第4節　公売処分に関する登記

京都主税局長から照会があつたので，別紙乙号のとおり回答したから，この旨貴管下登記官吏に周知方しかるべく取り計らわれたい。

　なお，差押登記後になされた登記は落札人たる第三取得者のための所有権取得の登記をも含めて抹消し（昭和二十九年十二月二十五日付民事甲第二七二八号本職通達参照），しかる後に公売処分による所有権取得の登記をなすべきであるから，この旨併せて周知せしめられたい。

　追つて，大正五年四月四日付民第四二三号法務局長回答中問合事項三及び四に関する部分も，この通達により右の回答と同趣旨に変更されたものと了承されたい。

（別紙甲号）　国税徴収法の例による滞納処分に際し，登記嘱託について左記のとおり疑義があるので御回答を願いたい。

　　　　　　　　記

㈠　滞納処分による差押登記のしてある不動産について，第三者が所有権移転の登記をしており，その後右第三者が公売による落札人となつた場合には，不動産登記法第二十九条の規定により所有権の移転登記を嘱託すべきでしようか。又は，差押登記の抹消の登記を嘱託すれば足りるのでしようか。

㈡　もし後者の場合には，当該不動産につき登記されている先取特権，質権又は抵当権及び差押登記後になされた第三者の権利の登記は，不動産登記法第百四十八条の規定により抹消されるものでしようか。

（別紙乙号）　本年三月二十九日付主徴整一発第二〇二号で照会のあつた標記の件については，第一項前段貴見のとおり不動産登記法第二十九条の規定により所有権移転の登記を嘱託すべきものと考える。

第4章 滞納処分に関する嘱託登記

第1 国の公売処分による所有権移転等の登記〔書式68〕

登 記 嘱 託 書

登 記 の 目 的 　所有権移転，何番抵当権抹消，何番差押抹消

【注1】

原　　　　因　　年月日公売【注2】

権　利　者　　何市何町何丁目何番何号

　　　　　　　　（住民票コード123456789012）

何　　　某【注3】

義　務　者　　何市何町何丁目何番何号

所　有　者　何　　　某【注4】

何市何町何丁目何番何号

抵　当　権　者　何　　　某【注5】

差押権利者　財　務　省【注6】

添　付　書　類

登記原因証明情報（売却決定通知書謄本，配当計算書謄本）【注7】

住　所　証　明　書【注8】

□登記識別情報の通知を希望しない。【注9】

年月日嘱託　　何法務局何出張所【注10】

嘱　託　者　　何税務署長　　何　　　某 職印 【注11】

連絡先の電話番号　○○－○○○○－○○○○

担当者　　何部何課何係　　何　　　某【注12】

課　税　価　格　　金何円【注13】

登　録　免　許　税　　金何円（租税特別措置法第72条第1項第1号）

【注14】

不動産の表示【注15】

不動産番号　　1234567890123【注16】

所　　在　　何市何町何丁目

地　　番　　何番

地　　目　　宅地

地　　積　　何・何平方メートル

第4節　公売処分に関する登記

【注1】　登記の目的は，公売による所有権移転である旨と，抹消すべき
　　　公売により消滅した権利（書式例の場合は抵当権）及び差押えの登
　　　記を順位番号により特定し，「所有権移転，何番抵当権抹消，何番
　　　差押抹消」と表示する（国税徴収法121条，125条）。

　　　　差押えの登記後に所有権移転の登記がされている場合は，その移
　　　転は，差押債権者には対抗できないものであるから，公売による所
　　　有権移転の登記と同時に，その所有権移転の登記の抹消も嘱託しな
　　　ければならない（昭和36・2・9民事甲第371号民事局長回答＝316頁）。
　　　しかし，差押えの登記後に抵当権設定の登記がされている場合は，
　　　その抵当権は，公売により必ず消滅するものではないので，その登
　　　記の抹消の嘱託をせずに，単に公売処分による所有権移転の登記の
　　　みを嘱託することができる（昭和37・6・30民事甲第1840号民事局長回
　　　答＝317頁）。なお，差押登記後に所有権移転の登記をした第三者が
　　　買受人となった場合でも，その所有権移転の登記の抹消及び公売処
　　　分による所有権移転の登記の嘱託を要することとされている（昭和
　　　30・5・31民事甲第970号民事局長通達＝310頁）。

【注2】　登記原因は，「公売」と表示し，その日付は，買受人が買受代
　　　金を納付した日（国税徴収法116条1項）を表示する。

【注3】　登記権利者として，買受人の氏名又は名称及び住所を表示し，
　　　会社等の法人の場合には代表者の氏名をも表示する。この表示は，
　　　登記原因証明情報及び住所証明書の表示と符合していなければなら
　　　ない。なお，登記権利者が個人の場合は住民票コード（住民基本台帳
　　　法7条13号）を，また，会社法人等番号（商業登記法7条）を有する
　　　法人の場合は当該会社法人等番号を，表示することができる。この
　　　場合，住民票コードは個人の住所に続けて，また，会社法人等番号
　　　は会社の名称に続けて表示することで差し支えない。

【注4】　公売による所有権移転の登記の登記義務者として，滞納者，す
　　　なわち，差押登記当時の所有権の登記名義人の氏名又は名称及び住

第4章　滞納処分に関する嘱託登記

所を表示し，会社等の法人の場合には代表者の氏名をも表示する。
差押登記後，第三者への所有権移転の登記がされている場合であっ
ても，その第三者，すなわち，現在の所有権の登記名義人は登記義
務者とはならず，あくまで差押登記等の所有権の登記名義人が登記
義務者となる。なお，この表示は，登記記録上の登記名義人の表示
と符合していることを要する。

【注5】　抹消される権利（書式例の場合は抵当権）の登記義務者として，
当該権利（抵当権）の登記名義人の氏名又は名称及び住所を表示
し，会社等の法人の場合には代表者の氏名をも表示する。この表示
は，登記記録上の登記名義人の表示と符合していることを要する。

【注6】　差押登記の抹消の登記義務者として，差押権利者である徴税官
署を表示する。

【注7】　登記原因証明情報として，売却決定通知書又はその謄本を提供
する（令7条1項5号ロ，国税徴収法施行令46条）。

　　また，公売により既存の権利が消滅し，その権利（抵当権等）の
登記を抹消する場合は，その権利が消滅したことを証する情報とし
て配当計算書の謄本を提供することを要する（国税徴収法施行令46条
等）。

【注8】　登記権利者の住所証明書として，個人の場合は住所地の市町村
長が作成した住民票の写しを，会社等の法人の場合は登記官が作成
した登記事項証明書等を提供する（令別表30の項添付情報欄ロ）。な
お，個人が住民票コードを提供したとき，若しくは会社法人等番号
を有する法人が会社法人等番号を提供したときは，住所を証する情
報の提供を要しない（令9条，規則36条4項）。

【注9】　官庁又は公署が登記権利者の請求によって登記を嘱託した場合
には，登記権利者に対する登記識別情報の通知は，官庁又は公署に
対してされる（法117条1項）ので，官庁又は公署は，遅滞なく，こ
れを登記権利者に通知しなければならない（法117条2項）。

第 4 節　公売処分に関する登記

　　ただし，登記名義人となる登記権利者が，この登記識別情報の通
　知を希望しない旨の申出を官庁又は公署に対してした場合には，登
　記識別情報の通知はされない（規則 64 条 1 項 1 号）ので，通知を希望
　しない場合は，その旨を嘱託情報に明示（□にチェックする）しな
　ければならない。登記識別情報の通知を希望するときは，特にその
　旨を明示する必要はない。

【注10】　嘱託書を提出する日と提出先の法務局若しくは地方法務局又は
　　その支局若しくは出張所の名称を表示する（規則 34 条 1 項 7 号・8
　　号）。なお，嘱託書を郵送等で送付する場合には，その送付する日
　　を表示すればよい。

【注11】　公売処分による権利の移転等の登記は，徴税官署の徴収権限を
　　有する職員の嘱託によりされるのであるから，その者の職及び氏名
　　を表示し職印を押印する。

【注12】　嘱託情報に補正すべき箇所がある場合に，登記所の担当者から
　　嘱託官庁又は公署に連絡するための連絡先の担当部署及び担当者並
　　びに電話番号を表示する（規則 34 条 1 項 1 号）。

【注13】　課税価格として，登録免許税の課税標準の金額を表示する（規
　　則 189 条 1 項）。この金額は，当該登記のときにおける不動産の価額
　　によることとされているが（登録免許税法 10 条 1 項），当該価額は，
　　当分の間，当該登記の嘱託の日の属する年の前年の 12 月 31 日現在
　　又は当該嘱託の日の属する年の 1 月 1 日現在において固定資産課税
　　台帳に登録された価格に 100 分の 100 を乗じて計算した金額とされ
　　ている（同法附則 7 条，同法施行令附則 3 項）。この金額に 1,000 円未満
　　の端数があるときは，その端数は切り捨て（国税通則法 118 条 1 項），
　　その全額が 1,000 円に満たないときは，1,000 円と表示する（登録免
　　許税法 15 条）。なお，固定資産課税台帳に登録された価格のない不
　　動産については，当該不動産に類似する不動産で，固定資産課税台
　　帳に登録された価格のある不動産の金額を基礎として，登記官が認

第4章　滞納処分に関する嘱託登記

定した価額によるものとされている（同法施行令附則3項）。

【注14】　登録免許税額を表示する（規則189条1項）。この金額は，【注13】に表示した課税価格の1000分の20とされているが（登録免許税法別表第一・一・(二) ハ），土地について，一定の期間内に登記を受ける場合には，その金額が軽減される（租税特別措置法72条1項1号）ことから，その根拠となる法令の条項を書式例のように表示する（規則189条3項）。

　　この金額に100円未満の端数があるときは，その端数は切り捨て（国税通則法119条1項），その金額が1,000円に満たないときは，1,000円と表示する（登録免許税法19条）。なお，登録免許税は，現金を国に納付したときは当該納付に係る領収証書を嘱託書にはり付ける方法により，また，収入印紙で納付するときは当該収入印紙を嘱託書にはり付ける方法により納付する（同法23条）。なお，この登録免許税は，買受人が負担するものとされている（国税徴収法123条）。

　　また，公売処分により消滅した権利の抹消及び差押えの登記の抹消については，登録免許税は課されないものとされている（登録免許税法5条11号）。

【注15】　公売処分した不動産を表示する。この表示は，登記記録上の表示と符合していることを要する。

【注16】　登記を嘱託する場合において，不動産番号を表示して不動産を特定したときには，現在の不動産の表示事項（所在，地番，地目，地積）を省略することができる（令6条1項1号，規則34条2項等）が，不動産番号を表示したときでも，その全部を表示しておくのが望ましい。

◉昭和36年2月9日民事甲第371号民事局長回答
〔競落許可決定による所有権移転等の登記及びその所有権移転登記の

第4節　公売処分に関する登記

抹消登記について〕
一，後記事案の登記のある不動産について，競落許可決定による所有
　権移転，並に負担記入登記の抹消，及び競売申立登記の抹消の各登
　記の受否。
二，右競落による所有権移転登記を受理した場合，その登記につき，
　後に，仮処分権利者（(6)の乙）より，これが抹消登記の申請ありた
　る場合の受否。
　　右の点について，目下差しかかつた事件がありますので至急何分の
　御指示仰ぎたく，お伺い致します。
　　　　　　　　　記
　(1)　甲のための所有権登記
　(2)　乙のための，移転，その他一切の処分禁止の仮処分登記
　(3)　丙のための，抵当権設定登記
　(4)　丙（(3)の抵当権者と住所氏名の同じ者）のための，任意競売申
　　立登記
　(5)　(2)の仮処分登記の抹消（原因は，(6)の登記の登記原因の日附以
　　後の日附の取下）
　(6)　乙（(2)の仮処分権利者と住所氏名同じ者）のための所有権移転
　　登記（原因は，裁判上の和解）
（回答）　昭和三十五年十一月三十日付鳥法登第四〇四号をもつて問合
せのあつた標記の件については，次のように考える。
　　　　　　　　記
一，嘱託書に，所有権移転の登記義務者として(1)の甲が表示され，負
　担記入登記の抹消として(6)の乙の所有権取得の登記の抹消の嘱託が
　なされているときは，受理すべきである。
二，所問の抹消登記申請が，判決によらない乙の単独申請によるもの
　であるときは，却下（不動産登記法第四十九条第三号）するのが相
　当である。

◉昭和37年6月30日民事甲第1840号民事局長回答
〔競落による所有権移転登記の際，競売法による競売申立記入の登記
後になされた抵当権設定登記の抹消登記嘱託のなされない登記の取扱
い方について〕　標記のことについて，別紙㈠のとおり管内平賀出張

第4章　滞納処分に関する嘱託登記

所長より問合せがあり，別紙㈡のとおり回答いたしたいと思います
が，いささか疑義もありますので何分の御指示を賜わりますようお伺
いいたします。
別紙㈠
　競売法による競売申立記入の登記後になされた抵当権設定登記を競
落による所有権移転登記嘱託書に当該抵当権設定登記の抹消が記載さ
れてなくても受理してさしつかえないものと考えますが如何でしようか。
　もしも受理できないとすれば不動産登記法第四十九条第四号が適用
されるでしようか。
　いささか疑義がありますのでお伺いいたします。
参　照
　一，不動産登記書式精義（法務省民事局第三課職員編）　一五九〇
　　頁末巻
　一，昭和二十九年十二月二日付日記第四一六号　民事局長あて徳島
　　地方法務局長報告　第一問　民事月報　第十巻第二号　五三頁
　一，登記事務改善打合会各庁提出議題　第五問　民事月報　第十巻
　　第四号　一五四頁
別紙㈡
　本月十一日付庶日記第一六九号で問合せのあつた，標記の件につい
ては，民事訴訟法第七〇〇条第一項第二号の規定を準用し，競売法に
よる競売申立後になされた抵当権設定登記の，抹消登記嘱託がなされ
ないときは，受理すべきでないものと考える。
　なお，前項の場合には，不動産登記法第四十九条第四号及び第七号
の規定に該当するも，嘱託裁判所に対し取下の機会を与えるのが相当
であるから念のため申し添える。
参　照
　大正三年三月十一日民第三五一号法務局長回答
　昭和三十六年十一月七日民事甲第二八〇〇号民事局長電報回答
　不動産登記事務取扱手続準則第四十三条第二項
（回答）　本年五月二十六日付庶日記第七〇一号をもつて問合せのあつ
た標記の件については，受理してさしつかえないものと考える。
　追つて，嘱託裁判所に抹消の嘱託のない当該抵当権の登記の存する
旨を通知するのが相当である。

第4節　公売処分に関する登記

第2　地方公共団体の公売処分による所有権移転等の登記〔書式69〕

登　記　嘱　託　書

登 記 の 目 的	所有権移転, 何番抵当権抹消, 何番差押抹消

【注1】

原　　　　因	年月日公売【注2】
権　利　者	何市何町何丁目何番何号
	（住民票コード 123456789012）
	何　　　　某【注3】
義　務　者	何市何町何丁目何番何号
	所　有　者　何　　　某【注4】
	何市何町何丁目何番何号
	抵 当 権 者　何　　　某【注5】
	差押権利者　何　　　県【注6】

添　付　書　類
　登記原因証明情報（売却決定通知書謄本, 配当計算書謄本）【注7】
　住　所　証　明　書【注8】
□登記識別情報の通知を希望しない。【注9】

年月日嘱託	何法務局何出張所【注10】
嘱　託　者	何県知事　　何　　　某 職印 【注11】
連絡先の電話番号	○○ － ○○○○ － ○○○○
担当者	何部何課何係　　何　　　某【注12】
課　税　価　格	金何円【注13】
登　録　免　許　税	金何円（租税特別措置法第72条第1項第1号）

【注14】

不動産の表示【注15】

不動産番号	1234567890123 【注16】
所　　在	何市何町何丁目
地　　番	何番
地　　目	宅地
地　　積	何・何平方メートル

319

第4章　滞納処分に関する嘱託登記

【注1】　登記の目的は，公売による所有権移転である旨と，抹消すべき公売により消滅した権利（書式例の場合は抵当権）及び差押えの登記を順位番号により特定し，「所有権移転，何番抵当権抹消，何番差押抹消」と表示する（国税徴収法121条，125条）。

　　差押えの登記後に所有権移転の登記がされている場合は，その移転は，差押債権者には対抗できないものであるから，公売による所有権移転の登記と同時に，その所有権の登記の抹消も嘱託しなければならない（昭和36・2・9民事甲第371号民事局長回答＝316頁）。しかし，差押えの登記後に抵当権設定の登記がされている場合，その抵当権は，公売により必ず消滅するものではないので，その登記の抹消の嘱託をせずに，単に公売処分による権利移転の登記のみを嘱託することもできる（昭和37・6・30民事甲第1840号民事局長回答＝317頁）。なお，差押登記後に所有権移転の登記をした第三者が買受人となった場合でも，その所有権移転の登記の抹消及び公売処分による所有権移転の登記の嘱託を要することとされている（昭和30・5・31民事甲第970号民事局長通達＝310頁）。

【注2】　登記原因は，「公売」と表示し，その日付は，買受人が買受代金を納付した日（国税徴収法116条1項）を表示する。

【注3】　登記権利者として，買受人の氏名又は名称及び住所を表示し，会社等の法人の場合には代表者の氏名をも表示する。この表示は，登記原因証明情報及び住所証明書の表示と符合していなければならない。なお，登記権利者が個人の場合は住民票コード（住民基本台帳法7条13号）を，また，会社法人等番号（商業登記法7条）を有する法人の場合は当該会社法人等番号を，表示することができる。この場合，住民票コードは個人の住所に続けて，また，会社法人等番号は会社の名称に続けて表示することで差し支えない。

【注4】　公売による所有権移転の登記の登記義務者として，滞納者，すなわち，差押登記当時の所有権の登記名義人の氏名又は名称及び住

所を表示し，会社等の法人の場合には代表者の氏名をも表示する。差押登記後，第三者への所有権移転の登記がされている場合であっても，その第三者，すなわち，現在の所有権の登記名義人は登記義務者とはならず，あくまで，差押登記時の所有権の登記名義人が登記義務者となる。なお，この表示は，登記記録上の登記名義人の表示と符合していることを要する。

【注5】　抹消される権利（書式例の場合は抵当権）の登記義務者として，当該権利（抵当権）の登記名義人の氏名又は名称及び住所を表示し，会社等の法人の場合には代表者の氏名をも表示する。この表示は，登記記録上の登録名義人の表示と符合していることを要する。

【注6】　差押登記の抹消の登記義務者として，差押権利者である地方公共団体名を表示する。

【注7】　登記原因証明情報として，売却決定通知書又はその謄本を提供する（令7条1項5号ロ）。

　　　また，公売により既存の権利が消滅し，その権利（抵当権等）の登記を抹消する場合は，その権利が消滅したことを証する情報として配当計算書の謄本を提供することを要する。

【注8】　登記権利者の住所証明書として，個人の場合は住所地の市区町村長が証明した住民票の写しを，会社等の法人の場合は登記官が作成した登記事項証明書等を提供する（令別表30の項添付情報欄ロ）。なお，個人が住民票コードを提供したとき，若しくは会社法人等番号を有する法人が会社法人等番号を提供したときは，住所を証する情報の提供を要しない（令9条，規則36条4項）。

【注9】　官庁又は公署が登記権利者の請求によって登記を嘱託した場合には，登記権利者に対する登記識別情報の通知は，官庁又は公署に対してされる（法117条1項）ので，官庁又は公署は，遅滞なく，これを登記権利者に通知しなければならない（法117条2項）。

第4章　滞納処分に関する嘱託登記

　　ただし，登記名義人となる登記権利者が，この登記識別情報の通
　知を希望しない旨の申出を官庁又は公署に対してした場合には，登
　記識別情報の通知はされない（規則64条1項1号）ので，通知を希望
　しない場合は，その旨を嘱託情報に明示（□にチェックする）しな
　ければならない。登記識別情報の通知を希望するときは，特にその
　旨を明示する必要はない。

【注10】　嘱託書を提出する日と提出先の法務局若しくは地方法務局又は
　その支局若しくは出張所の名称を表示する（規則34条1項7号・8
　号）。なお，嘱託書を郵送等で送付する場合には，その送付する日
　を表示すればよい。

【注11】　公売処分による権利の移転等の登記は，地方公共団体の徴収権
　限を有する職員の嘱託によりされるのであるから，その地方公共団
　体の団体名及び職及び氏名を表示し職印を押印する。

【注12】　嘱託情報に補正すべき箇所がある場合に，登記所の担当者から
　嘱託官庁又は公署に連絡するための連絡先の担当部署及び担当者並
　びに電話番号を表示する（規則34条1項1号）。

【注13】　課税価格として，登録免許税の課税標準の金額を表示する（規
　則189条1項）。この金額は，当該登記のときにおける不動産の価額
　によることとされているが（登録免許税法10条1項），当該価額は，
　当分の間，当該登記の嘱託の日の属する年の前年の12月31日現在
　又は当該嘱託の日の属する年の1月1日現在において固定資産課税
　台帳に登録された価格に100分の100を乗じて計算した金額とされ
　ている（同法附則7条，同法施行令附則3項）。この金額に1,000円未満
　の端数があるときは，その端数は切り捨て（国税通則法118条1項），
　その全額が1,000円に満たないときは，1,000円と表示する（登録免
　許税法15条）。なお，固定資産課税台帳に登録された価格のない不
　動産については，当該不動産に類似する不動産で，固定資産課税台
　帳に登録された価格のある不動産の金額を基礎として，登記官が認

第4節　公売処分に関する登記

定した価額によるものとされている（同法施行令附則3項）。

【注14】　登録免許税額を表示する（規則189条1項）。この金額は，【注13】に表示した課税価格の1000分の20とされているが（登録免許税法別表第一・一・（二）ハ），土地について，一定の期間内に登記を受ける場合には，その金額が軽減される（租税特別措置法72条1項1号）ことから，その根拠となる法令の条項を書式例のように表示する（規則189条3項）。

　この金額に100円未満の端数があるときは，その端数は切り捨て（国税通則法119条1項），その金額が1,000円に満たないときは，1,000円と表示する（登録免許税法19条）。なお，登録免許税は，現金を国に納付したときは当該納付に係る領収証書を嘱託書にはり付ける方法により，また，収入印紙で納付するときは当該収入印紙を嘱託書にはり付ける方法により納付する（同法23条）。なお，この登録免許税は，買受人が負担するものとされている（国税徴収法123条）。

　また，公売処分により消滅した権利の抹消及び差押えの登記の抹消については，登録免許税は課されないものとされている（登録免許税法5条11号）。

【注15】　公売処分した不動産を表示する。この表示は，登記記録上の表示と符合していることを要する。

【注16】　登記を嘱託する場合において，不動産番号を表示して不動産を特定したときには，現在の不動産の表示事項（所在，地番，地目，地積）を省略することができる（令6条1項1号，規則34条2項等）が，不動産番号を表示したときでも，その全部を表示しておくのが望ましい。

323

第4章　滞納処分に関する嘱託登記

第3　随意売却による所有権移転等の登記〔書式70〕

登 記 嘱 託 書

登 記 の 目 的　　所有権移転, 何番抵当権抹消, 何番差押抹消
　　　　　　　　　　　　　　　　　　　　　　　　　　　　【注1】

原　　　　因　　年月日随意売却【注2】

権　利　者　　何市何町何丁目何番何号
　　　　　　　　（住民票コード 123456789012）
　　　　　　　　　　何　　　某【注3】

義　務　者　　何市何町何丁目何番何号
　　　　　　　　　　所 有 者 何　　　某【注4】
　　　　　　　　何市何町何丁目何番何号
　　　　　　　　　　抵 当 権 者　何　　　某【注5】
　　　　　　　　　　差押権利者　財 務 省【注6】

添 付 書 類
　　登記原因証明情報（売却決定通知書謄本, 配当計算書謄本）【注7】
　　住 所 証 明 書【注8】
□登記識別情報の通知を希望しない。【注9】

年月日嘱託　　何法務局何出張所【注10】

嘱　託　者　　何税務署長　　何　　　某 職印【注11】

連絡先の電話番号　○○－○○○○－○○○○
　　　　担当者　　何部何課何係　　何　　　某【注12】

課 税 価 格　　金何円【注13】

登 録 免 許 税　　金何円（租税特別措置法第72条第1項第1号）
　　　　　　　　　　　　　　　　　　　　　　　　　　　【注14】

不動産の表示【注15】
　　　　不動産番号　　1234567890123【注16】
　　　　所　　在　　何市何町何丁目
　　　　地　　番　　何番
　　　　地　　目　　宅地
　　　　地　　積　　何・何平方メートル

第4節　公売処分に関する登記

【注1】　国税徴収法第 109 条の規定により，官庁又は公署は，公売に代えて随意契約により売却することができるのであり，これにより売却した官庁又は公署は，法第 115 条の規定により所有権移転の登記を嘱託することを要する。また，国税徴収法第 110 条により，国が当該不動産を買い受けた場合にも法第 115 条により権利移転の登記を嘱託することができる（大正3・9・26 民第 1479 号法務局長通牒＝328 頁）。したがって，登記の目的は，随意売却による所有権移転である旨と，抹消すべき随意売却により消滅した権利（書式例の場合は抵当権）及び差押えの登記を順位番号により特定し，「所有権移転，何番抵当権抹消，何番差押抹消」と表示する（国税徴収法 121条，125 条）。

【注2】　登記原因は，「随意売却」であり，その日付は，随意売却によって所有権を取得した者が売却代金を納付した日（国税徴収法 116条1項）を表示する。

【注3】　登記権利者として，随意売却によって所有権を取得した者の氏名又は名称及び住所を表示し，会社等の法人の場合には代表者の氏名をも表示する。この表示は，登記原因証明情報及び住所証明書の表示と符合していなければならない。なお，登記権利者が個人の場合は住民票コード（住民基本台帳法7条 13 号）を，また，会社法人等番号（商業登記法7条）を有する法人の場合は当該会社法人等番号を，表示することができる。この場合，住民票コードは個人の住所に続けて，また，会社法人等番号は会社の名称に続けて表示することで差し支えない。

【注4】　随意売却による所有権移転の登記の登記義務者として，滞納者，すなわち，差押登記当時の所有権の登記名義人の氏名又は名称及び住所を表示し，会社等の法人の場合には代表者の氏名をも表示する。差押登記後，第三者への所有権移転の登記がされている場合であっても，その第三者，すなわち，現在の所有権の登記名義人は

第4章　滞納処分に関する嘱託登記

　登記義務者とはならず，あくまで，差押登記時の所有権の登記名義人が登記義務者となる。なお，この表示は，登記記録上の登記名義人の表示と符合していることを要する。

【注5】　抹消される権利（書式例の場合は抵当権）の登記義務者として，当該権利（抵当権）の登記名義人の氏名又は名称及び住所を表示し，会社等の法人の場合には代表者の名前をも表示する。この表示は，登記記録上の登記名義人の表示と符合していることを要する。

【注6】　差押登記の抹消の登記義務者として，差押権利者である徴税官署を表示する。

【注7】　登記原因証明情報として，売却決定通知書又はその謄本を提供する（令7条1項5号ロ，国税徴収法施行令46条）。

　また，売却により既存の権利が消滅し，その権利（抵当権等）の登記を抹消する場合は，その権利が消滅したことを証する情報として配当計算書の謄本を提供することを要する（国税徴収法施行令46条等）。

【注8】　登記権利者の住所証明書として，個人の場合は住所地の市町村長が作成した住民票の写しを，会社等の法人の場合は登記官が作成した登記事項証明書等を提供する（令別表30の項添付情報欄ロ）。なお，個人が住民票コードを提供したとき，若しくは会社法人等番号を有する法人が会社法人等番号を提供したときは，住所を証する情報の提供を要しない（令9条，規則36条4項）。

【注9】　官庁又は公署が登記権利者の請求によって登記を嘱託した場合には，登記権利者に対する登記識別情報の通知は，官庁又は公署に対してされる（法117条1項）ので，官庁又は公署は，遅滞なく，これを登記権利者に通知しなければならない（法117条2項）。

　ただし，登記名義人となる登記権利者が，この登記識別情報の通知を希望しない旨の申出を官庁又は公署に対してした場合には，登

第4節　公売処分に関する登記

記識別情報の通知はされない（規則64条1項1号）ので，通知を希望しない場合は，その旨を嘱託情報に明示（□にチェックする）しなければならない。登記識別情報の通知を希望するときは，特にその旨を明示する必要はない。

【注10】　嘱託書を提出する日と提出先の法務局若しくは地方法務局又はその支局若しくは出張所の名称を表示する（規則34条1項7号・8号）。なお，嘱託書を郵送等で送付する場合には，その送付する日を表示すればよい。

【注11】　随意売却による権利の移転等の登記は，徴収官署の徴収権限を有する職員の嘱託によりされるのであるから，その者の職及び氏名を表示し職印を押印する。

【注12】　嘱託情報に補正すべき箇所がある場合に，登記所の担当者から嘱託官庁又は公署に連絡するための連絡先の担当部署及び担当者並びに電話番号を表示する（規則34条1項1号）。

【注13】　課税価格として，登録免許税の課税標準の金額を表示する（規則189条1項）。この金額は，当該登記のときにおける不動産の価額によることとされているが（登録免許税法10条1項），当該価額は，当分の間，当該登記の嘱託の日の属する年の前年の12月31日現在又は当該嘱託の日の属する年の1月1日現在において固定資産課税台帳に登録された価格に100分の100を乗じて計算した金額とされている（同法附則7条，同法施行令附則3項）。この金額に1,000円未満の端数があるときは，その端数は切り捨て（国税通則法118条1項），その全額が1,000円に満たないときは，1,000円と表示する（登録免許税法15条）。なお，固定資産課税台帳に登録された価格のない不動産については，当該不動産に類似する不動産で，固定資産課税台帳に登録された価格のある不動産の金額を基礎として，登記官が認定した価額によるものとされている（同法施行令附則3項）。

【注14】　登録免許税額を表示する（規則189条1項）。この金額は，【注

第4章　滞納処分に関する嘱託登記

13】に表示した課税価格の 1000 分の 20 とされているが（登録免許税法別表第一・一・（二）ハ），土地について，一定の期間内に登記を受ける場合には，その金額が軽減される（租税特別措置法 72 条 1 項 1 号）ことから，その根拠となる法令の条項を書式例のように表示する（規則 189 条 3 項）。

　この金額に 100 円未満の端数があるときは，その端数は切り捨て（国税通則法 119 条 1 項），その金額が 1,000 円に満たないときは，1,000 円と表示する（登録免許税法 19 条）。なお，登録免許税は，現金を国に納付したときは当該納付に係る領収証書を嘱託書にはり付ける方法により，また，収入印紙で納付するときは当該収入印紙を嘱託書にはり付ける方法により納付する（同法 23 条）。なお，この登録免許税は買受人が負担するものとされている（国税徴収法 123 条）。

　また，随意契約による売却により消滅した権利の抹消及び差押えの登記の抹消については，登録免許税は課されないものとされている（登録免許税法 5 条 11 号）。

【注15】　随意売却した不動産を表示する。この表示は，登記記録上の表示と符合していることを要する。

【注16】　登記を嘱託する場合において，不動産番号を表示して不動産を特定したときには，現在の不動産の表示事項（所在，地番，地目，地積）を省略することができる（令 6 条 1 項 1 号，規則 34 条 2 項等）が，不動産番号を表示したときでも，その全部を表示しておくのが望ましい。

⦿大正 3 年 9 月 26 日民第 1479 号法務局長通牒
　　別紙甲号内務省地方局長照会ニ対シ乙号ノ通リ回答致候条為御参考此段及通牒候也
　　（別紙甲号）　滞納処分ノ為メ差押ヘタル土地買上登記ニ関スル件照会
　　　標記ノ件ニ付別紙ノ通リ静岡県知事ヨリ照会有之候処右登記法ノ解

第4節　公売処分に関する登記

釈ニ関スル貴局ノ御意見承知致度

（別紙）

　府県制第百十六条第二項並ニ国税徴収法第二十四条第二項ニ依リ県ニ於テ県税滞納処分ノ為メ差押ヘタル土地ヲ公売ニ付シタルモ買受人ナキカ又ハ其入札価格，見積価格ニ達セサル為メ其見積価格ヲ以テ該土地ヲ県ニ於テ買上ケタル場合其土地所有権移転ノ登記手続ハ登記法第二十九条ニ依リ単純ナル嘱託書ノミニテ可ナリヤ将亦同法第三十一条ニ依リ登記義務者ノ承諾書ヲ添付スルノ必要アルモノナリヤニ付キ聊カ疑問有之附近一二ノ登記所ト打合セ致シ候処右ハ登記法第三十一条ニ依ルノ外ナクシテ其登記嘱託書ニハ登記義務者ノ承諾書又ハ判決ノ謄本ヲ添付スルコト必要ナリトノ事ナルモ斯クテハ国税徴収法第二十四条第二項ニ於テ差押権者単独ノ意思ヲ以テ買上クルコトヲ得ル様規定シアル趣旨ニ反スルノミナラス事実土地所有者ノ承諾書ヲ得ルコト能ハスシテ登記不能ノ結果殆ント買上ケ無効ニ終ル場合尠カラサル虞モ有之或ハ又訴ノ提起ニ依リテ之ヲ判決ニ求メントスルモ係争ノ為メ時日ノ遷延等取扱上不便尠候ニ付テハ司法省トモ御打合セノ上至急御指示相煩ハシ度此段及御依頼候也

（別紙乙号）　本年九月十七日地方局静第八号照会滞納処分ノ為メ差押ヘタル土地ノ買上ケ登記ニ関スル件ハ不動産登記法第二十九条ニ依ルヘキ儀ト思考致候此段及回答候也

第4章　滞納処分に関する嘱託登記

第4　公売処分による地上権移転等の登記〔書式71〕

登 記 嘱 託 書

登 記 の 目 的　　何番地上権移転，何番付記何号抵当権抹消，
　　　　　　　　　何番付記何号差押抹消【注1】
原　　　　　因　　年月日公売【注2】
権　利　者　　何市何町何丁目何番何号
　　　　　　　　　（住民票コード123456789012）
　　　　　　　　　　　何　　某【注3】
義　務　者　　何市何町何丁目何番何号
　　　　　　　　　　地 上 権 者 何　　某【注4】
　　　　　　　　　何市何町何丁目何番何号
　　　　　　　　　　抵 当 権 者 何　　某【注5】
　　　　　　　　　　差押権利者 財 務 省【注6】
添　付　書　類
　　登記原因証明情報（売却決定通知書謄本，配当計算書謄本）【注7】
□登記識別情報の通知を希望しない。【注8】
年月日嘱託　　　何法務局何出張所【注9】
嘱　託　者　　何税務署長　　何　　某 ㊞【注10】
連絡先の電話番号　○○－○○○○－○○○○
　　　　担当者　　何部何課何係　　何　　某【注11】
課　税　価　格　　金何円【注12】
登　録　免　許　税　　金何円【注13】
不動産の表示【注14】
　　　不動産番号　　1234567890123【注15】
　　　所　　在　　何市何町何丁目
　　　地　　番　　何番
　　　地　　目　　宅地
　　　地　　積　　何・何平方メートル

330

第4節　公売処分に関する登記

【注1】　登記の目的は，公売による地上権移転である旨と，抹消すべき公売により消滅した権利（書式例の場合は抵当権）及び差押えの登記を順位番号により特定し，「何番地上権移転，何番付記何号抵当権抹消，何番付記何号差押抹消」と表示する（国税徴収法121条，125条）。

【注2】　登記原因は，「公売」と表示し，その日付は，買受人が買受代金を納付した日（国税徴収法116条1項）を表示する。

【注3】　登記権利者として，地上権を取得した者の氏名又は名称及び住所を表示し，会社等の法人の場合には代表者の氏名をも表示する。この表示は，登記原因証明情報の表示と符合していなければならない。

【注4】　公売による地上権移転の登記の登記義務者として，滞納者，すなわち，差押登記当時のその地上権の登記名義人の氏名又は名称及び住所を表示し，会社等の法人の場合には代表者の氏名をも表示する。差押登記後，第三者への地上権移転の登記がされている場合であっても，その第三者，すなわち，現在の地上権の登記名義人は登記義務者とはならず，あくまで，差押登記時の地上権の登記名義人が登記義務者となる。

【注5】　抹消される権利（書式例の場合は抵当権）の登記義務者として，当該権利（抵当権）の登記名義人の氏名又は名称及び住所を表示し，会社等の法人の場合には代表者の氏名をも表示する。

【注6】　差押登記の抹消の登記義務者として，差押権利者である徴税官署を表示する。

【注7】　登記原因証明情報として，売却決定通知書又はその謄本を提供する（令7条1項5号ロ，国税徴収法施行令46条）。

　　　また，公売により既存の権利が消滅しその権利（抵当権）の登記を抹消する場合は，その権利が消滅したことを証する情報として配当計算書の謄本を提供することを要する（国税徴収法施行令46条等）。

331

第4章　滞納処分に関する嘱託登記

【注8】　官庁又は公署が登記権利者の請求によって登記を嘱託した場合には，登記権利者に対する登記識別情報の通知は，官庁又は公署に対してされる（法117条1項）ので，官庁又は公署は，遅滞なく，これを登記権利者に通知しなければならない（法117条2項）。

　　ただし，登記名義人となる登記権利者が，この登記識別情報の通知を希望しない旨の申出を官庁又は公署に対してした場合には，登記識別情報の通知はされない（規則64条1項1号）ので，通知を希望しない場合は，その旨を嘱託情報に明示（□にチェックする）しなければならない。登記識別情報の通知を希望するときは，特にその旨を明示する必要はない。

【注9】　嘱託書を提出する日と提出先の法務局若しくは地方法務局又はその支局若しくは出張所の名称を表示する（規則34条1項7号・8号）。なお，嘱託書を郵送等で送付する場合には，その送付する日を表示すればよい。

【注10】　公売処分による権利の移転等の登記は，徴税官署の徴収権限を有する職員の嘱託によりされるのであるから，その者の職及び氏名を表示し職印を押印する。

【注11】　嘱託情報に補正すべき箇所がある場合に，登記所の担当者から嘱託官庁又は公署に連絡するための連絡先の担当部署及び担当者並びに電話番号を表示する（規則34条1項1号）。

【注12】　課税価格として，登録免許税の課税標準の金額を表示する（規則189条1項）。この金額は，当該登記のときにおける不動産の価額によることとされているが（登録免許税法10条1項），当該価額は，当分の間，当該登記の嘱託の日の属する年の前年の12月31日現在又は当該嘱託の日の属する年の1月1日現在において固定資産課税台帳に登録された価格に100分の100を乗じて計算した金額とされている（同法附則7条，同法施行令附則3項）。この金額に1,000円未満の端数があるときは，その端数は切り捨て（国税通則法118条1項），

その全額が 1,000 円に満たないときは，1,000 円と表示する（登録免許税法 15 条）。なお，固定資産課税台帳に登録された価格のない不動産については，当該不動産に類似する不動産で，固定資産課税台帳に登録された価格のある不動産の金額を基礎として，登記官が認定した価額によるものとされている（同法施行令附則 3 項）。

【注13】 登録免許税額を表示する（規則 189 条 1 項）。この金額は，**【注12】**に表示した課税価格の 1000 分の 10 とされている（登録免許税法別表第一・一・（三）ニ）。

この金額に 100 円未満の端数があるときは，その端数は切り捨て（国税通則法 119 条 1 項），その金額が 1,000 円に満たないときは，1,000 円と表示する（登録免許税法 19 条）。なお，登録免許税は，現金を国に納付したときは当該納付に係る領収証書を嘱託書にはり付ける方法により，また，収入印紙で納付するときは当該収入印紙を嘱託書にはり付ける方法により納付する（同法 23 条）。なお，この登録免許税は，買受人が負担するものとされている（国税徴収法 123条）。

また，公売処分により消滅した権利の抹消及び差押えの登記の抹消については，登録免許税は課されないものとされている（登録免許税法 5 条 11 号）。

【注14】 公売処分した不動産を表示する。この表示は，登記記録上の表示と符合していることを要する。

【注15】 登記を嘱託する場合において，不動産番号を表示して不動産を特定したときには，現在の不動産の表示事項（所在，地番，地目，地積）を省略することができる（令 6 条 1 項 1 号，規則 34 条 2 項等）が，不動産番号を表示したときでも，その全部を表示しておくのが望ましい。

第4章　滞納処分に関する嘱託登記

第5　公売による買戻権の移転等の登記〔書式72〕

登　記　嘱　託　書

登 記 の 目 的　　何番付記1号買戻権移転, 何番付記何号差押
　　　　　　　　　抹消【注1】
原　　　　　因　　年月日公売【注2】
権　利　者　　何市何町何丁目何番何号
　　　　　　　　　　何　　　某【注3】
義　務　者　　何市何町何丁目何番何号
　　　　　　　　　買戻権者　何　　　某【注4】
　　　　　　　　　差押権利者　財　務　省【注5】
添　付　書　類
　　登記原因証明情報（売却決定通知書謄本）【注6】
□登記識別情報の通知を希望しない。【注7】
年月日嘱託　　　何法務局何出張所【注8】
嘱　託　者　　何税務署長　　何　　　某 職印 【注9】
連絡先の電話番号　　○○-○○○○-○○○○
　　　担当者　　何部何課何係　　　何　　　某【注10】
登 録 免 許 税　　金何円【注11】
不動産の表示【注12】
　　不動産番号　　1234567890123【注13】
　　所　　在　　何市何町何丁目
　　地　　番　　何番
　　地　　目　　宅地
　　地　　積　　何・何平方メートル

第4節　公売処分に関する登記

【注1】　登記の目的は，公売による買戻権移転である旨及び差押えの登記を順位番号により特定し，「何番付記1号買戻権移転，何番付記何号差押抹消」と表示する（国税徴収法121条，125条）。

【注2】　登記原因は，「公売」と表示し，その日付は，買受人が買受代金を納付した日（国税徴収法116条1項）を表示する。

【注3】　登記権利者として，買戻権を取得した者の氏名又は名称及び住所を表示し，会社等の法人の場合には代表者の氏名をも表示する。この表示は，登記原因証明情報の表示と符合していなければならない。

【注4】　公売による買戻権移転の登記の登記義務者として，滞納者，すなわち，差押登記当時の買戻権の登記名義人の氏名又は名称及び住所を表示し，会社等の法人の場合には代表者の氏名をも表示する。差押登記後，第三者への買戻権移転の登記がされている場合であっても，その第三者，すなわち，現在の買戻権の登記名義人は登記義務者とはならず，あくまで差押当時の買戻権の登記名義人が登記義務者となる。なお，この表示は，登記記録上の登記名義人の表示と符合していることを要する。

【注5】　差押登記の抹消の登記義務者として，差押権利者である徴税官署を表示する。

【注6】　登記原因証明情報として，売却決定通知書又はその謄本を提供する（令7条1項5号ロ，国税徴収法施行令46条）。

【注7】　官庁又は公署が登記権利者の請求によって登記を嘱託した場合には，登記権利者に対する登記識別情報の通知は，官庁又は公署に対してされる（法117条1項）ので，官庁又は公署は，遅滞なく，これを登記権利者に通知しなければならない（法117条2項）。

　ただし，登記名義人となる登記権利者が，この登記識別情報の通知を希望しない旨の申出を官庁又は公署に対してした場合には，登記識別情報の通知はされない（規則64条1項1号）ので，通知を希望

第4章　滞納処分に関する嘱託登記

しない場合は，その旨を嘱託情報に明示（□にチェックする）しなければならない。登記識別情報の通知を希望するときは，特にその旨を明示する必要はない。

【注8】　嘱託書を提出する日と提出先の法務局若しくは地方法務局又はその支局若しくは出張所の名称を表示する（規則34条1項7号・8号）。なお，嘱託書を郵送等で送付する場合には，その送付する日を表示すればよい。

【注9】　公売処分による権利の移転等の登記は，徴税官署の徴収権限を有する職員の嘱託によりされるのであるから，その者の職及び氏名を表示し職印を押印する。

【注10】　嘱託情報に補正すべき箇所がある場合に，登記所の担当者から嘱託官庁又は公署に連絡するための連絡先の担当部署及び担当者並びに電話番号を表示する（規則34条1項1号）。

【注11】　買戻権の移転の登記の登録免許税については，不動産1個につき1,000円である（登録免許税法別表第一・一・㈲）。この登録免許税は買受人が負担するものとされている（国税徴収法123条）。なお，差押えの登記の抹消については，登録免許税は課されないものとされている（登録免許税法5条11号）。

【注12】　公売処分した不動産を表示する。この表示は，登記記録上の表示と符合していることを要する。

【注13】　登記を嘱託する場合において，不動産番号を表示して不動産を特定したときには，現在の不動産の表示事項（所在，地番，地目，地積）を省略することができる（令6条1項1号，規則34条2項等）が，不動産番号を表示したときでも，その全部を表示しておくのが望ましい。

第4節　公売処分に関する登記

第6　仮登記された権利の移転等の登記〔書式73〕

登　記　嘱　託　書

登記の目的　　何番条件付所有権移転，何番付記何号差押
　　　　　　　抹消【注1】

原　　　因　　年月日公売【注2】

権　利　者　　何市何町何丁目何番何号
　　　　　　　　　　何　　　某【注3】

義　務　者　　何市何町何丁目何番何号
　　　　　　　　仮登記権利者　何　　　某【注4】
　　　　　　　　差押権利者　財　務　省【注5】

添　付　書　類
　　登記原因証明情報（売却決定通知書謄本）【注6】

□登記識別情報の通知を希望しない。【注7】

年月日嘱託　　　何法務局何出張所【注8】

嘱　託　者　　何税務署長　　何　　　某 [職印]【注9】

連絡先の電話番号　○○－○○○○－○○○○

　　　担当者　　何部何課何係　　　何　　　某【注10】

登録免許税　　金何円【注11】

不動産の表示【注12】

　　不動産番号　1234567890123【注13】
　　所　　在　　何市何町何丁目
　　地　　番　　何番
　　地　　目　　宅地
　　地　　積　　何・何平方メートル

第4章　滞納処分に関する嘱託登記

【注1】　登記の目的は，公売による条件付所有権移転である旨及び差押えの登記を順位番号により特定し，「何番条件付所有権移転，何番付記何号差押抹消」と表示する（国税徴収法121条，125条）。

【注2】　登記原因は，「公売」と表示し，その日付は，買受人が買受代金を納付した日（国税徴収法116条1項）を表示する。

【注3】　登記権利者として，条件付所有権を取得した者の氏名又は名称及び住所を表示し，会社等の法人の場合には代表者の氏名をも表示する。この表示は，登記原因証明情報の表示と符合していなければならない。

【注4】　公売による条件付所有権移転の登記の登記義務者として，滞納者，すなわち，差押登記当時の条件付所有権の登記名義人の氏名又は名称及び住所を表示し，会社等の法人の場合には代表者の氏名をも表示する。差押登記後，第三者への条件付所有権移転の登記がされている場合であっても，その第三者，すなわち，現在の条件付所有権の登記名義人は登記義務者とはならず，あくまで，差押当時の条件付所有権の登記名義人が登記義務者となる。なお，この表示は，登記記録上の登記名義人の表示と符合していることを要する。

【注5】　差押登記の抹消の登記義務者として，差押権利者である徴税官署を表示する。

【注6】　登記原因証明情報として，売却決定通知書又はその謄本を提供する（令7条1項5号ロ，国税徴収法施行令46条）。

【注7】　官庁又は公署が登記権利者の請求によって登記を嘱託した場合には，登記権利者に対する登記識別情報の通知は，官庁又は公署に対してされる（法117条1項）ので，官庁又は公署は，遅滞なく，これを登記権利者に通知しなければならない（法117条2項）。

　　ただし，登記名義人となる登記権利者が，この登記識別情報の通知を希望しない旨の申出を官庁又は公署に対してした場合には，登記識別情報の通知はされない（規則64条1項1号）ので，通知を希望

しない場合は，その旨を嘱託情報に明示（□にチェックする）しなければならない。登記識別情報の通知を希望するときは，特にその旨を明示する必要はない。

【注8】 嘱託書を提出する日と提出先の法務局若しくは地方法務局又はその支局若しくは出張所の名称を表示する（規則34条1項7号・8号）。なお，嘱託書を郵送等で送付する場合には，その送付する日を表示すればよい。

【注9】 公売処分による権利の移転等の登記は，徴税官署の徴収権限を有する職員の嘱託によりされるのであるから，その者の職及び氏名を表示し職印を押印する。

【注10】 嘱託情報に補正すべき箇所がある場合に，登記所の担当者から嘱託官庁又は公署に連絡するための連絡先の担当部署及び担当者並びに電話番号を表示する（規則34条1項1号）。

【注11】 条件付所有権移転の登記の登録免許税については，不動産1個につき1,000円である（登録免許税法別表第一・一・(当)）。この登録免許税は買受人が負担するものとされている（国税徴収法123条）。なお，差押えの登記の抹消については，登録免許税は課されないものとされている（登録免許税法5条11号）。

【注12】 公売処分した不動産を表示する。この表示は，登記記録上の表示と符合していることを要する。

【注13】 登記を嘱託する場合において，不動産番号を表示して不動産を特定したときには，現在の不動産の表示事項（所在，地番，地目，地積）を省略することができる（令6条1項1号，規則34条2項等）が，不動産番号を表示したときでも，その全部を表示しておくのが望ましい。

第5章　収用に関する嘱託登記

第1節　総　説

　収用とは，土地又は建物の所有権若しくは地上権等の権利を，公共の利益となる事業の用に供するため，正当な補償の下に，強制的に起業者に取得させる公法上の処分をいいます。起業者が収用により取得する権利は，原始取得とされますが，その登記は，所有権移転の方法によるべきものとされており，法第60条に規定する共同申請の原則の適用はなく，起業者が単独で申請することができるとされています（法118条1項）。

　国又は地方公共団体が，土地収用法による起業者である場合において，土地収用法第45条の2の規定により裁決手続の開始の決定があったときは，官庁又は公署は，その旨を公示し，かつ，申請に係る不動産を管轄する登記所に収用（又は使用。以下同じ）の裁決手続の開始の登記を嘱託しなければならないものとされています。そして，収用の裁決があった場合には，遅滞なく，収用により取得した不動産の所有権移転の登記を嘱託しなければなりません（法118条2項）。

　収用の裁決があった場合にする所有権移転の登記の嘱託情報には，収用の裁決が効力を失っていないことを証する情報及びその他の登記原因を証する情報を提供し，また，土地を収用した場合には，嘱託情報に収用によって消滅した権利又は失効した差押え，仮差押え若しくは仮処分に関する登記の目的，申請の受付の年月日及び受付番号，登記原因及びその日付並びに順位事項を表示し，その権利が消滅し又は差押え等が失効したことを証する情報をも提供しなければなりません（令74の項申請情報欄，添付情報欄）。上記の登記の嘱託があり，その登記をするときは，登記官は，所

第5章　収用に関する嘱託登記

有権以外の権利（土地を収用した場合には，嘱託情報に表示された消滅し
又は失効した権利のみ）に関する登記を職権で抹消し（法118条4項），先
にされている裁決手続開始の登記をも職権で抹消することになります（法
118条6項）。

第2節　裁決手続開始の登記

第1　収用裁決手続の登記の前提としてする代位による分筆の登記
〔書式 74〕

　1 筆の土地の一部について収用の裁決手続の開始の決定があったときは，当該部分を分筆して，裁決手続開始の登記を嘱託しなければなりませんが，当該土地の所有権の登記名義人が分筆の登記を申請しないときには，起業者である国又は地方公共団体が，当該所有権の登記名義人に代位して，分筆の登記を嘱託することができます。

　代位による嘱託情報の内容としては，代位者（債権者である国又は地方公共団体），被代位者（債務者である当該土地の所有権の登記名義人）の氏名又は名称及び住所，被代位者が会社等の法人である場合は代表者の氏名並びに代位原因を表示し，添付情報として，地積測量図及び代位原因証書として裁決手続開始決定書の正本を提供します。

343

第5章 収用に関する嘱託登記

登 記 嘱 託 書

登 記 の 目 的　　分筆登記【注1】
（被代位者）　　何市何町何丁目何番何号
　　　　　　　　　　何　　　某【注2】
代 位 者　　何　県【注3】
代 位 原 因　　年月日収用裁決手続開始による裁決手続開
　　　　　　　　始登記請求権【注4】
添 付 書 類
　地 積 測 量 図【注5】　　　　　　代位原因証書【注6】
年月日嘱託　　　　　　　　何法務局何支局【注7】
嘱 託 者　　何県収用委員会
　　　　　　　　　会 長 何　　　某 職印 【注8】
連絡先の電話番号　　○○ – ○○○○ – ○○○○
　　　　　担当者　　何部何課何係　　　何　　　某【注9】
登 録 免 許 税　　登録免許税法第5条第1号【注10】

不動産番号		1234567890123【注12】		
土地の表示【注11】	所 在	何市何町何丁目		
	①地番	②地目	③地 積 m²	登記原因及びその日付
	23番	宅地	127 ∣ 07	
	(イ) 23番1		114 ∣ 12	①③23番1，23番2 に分筆
	(ロ) 23番2		13 ∣ 94	23番から分筆

344

第2節　裁決手続開始の登記

【注１】　登記の目的は,「分筆登記」と表示する。

【注２】　被代位者として,所有権の登記名義人（所有権の登記がされていない場合は,表題部に記録されている所有者）の氏名又は名称及び住所を表示する。この表示は,登記記録上の表示及び代位原因証書の所有者の表示と符合していることを要する。なお,登記名義人の住所等の変更の登記又は相続による所有権移転の登記が未了であるために,登記名義人の表示が符合しない場合には,裁決手続開始の登記の前提として,あらかじめ,これらの登記をも嘱託する必要があるが,分筆の登記を嘱託するときには,変更又は相続を証する情報等を提供し,登記記録上の所有権の登記名義人等の現在の氏名又は名称及び住所を表示することとして差し支えない。

【注３】　代位者として,起業者が国である場合は所管省庁名を,地方公共団体である場合はその地方公共団体名を表示する。

【注４】　本書式例は,収用裁決手続開始決定による裁決手続開始の登記の前提としての代位による分筆登記の場合であるから,代位原因として,書式例のように「年月日収用裁決手続開始による裁決手続開始登記請求権」と表示する。この日付は,裁決手続開始決定書の年月日と符合していることを要する。

【注５】　分筆の登記の嘱託書には,分筆前の土地を図示し,分筆線を明らかにして分筆後の各土地を表示した地積測量図を提供する必要がある（令別表８の項添付情報欄イ,規則78条）。この地積測量図は,規則別記第一号様式により,日本工業規格Ｂ列４番の丈夫な用紙を用いて250分の１の縮尺（この縮尺によることが適当でないときは,適宜の縮尺によっても差し支えない。）によって作成し,地番区域の名称,方位,縮尺,地番（隣接地の地番を含む。）,地積及びその求積方法,筆界点間の距離,基本三角点等に基づく測量の成果による筆界点の座標値（近傍に基本三角点等が存しない場合その他の基本三角点等に基づく測量ができない特別の事情がある場合にあって

345

第5章　収用に関する嘱託登記

は，近傍の恒久的な地物に基づく測量の成果による筆界点の座標値），境界標（筆界点にある永続性のある石杭又は金属標その他これに類する標識をいう。）があるときは，当該境界標の表示等を記録しなければならない（規則74条，75条，77条）。ただし，分筆前の土地が広大な土地であって，分筆後の土地の一方がわずかであるなど特別の事情があるときに限り，分割後の土地の1筆については，必ずしも地積の求積方法等を明らかにしなくてもよい（準則72条2項）。

　なお，地積測量図の作成方法については，127 ～ 129頁を参照のこと。

【注6】　代位原因証書として，裁決手続開始決定書の正本を提供する。なお，この正本は，その謄本を提供することにより，原本還付の手続を受けることができる。

　なお，旧法においては，分筆する土地について先取特権，質権又は抵当権の登記がある場合において，分筆後の土地にその権利が存続するときは，嘱託書に共同担保目録を添付しなければならないものとされ，また，分筆前の土地に登記されている抵当権等が他の登記所の管轄に属する不動産に関する権利と共同担保にあるときは，その登記所の数に応じた共同担保目録を添付しなければならないものとされていた（旧法81条ノ4第2項）が，新法においては，共同担保目録は登記官が作成するものとされた（規則102条）ので，それを添付することは要しない。

【注7】　嘱託書を提出する日と提出先の法務局若しくは地方法務局又はその支局若しくは出張所の名称を表示する（規則34条1項7号・8号）。なお，嘱託書を郵送等で送付する場合には，その送付する日を表示すればよい。

【注8】　嘱託者は，収用委員会の会長であるから，その職及び氏名を表示し職印を押印する。

第2節　裁決手続開始の登記

【注9】　嘱託情報に補正すべき箇所がある場合に，登記所の担当者から
嘱託官庁又は公署に連絡するための連絡先の担当部署及び担当者並
びに電話番号を表示する（規則34条1項1号）。

【注10】　国又は地方公共団体等が債務者に代位してする登記について
は，登録免許税は課されないので，その免除条項を表示する。

【注11】　不動産の表示として，まず分筆前と分筆後の表示及び分筆する
土地に区分して書式例のように表示する。分筆前の土地は，登記記
録上の表示と符合していることを要し（法25条6号），分筆後の土地
及び分筆する土地の表示は，【注5】の地積測量図の表示と符合し
ていることを要する。また，分筆後の土地及び分筆する土地には地
積測量図の符号を(イ)・(ロ)のように表示する（規則34条1項2号，78
条）。

　　なお，分筆後の土地の地番は登記官によって付されるものであ
るが，登記官から予定地番を示された場合には，嘱託者があらかじめ
書式例のように表示しても差し支えない。この場合において，単番
の土地を分筆する場合には，何番1，何番2というように表示して
差し支えないが，分筆前の土地の地番が支号を付されたものである
場合には，分筆後の土地の地番が何番になるかについて，事前に登
記官に確認する必要がある。

【注12】　登記を嘱託する場合において，不動産番号を表示して不動産を
特定したときには，現在の不動産の表示事項（所在，地番，地目，
地積）を省略することができる（令6条1項1号，規則34条2項等）
が，不動産番号を表示したときでも，その全部を表示しておくのが
望ましい。

第5章　収用に関する嘱託登記

第2　収用裁決手続開始の登記〔書式75〕

登　記　嘱　託　書

登 記 の 目 的　収用裁決手続開始【注1】
原　　　　因　年月日裁決手続開始【注2】
権　利　者　何　市【注3】
義　務　者　別紙のとおり【注11】
添 付 書 類
　登記原因証明情報（裁決手続開始決定書）【注4】
年月日嘱託　　　　　何法務局何出張所【注5】
嘱　託　者　何収用委員会
　　　　　　　　会　長　何　　某 職印 【注6】
連絡先の電話番号　○○ - ○○○○ - ○○○○
　　　担当者　何部何課何係　　何　　某【注7】
登 録 免 許 税　登録免許税法第4条第1項【注8】
不動産の表示　別紙のとおり【注9】

別 紙

不動産の表示【注9】				義務者【注11】		権利の表示【注12】	
不動産番号　1234567890123【注10】							
所在	地番	地目	地積(m²)	住　所	氏名	受付年月日受付番号	種　類
何市何町何丁目	5	宅地	60.28	何市何町何丁目何番何号	何某		所有権
〃	〃	〃	〃	何市何町何丁目何番何号	何某	年月日受付第何号	地上権
〃	〃	〃	〃	何市何町何丁目何番何号	何某	年月日受付第何号	抵当権

第2節　裁決手続開始の登記

【注1】　登記の目的は，「収用裁決手続開始」と表示する。

　　　　なお，嘱託情報は，裁決手続開始決定ごとに提供することを要する。したがって，登記義務者を同じくする数個の不動産について裁決手続開始の登記を嘱託する場合であっても，当該裁決手続開始の決定が異なるときは，一つの嘱託情報によって嘱託することはできない。

　　　　また，使用の裁決手続の開始決定によって登記を嘱託する場合の登記の目的は，「使用裁決手続開始」と表示する。

【注2】　登記の原因は，「裁決手続開始」と表示し，その年月日は，裁決手続の開始を決定した年月日を表示する。

【注3】　登記権利者として，起業者が国である場合は所管省庁名を，地方公共団体である場合はその地方公共団体名を表示する。

【注4】　登記原因証明情報として，裁決手続開始決定書の正本を提供する。なお，この決定書には，起業者の名称，事業の種類，裁決手続の開始を決定する土地の所在，地番，地目及び地積等（決定する土地の区域が1筆の土地の一部であるときは，その旨及び当該一部の地積を記載し，図面を添付してその区域を明示すること），土地所有者の氏名及び住所，土地に関して権利を有する関係人の氏名・住所及びその権利の種類（既登記の権利については，その登記の申請の受付番号を含む。）並びに裁決手続の開始を決定した年月日を記載し，会長及び決定に加わった委員が署名・押印することとされている（昭和43・2・2建設省計総発第18号建設省計画局長通達 – 350頁）。

【注5】　嘱託書を提出する日と提出先の法務局若しくは地方法務局又はその支局若しくは出張所の名称を表示する（規則34条1項7号・8号）。なお，嘱託書を郵送等で送付する場合には，その送付する日を表示すればよい。

【注6】　嘱託者は，当該収用委員会の会長であるから，その職及び氏名を表示し職印を押印する。

第5章　収用に関する嘱託登記

【注7】　嘱託情報に補正すべき箇所がある場合に，登記所の担当者から嘱託官庁又は公署に連絡するための連絡先の担当部署及び担当者並びに電話番号を表示する（規則34条1項1号）。

【注8】　国及び登録免許税法別表第二に掲げる者が自己のために登記を嘱託する場合は非課税である（登録免許税法4条1項）ので，その免除条項を表示する。

【注9】　不動産の表示として，土地の場合は，当該土地の所在する市，区，郡，町，村及び字，地番，地目，地積を表示する（令3条7号）。また，建物の場合は，当該建物の所在する市，区，郡，町，村，字及び土地の地番，家屋番号，種類，構造，床面積を表示する（令3条8号）。これらの表示は，登記記録上の表示と符合していることを要する。

【注10】　登記を嘱託する場合において，不動産番号を表示して不動産を特定したときには，現在の不動産の表示事項（所在，地番，地目，地積）を省略することができる（令6条，規則34条2項等）が，不動産番号を表示したときでも，その全部を表示しておくのが望ましい。

【注11】　当該不動産の所有者の当該不動産に関して権利を有する者の氏名又は名称及び住所を表示し，これらの者が会社等の法人である場合は代表者の氏名をも表示する。

【注12】　【注11】に表示した所有者に対応する所有権並びに当該不動産に関して権利を有する者に対応する権利の種類を表示する。なお，登記を嘱託する各権利については，その価格をも表示することとされているが，国，地方公共団体その他の登録免許税が免除されている者が起業者である場合は，その表示を要しない。

◉昭和43年2月2日建設省計総発第18号建設省計画局長通達
〔裁決手続開始の決定，登記等について〕

第2節　裁決手続開始の登記

標記について，下記の要領により処理されたい。

記

⑴　裁決手続開始の決定の方法については，法令上は何ら規定されていないが，裁決手続開始の登記の嘱託にあたり，登記原因を証する書面として裁決手続開始決定書の正本が必要となるので，裁決手続開始の決定は，書面で行なうこと。

⑵　二筆以上の土地について，その土地所有者が同一人であつて関係人のない場合，又は土地所有者が同一人でかつ関係人が同種の権利を有する場合（たとえば，関係人が地上権者であるときは，各種の土地について共通して地上権を有する場合）においては，一括して一個の裁決手続開始決定をすることができる。

⑶　裁決手続開始決定書には，起業者の名称，事業の種類，裁決手続の開始を決定する土地の所在，地番，地目及び地積等（決定する土地の区域が一筆の土地の一部であるときは，その旨及び当該一部の地積を記載し，図面を添附してその区域を明示すること。），土地所有者の氏名及び住所，土地に関して権利を有する関係人の氏名，住所及びその権利の種類（既登記の権利については，その登記の申請書の受付年月日及び受付番号を含む。）並びに裁決手続の開始を決定した年月日を記載し，会長及び決定に加わつた委員はこれに署名押印すること。

⑷　土地収用法施行規則第十七条の三の裁決手続開始の決定の公告の方法は，都道府県の公報によられたい。また，公告には，裁決手続開始決定書に記載した全ての事項（添附図面を除く。）を掲載すること。

⑸　裁決手続開始の登記の嘱託は，別紙様式の登記嘱託書によること。この登記嘱託書に添附すべき登記原因を証する書面は，裁決手続開始決定書の正本（添附図面を含む。）である。

⑹　裁決手続開始決定書の正本には，正本である旨及び正本作成年月日を記載し，収用委員会の印章を押すこと。

⑺　裁決手続開始決定書の土地の表示が一筆の土地の一部であるとき，土地所有者若しくは関係人（差押債権者及び仮差押債権者を除く。）の表示が，登記名義人の表示と符合しないとき又はこれらの権利者が登記名義人から権利を承継したものであるとき等の

第5章　収用に関する嘱託登記

場合は，起業者が裁決手続開始決定書の正本（添附図画を含む）。を代位原因を証する書面として，所要の代位登記を完了した後に，裁決手続開始の登記の嘱託をすること。

(8)　起業者が，添附書類の一部を省略して裁決を申請した場合においては，申請に係る土地が一筆の土地の一部であることが明らかであり，かつ，申請に係る土地のどの部分であるかを示すことができないときは，収用委員会は，裁決手続開始の決定をすることができないので，起業者は，申請後はすみやかに土地調書を作成し，添附書類の補充を早急に行なうこと。

(9)　漁業権，鉱業権等登録されている権利については，裁決手続開始の登録を，登録行政庁に嘱託する必要があるので，注意すること。

別　紙

　　登記嘱託書

　登記の目的　　　収用裁決手続開始

　原　　　因　　　昭和○年○月○日裁決手続開始

　権　利　者　　　住　　所

　　　　　　　　　氏　　名

　　義　務　者　　　別紙のとおり。

　添 附 書 類　　　裁決手続開始決定書

　　昭和○年○月○日

　　　　　　　　　○　○　○　収用委員会

　　　　　　　　　　　会　長　○　○　○　○　㊞

　　　　○　○　○　法務局御中

　課 税 価 格　　　金○○○○円

　登録免許税　　　金○○○○円

　不動産の表示　　別紙のとおり。

備　考

一　登記嘱託書は，裁決手続開始決定ごとに作成すること。

　　登記義務者を同じくする数個の不動産に関する権利について登記を嘱託する場合でも，裁決手続開始の決定が異なるときは，同じ登記嘱託書によつて登記を嘱託しないものとする。

二　使用の裁決手続開始の登記を嘱託する場合は，登記の目的の項

（別　紙）

不動産の表示				義務者		権利の表示		権利の価格
所在	地番	地目	地積	住所	氏名	受付年月日 受付番号	種類	価格

中「収用」とあるのは「使用」とすること。

三　権利者の項には，起業者が国（国の機関としての地方公共団体の長を含む。）である場合は当該事業を所管する省庁の名称を，地方公共団体である場合は当該公共団体の名称を，法人である場合は当該法人の名称及び主たる事務所の所在地を記載すること。

四　権利の表示には，所有権以外の権利については，その登記の申請書の受付年月日及び受付番号（登記簿に記載されているもの。）を記載すること。

五　課税価格の項には，登記を嘱託する各権利の価格の合計額（合計額に千円未満の端数が生ずるときは，その端数を切り捨てた額）を記載すること。

　　国，地方公共団体その他の登録免許税が免除されている者が起業者である場合は，課税価格の項は記載しないこと。

六　登録免許税の項には，課税価格の項に記載した金額に千分の四を乗じて得た額（千分の四を乗じて得た額に百円未満の端数が生ずるときは，その端数を切り捨てた額）を記載すること。国，地方公共団体その他の登録免許税が免除されている者が起業者である場合は，金額に替えて非課税の根拠規定である「登録免許税法第四条第一項」と記載すること。

七　建物又は建物に関する所有権以外の権利について登記を嘱託する場合の別紙の不動産の表示は，地目及び地積に替えて不動産登記法第三十六条第三項又は第四項に掲げる事項を記載すること。

八　別紙の権利の価格の欄には，登記を嘱託する各権利の価格を記載すること。各権利の価格の計算にあたつては，登録免許税法第十条，第十一条及び別表第一第一号㈤の規定を参照し，金額に千円未満の端数が生じても国税通則法第九十条第一項の規定による端数処理を行なわず，一円未満の端数のみを切り捨てた金額を記

載すること。国，地方公共団体その他の登録免許税が免除されている者が起業者である場合は，記載を要しない。

　各権利の価格は，次のとおりとされているので注意されたい。

㋑　土地，建物の所有権……固定資産課税台帳に登録されている当該不動産の価額（登録免許税法施行令附則第三項及び第四項参照のこと。）

㋺　賃借権，地上権，永小作権……所有権価格の二分の一

㋩　抵当権（根抵当権を含む。）……登記簿に記載されている債権額又は極度額

㋥　仮登記された㋑から㋩までに掲げる各権利，買戻しの特約の登記がされた権利……㋑から㋩までに掲げる各権利の価格

九　別紙の記載例を参考のため掲げると次のとおりである。

不動産の表示	所在	甲町字乙	〃	〃	〃
	地番	壱	〃	〃	〃
	地目	宅地	〃	〃	〃
	地積 (m²)	弐〇・〇〇	〃	〃	〃
義務者	住所	甲町字乙番地	甲町字乙番地	甲町字乙番地	甲町字乙番地
	氏名	甲野太郎	何某	何某	何某
権利の表示	受付年月日 受付番号				
	種類	所有権	地上権	抵当権	抵当権
	権利の価格	五〇，〇〇〇，〇〇〇円	二五，〇〇〇，〇〇〇	五〇，〇〇〇，〇〇〇	三〇，〇〇〇，〇〇〇

第2節　裁決手続開始の登記

第3　収用裁決手続開始の登記の抹消〔書式76〕

登　記　嘱　託　書

登 記 の 目 的　　収用裁決手続開始登記抹消【注1】
原　　　　因　　年月日取消【注2】
抹消すべき登記　　別紙のとおり【注12】
権　利　者　　別紙のとおり【注11】
義　務　者　　何市【注3】
添　付　書　類
　　登記原因証明情報（取消決定書等）【注4】
年月日嘱託　　　　　　　　何法務局何出張所【注5】
嘱　託　者　　何収用委員会
　　　　　　　　　会　長　　何　　　某 [職印]【注6】
連絡先の電話番号　　○○－○○○○－○○○○
　　　担当者　　何部何課何係　　何　　　某【注7】
登 録 免 許 税　　金何円【注8】
不動産の表示　　別紙のとおり【注9】

別 紙

不動産の表示【注9】				登 記 権 利 者【注11】			抹消すべき登記の表示【注12】
不動産番号　1234567890123【注10】							
所在	地番	地目	地　積	権利の表示	住　所	氏名	受付年月日・受付番号
何市何町何丁目	5	宅地	60.28	所有権	何市何町何丁目何番何号	何某	年月日受付第何号
〃	〃	〃	〃	年月日受付第何号抵当権	何市何町何丁目何番何号	何某	〃
〃	〃	〃	〃	年月日受付第何号地上権	何市何町何丁目何番何号	何某	〃

第5章　収用に関する嘱託登記

【注1】　登記の目的は,「収用裁決手続開始登記抹消」と表示する。

　　　　なお,登記権利者を同じくする数個の不動産に関する権利について登記を嘱託する場合でも,抹消の登記原因が同一でないときは,同一の登記嘱託情報によって登記を嘱託することはできない。

【注2】　登記の原因は,次の振り合いにより表示し(昭和44・4・11建設省計総発第284号建設省計画局長通達＝358頁),その日付は,裁決手続開始決定が取り消され若しくは取り消されたものとみなされた日又は失効した日,裁決の申請の取下げがあった日若しくは起業者が使用権を取得した日を表示する。

　　　1　裁決手続開始の決定が取り消されたものとみなされた場合(土地収用法29条2項,100条)

　　　　「○○　年　月　日土地収用法第　条第　項による取消」

　　　2　使用の権利取得裁決に基づき起業者が当該権利を取得した場合

　　　　「○○　年　月　日使用権取得」

　　　3　裁決手続開始の決定が失効した場合(例えば,事業の認定の取消し又は裁決の申請若しくは裁決申請の却下(土地収用法47条,同法41条で準用する同法19条)があったとき)

　　　　「○○　年　月　日失効」

　　　4　裁決手続開始の決定の取消しがあった場合

　　　　「○○　年　月　日取消」

　　　5　任意売買の成立等により,裁決の申請の取下げがあった場合

　　　　「○○　年　月　日取下」

　　　6　嘱託の過誤により,裁決手続開始の登記がされた場合

　　　　「錯誤」

【注3】　登録義務者として,起業者が国である場合は所管省庁名を,地方公共団体である場合はその地方公共団体名を表示する。

【注4】　登記原因証明情報として,裁決手続開始決定書の例により作成

第2節　裁決手続開始の登記

された取消決定書等の正本を提供する（前掲建設省計画局長通達）。な
お，登記原因が「錯誤」の場合は，裁決手続開始の登記が誤って嘱
託されたことを証する収用委員会会長が作成した情報を提供する。

【注5】　嘱託書を提出する日と提出先の法務局若しくは地方法務局又は
その支局若しくは出張所の名称を表示する（規則34条1項7号・8
号）。なお，嘱託書を郵送等で送付する場合には，その送付する日
を表示すればよい。

【注6】　嘱託者は，当該収用委員会の会長であるから，その職及び氏名
を表示し職印を押印する。

【注7】　嘱託情報に補正すべき箇所がある場合に，登記所の担当者から
嘱託官庁又は公署に連絡するための連絡先の担当部署及び担当者並
びに電話番号を表示する（規則34条1項1号）。

【注8】　登録免許税額を表示する。この金額は，不動産の個数1個につ
き1,000円である。不動産が20個を超える場合は，申請件数1件
につき，20,000円である（登録免許税法別表第一・一・(ﾊ)）。これは起
業者が負担する。ただし，当該登記が収用委員会の責に帰すべき事
由により必要となった場合は，収用委員会が負担することになる
（前掲建設省計画局長通達）。

【注9】　不動産の表示として，土地の場合は，当該土地の所在する市，
区，郡，町，村及び字，地番，地目，地積を表示する（令3条7号）。
また，建物の場合は，当該建物の所在する市，区，郡，町，村，字
及び土地の地番，家屋番号，種類，構造，床面積を表示する（令3
条8号）。これらの表示は，登記記録上の表示と符合していることを
要する。

【注10】　登記を嘱託する場合において，不動産番号を表示して不動産を
特定したときには，現在の不動産の表示事項（所在，地番，地目，
地積）を省略することができる（令6条，規則34条2項等）が，不動
産番号を表示したときでも，その全部を表示しておくのが望まし

357

第5章　収用に関する嘱託登記

い。

【注11】　登記権利者として，抹消される収用裁決手続開始の登記の嘱託
の際に登記義務者として表示した者を表示する。

【注12】　抹消すべき収用裁決手続開始の登記の受付年月日及び受付番号
を表示する（昭和44・4・11建設省計総発第284号建設省計画局長通達＝本
頁）。

◉昭和44年4月11日建設省計総発第284号建設省計画局長通達
〔裁決手続開始登記の抹消について〕

　標記については，下記の要領により処理されたい。

　なお，本件については，法務省民事局と協議済みである。

記

1　土地収用法（以下「法」という。）第四十五条の二の規定に基づ
き裁決手続開始の登記を嘱託した収用委員会は，次に掲げる場合は
当該登記の抹消の登記を嘱託するものとする。

①　裁決手続開始の決定が取り消されたものとみなされた場合（法
第二十九条第二項，法第百条）

②　使用の権利取得裁決に基づき起業者が当該権利を取得した場合

③　裁決手続開始の決定が失効した場合（例えば，事業の認定の取
消し又は裁決の申請若しくは裁決申請書の却下（法第四十七条，
法第四十一条で準用する法第十九条）があつたとき）

④　裁決手続開始の決定の取消しがあつた場合

⑤　任意売買の成立等により，裁決の申請の取下げがあつた場合

⑥　嘱託の過誤により，裁決手続開始の登記がなされた場合

2　収用委員会は，権利取得裁決の取り消し等があつた場合は，すみ
やかに，書面をもつて裁決手続開始の決定を取り消すものとする。

3　二筆以上の土地について，その土地所有者が同一人であつて関係
人のない場合，又は土地所有者が同一人でかつ関係人が同種の権利
を有する場合（例えば，関係人が地上権者であるときは，各筆の土
地について共通して地上権を有する場合）においては，一括して一
個の裁決手続開始の決定の取消決定をすることができる。

第2節　裁決手続開始の登記

4　裁決手続開始決定の取消決定書は，裁決手続開始決定書の例により作成するものとする（昭和四十三年二月二日付け建設省計総第十八号建設省計画局長通達参照。）。

5　裁決手続開始の登記の抹消の登記の嘱託は，別紙様式による登記嘱託書によるものとする（昭和四十三年二月二日付け建設省計総発第十八号建設省計画局長通達参照。）。

6　裁決手続開始の登記の抹消の登記に要する登録免許税（不動産一個につき五〇〇円）は起業者が負担するものとする。ただし，当該登記が収用委員会の責に帰すべき事由により必要となつた場合は，収用委員会が負担するものとする。

第5章　収用に関する嘱託登記

別紙様式

登　記　嘱　託　書

登 記 の 目 的　　収用（使用）裁決手続開始登記抹消
原　　　　　因　　（備考二参照）
抹消すべき登記　　別紙のとおり
権　　利　　者　　別紙のとおり
　義　務　者　　何市何町何番地　　何　　　某
添　附　書　類　　（備考四参照）
　昭和何年何月何日嘱託
　　　　嘱　託　者　　何県収用委員会
　　　　　　　　　　　会　長　　何　　　某　㊞
　何地方法務局御中
登録免許税　　　　金　　円
不動産の表示　　　別紙のとおり

別　　紙

不 動 産 の 表 示				登 記 権 利 者			抹消すべき登記の表示
所在	地番	地目	地積	権利の表示	住　所	氏　名	受付年月日・受付番号

備考
一　登記権利者を同じくする数個の不動産に関する権利について登記
　を嘱託する場合でも，抹消の登記の登記原因が同一でないときは同
　一の登記嘱託書によつて登記を嘱託しないものとする。

第2節　裁決手続開始の登記

二　「原因」の記載は，次の振り合いによるものとする。

　　　1の①に該当する場合

　　　昭和　年　月　日土地収用法第　条第　項の規定による取消

　　　1の②に該当する場合

　　　昭和　年　月　日使用権取得

　　　1の③に該当する場合

　　　昭和　年　月　日失効

　　　1の④に該当する場合

　　　昭和　年　月　日取消

　　　1の⑤に該当する場合

　　　昭和　年　月　日取下

　　　1の⑥に該当する場合

　　　錯誤

三　「権利者」は，抹消される裁決手続開始の登記の嘱託の際に義務者として記載した者を記載すること。

四　「添附書類」は，1の④の場合は裁決手続開始決定の取消決定書の正本又は判決の正本及び裁判所書記官による当該判決が確定した旨を証する書面を，その他の場合は登記嘱託書の副本を提出するものとする。

五　「登録免許税」は，不動産一個につき五百円である。

六　別紙記載例を参考のため掲げると次のとおりである。

不動産の表示				登記権利者			抹消すべき登記の表示
所在	地番	地目	地　積	権利の表示	住　所	氏　名	受付年月日・受付番号
甲町字乙	壱	宅地	弐〇〇	所　有　権	甲町字乙番地	甲野太郎	
〃	〃	〃	〃	昭和年月日受付第参号地上権	甲町字乙番地	何　某	
〃	〃	〃	〃	昭和年月日受付第号抵当権	甲町字乙番地	何　某	
〃	〃	〃	〃	昭和年月日受付第号抵当権	甲町字乙番地	何　某	

第5章　収用に関する嘱託登記

第3節　収用による所有権移転の登記

第1　収用による所有権移転の登記の前提としてする代位による分筆の登記〔書式77〕

　起業者である国又は地方公共団体が，1筆の土地の一部について収用により所有権を取得したときは，当該部分を分筆して，所有権移転の登記を嘱託しなければなりませんが，当該土地の所有権の登記名義人が分筆の登記を申請しないときには，国又は地方公共団体が，当該所有権の登記名義人に代位して，分筆の登記を嘱託することができます。

　代位による嘱託情報の内容としては，代位者（債権者である国又は地方公共団体），被代位者（債務者である当該土地の所有権の登記名義人）の氏名又は名称及び住所，被代位者が会社等の法人である場合は代表者の氏名並びに代位原因を表示し，添付情報として，地積測量図及び代位原因証書として収用裁決書の正本，不失効証明書等を提供します。

第3節　収用による所有権移転の登記

登 記 嘱 託 書

登 記 の 目 的　　分筆登記【注1】
（被 代 位 者）　　何市何町何丁目何番何号
　　　　　　　　　　何　　　某【注2】
代 　位 　者　　何　県【注3】
代 位 原 因　　年月日収用の所有権移転登記請求権【注4】
添 付 書 類
　　地 積 測 量 図【注5】　　　　　　　代位原因証書【注6】
年月日嘱託　　　　　　　何法務局何支局【注7】
嘱 　託 　者　　何県収用委員会
　　　　　　　　　　会 長 　何　　　某　職印　【注8】
連絡先の電話番号　　○○−○○○○−○○○○
　　　　　担当者　　何部何課何係　　　　何　　　某【注9】
登 録 免 許 税　　登録免許税法第5条第1号【注10】

不動産番号		1234567890123【注12】		
土地の表示【注11】	所　在	何市何町何丁目		
	①地番	②地目	③地　積 m²	登記原因及びその日付
	23番	宅地	127 : 07	
	(イ)23番1		114 : 12	①③23番1，23番2に分筆
	(ロ)23番2		13 : 94	23番から分筆

363

第5章　収用に関する嘱託登記

【注1】　登記の目的は,「分筆登記」と表示する。

【注2】　被代位者として,所有権の登記名義人（所有権の登記がされていない場合は,表題部に記録されている所有者）の氏名又は名称及び住所を表示する。この表示は,登記記録上の表示及び代位原因証書の所有者の表示と符合していることを要する。なお,登記名義人の住所等の変更の登記又は相続による所有権移転の登記が未了であるために,登記名義人の表示が符合しない場合には,裁決手続開始の登記の前提として,あらかじめ,これらの登記をも嘱託する必要があるが,分筆の登記を嘱託するときには,変更又は相続を証する情報等を提供し,登記記録上の所有権の登記名義人等の現在の氏名又は名称及び住所を表示することとして差し支えない。

【注3】　代位者として,起業者が国である場合は所管省庁名を,地方公共団体である場合はその地方公共団体名を表示する。

【注4】　本書式例は,収用による所有権移転の登記の前提としての代位による分筆登記の場合であるから,代位原因として,書式例のように「年月日収用の所有権移転登記請求権」と表示する。この日付は,収用裁決書等の裁決等の年月日と符合していることを要する。

【注5】　分筆の登記の嘱託書には,分筆前の土地を図示し,分筆線を明らかにして分筆後の各土地を表示した地積測量図を提供する必要がある（令別表8の項添付情報欄イ,規則78条）。この地積測量図は,規則別記第一号様式により,日本工業規格B列4番の丈夫な用紙を用いて250分の1の縮尺（この縮尺によることが適当でないときは,適宜の縮尺によっても差し支えない。）によって作成し,地番区域の名称,方位,縮尺,地番（隣接地の地番を含む。）,地積及びその求積方法,筆界点間の距離,基本三角点等に基づく測量の成果による筆界点の座標値（近傍に基本三角点等が存しない場合その他の基本三角点等に基づく測量ができない特別の事情がある場合にあっては,近傍の恒久的な地物に基づく測量の成果による筆界点の座標

第3節　収用による所有権移転の登記

値），境界標（筆界点にある永続性のある石杭又は金属標その他こ
れに類する標識をいう。）があるときは，当該境界標の表示等を記
録しなければならない（規則74条，75条，77条）。ただし，分筆前の
土地が広大な土地であって，分筆後の土地の一方がわずかであるな
ど特別の事情があるときに限り，分割後の土地の１筆については，
必ずしも地積の求積方法等を明らかにしなくてもよい（準則72条2
項）。

　なお，地積測量図の作成方法については，127 〜 129 頁を参照の
こと。

【注6】　代位原因証書としては，収用裁決書の正本を提供する。なお，
　　　この正本は，その謄本を提供することにより，原本還付の手続を受
　　　けることができる。

　　　なお，旧法においては，分筆する土地について先取特権，質権又
　　　は抵当権の登記がある場合において，分筆後の土地にその権利が存
　　　続するときは，嘱託書に共同担保目録を添付しなければならないも
　　　のとされ，また，分筆前の土地に登記されている抵当権等が他の登
　　　記所の管轄に属する不動産に関する権利と共同担保にあるときは，
　　　その登記所の数に応じた共同担保目録を添付しなければならないも
　　　のとされていた（旧法81条ノ4第2項）が，新法においては，共同担
　　　保目録は登記官が作成するものとされた（規則102条）ので，それを
　　　添付することは要しない。

【注7】　嘱託書を提出する日と提出先の法務局若しくは地方法務局又は
　　　その支局若しくは出張所の名称を表示する（規則34条1項7号・8
　　　号）。なお，嘱託書を郵送等で送付する場合には，その送付する日
　　　を表示すればよい。

【注8】　嘱託者は，収用委員会の会長であるから，その職及び氏名を表
　　　示し職印を押印する。

【注9】　嘱託情報に補正すべき箇所がある場合に，登記所の担当者から

第5章　収用に関する嘱託登記

　　　嘱託官庁又は公署に連絡するための連絡先の担当部署及び担当者並
　　　びに電話番号を表示する（規則34条1項1号）。

【注10】　国又は地方公共団体等が債務者に代位してする登記について
　　　は，登録免許税は課されないので，その免除条項を表示する。

【注11】　不動産の表示として，まず分筆前と分筆後の表示及び分筆する
　　　土地に区分して書式例のように表示する。分筆前の土地は，登記記
　　　録上の表示と符合していることを要し（法25条6号），分筆後の土地
　　　及び分筆する土地の表示は，【注5】の地積測量図の表示と符合し
　　　ていることを要する。また，分筆後の土地及び分筆する土地には地
　　　積測量図の符号を(イ)・(ロ)のように表示する（規則34条1項2号，78
　　　条）。

　　　　なお，分筆後の土地の地番は登記官によって付されるものである
　　　が，登記官から予定地番を示された場合には，嘱託者があらかじめ
　　　書式例のように表示しても差し支えない。この場合において，単番
　　　の土地を分筆する場合には，何番1，何番2というように表示して
　　　差し支えないが，分筆前の土地の地番が支号を付されたものである
　　　場合には，分筆後の土地の地番が何番になるかについて，事前に登
　　　記官に確認する必要がある。

【注12】　登記を嘱託する場合において，不動産番号を表示して不動産を
　　　特定したときには，現在の不動産の表示事項（所在，地番，地目，
　　　地積）を省略することができる（令6条1項1号，規則34条2項等）
　　　が，不動産番号を表示したときでも，その全部を表示しておくのが
　　　望ましい。

第3節　収用による所有権移転の登記

第2　土地収用法第48条第1項の裁決による所有権移転の登記〔書式78〕

```
               登　記　嘱　託　書

登 記 の 目 的　　所有権移転【注1】
原　　　　　因　　年月日収用【注2】
権　利　者　　何　市【注3】
義　務　者　　何市何町何丁目何番何号
　　　　　　　　何　　某【注4】
添　付　書　類
　　登記原因証明情報（収用委員会の裁決書正本）【注5】
　　収用の裁決が効力を失っていないことを証する情報（裁決
不失効証明書）【注6】
　　権利等が消滅等したことを証する情報（権利失効証明書）
　　　　　　　　　　　　　　　　　　　　　　　　　　【注7】

□登記識別情報の通知を希望する。【注8】
年月日嘱託　　　　何法務局何支局【注9】
嘱　託　者　　何市長　何　　某 ［職印］【注10】
連絡先の電話番号　　○○−○○○○−○○○○
　　　　　担当者　　何部何課何係　　何　　某【注11】
登　録　免　許　税　　登録免許税法第4条第1項【注12】
不 動 産 の 表 示【注13】
　　　　　不動産番号　　1234567890123【注14】
　　　　　所　　在　　何市何町何丁目
　　　　　地　　番　　何番
　　　　　地　　目　　宅地
　　　　　地　　積　　何・何平方メートル
抹消すべき登記【注15】
```

登記の目的	申請の受付の年月日及び受付番号	登記原因及びその日付	順位事項
収用裁決手続開始登記	年月日受付第何号	年月日収用裁決手続開始	順位何番
所有権移転仮登記	年月日受付第何号	年月日売買予約	順位何番

第5章　収用に関する嘱託登記

強制競売申立登記	年月日受付第何号	年月日何地方裁判所強制競売手続開始	順位何番
仮処分登記	年月日受付第何号	年月日何地方裁判所仮処分	順位何番
抵当権設定登記	年月日受付第何号	年月日設定	順位何番

【注1】　登記の目的は，「所有権移転」と表示する。

【注2】　登記の原因は，「収用」と表示し，その日付は，収用の効果の発生の日，すなわち，収用委員会の裁決書正本に記載された「権利取得の時期」を表示する。

【注3】　登記権利者として，起業者が国である場合は所管省庁名を，地方公共団体である場合はその地方公共団体名を表示する。

【注4】　登記義務者として，登記記録上の所有権の登記名義人の氏名又は名称及び住所を表示し，会社等の法人の場合には代表者の氏名をも表示する。この表示は，登記原因証明情報，裁決不失効証明書並びに権利失効証明書及び登記記録上の表示と符合していなければならない。

【注5】　登記原因証明情報（令別表74の項添付情報欄イ）として，収用委員会の裁決書の正本（土地収用法66条3項）を提供することを要する（明治32・7・4民刑第1240号民刑局長回答＝370頁，明治32・7・20民刑第1276号民刑局長回答＝371頁）。

【注6】　収用の裁決が効力を失っていないことを証する情報（裁決不失効証明書。令別表74の項添付情報欄イ）として，補償金の受領証又は補償金を供託したことを証する供託書正本を提供する。なお，現物補償の場合は，その現物の受領を証する情報を提供する。

【注7】　収用により権利が消滅したことを証する情報又は差押え等が失効したことを証する情報（権利失効証明書。令別表74の項添付情報欄ロ）

第3節　収用による所有権移転の登記

を提供する。

【注8】　官庁又は公署の嘱託による登記で官公署が自ら登記名義人となる場合には，官庁又は公署が特に希望する場合を除いて，登記識別情報の通知はされない（規則64条1項4号）。したがって，登記識別情報の通知を希望するときは，あらかじめ，嘱託情報にその旨を明示（□にチェックする）しなければならない。

【注9】　嘱託書を提出する日と提出先の法務局若しくは地方法務局又はその支局若しくは出張所の名称を表示する（規則34条1項7号・8号）。なお，嘱託書を郵送等で送付する場合には，その送付する日を表示すればよい。

【注10】　嘱託者として，国の場合は所管各省庁の不動産登記嘱託指定職員を，地方公共団体の場合はその団体の長の職及び氏名を表示し，職印を押印する。

　なお，土地の所管庁の命令又は規則で登記嘱託職員に指定されている職員は，その指定職員の代理権限を証する情報を提供することなく，登記を嘱託することができる（令7条2項）。

【注11】　嘱託情報に補正すべき箇所がある場合に，登記所の担当者から嘱託官庁又は公署に連絡するための連絡先の担当部署及び担当者並びに電話番号を表示する（規則34条1項1号）。

【注12】　国及び登録免許税法別表第二に掲げる者が自己のために登記を嘱託する場合は非課税である（登録免許税法4条1項）ので，その免除条項を表示する。

【注13】　不動産の表示として，土地の場合は，当該土地の所在する市，区，郡，町，村及び字，地番，地目，地積を表示する（令3条7号）。また，建物の場合は，当該建物の所在する市，区，郡，町，村，字及び土地の地番，家屋番号，種類，構造，床面積を表示する（令3条8号）。これらの表示は，登記記録上の表示と符合していることを要する。

第5章　収用に関する嘱託登記

【注14】　登記を嘱託する場合において，不動産番号を表示して不動産を特定したときには，現在の不動産の表示事項（所在，地番，地目，地積）を省略することができる（令6条，規則34条2項等）が，不動産番号を表示したときでも，その全部を表示しておくのが望ましい。

【注15】　当該収用により消滅した権利又は失効した差押え，仮差押え若しくは仮処分に関する登記の目的，申請の受付の年月日，及び受付番号，登記原因及びその日付並びに順位事項を表示する（令別表74の項申請情報欄）。この嘱託情報に基づいて，登記官は，職権で，当該嘱託情報に表示された登記を抹消しなければならない（法118条4項・5項・6項）。

⦿明治32年7月4日民刑第1240号民刑局長回答

　　不動産登記法第百三条土地収用ニ因ル所有権移転ノ登記申請上左ノ通疑義有之右ハ目下差掛リタル事件有之候間電信ニテ御回示相成度此段及御問合候也

一，私設鉄道会社カ土地収用法ニ因リ買収シタル所有権ノ登記ヲ申請スル場合ハ何ヲ以テ登記原因ヲ証スルカ或ハ登記法第百三条第一項末段補償金ノ受取証又ハ預リ証ヲ以テ登記原因ヲ証スル書面ト看做シ然ルヘシト論スルモノアレトモ右ハ勿論不穏当ノ様被察而シテ土地収用法ニ基キ収用スルコトヲ得ル旨ハ内閣ノ官報広告ニ有之ノミニテ別段起業者ニ収用認可書等下付セラルヘキ規定モ無之現ニ鉄道会社ヨリモ右ノ趣申出候就テハ本案ノ場合ノ如キ場合ハ登記法第四十条ニ拠ラシメ可然哉

二，鉄道用地ニ買収シタル登記ノ如キハ其不動産数百筆ニ渉ルモノ勘カラス故ニ申請書冒頭ニ一一不動産ノ表示ヲ為スハ大ニ手数ヲ要スルヲ以テ申請書ニ不動産ヲ表示シタル別紙（表記体ニ記載シタルモノ）ヲ添附シ登記申請スルモノアリ右ハ別紙差支無之義ニ候哉

三，登記法第百三条第一項ニ依レハ補償金ノ受取証又ハ預リ証ヲ添附スルコトヲ要スト有之無論其原書ヲ登記所ニ差出シ登記所ハ之ヲ還

第3節　収用による所有権移転の登記

付スヘキモノニ非スト思料候ヘ共鉄道会社ノ如キハ右ノ受取証預リ
証ヲ以テ会計検査院ノ証明書類ト為スヘキ筈ニ付提出難致旨申出ツ
ルモノアリ此場合ニ於テハ受取証又ハ預リ証ノ謄本（鉄道会社即登
記権利者ニ於テ謄写シタルモノ）ヲ添附セシメ登記ヲ与ヘ可然哉又
ハ原書ヲ提出セサル限リハ登記ヲ却下スヘキ義ニ候哉要スルニ本案
書類ヲ第一項或論者ノ如ク登記原因ヲ証スル書面ト看做セハ無論登
記済ノ旨ヲ記載シ登記権利者ニ還付スヘシト雖モ若シ否ナラストセ
ハ本問ノ如キ疑義ヲ生スル義ニ有之候

（回答）　本月一日問合ノ件第一項ハ裁決ノ達（土地収用法第一四条）
ヲ以テ登記原因ヲ証スル書面トス第二項ハ不動産ヲ別紙ニ記載シタル
トキハ申請書ト契印スルヲ要ス第三項ハ補償金ノ受取証又ハ預リ証ニ
付テハ原本ト謄本トヲ提出セシメ登記完了ノ後原本ヲ還付スルヲ相当
ト思考ス

◉明治 32 年 7 月 20 日民刑第 1276 号民刑局長回答

本月一日附当庁第一，五三二号不動産登記法第百三条土地収用ニ因
ル所有権移転ノ登記申請上ノ件ニ付及御問合候末本月七日回電有之候
得共其第一項ニ付テハ疑団尚氷解不致候ニ付左ノ廉至急御回示相成度
此段及御問合候也

一　裁決ノ達（土地収用法第十四条）ヲ以テ登記原因ヲ証スル書面ト
　　スルトアルモ右裁決ノ達ハ起業者ト所有者等トノ間協議調ハサル場
　　合ニ土地収用審査会ノ裁決ヲ受ケタル場合ノミニ存在スル処ノモノ
　　ナルヘキニ付若シ協議調ヒタル時ハ如何ナル書面ヲ以テ登記原因ヲ
　　証スヘキモノナルヤ右等ノ場合ニ於テハ或ハ当事者双方登記所ニ出
　　頭シテ売買ニ由ル所有権移転ノ登記ヲ申請スヘシト論スル者アルモ
　　元来土地収用法ニ拠リ収用セラレタルモノナルニモ拘ハラス登記上
　　任意ノ売買トシ権利移転ノ登記ヲ為スハ法ノ精神ニ非サル可ク又或
　　ハ土地収用法第五条ノ工事ノ認定書ヲ以テ登記原因ヲ証スル書面ト
　　スヘシト論スル者アルモ該書面ハ所謂工事ニ付テノ認定ニ止マリ土
　　地収用ニ付テハ間接ニ其原因ヲ証スルコトヲ得ヘキモ是亦不穏当ナ
　　ルノミナラス若シ工事ノ認定書ヲ以テ登記原因ヲ証スル書面トスル
　　コトヲ得ハ今般御回示相成タル裁決ノ達アルモノモ然ラサルモ総テ
　　右認定書ヲ以テ登記原因ヲ証スル書面トシ可然被相考疑団氷解セサ

371

第5章　収用に関する嘱託登記

　　　ル儀ニ有之候
（回答）　土地収用ニ関スル所有権移転ノ登記ノ儀ニ付再応御問合ノ趣
了承土地収用審査委員会ノ裁決ヲ請ヒタル場合ニ於テハ裁決ノ達ヲ以
テ登記原因ヲ証スル書面ト為スヘキハ勿論ニ候ヘ共土地収用協議会規
則第一条ニ因リ協議会ヲ開キタル場合ニ於テハ該規則第三条第二項ノ
筆記ノ謄本ヲ以テ登記原因ヲ証スル書面ト為スヘク協議会ヲ開クコト
ナクシテ協議調ヒタル場合ニ於テ登記原因ヲ証スル書面ト認ムヘキモ
ノアルトキハ其書面ヲ以テ登記原因ヲ証スル書面ト為スヘク若シ其書
面ナキトキハ不動産登記法第四十条ノ規定ニ依リ申請書ノ副本ヲ提出
セシムヘキ儀ト思考致候此段及回答候也

第3節　収用による所有権移転の登記

第3　土地収用法第50条第5項の和解成立による所有権移転の登記

〔書式79〕

登 記 嘱 託 書

登 記 の 目 的　　所有権移転【注1】
原　　　　因　　年月日収用【注2】
権　利　者　　何　県【注3】
義　務　者　　何市何町何丁目何番何号
　　　　　　　　何　　某【注4】
添　付　書　類
　　登記原因証明情報（和解調書正本）【注5】
　　収用の裁決が効力を失っていないことを証する情報（裁決
不失効証明書）【注6】
　　権利等が消滅等したことを証する情報（権利失効証明書）
　　　　　　　　　　　　　　　　　　　　　　　　　　　【注7】

□登記識別情報の通知を希望する。【注8】
年月日嘱託　　　何法務局何支局【注9】
嘱　託　者　　何県知事　何　　某［職印］【注10】
連絡先の電話番号　　○○－○○○○－○○○○
　　　担当者　　　何部何課何係　　　何　　某【注11】
登　録　免　許　税　　登録免許税法第4条第1項【注12】
不 動 産 の 表 示【注13】
　　　　不動産番号　　1234567890123【注14】
　　　所　　在　　何市何町何丁目
　　　地　　番　　何番
　　　地　　目　　宅地
　　　地　　積　　何・何平方メートル
抹消すべき登記【注15】

登記の目的	申請の受付の年月日及び受付番号	登記原因及びその日付	順位事項
収用裁決手続開始登記	年月日受付第何号	年月日収用裁決手続開始	順位何番
所有権移転仮登記	年月日受付第何号	年月日売買予約	順位何番

373

第5章　収用に関する嘱託登記

強制競売申立登記	年月日受付第何号	年月日何地方裁判所強制競売手続開始	順位何番
仮処分登記	年月日受付第何号	年月日何地方裁判所仮処分	順位何番
抵当権設定登記	年月日受付第何号	年月日設定	順位何番

【注1】　収用の申請に基づく審理の途中における和解によって和解調書が作成されたときは，権利取得裁決又は明渡裁決があったものとみなされる（土地収用法50条5項）。したがって，登記の目的は，裁決があった場合と同様に「所有権移転」と表示する。

【注2】　登記の原因は，和解調書の作成により権利取得の裁決があったとみなされるから，「収用」と表示する。その日付は，和解調書正本に記載されている収用の時期を表示する。

【注3】　登記権利者として，起業者が国である場合は所管省庁名を，地方公共団体である場合はその地方公共団体名を表示する。

【注4】　登記義務者として，登記記録上の所有権の登記名義人の氏名又は名称及び住所を表示し，会社等の法人の場合には代表者の氏名をも表示する。この表示は，登記原因証明情報，裁決不失効証明書並びに権利失効証明書及び登記記録上の表示と符合していなければならない。

【注5】　登記原因証明情報（令別表74の項添付情報欄イ）として，和解調書の正本を提供する。なお，この和解調書は，土地収用法第50条第4項の規定に基づき，起業者に送達される。

【注6】　和解の成立による裁決が効力を失っていないことを証する情報（権利失効証明書。令別表74の項添付情報欄イ）として，補償金の受領証又は補償金を供託したことを証する供託書正本を提供する。なお，現物補償の場合は，その現物の受領を証する情報を提供する。

第3節　収用による所有権移転の登記

【注7】　和解の成立により権利が消滅したことを証する情報又は差押え
　　　等が失効したことを証する情報（権利失効証明書。令別表74の項添付情
　　　報欄ロ）を提供する。

【注8】　官庁又は公署の嘱託による登記で官公署が自ら登記名義人とな
　　　る場合には，官庁又は公署が特に希望する場合を除いて，登記識別
　　　情報の通知はされない（規則64条1項4号）。したがって，登記識別
　　　情報の通知を希望するときは，あらかじめ，嘱託情報にその旨を明
　　　示（□にチェックする）しなければならない。

【注9】　嘱託書を提出する日と提出先の法務局若しくは地方法務局又は
　　　その支局若しくは出張所の名称を表示する（規則34条1項7号・8
　　　号）。なお，嘱託書を郵送等で送付する場合には，その送付する日
　　　を表示すればよい。

【注10】　嘱託者として，国の場合は所管各省庁の不動産登記嘱託指定職
　　　員を，地方公共団体の場合はその団体の長の職及び氏名を表示し，
　　　職印を押印する。
　　　　なお，土地の所管庁の命令又は規則で登記嘱託職員に指定されて
　　　いる職員は，その指定職員の代理権限を証する情報を提供すること
　　　なく，登記を嘱託することができる（令7条2項）。

【注11】　嘱託情報に補正すべき箇所がある場合に，登記所の担当者から
　　　嘱託官庁又は公署に連絡するための連絡先の担当部署及び担当者並
　　　びに電話番号を表示する（規則34条1項1号）。

【注12】　国及び登録免許税法別表第二に掲げる者が自己のために登記を
　　　嘱託する場合は非課税である（登録免許税法4条1項）ので，その免
　　　除条項を表示する。

【注13】　不動産の表示として，土地の場合は，当該土地の所在する市，
　　　区，郡，町，村及び字，地番，地目，地積を表示する（令3条7号）。
　　　また，建物の場合は，当該建物の所在する市，区，郡，町，村，字
　　　及び土地の地番，家屋番号，種類，構造，床面積を表示する（令3

第5章　収用に関する嘱託登記

条8号)。これらの表示は，登記記録上の表示と符合していることを
要する。

【注14】　登記を嘱託する場合において，不動産番号を表示して不動産を
特定したときには，現在の不動産の表示事項（所在，地番，地目，
地積）を省略することができる（令6条，規則34条2項等）が，不動
産番号を表示したときでも，その全部を表示しておくのが望まし
い。

【注15】　当該和解の成立により消滅した権利又は失効した差押え，仮差
押え若しくは仮処分に関する登記の目的，申請の受付の年月日，及
び受付番号，登記原因及びその日付並びに順位事項を表示する（令
別表74の項申請情報欄)。この嘱託情報に基づいて，登記官は，職権
で，当該嘱託情報に表示された登記を抹消しなければならない（法
118条4項・5項・6項)。

第3節　収用による所有権移転の登記

第4　土地収用法第121条の協議の確認による所有権移転の登記

〔書式80〕

登 記 嘱 託 書

登 記 の 目 的　　所有権移転【注1】
原　　　　因　　年月日収用【注2】
権　利　者　　何　市【注3】
義　務　者　　何市何町何丁目何番何号
　　　　　　　　何　　某【注4】
添 付 書 類
　　登記原因証明情報（収用委員会の確認書正本）【注5】
　　収用の裁決が効力を失っていないことを証する情報（裁決
不失効証明書）【注6】
　　権利等が消滅等したことを証する情報（権利失効証明書）
　　　　　　　　　　　　　　　　　　　　　　　　【注7】

□登記識別情報の通知を希望する。【注8】
年月日嘱託　　　　何法務局何支局【注9】
嘱　託　者　　　何市長　　　何　　某 職印 【注10】
連絡先の電話番号　○○－○○○○－○○○○
　　　　担当者　　何部何課何係　　　何　　某【注11】
登 録 免 許 税　　登録免許税法第4条第1項【注12】
不動産の表示【注13】
　　　不動産番号　　1234567890123【注14】
　　　所　　在　　何市何町何丁目
　　　地　　番　　何番
　　　地　　目　　宅地
　　　地　　積　　何・何平方メートル
抹消すべき登記【注15】

登記の目的	申請の受付の年月日及び受付番号	登記原因及びその日付	順位事項
収用裁決手続開始登記	年月日受付第何号	年月日収用裁決手続開始	順位何番
所有権移転仮登記	年月日受付第何号	年月日売買予約	順位何番

第5章　収用に関する嘱託登記

強制競売申立登記	年月日受付第何号	年月日何地方裁判所強制競売手続開始	順位何番
仮処分登記	年月日受付第何号	年月日何地方裁判所仮処分	順位何番
抵当権設定登記	年月日受付第何号	年月日設定	順位何番

【注1】　起業者と土地所有者及び関係人の全員との間において，権利を取得し又は消滅させるための協議が成立したときは，起業者は，これらの者の同意を得て，収用委員会に協議の確認申請をすることができる（土地収用法116条）。この申請により収用委員会の確認があったとき（土地収用法118条5項，119条ただし書）は，同時に権利取得裁決と明渡裁決があったものとみなされる（土地収用法121条）。したがって，登記の目的は，裁決があった場合と同様に「所有権移転」と表示する。

【注2】　登記原因は，協議の確認により権利取得裁決があったとみなされるから，「収用」と表示する。その日付は，確認書正本に記載されている収用の時期を表示する。

【注3】　登記権利者として，起業者が国である場合は所管省庁名を，地方公共団体である場合はその地方公共団体名を表示する。

【注4】　登記義務者として，登記記録上の所有権の登記名義人の氏名又は名称及び住所を表示し，会社等の法人の場合には代表者の氏名をも表示する。この表示は，登記原因証明情報，裁決不失効証明書並びに権利失効証明書及び登記記録上の表示と符合していなければならない。

【注5】　登記原因証明情報として，収用委員会の確認書の正本を提供する（令別表74の項添付情報欄イ）。

【注6】　協議の成立による裁決が効力を失っていないことを証する情報

378

第3節　収用による所有権移転の登記

（権利失効証明書。令別表 74 の項添付情報欄イ）として，補償金の受領証
又は補償金を供託したことを証する供託書正本を提供する。なお，
現物補償の場合は，その現物の受領を証する情報を提供する。

【注7】　協議の成立により権利が消滅したことを証する情報又は差押え
等が失効したことを証する情報（権利失効証明書。令別表 74 の項添付情
報欄ロ）を提供する。

【注8】　官庁又は公署の嘱託による登記で官公署が自ら登記名義人とな
る場合には，官庁又は公署が特に希望する場合を除いて，登記識別
情報の通知はされない（規則 64 条 1 項 4 号）。したがって，登記識別
情報の通知を希望するときは，あらかじめ，嘱託情報にその旨を明
示（□にチェックする）しなければならない。

【注9】　嘱託書を提出する日と提出先の法務局若しくは地方法務局又は
その支局若しくは出張所の名称を表示する（規則 34 条 1 項 7 号・8
号）。なお，嘱託書を郵送等で送付する場合には，その送付する日
を表示すればよい。

【注10】　嘱託者として，国の場合は所管各省庁の不動産登記嘱託指定職
員を，地方公共団体の場合はその団体の長の職及び氏名を表示し，
職印を押印する。

　　なお，土地の所管庁の命令又は規則で登記嘱託職員に指定されて
いる職員は，その指定職員の代理権限を証する情報を提供すること
なく，登記を嘱託することができる（令 7 条 2 項）。

【注11】　嘱託情報に補正すべき箇所がある場合に，登記所の担当者から
嘱託官庁又は公署に連絡するための連絡先の担当部署及び担当者並
びに電話番号を表示する（規則 34 条 1 項 1 号）。

【注12】　国及び登録免許税法別表第二に掲げる者が自己のために登記を
嘱託する場合は非課税である（登録免許税法 4 条 1 項）ので，その免
除条項を表示する。

【注13】　不動産の表示として，土地の場合は，当該土地の所在する市，

第5章　収用に関する嘱託登記

区，郡，町，村及び字，地番，地目，地積を表示する（令3条7号）。また，建物の場合は，当該建物の所在する市，区，郡，町，村，字及び土地の地番，家屋番号，種類，構造，床面積を表示する（令3条8号）。これらの表示は，登記記録上の表示と符合していることを要する。

【注14】　登記を嘱託する場合において，不動産番号を表示して不動産を特定したときには，現在の不動産の表示事項（所在，地番，地目，地積）を省略することができる（令6条，規則34条2項等）が，不動産番号を表示したときでも，その全部を表示しておくのが望ましい。

【注15】　当該協議による裁決により消滅した権利又は失効した差押え，仮差押え若しくは仮処分に関する登記の目的，申請の受付の年月日，及び受付番号，登記原因及びその日付並びに順位事項を表示する（令別表74の項申請情報欄）。この嘱託情報に基づいて，登記官は，職権で，当該嘱託情報に表示された登記を抹消しなければならない（法118条4項・5項・6項）。

第6章　土地改良・土地区画整理に関する嘱託登記

第1節　土地改良法による登記

　土地改良事業とは，土地改良法の規定により，農用地を受益地として行われる農業用用排水施設，農業用道路その他農用地の保全又は利用上必要な施設（以下「土地改良施設」といいます。）の新設，管理，廃止又は変更，区画整理，農用地の造成，埋立て又は干拓，農用地又は土地改良施設の災害復旧，農用地に関する権利並びにその農用地の利用上必要な土地に関する権利，農業用施設に関する権利及び水の使用に関する権利の交換分合，その他農用地の改良又は保全のため必要な事業をいうものとされています（土地改良法2条2項）。このように，土地改良事業の大部分のものが土地の区画，土地の形質を変更するもの又は土地の上に存する権利関係に変動をもたらすものであり，したがって，それは必然的に登記を伴うものとなり，登記をすることによって不動産の現況を正しく登記記録上に反映し，不動産上の権利を確定的なものにするものです。

　土地改良法による登記は，その事業の特殊性と相まって，一時に大量の事件が集中して提出されることになることから，これを適正迅速に処理するためには，不動産登記法による一般的な手続では，とうていまかないきれません。そこで，登記手続の特例として，土地改良登記令，土地改良登記規則が設けられています。

　土地改良法による登記を大別すれば，区画整理に伴う換地処分の登記（土地改良法55条，土地改良登記令4条以下），農用地の保全又は利用上必要な施設に係る土地改良事業の登記（土地改良登記令20条以下），交換分合の登記（土地改良登記令23条以下）及びこれらの登記の前提として土地改良事業者が

第6章　土地改良・土地区画整理に関する嘱託登記

所有者等に代わってする代位登記（土地改良登記令2条，3条）とに分けられます。以下，各登記について，簡単に説明しますが，土地改良事業の詳細な内容と具体的な登記実務については，細田進・鈴木猛「改訂　Q&A土地改良の理論と実務」（日本加除出版・2012年）を参照願います。

第1　換地処分の登記

　土地改良事業者が定めた換地計画につき，都道府県知事の換地処分があった旨の公告があったときは，公告の日の翌日において，換地計画によって定められた換地は従前の土地とみなされ，換地計画において換地を定めなかった従前の土地について存する権利は，その公告のあった日限り消滅するものとされています（土地改良法54条の2第1項）。これを登記手続の面から見れば，従前の土地が消滅して，新たに換地が生じたものといえます。

　換地処分があった旨の公告があったときは，土地改良事業者は，遅滞なく，換地計画に係る土地及び建物について登記を嘱託（又は申請。以下同じ。）しなければなりません（土地改良法55条等）。

　換地処分による登記は，嘱託（又は申請。以下同じ）情報に，不動産登記令第3条各号に掲げる事項のほか，①換地の所有者の氏名又は名称及び住所，②換地の所有者が2人以上であるときは，所有者ごとの持分を表示して嘱託しなければなりません（土地改良登記令5条1項）。

　そして，添付情報として，①換地計画を証する情報，②換地処分があった旨の公告を証する情報，③換地処分後の土地の全部についての所在図を提供しなければなりません（土地改良登記令5条2項）。また，④換地と定められた土地の一部に地役権が存続する場合には，その部分を図示した地役権図面をも提供しなければなりません（土地改良登記令6条2項）。ただし，都道府県知事は，換地処分の公告をした場合には，換地計画書等を提供して，遅滞なくその旨を管轄登記所に通知しなければならない（土地改良法54条5項，土地改良法施行規則45条）とされていますから，管轄登記所は，換

382

地計画書及び都道府県知事が換地処分の公告をした旨を承知していること
になります。そのため，都道府県知事から登記所に提供された換地計画書
等の情報で，上記の①から③に掲げるものに相当するものがある場合に
は，当該都道府県知事から登記所に提供された情報は，上記①から③の提
供すべき情報とみなす（土地改良登記令5条3項）とされており，この場合に
は，上記①から③の情報の提供は，省略して差し支えないことになりま
す。

第2　農用地の保全又は土地改良施設に係る土地改良事業の登記

　農用地の保全又は土地改良施設に係る土地改良事業の結果，当該事業施
行地区内の土地の表題部の登記事項に変更が生じたとき，又は土地改良事
業施行者が，当該事業施行地区内において農用地の保全又は土地改良施設
の敷地を取得したときは，当該土地改良事業施行者は，単独で土地の表題
部の登記事項に関する変更の登記又は所有権移転の登記を嘱託することが
できるものとされています（土地改良登記令20条，21条）。これらの登記の
嘱託をする場合には，嘱託情報と併せて，申請に係る土地が農用地の保全
又は土地改良施設の敷地に該当し，かつ，当該土地改良事業の施行に係る
地域内にあることを証する情報を提供しなければなりません（土地改良登記
令22条1項）。また所有権移転の登記の嘱託をする場合は，上記の情報の
ほか，登記義務者の承諾を証する当該登記義務者が作成した情報をも提供
しなければなりません（土地改良登記令22条2項）。

第3　交換分合による登記

　交換分合とは，土地の区画・形質を変更することなく，それを目的とす
る所有権その他の権利を相互に交換することによって，土地の整理・配分
を行うことです。土地改良事業施行者が定めた交換分合計画につき都道府
県知事の認可の公告があったときは，その公告があった交換分合計画の定
めるところにより，所有権が移転し，先取特権，質権，抵当権，地上権，

第6章　土地改良・土地区画整理に関する嘱託登記

永小作権，賃借権，使用貸借による権利若しくはその他の使用若しくは収益を目的とする権利（地役権は除きます。）が設定され，又は地役権が設定され，若しくは消滅する（土地改良法106条1項）ものとされています。そして，所有権が移転した場合の所有権移転の登記及び抵当権等が設定され又は消滅した場合の権利の設定又は抹消の登記は，当該交換分合を行う者が嘱託しなければなりません（土地改良登記令23条，25条，27条等）。交換分合による登記を嘱託する場合には，嘱託情報と併せて，①交換分合計画を証する情報，②交換分合計画について認可があった旨の公告があったことを証する情報を提供しなければなりませんが，交換分合による登記の嘱託によって権利に関する登記を抹消する場合でも，登記上の利害関係を有する第三者の承諾（不動産登記法68条）は必要ないので，その承諾を証する情報を提供する必要はありません（土地改良登記令33条）。

第4　代位登記

　土地改良事業施行者は，その事業を遂行するため所有者等に代わって登記を嘱託することができます。代位登記ができる場合とは，土地改良事業施行のため必要とされる場合，土地改良事業の施行による登記を嘱託するため，その前提として必要があると認められる場合です。土地改良事業を行うため必要がある場合には，土地改良事業施行者は，所有者に代わって土地の分割又は合併の手続をすることができます（土地改良法114条1項）。土地改良事業の施行による登記を嘱託するために必要があると認められる場合には，土地改良事業施行者は，①所有者に代わって不動産の表題登記を，②登記記録の表題部に所有者として記録されている者若しくは所有権の登記名義人又はこれらの相続人その他の一般承継人に代わって不動産の表題部の登記事項に関する変更の登記又は更正の登記を，③登記名義人又はその相続人その他の一般承継人に代わって登記名義人の氏名若しくは名称又は住所についての変更の登記又は更正の登記を，④登記記録の表題部に所有者として記録されている者の相続人その他の一般承継人に代わって

384

第1節　土地改良法による登記

所有権保存の登記を，⑤相続人その他の一般承継人に代わって相続その他
の一般承継による所有権移転の登記を，それぞれ嘱託することができます
（土地改良登記令2条）。

第6章　土地改良・土地区画整理に関する嘱託登記

第2節　土地区画整理法による登記

　土地区画整理事業とは，都市計画区域内の土地について，公共施設の整備改善及び宅地の利用の増進を図るため，土地区画整理法の規定によって行われる土地の区画形質の変更及び公共施設の新設又は変更に関する事業をいうものとされ，この事業を施行するため若しくはその事業の施行に係る土地の利用の促進のため必要な工作物その他の物件の設置，管理及び処分に関する事業又は埋立若しくは干拓に関する事業が，前述の事業と併せて行われる場合におけるこれらの事業も，土地区画整理事業に含まれるものとされています（土地区画整理法2条1項・2項）。

　土地区画整理事業も土地改良事業と同様に，土地の区画形質を変更するものが大部分を占めるので，当然，登記と密接な関係を有することになります。そして，土地区画整理法による登記についても，土地改良法による登記と同様，その特殊性等から登記手続の特例として，土地区画整理登記令，土地区画整理登記規則が，設けられています。

　土地区画整理法による登記を大別すれば，土地に関する登記（土地区画整理登記令4条以下），建物等に関する登記（土地区画整理登記令15条以下），共有土地に関する登記（土地区画整理登記令21条以下）及びこれらの登記の前提として土地区画整理事業施行者が所有者等に代わってする代位登記（土地区画整理登記令2条，3条）とに分けられます。以下，各登記について，簡単に説明しますが，土地区画整理法に基づく具体的な登記実務については，五十嵐徹「土地区画整理の登記手続」（日本加除出版・2014年）を参照願います。

第1　土地に関する登記

　国土交通大臣が換地処分をした旨の公告をした場合（土地区画整理法103条4項前段），都道府県知事が換地処分をした旨又は換地処分があった旨の

386

第2節　土地区画整理法による登記

公告をした場合（土地区画整理法103条4項後段）において，施行区域内の土地及び建物について土地区画整理事業の施行に因り変動があったときは，土地区画整理事業の施行者は，遅滞なく，その変動に係る登記を嘱託（又は申請。以下同じ。）しなければなりません（土地区画整理法107条2項）。

　換地処分による土地に関する登記は，嘱託（又は申請。以下同じ。）情報に，不動産登記令第3条各号に掲げる事項のほか，①換地の所有者の氏名又は名称及び住所，②換地の所有者が2人以上であるときは，所有者ごとの持分を表示して嘱託しなければなりません（土地区画整理登記令4条1項）。

　そして，添付情報として，①換地計画を証する情報，②換地処分があった旨の公告を証する情報，③換地処分後の土地の全部についての所在図を提供しなければなりません（土地区画整理登記令4条2項）。また，④換地と定められた土地の一部に地役権が存続する場合には，その部分を図示した地役権図面をも提供しなければなりません（土地区画整理登記令5条2項）。ただし，施行者は，土地区画整理法第103条第4項の換地処分があった旨の公告があった場合には，換地計画認可書等を提供して，その旨を管轄登記所に通知しなければならない（土地区画整理法107条1項，土地区画整理法施行規則22条1項）とされていますから，管轄登記所は，換地計画認可書及び換地処分があった旨の公告がされていることを承知していることになります。そのため，施行者から登記所に提供された換地計画認可書等の情報で，上記の①から③に掲げるものに相当するものがある場合には，当該施行者から登記所に提供された情報は，上記①から③の提供すべき情報とみなす（土地区画整理登記令4条3項）とされており，この場合には，上記①から③の情報の提供は，省略して差し支えないことになります。

第2　建物等に関する登記

　換地計画において建築物の一部及びその建築物の存する土地の共有持分を与えられるように定められた宅地又は借地権を有する者は，換地処分が

387

第6章　土地改良・土地区画整理に関する嘱託登記

あった旨の公告があった日の翌日において，換地計画において定められた
ところにより，その建築物の一部及びその建築物の存する土地の共有持分
を取得します（土地区画整理法104条7項）が，その場合における登記の嘱託
は，換地処分による土地の登記の嘱託と併せてしなければなりません（土
地区画整理登記令15条）。この場合の登記の嘱託情報には，不動産登記令第
3条各号に掲げる事項のほか，①地上権者又は賃借権者が建物及びその敷
地に関する権利を取得したときは，当該従前の地上権又は賃借権，②取得
された建物の所在する土地の地目及び地積，③従前の土地の所有権，①の
従前の地上権又は賃借権及び取得された建物の敷地に関する権利に関する
登記の有無，④取得された建物の敷地に関する権利が施行者が設定した地
上権である場合には，次に掲げる事項

　イ　地上権設定の目的

　ロ　地代又はその支払時期の定めがあるときは，その定め

　ハ　存続期間又は借地借家法第22条前段若しくは第23条第1項若しく
　　　は大規模な災害の被災地における借地借家に関する特別措置法第7条
　　　第1項の定めのあるときは，その定め

　ニ　地上権設定の目的が借地借家法第23条第1項又は第2項に規定す
　　　る建物の所有であるときは，その旨

⑤取得された建物の敷地に関する権利が施行者が設定した賃借権である場
合には，次に掲げる事項

　イ　賃料

　ロ　存続期間又は賃料の支払時期の定めがあるときは，その定め

　ハ　賃借権の譲渡又は賃借物の転貸を許す旨の定めがあるときは，その
　　　定め

　ニ　賃借権設定の目的が建物の所有であるときは，その旨

　ホ　借地借家法第22条前段若しくは第23条第1項若しくは大規模な災
　　　害の被災地における借地借家に関する特別措置法第7条第1項の定め
　　　があるときは，その定め

ヘ　ニに規定する場合において建物が借地借家法第 23 条第 1 項又は第
　　2 項に規定する建物であるときは，その旨
⑥取得された建物について，表題登記がないときは，その旨，⑦取得され
た建物について，表題登記があるときは，所有権の登記の有無，⑧建物及
びその敷地に関する権利を取得した者の氏名又は名称及び住所並びに当該
権利の種類及び当該権利を取得した者が 2 人以上であるときは当該権利を
取得した者ごとの持分を表示して嘱託しなければなりません（土地区画整理
登記令 16 条）。

第3　共有土地に関する登記

　換地計画において共同住宅区内の土地の共有持分を与えられるように定
められた宅地を有する者は，換地処分があった旨の公告がされた日の翌日
において，換地計画において定められたところにより，その土地の共有持
分を取得します（土地区画整理法 104 条 6 項，大都市地域における住宅及び住宅地
の供給の促進に関する特別措置法 16 条 4 項，被災市街地復興特別措置法 14 条 4 項）
が，この場合における登記の嘱託は，換地処分による土地の登記の嘱託と
併せてしなければなりません（土地区画整理登記令 21 条）。この場合の登記の
嘱託情報には，不動産登記令第 3 条各号に掲げられている事項のほか，①
共有土地の所有者の氏名又は名称及び住所，②共有土地の所有者が 2 人以
上であるときは，所有者ごとの持分，③換地計画において共有土地と定め
られた土地の上に既登記の地役権が存続すべきときは，土地区画整理登記
令第 5 条第 1 項各号に掲げる事項を表示して嘱託しなければなりません
（土地区画整理登記令 22 条 1 項）。

　そして，換地計画において共有土地と定められた土地の上に既登記の地
役権が存続すべき場合において，当該地役権設定の範囲が当該共有土地の
一部であるときは，地役権図面をも提供しなければなりません（土地区画
整理登記令 22 条 2 項）。

第6章　土地改良・土地区画整理に関する嘱託登記

第4　代位登記

　土地区画整理事業の施行者は，その事業の施行により登記を嘱託する場合において，必要があるときは，①所有者に代わって不動産の表題登記を，②登記記録の表題部に所有者として記録されている者若しくは所有権の登記名義人又はこれらの相続人その他の一般承継人に代わって不動産の表題部の登記事項に関する変更の登記又は更正の登記を，③登記名義人又は相続人その他の一般承継人に代わって登記名義人の氏名若しくは名称又は住所についての変更の登記又は更正の登記を，④登記記録の表題部に所有者として記録されている者の相続人その他の一般承継人に代わって所有権保存の登記を，⑤相続人その他の一般承継人に代わって相続その他の一般承継による所有権移転の登記を，それぞれ嘱託することができます（土地区画整理登記令2条）。

第7章　相続に関する登記の方法

第1節　総　説

　嘱託登記の前提として，相続による所有権移転等の登記を，官庁又は公署等が代位してしなければならない場合が多くあります。

　相続登記をするためには，適正な法令の適用と正確な相続人の確定が必要不可欠です。しかし，相続に適用されるべき法令は，旧民法制定当時から現在まで，数回にわたって変更されてきているため，戸（除）籍の謄（抄）本から相続人を探索し，確定するためには，ある程度戸籍に関する知識を有していなければなりません。ましてや，数次にわたって相続が開始しているにもかかわらず，その相続登記がされていない場合などにおいては，適正な法令の適用と相続人の確定は，容易なことではありません。

　そのため，数次にわたる相続登記がされていない，あるいは，所有者の所在が，そもそも不明である等の事情から，近年，所有者の所在の把握が難しい土地（以下「所有者の所在不明土地」といいます。）が増加しており，震災等の被災地での復興事業における用地取得若しくは一般的な公共事業等の実施に際して，用地買収に支障が生じている状況にあるといわれています。また，所有者の所在不明土地は，共有状態の場合がほとんどであり，そのために相続人を含めた関係者が多数に及んでいるものと推察され，復興事業，公共事業等の迅速な推進の妨げとなっています。

　このような状況下において，国は，所有者の所在不明土地の現状及び課題を整理し，当該土地の利活用の方法等，総合的な方策を公共用地，宅地，農林等の各分野で横断的に検討するため，平成27年4月から，国土交通省において，「所有者の所在の把握が難しい土地への対応方策に関す

第7章　相続に関する登記の方法

る検討会」を開催し，所有者の所在不明土地に対する行政機関や民間が主体となって行う公共事業については，土地収用手続，不在者財産管理制度等の活用，農地法，森林法等に定められた公示手続等によって処理した具体的な事例等を示しています。その詳細については，「所有者の所在の把握が難しい土地に関する探索・利活用のためのガイドライン」（日本加除出版・2016 年）を参照してください。

　本章においては，嘱託登記の前提としての相続登記に必要と考えられる範囲で，相続に適用されるべき法令及び相続を証する情報等について，説明します。

第2節　相続に適用される法令

第1　旧民法による相続

　旧民法（明治31年法律第9号）における相続には，家督相続と遺産相続とがあり，昭和 22 年 5 月 2 日以前（いわゆる応急措置法施行前）に開始した相続に適用されます（新民法附則25条1項）。ただし，例外として，家督相続が開始したものの，推定家督相続人がいないため，家督相続人を選定しなければならなかった場合において，家督相続人（戸主）を昭和 22 年12 月 31 日までに選定しなかったときは，その相続に関しては，新民法（昭和22年法律222号）を適用するものとされています（民法附則25条2項本文）。

1　家督相続

　家督相続とは，血族集団である「家」を統率する戸主（家長）の地位及び戸主の有する財産を承継する制度であり，戸主の地位を承継した者が，前戸主の地位と財産を単独で相続することになります。

　したがって，この家督相続においては，いわゆる生前相続（後掲①の(イ)から(オ)）が認められていました（旧民法964条）。

392

第2節　相続に適用される法令

　なお，この場合の登記原因は，「家督相続」であり，その日付は，家督
相続の日です。

① 　家督相続の開始事由（旧民法964条）

　㋐　戸主の死亡

　㋑　戸主の隠居

　㋒　戸主の国籍喪失

　㋓　戸主が婚姻又は養子縁組の取消しにより家を去ったとき

　㋔　女戸主の入夫婚姻又は入夫の離婚

② 　家督相続の種類及び順位

　第1順位　直系卑属（男子，嫡出子優先）（法定）（旧民法970条。法定
　　　　推定家督相続人）

　第2順位　被相続人の遺言による指定（指定）（旧民法981条）

　第3順位　被相続人の家族の選定（選定）（旧民法982条。第一種選定家
　　　　督相続人）

　　　　選定される順序は，①家女たる妻，②兄弟，③姉妹，④家
　　　女ならざる配偶者，⑤兄弟姉妹の直系卑属

　第4順位　直属尊属（親等の近い者，男子優先）（法定）（旧民法984
　　　　条）

　第5順位　親族会での選定（選定）（旧民法985条。第二種選定家督相続
　　　　人）

　　　　選定される順序は，①被相続人の親族・家族・分家の戸
　　　主・本家又は分家の家族，②その他

2　遺産相続

① 　遺産相続の開始事由（旧民法992条）

　遺産相続は，戸主以外の家族の死亡（家族が国籍を喪失した場合
に，遺産相続が開始しないことについては，新民法と同じです）に
よって開始します。

　この場合の登記原因は，「遺産相続」であり，その日付は，遺産相

393

第7章 相続に関する登記の方法

続開始の日，すなわち，その家族の死亡の日です。

② 遺産相続の順位

第1順位 直系卑属（親等の近い者が優先，親等が同じ者は共同相続）

（旧民法994条）

第2順位 配偶者（以下第4順位まで旧民法996条）

第3順位 直系尊属（親等の近い者が優先，親等が同じ者は共同相続）

第4順位 戸主

第2 応急措置法による相続

昭和22年5月3日から昭和22年12月31日までの間に開始した相続については，応急措置法（日本国憲法の施行に伴う民法の応急的措置に関する法律）及び旧民法の遺産相続の規定が適用されます。新民法の規定とおおむね同趣旨のものですが，兄弟姉妹については，代襲相続を認めていません。

この場合の登記原因は，「相続」であり，その日付は被相続人の死亡の日，すなわち，相続開始の日です。

第3 民法附則第25条第2項本文の場合の相続

上記第1で説明したとおり，応急措置法施行前に家督相続が開始し，新民法施行後に旧民法によれば家督相続人を選定しなければならない場合には，その相続には，新民法が適用されます。この場合の登記原因は，「民法附則第25条第2項本文による相続」であり，その日付は，戸主の死亡の日です。

第4 新民法による相続

昭和23年1月1日以降に開始した相続については，すべて新民法（以下，条文の掲示に当たっては，「民法」と表示します。）が，適用されます。なお，被相続人が応急措置法施行の際における戸主であり，かつ，婚姻又は養子縁組により他家から入った者である場合には，家附の継子は嫡

394

出子と同じ相続権を有する（民法附則26条1項）ので，注意を要します。

新民法における相続の登記原因は，「相続」であり，その日付は，被相続人の死亡の日です。

1　相続開始の原因及び時期

人が死亡すると，その人（死亡者を被相続人と称します。民法883条，887条ほか）に属していた財産上の権利義務は，特定の人（相続人。民法887条ほか）によって包括的に承継されます。すなわち，新民法においては，死亡のみが相続開始の原因となります（民法882条，896条本文）。したがって，旧民法で認められていた隠居等による生前相続は認められず，また，国籍の喪失によっても，相続は開始しません。ただし，被相続人に専属したもの（例えば，委任のように，その人の死亡によって消滅する権利義務関係）についての相続は，認められません（民法896条ただし書）。また，失踪宣告があった場合には，死亡が擬制されますから，相続開始の原因となります（民法31条）。

相続開始の時期は，被相続人の死亡の時（瞬間）です。また，失踪宣告の場合は，失踪期間の満了した時又は危難の去った時です（民法31条）。この死亡の時等は，戸籍簿で死亡者の身分事項欄に記載又は記録された年月日時分により確認することができます（戸籍法86条2項）。

なお，相続開始の時期は，相続人の決定（民法887条，889条その他），その資格ないし能力の決定（民法886条，887条その他），相続財産又は遺留分の決定（民法896条，1028条その他），相続に関する時効の進行（民法884条）等に関連して重要です。

被相続人と相続人が同時に死亡した場合における相続関係については，従来から議論のあるところでしたが，昭和37年法律第40号による民法の一部改正により，同時死亡の推定に関する規定が新設され，被相続人と相続人間においては，相続が行われないこととなりました（民法32条の2，887条2項・3項）。

第7章　相続に関する登記の方法

2　相続開始の場所

　相続は，被相続人の住所において開始されます（民法883条）。この住所は，当然に，民法第22条以下に規定する住所と同一であり，被相続人の最後の住所です。

　相続開始の場所は，訴訟（民事訴訟法4条）や家事審判事件（家事事件手続法4条）の管轄の基準となる場合に関して重要ですが，相続登記に関しては，あまり問題はありません。なお，共同相続が数次にわたって行われた場合に，死亡している中間の相続人のために相続による登記をする場合の当該相続人の住所を証する情報としては，最後の住所を証する情報を提供するものとされています（昭和32・6・28民事甲第1218号民事局長回答＝403頁）。

3　新民法における相続の態様

　(A)　相続人が一人で，被相続人の財産（不動産）を単独で相続する場合

　(B)　相続人が複数で，その全員が，被相続人の財産（不動産）を共同相続する場合

　　　各相続人が，法定相続分に応じて共同相続する場合であって，遺産分割や相続放棄等がない場合です。なお，法定の相続順位及び相続分は，次のとおりです。

　①　昭和55年12月31日までに開始した相続

　　　第1順位　配偶者と子……（配偶者3分の1，子3分の2）

　　　第2順位　配偶者と直系尊属……（それぞれ2分の1）

　　　第3順位　配偶者と兄弟姉妹……（配偶者3分の2，兄弟姉妹3分の1）

　　　なお，(イ)第1順位と第3順位の相続については，代襲相続（相続人が既に死亡している場合，その相続人の直系卑属が代わって相続ができる）が認められます。(ロ)嫡出でない子の相続分は，嫡出子の2分の1です。(ハ)父母の一方のみを同じくする兄弟姉妹の

相続分は，双方を同じくする兄弟姉妹の２分の１です。㈡相続分
は，被相続人の遺言で法定相続分と異なる定めをすることができ
ます。

② 昭和56年1月1日以降開始した相続

第１順位　配偶者と子……（配偶者２分の１，子２分の１）

第２順位　配偶者と直系尊属……（配偶者３分の２，直系尊属３
分の１）

第３順位　配偶者と兄弟姉妹……（配偶者４分の３，兄弟姉妹４
分の１）

　なお，昭和55年法律第51号をもって民法の一部が改正され，
昭和56年1月1日以降開始した相続に適用されることとなった
ものは，法定相続分の変更のみではなく，その他の点について
も，若干の改正がされています。参考までに相続分のほかの改正
の主な点を挙げれば，(i)被相続人の遺産形成に寄与した相続人に
は，「寄与分」として遺産の一部をあらかじめ控除して与えるこ
とができることとされました。その額は，相続人間の協議あるい
は家庭裁判所の審判で定めます（民法904条の２）。(ii)被相続人の
兄弟姉妹がすでに死亡している場合，代わって相続できる範囲を
その子供一代限り，すなわち，被相続人のおい・めいまでに限る
ものとされました（民法889条２項）。(iii)遺言によって相続人と相
続額が指定された場合でも，被相続人の父母だけが相続する場合
は３分の１，兄弟姉妹以外のその他が相続人となっているときは
２分の１を「遺留分」として取り戻すことができることとされま
した（民法1028条）。

　以上のとおり，前掲①の㈢及び㈡については従前どおり変更は
ありませんが，㈣については，次のとおり，変更されました。

③ 「嫡出でない子の相続分は嫡出である子の２分の１とする」旨
の規定の見直し

第7章　相続に関する登記の方法

　嫡出でない子の相続分を嫡出である子の相続分と同等とすることを内容とする「民法の一部を改正する法律」（平成25年法律第94号。以下「平成25年改正法」といいます。）が，平成25年12月11日に公布・施行（平成25年改正法附則1項）されました。

　改正前の民法900条4号は，そのただし書において，「ただし，嫡出でない子の相続分は，嫡出である子の2分の1とし，……」と規定していました。この規定の合憲性について，最高裁は，従来から，当該規定の立法理由は，法律婚の尊重と嫡出でない子の保護を図るという合理的な根拠に基づくものであり，合理的理由のない差別とはいえず，憲法14条1項に違反するものといえない（平成7年7月5日最高裁大法廷決定・民集49巻7号1789頁）とし，その後も，当該決定を踏襲する判断が示されてきました（平成12年1月27日最高裁第一小法廷判決・判例時報1707号121頁，平成15年3月28日最高裁第二小法廷判決・判例時報1820号62頁等）。

　しかしながら，平成13年7月に死亡した被相続人の遺産分割審判に係る特別抗告事件について，最高裁大法廷は，平成25年9月4日，従来の最高裁の判断を変更するものではないものの，昭和22年から現在に至るまでの社会の動向，我が国における家族の多様化等の事情を総合的に考慮すると，「父母が婚姻関係になかったという，子にとっては自ら選択ないし修正する余地のない事柄を理由としてその子に不利益を及ぼすことは許されず，子を個人として尊重し，その権利を保障すべきであるという考えが確立されてきている」として，遅くとも上記特別抗告事件の相続開始時である平成13年7月当時において，当該ただし書の規定は，憲法14条1項に違反し，無効である旨の決定をしました。

　そのため，上記の最高裁決定を受けて，平成25年改正法において，改正前の民法900条4号ただし書の規定のうち，「嫡出でない子の相続分を嫡出である子の2分の1とする」部分が削除す

ることにより，嫡出でない子の相続分は，嫡出である子の相続分と同等とすることとされました。

　なお，改正後の民法の規定は，上記最高裁決定の翌日である平成 25 年 9 月 5 日以後に開始した相続について適用されることとされていますが（平成 25 年改正法附則 2 項），平成 25 年 9 月 4 日以前に開始した相続については，何ら規定していません。しかしながら，上記最高裁決定においては，「本件規定は，遅くとも平成 13 年 7 月当時において，憲法 14 条 1 項に違反していたものというべきである」旨が判示されるとともに，先例としての事実上の拘束性については，「憲法に違反する法律は原則として無効であり，……，本件規定は，……，本決定の先例としての事実上の拘束性により，上記当時以降は無効であることとなり，また，本件規定に基づいてされた裁判や合意の効力等も否定されることになろう」とされつつも，「本件規定を前提としてされた遺産の分割の審判その他の裁判，遺産の分割の協議その他の合意等により確定的なものとなった法律関係に影響を及ぼすものではない」とされています。

　したがって，平成 13 年 7 月から平成 25 年 9 月 4 日までの間に開始した相続について，遺産分割の審判の確定若しくは遺産分割の調停又は協議が成立していることにより，その法律関係が確定的なものとなっている場合には，改正前の嫡出でない子の相続分を嫡出である子の 2 分の 1 とする規定を前提とする取扱いがされていたとしても，その取扱いが影響を受けることはなく，無効となるものではありません。一方，その法律関係が確定的なものでない場合には，本決定に従って，嫡出である子と嫡出でない子の相続分は同等として取り扱われることになります。

　「民法の一部を改正する法律の施行に伴う不動産登記等の事務の取扱いについて」は，後掲の民事局長通達（平成 25 年 12 月 11 日

第 7 章　相続に関する登記の方法

民二第 781 号民事局長通達 = 404 頁）を参照してください。

(C)　遺産の分割の場合

相続人が数人いるときは，相続財産は，その相続分に応じて数人の相続人の共有となります（民法 898 条）。しかし，この段階においては，各共同相続人は，遺産全体について，2 分の 1，3 分の 1 といった包括的な権利を有しているにすぎず，遺産を構成する個々の財産，例えば，何番の土地，何番地所在の建物，何銀行の預金等を，具体的に誰が相続するかは，決まっていません。これを決定するのが，「遺産の分割」です。

①　分割の方法

分割の方法としては，共同相続人間の協議（民法 907 条 1 項），審判又は調停（民法 907 条 2 項）及び遺言（民法 908 条）があります。

(ア)　協議

共同相続人全員の協議によって，遺産を分割します（「遺産分割協議書」書式 = 415 頁）。

(イ)　審判又は調停

上記の協議が調わないとき又は協議をすることができないときは，各共同相続人は，家庭裁判所に遺産分割の申立てをすることができます。

(ウ)　遺言

被相続人は，遺言で，分割の方法を定め，若しくはこれを定めることを第三者に委託することができます。このような遺言があった場合には，共同相続人間による協議，裁判所への遺産分割の申立ては，することができません。

②　遺産分割の効果

遺産分割は，相続開始の時にさかのぼってその効力を生じます（民法 909 条）。したがって，相続人は，遺産分割によってその帰属が決まった具体的財産を，被相続人から直接取得したことになりますから，遺産分

割による相続の登記は，共同相続の登記を経ることなく，直接すること
ができます（昭和19・10・19民事甲第692号民事局長回答＝406頁）。遺産分割
の割合は，協議によって任意に定めることができ（昭和28・4・25民事甲
第697号民事局長通達＝406頁），また，共同相続人中の一人が，相続財産
の分割を受けない旨の意思表示をしている場合でも，当該遺産分割の協
議に基づく相続登記の申請は，受理できるものとされています（昭和
32・4・4民事甲第689号民事局長通達＝408頁）。

　なお，既に共同相続の登記がされた後，遺産分割の協議が成立した場
合の登記は，「遺産分割」を原因とする所有権移転の登記によるものと
されています（昭和28・8・10民事甲第1392号民事局長電報回答＝408頁）。

⑷　相続の放棄

　相続の放棄は，相続人が，いったん生じた相続の効果を，相続開始の時
にさかのぼって消滅させることです（民法939条）。

　①　放棄の方法

　　　相続の放棄は，相続のあったことを知った時から3か月以内に，家
　　庭裁判所に申述し，これが受理されると成立します（民法915条，938
　　条）。

　②　放棄の効果

　　㈠　相続の放棄をした相続人は，その相続に関しては，初めから相続
　　　人でなかったものとみなされます（民法939条）。

　　㈡　相続を放棄した者に直系卑属があっても，その者が，代襲相続人
　　　となることはありません。

⑸　特別受益者のある場合

　　　共同相続人中に，被相続人から，遺贈を受け，又は婚姻若しくは養子
　　縁組のため若しくは生計の資本として贈与を受けた者があるときは，被
　　相続人が相続開始の時に有していた財産の価額に，その贈与の価額を加
　　えたものを相続財産とみなし，相続分の中からその遺贈又は贈与の価額
　　を控除した残額をもって，その者の相続分とする（民法903条1項）ので

第7章　相続に関する登記の方法

あり，もし，遺贈又は贈与の価額が，相続分の価額に等しく，又はこれを超えるときは，受遺者又は受贈者は，被相続人の死亡によって開始した相続に関して，その受けるべき相続分がないことになります（民法903条2項）。

　相続に関して上記のような受遺者又は受贈者（これらの者を「特別受益者」といいます。）があり，特別受益者が受けるべき相続分が存しない場合に，特別受益者からの相続分のないことを証する情報（「特別受益証明書」書式＝416頁）を提供して，他の共同相続人から相続登記の申請がされたときには，当該登記申請は，受理されることになります。なお，この場合において，特別受益を証する情報が真正であることの担保として，特別受益者の印鑑証明書を提出するのが登記実務における取扱いですが，この印鑑証明書は，事実を証明するものですから，令第16条第3項（作成後3か月以内のものに限る旨の規定）の適用はありません。

(F)　寄与分がある場合

　共同相続人中に，被相続人の事業に関する労務の提供又は財産上の給付，被相続人の療養看護その他の方法により被相続人の財産の維持又は増加について特別の寄与をした者があるときは，被相続人が相続開始の時に有していた財産の価額からその者の寄与分を控除したものを相続財産とみなし，それぞれの相続分を算出した上，その相続分に寄与分を加えた額をもってその者の相続分とするものとされています（民法904条の2第1項）。寄与分は共同相続人間の協議で定めるものとされていますが，その協議が調わないとき，又は協議をすることができないときは，寄与をした者の請求により，家庭裁判所が定めるものとしています（民法904条の2第2項）。

　この寄与分に関する規定は，上記の(B)②で説明したとおり，昭和55年法律第51号による民法の一部改正によって追加されたものです。

(G)　遺言で相続分の指定があった場合

　被相続人は，遺言で，共同相続人の相続分を定め，又はこれを定める

ことを第三者に委託することができます（民法902条1項本文）。ただし，被相続人又は委託された第三者は，遺留分に関する規定（民法1028条）に違反して，相続分を定めることはできません（民法902条1項ただし書）。もし，これに違反して相続分が定められた場合は，遺留分権利者は，他の相続人に対し遺留分減殺の請求（民法1031条）をすることができます。また，被相続人が，共同相続人中の一人若しくは数人の相続分のみを定め，又は第三者に定めさせたときは，他の共同相続人の相続分は，法定相続分によることになります（民法902条2項）。

(H) 代襲による相続

被相続人が死亡する以前に，相続人が死亡し，又はその相続権を失った（廃除され，若しくは欠格事由があるため）ときは，その者の子が，その者に代わって，その者が受けるはずだった相続分を承継します。これを代襲相続といい，代襲すべき子に代襲原因があるときは，さらにその子が再代襲することになります（民法887条2項・3項）。

なお，上記の(B)②で説明したとおり，昭和56年1月1日以降開始した相続においては，被相続人の兄弟姉妹が相続人となるにもかかわらず，それらの者がすでに死亡している場合，代襲して相続ができるのは，その子供一代限り，すなわち，被相続人のおい・めいまでに限られています（民法889条2項，887条2項）。

◉昭和32年6月28日民事甲第1218号民事局長回答

〔住所証明書の提出の要否について〕　共同相続が数次行われた場合，中間の登記である死亡者のためにする相続登記の申請書には，不動産登記法施行細則第四十一条ノ二の登記権利者は申請人である相続人であり，死亡者は登記権利者に該当しないものと考えられるので，死亡者の住所を証する書面の添付は要しないものと考えますが，いささか疑義がありますので，何分の御回示を御願いいたします。

（回答）　本月十五日付登第二二四号で照会のあつた標記の件については，死亡者の最後の住所を証する書面の提出を要するものと考える。

第7章　相続に関する登記の方法

⦿平成25年12月11日民二第781号民事局長通達

〔民法の一部を改正する法律の施行に伴う不動産登記等の事務の取扱いについて〕

　民法の一部を改正する法律（平成25年法律第94号。以下「改正法」という。）が本日から施行されることとなりましたので，これに伴う不動産登記等の事務の取扱いについては，下記の点に留意するよう，貴管下登記官に周知方お取り計らい願います。

　なお，この通達中，「旧民法」とあるのは改正法による改正前の民法（明治29年法律第89号）を，「新民法」とあるのは改正法による改正後の民法をいいます。

記

第1　改正法の概要

　1　趣旨

　　　改正法は，旧民法第900条第4号ただし書の規定のうち嫡出でない子の相続分を嫡出である子の相続分の2分の1とする部分（以下「本件規定」という。）は憲法違反であるとの最高裁判所平成25年9月4日決定（平成24年(ク)第984号及び第985号。以下「最高裁決定」という。）があったことに鑑み，本件規定を削除し，嫡出でない子の相続分を嫡出である子の相続分と同等とするものである。

　2　施行期日

　　　改正法は，公布の日（本日）から施行するとされた（改正法附則第1項）。

　3　経過措置

　　　改正法は，最高裁決定のあった日の翌日である本年9月5日以後に開始した相続について適用するとされた（改正法附則第2項）。

　　　なお，改正法附則第2項の規定は，同月4日以前に開始した相続については，何ら規定するものではない。

第2　不動産登記等の事務の取扱い

　1　本年9月5日以後に開始した相続を原因とする不動産登記等について

　　　新民法の規定を適用して，事務を処理すれば足りる。

第2節　相続に適用される法令

2　本年9月4日以前に開始した相続を原因とする不動産登記等に
ついて

(1)　最高裁決定の判示する本件規定に係る憲法適合性の判断基準
時及び先例としての事実上の拘束性

第1の3なお書きのとおり，改正法附則第2項は，本年9月
4日以前に開始した相続について何ら規定するものではない
が，最高裁決定においては，「本件規定は，遅くとも平成13年
7月当時において，憲法14条1項に違反していたものという
べきである」旨が判示されるとともに，先例としての事実上の
拘束性についても判示され，「憲法に違反する法律は原則とし
て無効であり，その法律に基づいてされた行為の効力も否定さ
れるべきものであることからすると，本件規定は，本決定によ
り遅くとも平成13年7月当時において憲法14条1項に違反し
ていたと判断される以上，本決定の先例としての事実上の拘束
性により，上記当時以降は無効であることとなり，また，本件
規定に基づいてされた裁判や合意の効力等も否定されることに
なろう」とされつつ，「本件規定を前提としてされた遺産の分
割の審判その他の裁判，遺産の分割の協議その他の合意等によ
り確定的なものとなった法律関係に影響を及ぼすものではな
い」とされている。

(2)　最高裁決定の判示を踏まえた事務の取扱い

ア(ア)　本日以降にされる不動産登記等の申請（代位によるもの
を含む。）若しくは嘱託（以下「申請等」という。）又は本
日現在において登記若しくは却下が未了の申請等であっ
て，平成13年7月1日以後に開始した相続における法定
相続（遺言や遺産分割等によることなく，被相続人の法定
相続人となったこと自体に基づき，民法の規定に従って法
定相続分に応じて不動産等を相続したことをいう。以下同
じ。）に基づいて持分その他の権利を取得した者を表題部
所有者又は登記名義人とする登記をその内容とするものに
ついては，嫡出でない子の相続分が嫡出である子の相続分
と同等であるものとして，事務を処理するものとする。

(イ)　本日以降にされる申請等又は本日現在において登記若し

405

第7章　相続に関する登記の方法

くは却下が未了の申請等であって，平成13年7月1日以
後に開始した相続における法定相続以外の遺言や遺産分割
等に基づいて持分その他の権利を取得した者を表題部所有
者又は登記名義人とする登記をその内容とするものについ
ては，当該遺言や遺産分割等の内容に従って事務を処理す
れば足りる。
イ　本日以降にされる申請等又は本日現在において登記若しく
は却下が未了の申請等であって，平成13年7月1日以後に
開始した相続における法定相続に基づいて持分その他の権利
を取得した者を表題部所有者又は登記名義人とする登記に係
る更正の登記をその内容とするもの等，ア(ア)及び(イ)以外の申
請等については，当該申請等に係る登記の原因に応じて，当
該登記の内容が上記最高裁決定の判示する「本件規定を前提
としてされた遺産の分割の審判その他の裁判，遺産の分割の
協議その他の合意等により確定的なものとなった法律関係」
に基づくものであるかどうか等を判断し，事務を処理するも
のとする。

◉昭和19年10月19日民事甲第692号民事局長回答

数人ノ為遺産相続開始シタル後各相続人間ニ於テ遺産分割ノ合意ア
リタル場合ニ於ケル不動産ニ関スル権利取得ノ登記ノ取扱方ニ付テハ
左記両説有之候処甲説ヲ相当ト思考致候得共聊疑義有之候ニ付何分ノ
御回示相煩度此段及禀伺候也

記

甲説　共同遺産相続ノ登記ヲ為スコトナク直チニ分割後ニ於ケル各単
独所有名義ニ遺産相続ニ因ル取得ノ登記ヲ為スコトヲ得ルモノトス
乙説　共同遺産相続ノ登記ヲ為シタル後分割ニ因ル取得ノ登記ヲ為ス
ヘキモノトス
（回答）　貴見ノ通ト思考致候条此段及回答候也

◉昭和28年4月25日民事甲第697号民事局長通達

〔登記事務取扱について〕標記の件について，別紙甲号の通り長崎地
方法務局長から照会があつたので，別紙乙号の通り回答したから，こ

406

の旨貴管下登記官吏に周知方しかるべく取り計らわれたい。

（別紙甲号）左記につき聊か疑義がありますので，何分の御指示をお願いします。

記

一，遺産分割の割合は，持分の割合により定むるを本則とするも，協議を以て持分の割合にかかわらず任意に之を定むることができるとの見解から最近右本則と著しく異なる例えば，同等の権利を有する甲，乙，丙が，甲は不動産全部（此評価金弐百万円）乙，丙は現金壱万円宛を各取得するとの遺産分割の協議をなし，該協議書を添付甲単独名義に相続登記申請をなす事例が多くなつたが，かかる申請と雖も受理するを相当とするや。

二，右の場合共有持分の一部の放棄があつたものと看做し，その遺産分割の協議は有効であると解すべきであるとすれば，乙，丙の「自分等は遺産分割の協議によつて遺産の内から金壱万円宛の分配を受けたから不動産に関する持分は放棄する」旨の持分放棄証書を添付し甲単独名義で相続登記申請があつた場合も同様受理して差支えないようにも考えられるが，如何でしようか。

三，民法第八二六条の「親権者と子の利益相反行為」は個々の行為により判断すべきものと考えられるが，遺産分割の場合その協議書の内容について「利益相反する行為であるか否か」の判定は登記官吏の審査権に属するや，属するとせば如何なる基準に基き判断すべきか。

（別紙乙号）昭和二十八年三月十八日付登第六〇号で照会のあつた標記の件については，次のように考える。

記

一，受理してさしつかえない。

二，受理すべきでない。

三，前段，積極に解すべきである。後段，親権者とその親権に服する子とが共同相続人である場合及び同一の親権者の親権に服する数人の子が共同相続人である場合において，遺産分割の協議をすることは，利益相反行為になる。

第7章　相続に関する登記の方法

⦿昭和32年4月4日民事甲第689号民事局長通達

〔相続財産の分配を受けない者がある遺産分割協議書を添付した場合の相続登記の受否について〕

　標記の件について，別紙甲号のとおり大分地方法務局長から照会があつたので，別紙乙号のとおり回答したから，この旨貴管下登記官吏に周知方しかるべく取り計らわれたい。

（別紙甲号）　共同相続人中の甲が，遺産分割の協議において，相続財産の分割を受けない旨の意思を表示し，遺産を他の共同相続人のみで取得することに協議が成立した場合，これに基く協議書（甲の署名捺印のあるもの）を添付して相続登記の申請があつたときは，右協議は遺産分割の精神に反するものとして受理すべきでないと考えるが，受理説もあるので，至急何分の御指示をお願いします。

（別紙乙号）　昭和三十一年十月二十六日付登第五六九号で照会のあつた標記の件については，「相続財産の分割を受けない旨」の意思は，消極財産をも承継しない旨の相続放棄と限定して解釈すべきでないから，受理してさしつかえないものと考える。

⦿昭和28年8月10日民事甲第1392号民事局長電報回答

〔不動産登記法第二十六条の適用について〕相続により数人のため既に共同相続の登記がなされている物件につき遺産分割協議書による所有権移転登記の申請は，不動産登記法第二十六条によるべきか，同法第二十七条によるべきか至急御指示を請う。

（回答）　不動産登記法第二十六条によるのを相当とする。

第3節　相続を証する情報（書面等）

　登記原因が「相続」である場合，相続の登記の申請情報には，相続を証する市町村長が職務上作成した情報（公務員が職務上作成した情報がない場合にあっては，これに代わるべき情報）を提供する（令別表22の項添付情報欄）ことになっていますが，この情報としては，戸（除）籍の謄抄本（戸籍が磁気ディスクをもって調製されているときは，記録事項証明書。

第3節　相続を証する情報（書面等）

以下同じ。）を提供するのが，通例となっています。

　共同相続人中，一部の者が相続する場合は，戸（除）籍の謄抄本のほか
に，相続放棄の申述の受理証明書（417・418頁参照），遺産分割協議書（415
頁参照），若しくは特別受益者の相続分のないことの証明書（416頁参照）等
を相続を証する情報の一部として提供することを要します。

　また，被相続人の死亡の記載のある戸（除）籍謄本から，当該謄本上の
相続人以外に，なお他の相続人の存在の可能性が推測される場合には，そ
の存否を確定する必要があります。したがって，被相続人が明治生まれの
場合などにおいては，相続人を戸籍の記載から探索し確定するには，かな
りの戸（除）籍を調査しなければならないことになります。

　ところで，除籍等の一部が，廃棄処分又は戦災，焼失若しくは災害等に
より滅失したことにより，当該謄本の一部を提供することができない場
合，従来の登記実務の取扱いおいては，当該謄本の一部に代えて，滅失等
により「除籍等の謄本を交付することができない」旨の市町村長が作成し
た証明書（以下「廃棄証明書」といいます。），及び「他に相続人はない」
旨の相続人全員による印鑑証明書付の証明書（昭和44年3月3日民事甲第373
号民事局長回答＝410頁），又は判決の理由中において，被相続人の相続人
は，当該相続人らのみである旨の認定がされている確定判決の正本の写し
（平成11年6月22日民三第1259号民事局第三課長回答＝411頁）を提供するもの
とされていました。

　しかしながら，「他に相続人はない」旨の証明書は，一方で，事案に
よっては，相続人が必ずしも周知しているとは限らない事実を証明させる
ものに他なりません。すなわち，相続による所有権移転の登記等が，長期
間にわたってされていない場合には，当該証明書を作成する相続人と被相
続人との関係が数世代に及ぶこともあることから，直系尊属の除籍謄本が
ない時代の親族関係が全く分からないため，相続人には，「他に相続人は
ない」旨の証明をする知識もなければ，その立場にもないとして，当該証
明書の作成自体を拒み，又は作成はしたものの押印若しくは印鑑証明書の

第7章　相続に関する登記の方法

添付を嫌がるといった事例が，散見されるようになりました。また，第1節で説明したとおり，数次にわたる相続登記がされていない所有者の所在不明土地の増加は，復興事業，公共事業等の迅速な推進の妨げとなっていることから，その早急な解消が望まれます。

　そこで，法務省は，従来の取扱いを改め，戸籍及び残存する除籍等の謄本に加え，上記の廃棄証明書が提供されていれば，「他に相続人はない」旨の証明書の提供がなくても，すべての場合において，当該相続登記をして差し支えない（平成28年3月11日民二第219号民事局長通達＝412頁）としました。

　なお，相続登記の場合は，これらの戸（除）籍の謄抄本及び所定の相続関係説明図を提供することによって，登記完了後に当該戸（除）籍の謄抄本について，原本還付が受けられる（昭和39・11・21民事甲第3749号民事局長通達＝412頁）取扱いとされています。したがって，官庁又は公署が不動産を取得する等の登記の前提登記として，相続の登記を代位嘱託する場合において，相続関係説明図の末尾に，嘱託者が，「右は相続関係人に相違ない」旨の証明文を付した場合であっても，相続証明書類の原本の提出を省略することはできない（昭和42・12・14民事甲第3646号民事局長回答＝414頁）ものとされています。

　また，新法下における取扱いにおいて，相続関係説明図を提供することによって原本還付が認められるのは，戸籍の謄本又は抄本及び除籍謄本についてのみとされています。したがって，その他の相続を証する情報である遺産分割協議書，特別受益証明書等については，その書面の謄本を作成して提供しなければ，原本還付を受けることができないこととなっています（平成17・2・25民二第457号民事局長通達記の第1・7＝414頁）ので，注意を要します。

◉昭和44年3月3日民事甲第373号民事局長回答

〔壬申戸籍の添付を欠く登記嘱託手続について〕　みだしのことについ

第3節　相続を証する情報（書面等）

て，神戸市に於ては，貴省の認可を得て，壬申戸籍の廃棄処分を行な
つたため，公簿として存在していません。

このため，当市が代位による相続登記を嘱託するに際し，相続を証す
る書面として，これを添付することができません。

つきましては，これが登記嘱託手続方についてご教示賜わりたくご照
会申しあげます。

（回答）

客年9月18日付神土庶第774号をもつて照会のあつた標記の件につ
いては，「廃棄処分により除籍謄本を添付できない」旨の貴職の証明
書及び「他に相続人はない」旨の相続人全員の証明書（印鑑証明書
付）を添付する取扱いによってさしつかえないものと考えます。

⦿平成11年6月22日民三第1259号民事局第三課長回答

〔弁護士法第23条の2に基づく照会（戦災等により除籍謄本を相続を
証する書面として添付することができない場合における相続登記の添
付書面）について〕

判決に基づき時効取得を原因として土地の所有権移転の登記をする場
合，その前提として相続登記が必要とされているが，代位により相続
登記を申請するに当たり，相続を証する書面たる除籍簿の一部が戦災
消失しているため添付できない。

このような場合，昭和44年3月3日付け民甲第373号民事局長回答
によらず，判決書又は原告の「一切の責任を持つ」旨の上申書をもっ
て他に相続人がいないことの証明に代えられないか，また，代えられ
ないとすれば，登記を実現するためにどのような書類を添付するべき
か。（事例）（略）

（回答）

平成11年4月26日付け整理番号（19号）をもって照会のあった標
記の件について，下記のとおり回答します。

　　　　　　　　記

照会に係る事案の場合には，戸籍，除籍等の謄抄本，「火災焼失によ
り除籍謄本を添付することができない」旨の市町村長の証明書，確定
判決の正本の写し及び過去帳に基づく寺の証明書のほか，「他に相続
人はいない」旨の相続人全員の証明書（印鑑証明書付き）を添付する

第7章　相続に関する登記の方法

のが相当であると考えます。ただし，確定判決の理由中において甲の
相続人は当該相続人らのみである旨の認定がされている場合は，相続
人全員の証明書に代えて，当該確定判決の正本の写しを相続を証する
書面として取り扱って差し支えないものと考えます。
　なお，原告たる申請人の「一切の責任を持つ」旨の上申書をもって他
に相続人がいない旨の証明書に代える取扱いはできないものと考えま
す。

◉平成28年3月11日民二第219号民事局長通達
〔除籍等が滅失等している場合の相続登記について（通達）〕
　相続による所有権の移転の登記（以下「相続登記」という。）の申請
において，相続を証する市町村長が職務上証明した情報（不動産登記
令（平成16年政令第379号）別表の22の項添付情報欄）である除籍又
は改製原戸籍（以下「除籍等」という。）の一部が滅失等しているこ
とにより，その謄本を提供することができないときは，戸籍及び残存
する除籍等の謄本のほか，滅失等により「除籍等の謄本を交付するこ
とができない」旨の相続人全員による証明書（印鑑証明書添付）の提
供を要する取扱いとしています（昭和44年3月3日付け民事甲第373号
当職回答参照）。
　しかしながら，上記回答が発出されてから50年近くが経過し，「他に
相続人はない」旨の相続人全員による証明書を提供することが困難な
事案が増加していることなどに鑑み，本日以降は，戸籍及び残存する
除籍等の謄本に加え，除籍等（明治5年式戸籍（壬申戸籍）を除く。）
の滅失等により「除籍等の謄本を交付することができない」旨の市町
村長の証明書が提供されていれば，相続登記をして差し支えないもの
としますので，この旨貴管下登記官に周知方お取り計らい願います。
　なお，この通達に抵触する従来の取扱いは，この通達により変更した
ものと了知願います。

◉昭和39年11月21日民事甲第3749号民事局長通達
〔申請書の添付書類の還付について〕　相続による権利移転の登記及び
相続人よりするその他の登記の申請書に添付された不動産登記法第四
十一条もしくは第四十二条の規定による書面（戸（除）籍の謄（抄）

第3節　相続を証する情報（書面等）

本，特別受益者の証明書，遺産分割の協議書（遺産分割の審判書（又は調停調書）を含む。）等）の原本還付を請求する場合において，その謄本に代え，別紙の振り合いで作成された「相続関係説明図」を提出した場合には，便宜原本還付の取扱をしてさしつかえないものと考えるので，この旨貴管下登記官に周知方しかるべく取り計らわれたい。
（別　紙）

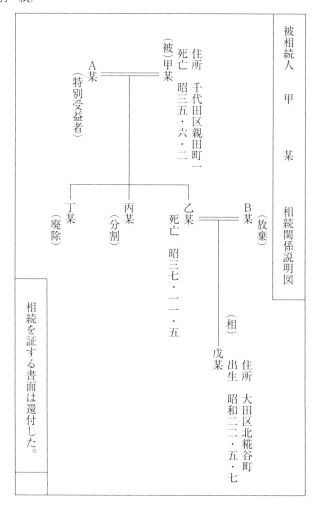

第7章 相続に関する登記の方法

◉昭和 42 年 12 月 14 日民事甲第 3646 号民事局長回答

〔官公署が不動産を取得する登記の前提登記を嘱託する場合の相続を証する書面の取扱いについて〕　当局事務能率研究会から，左記の要望がありましたが，当職としては，事務の能率向上に役立つこと，官公署も相続人を確認の上，対価の支払いをしていることから相続人を誤ることは，ほとんどないこと等に鑑み，このような取り扱いを認めてはどうかと考えますが，いささか疑義がありますので何分の御指示を願います。

記

官公署が不動産を取得する場合の前提登記として提出する相続登記申請書に添付の相続関係説明図の末尾に嘱託者の「右は相続関係人に相違ない」旨の証明文がある場合には，便宜不動産登記法（編注：平成 16 年法律第 123 号による改正前の不動産登記法）第四一条もしくは第四二条の規定による書面と認め相続証明書類の原本の提出を要しない取り扱いとすること。

（回答）　本年八月七日付日記登第二二八号で問合せのあつた標記の件については，所問の書面を不動産登記法第四十一条又は第四十二条の規定による書面と認めることは相当でないと考える。

◉平成 17 年 2 月 25 日民二第 457 号民事局長通達（抄）

〔不動産登記法の施行に伴う登記事務の取扱いについて〕

第1　法の施行に伴う登記事務の取扱い

　7　原本還付の取扱い

　　相続による権利の移転の登記等における添付書面の原本の還付を請求する場合において，いわゆる相続関係説明図が提出されたときは，登記原因証明情報のうち，戸籍謄本又は抄本及び除籍謄本に限り，当該相続関係説明図をこれらの書面の謄本として取り扱って差し支えない。

第3節　相続を証する情報（書面等）

第1　相続を証する情報書式例

1　遺産分割協議書書式例

遺 産 分 割 協 議 書

　年月日何市何町何丁目何番何号何某の死亡によって開始した相続における共同相続人である何某，何某及び何某は，その相続財産について，次のとおり，遺産分割の協議をした。

一，相続財産中，何市何町何丁目何番，宅地，何・何平方メートルの土地は，何某の所有とすること。

一，相続財産中，何市何町何丁目何番地，家屋番号何番，木造かわらぶき平家建，居宅，床面積何・何平方メートルの建物は，何某の所有とすること。

一，相続財産中，何郵便局の定期預金何万円は，何某の所有とすること。

　上記の協議を証するため，この協議書3通を作成して署名押印し，各自その1通を所持するものとする。

　　　年　　　月　　　日

　　　　　　　　何市何町何丁目何番何号　　　何　　　　某㊞

　　　　　　　　何市何町何丁目何番何号　　　何　　　　某㊞

　　　　　　　　何市何町何丁目何番何号　　　何　　　　某㊞

第7章　相続に関する登記の方法

2　特別受益証明書書式例

```
                証　　明　　書


　私は，年月日婚姻の際，被相続人から相続分を超える財産の
贈与を受けており，被相続人の死亡によって開始した相続につ
いては，もはや相続する相続分の存しないことを証明します。

　　年　　　月　　　日
　　　　　　　　　何市何町何丁目何番何号
　　　　　　　　　被相続人亡何某相続人

　　　　　　　　　　　　　何　　　　　某　㊞
```

```
                証　　明　　書


　私は，生計の資本として，被相続人から生前において，すで
に相続分相当の財産の贈与を受けているため，被相続人の死亡
によって開始した相続については，相続すべき相続分の存しな
いことを証明します。

　　年　　　月　　　日
　　　　　　　　　何市何町何丁目何番何号
　　　　　　　　　被相続人　　何　　　　某
　　　　　　　　　上記相続人　何　　　　某　㊞
```

第3節　相続を証する情報（書面等）

3　相続放棄申述書書式例

相 続 放 棄 申 述 書

一，被相続人の氏名・最後の住所

何市何町何丁目何番何号

何　　　　　某

一，申述の趣旨

年月日被相続人何某死亡により相続が開始したことを年月日了知したが，推定相続人たる二女の私は，上記の相続につき放棄をする。

一，添付書面

戸籍謄本　何通

委任状　　１通

右のとおり相続の放棄を申述する。

年　　月　　日

何市何町何丁目何番何号

申述者　　何　　　　　某

何市何町何丁目何番何号

上記代理人　　丙　　　　某　㊞

何家庭裁判所　御中

第7章　相続に関する登記の方法

4　相続放棄申述受理証明願書式例

相 続 放 棄 申 述 受 理 証 明 願

一，申述者の氏名・住所

　　　　　何市何町何丁目何番何号

　　　　　　　　　　　何　　　　　某

一，被相続人の氏名・最後の住所

　　　　　何市何町何丁目何番何号

　　　　　　　　　　　何　　　　　某

　何年（何）何号相続放棄申述事件につき，年月日申述者の申述が受理されたことを証明願います。

　　年　　　月　　　日

　　　　　　　　　　何市何町何丁目何番何号

　　　　　　　　　　　　何　　　　　某　㊞

何家庭裁判所　御中

上記，証明する。

　　年　　　月　　　日

　　　　　　　何家庭裁判所

　　　　　　　　裁判所書記官　何　　　　某　㊞

第3節 相続を証する情報（書面等）

5 相続関係説明図（参考）

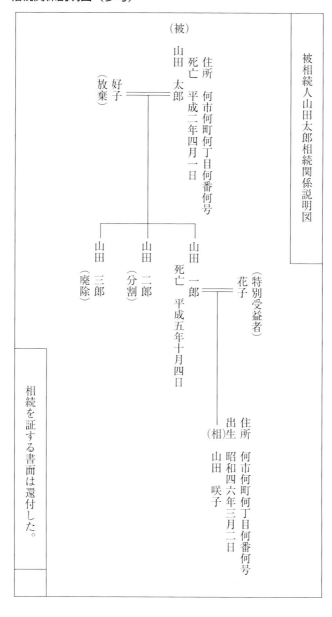

第7章　相続に関する登記の方法

　被相続人（登記名義人）山田太郎の死亡によって開始した相続関係説明
図である。

　推定相続人は配偶者好子，長男の一郎及び二男の二郎である（三男の三
郎は，被廃除者で相続人とはならない）が，配偶者好子は，相続を放棄し
ている。一郎と二郎が遺産分割の協議をした結果，登記を申請する目的の
不動産は，一郎が取得することになったが，その後，一郎が死亡し，相続
が開始した場合である。一郎の配偶者花子は，一郎から生前贈与（又は遺
贈）を受け，その受贈額が相続分を超えているため，申請目的の不動産
は，一郎の子供である山田咲子が，単独相続することになる。

　この場合には，中間者の相続が，遺産分割の協議により一郎の単独相続
となることから，登記原因を「平成2年4月1日山田一郎相続　平成5年
10月4日相続」と併記して，相続人を山田咲子とする所有権移転の登記
を，山田咲子が，単独で，申請することができる。

第3節　相続を証する情報（書面等）

第2　戸籍様式の変遷

戸籍用紙の様式は，次のような変遷を経て，現在に至っています。

1　明治5年式戸籍様式（明治4年4月4日太政官布告170号28則）……**書式(1)**　いわゆる壬申戸籍といわれているものです。この戸籍は，統計的な戸籍調査等のために設けられたもので，様式も素略で，公用の罫紙を使用していたようです。

　なお，この壬申戸籍は，すでに廃棄されており，謄本等の請求はできません。

2　明治19年式戸籍様式（明治19年10月16日内務省令22号戸籍取扱手続1条）……**書式(2)**　表に4人の記載ができます。

3　明治31年式戸籍様式（明治31年7月13日司法省訓令5号戸籍法取扱手続2条）……**書式(3)**　これは戸籍簿と身分登記簿を併用したものであり，表2人書です。

4　大正4年式戸籍様式（大正3年10月3日司法省令7号戸籍法施行細則1条）……**書式(4)**　明治30年戸籍法を全面改正し，これに伴って様式を改正したものです。表は戸主1人のみを記載しました。

5　昭和23年式戸籍様式（昭和22年12月29日司法省令94号戸籍法施行規則1条）……**書式(5)**　新憲法の施行に伴い，一の夫婦及びこれと氏を同じくする子ごとに編製されることになりました。

6　平成6年法律第67号による戸籍法の一部改正により，市町村長は，戸籍事務の全部又は一部を電子情報処理組織によって取り扱うことができることとされた（戸籍法117条の2）ので，戸籍は，磁気ディスクに記録し，これをもって調製することができることとされました（戸籍法117条の3）。……**書式(6)**

421

第7章　相続に関する登記の方法

書式⑴　明治５年式戸籍（いわゆる壬申戸籍）

				氏神何々神社 某所某宗某寺
				何　番　地　　印鑑
長男	妻	母	戸主	
何年某何歳	何年某何歳	何年某何歳	何年某何歳	

422

第3節　相続を証する情報（書面等）

書式②　明治19年式戸籍

住所欄	
	前戸主　亡父　○○○○
事項欄	戸主　亡父○○長男 ○○○○ 年　月　日生
事項欄	妻　○○ 年　月　日生
事項欄	長男　○○ 年　月　日生

（注）　裏面五人記載、次葉紙表裏とも五人記載

第7章　相続に関する登記の方法

書式(3)　明治31年式戸籍

本籍地		前戸主	○　○　○　○	
事項欄				
		戸主ト前戸主ノ続柄	亡○○○○○長男	
		父	亡○○○○○○	長
		母	○　○	男
	戸主		○　○　○　○	
		出生	年　月　日	
		戸主タルニ至リタル原因及年月日		
		父	○　○　○　○	次
		母	○　○	女
	母	母ノ家族トノ続柄		
			○　○	
		出生	年　月　日	

（注）　裏面三人記載、次葉紙表裏とも三人記載

第3節　相続を証する情報（書面等）

書式⑷　大正4年式戸籍

本籍		前戸主	○　○　○　○
事項欄		前戸主トノ続柄	○○○○　長男
		父	○　○　○　○　長
		母	○　○　男
戸主			○　○　○　○
		出生	年　月　日

（注）　裏面ニ一人記載、次葉紙表裏とも二一人記載

第7章　相続に関する登記の方法

書式(5)　現行戸籍

本籍欄		氏名	筆頭者氏名欄
本　　籍　　欄			
戸籍事項欄			
身分事項欄	父		
	母		
		氏名欄	
	生出		
	父		
	母		
	生出		
	父		
	母		
	生出		

1

426

第3節　相続を証する情報（書面等）

（次　葉）

第7章　相続に関する登記の方法

書式⑹　コンピュータ戸籍（全部事項証明書）

（2の1）　全部事項証明

本　　籍	
氏　　名	
戸籍事項	
戸籍に記録されている者	【名】 【生年月日】 【父】 【母】 【続柄】
身分事項	
戸籍に記録されている者	【名】 【生年月日】 【父】 【母】 【続柄】
身分事項	

発行番号　　　　　　　　　　　　　　　　　　　　　　　　以下次頁

第3節　相続を証する情報（書面等）

（2の2）　全部事項証明

戸籍に記録されている者	【名】 【生年月日】 【父】 【母】 【続柄】
身分事項	
戸籍に記録されている者	【名】 【生年月日】 【父】 【母】 【続柄】
身分事項	
	以下余白

発行番号

第7章　相続に関する登記の方法

第3　現行戸籍の記載（記録）欄の説明

【紙戸籍】

① 　本籍欄……本籍を記載する欄であり，戸籍を表示し，当該戸籍を特定します。

② 　筆頭者氏名欄……当該戸籍の筆頭に記載された者の氏名を記載します。本籍欄とともに戸籍を特定します。

③ 　戸籍事項欄……当該戸籍の全体に関する事項を記載します。

④ 　身分事項欄……各人の身分に関する事項を記載します。

⑤ 　父母欄……実父母の氏名を記載します。

⑥ 　父母との続柄欄……父母との続柄を記載します。

⑦ 　養父母欄……養子縁組をした者についてだけ，父母欄の次に設けられます。養子縁組をした養子について養父母の氏名を記載します。

⑧ 　養父母との続柄欄……男については養子，女については養女と記載します。

⑨ 　配偶者欄……配偶者のある者についてだけ設けられます。夫又は妻と記載します。

⑩ 　氏名欄……各人の氏名を記載する欄ですが，氏の記載は，省略されます。

⑪ 　出生年月日欄……各人の出生年月日を記載します。

第3節　相続を証する情報（書面等）

本　籍　①

氏　名　②

③

④

父　⑤　⑥

母　⑦　⑧

養父

養母

出生　⑨

⑪　⑩

第7章　相続に関する登記の方法

【コンピュータ戸籍】

① 本籍欄及び筆頭者氏名欄を表示します。

　　注(1)は，本籍を表示します。本籍を表示する場合，字名までは，一，二，三等の和数字を用い，本籍地番号は，アラビア数字を用いることとしています。

　　注(2)は，氏名を表示します。氏と名の文字の間には，1文字分のスペースを空けることとなっています。

② 戸籍事項欄といいます。ここには，戸籍編製事項，戸籍改製事項，転籍事項，氏変更事項等の事項が記録されます。

　　注(3)は，タイトルといいます。

③ 戸籍に記録されている者の欄といいます。戸籍用紙の場合の身分事項欄下部全欄に相当します。

④ 身分事項欄といいます。出生，認知，養子縁組，養子離縁，婚姻，離婚等の事件の種別を表示し，その具体的内容は，その右側に記録されます。

　　注(4)から(6)までをタイトルといいます。

⑤ 戸籍に記録されている者の欄に，　除籍　と表示されている場合は，養子縁組，婚姻，離婚，死亡等で除かれていることを意味します。

432

第3節　相続を証する情報（書面等）

（2の1）　全部事項証明

①	本　籍　　　注(1)	東京都千代田区平河町一丁目4番地
	氏　名　　　注(2)	甲野　義太郎
②	戸籍事項　　　戸籍編製　注(3)	【編製日】平成12年5月10日
③	戸籍に記録されている者	【名】義太郎 【生年月日】昭和50年8月1日【配偶者区分】夫 【父】甲野幸雄 【母】甲野松子 【続柄】長男
④	身分事項 　　出　　生　　注(4)	【出生日】昭和50年8月1日 【出生地】東京都千代田区 【届出日】昭和50年8月8日 【届出人】父
	訂　　正注(5)	【訂正日】平成12年9月16日 【訂正事項】生年月日 【訂正事由】誤記 【許可日】平成12年9月12日 【従前の記録】 　　【生年月日】昭和50年6月1日 　　【出生日】昭和50年6月1日
	婚　　姻　　注(6)	【婚姻日】平成12年5月10日 【配偶者氏名】乙野梅子 【従前戸籍】東京都千代田区平河町一丁目2番地　甲野幸雄
	戸籍に記録されている者	【名】英子 【生年月日】平成15年3月17日 【父】甲野義太郎 【母】甲野梅子 【続柄】長女
⑤	除　　籍	
	身分事項 　　（以下省略）	以下省略

第7章　相続に関する登記の方法

第4節　相続人確定のための戸籍調査事例

　被相続人が明治生まれの場合などにおいては，相続人を戸籍の記載から探索し確定するには，かなりの戸（除）籍の調査を要し，かつ，登記嘱託の際は，それら被相続人の推定相続人全員の戸（除）籍の謄本をも提供しなければならないことは，既に説明したとおりです。ここでは，戸（除）籍の実例を示して，被相続人の推定相続人を明らかにし，登記嘱託の際に提供しなければならない戸（除）籍の謄抄本の確定までを，順次，説明することとします。

被相続人（後掲　戸籍謄本(1)の甲野春吉）の出生から死亡までの間の戸（除）籍の調査収集

　相続人の確定は，被相続人の出生から死亡に至るまでの間の戸（除）籍を収集し調査することによって可能になります。

　ところで，出生からの戸籍ということは，正確には，被相続人が生殖能力を有するに至った年齢以後のものということになりますが，その年齢については，個人差もあることから，それを特定することは困難です。そこで，民法上の婚姻適齢（民法731条）である男子18歳・女子16歳（今後の民法改正によって18歳に引き上げられる可能性があります。）を基準にするということも考えられますが，登記実務においては，出生から死亡までの戸（除）籍謄本を提供する取扱いとしているのが実情のようです。

(1)　戸籍謄本(1)

　昭和56年10月7日に，本件の被相続人である甲野春吉が死亡した旨の事項が記載されている戸籍であり，これにより，被相続人甲野春吉について，相続が開始したことが，確認されます。また，この戸籍から推定される相続人は妻の好江，長男の春信，長女の美知子及び二男の春好の4人で

434

す。

　ところで，戸籍事項欄の記載から，この戸籍は，昭和26年9月10日に，子供（二男の春好）の出生届出をしたことによって作られた戸籍（昭和22年12月22日法律第224号をもって現行戸籍制度に改正されたことに伴い，現行法の戸籍編製の基準である「一の夫婦及びこれと氏を同じくする子ごと」に編製し直す手続の一環として，出生届出等があった場合に新しい戸籍に編製替えをしたものです。）であり，従前の戸籍は，筆頭者である春吉の身分事項欄の記載から，千代田区神田錦町六番地筆頭者甲野太助の戸籍であることがわかります。したがって，甲野春吉の推定相続人を確定するためには，甲野春吉が従前在籍していた筆頭者甲野太助の戸籍の調査も必要となります。

第7章　相続に関する登記の方法

戸籍謄本(1)

1

		氏名	甲野春吉
本籍	東京都千代田区神田錦町弐拾番地		

出生の届出により昭和弐拾六年九月拾日父母につき本戸籍編製㊞

	父 甲野大助	長男
	母 サク	

明治四拾壱年参月八日東京市神田錦町六番地で出生
父甲野大助届出同月拾九日受附入籍㊞
内河好江と婚姻届出昭和拾八年拾壱月参日受附㊞
昭和弐拾六年九月拾日東京都千代田区神田錦町六番地甲野大助戸籍より入籍㊞
昭和五拾六年拾月七日午後九時参拾分本籍で死亡同月八日親族甲野好江届出除籍㊞

夫　春吉
出生　明治四拾壱年参月八日

	父 内河英夫	長女
	母 フジ	

大正拾年六月弐日川崎市大師町壱丁目百五番地で出生
生父内河英夫届出同月拾参日受附入籍㊞
昭和拾八年拾壱月参日甲野春吉と婚姻届出川崎市大師町壱丁目百五番地内河英夫戸籍より同日入籍㊞
昭和弐拾六年九月拾日夫春吉とともに入籍㊞
昭和五拾六年拾月七日夫死亡㊞

妻　好江
出生　大正拾年六月弐日

	父 甲野春吉	長男
	母 好江	

昭和拾八年拾弐月壱日本籍で出生父甲野春吉届出同月拾四日受附入籍㊞
昭和弐拾六年九月拾日父春吉母好江に随い入籍㊞
昭和四拾六年九月拾日山田義子と婚姻届出東京都千代田区平河町一丁目参番地に夫の氏の新戸籍編製につき除籍㊞

春信
出生　昭和拾八年拾弐月壱日

第4節　相続人確定のための戸籍調査事例

2

		吉春野甲

昭和弐拾壱年参月八日本籍で出生父甲野春吉届出同
月拾六日受附入籍㊞
　昭和弐拾六年九月拾日父春吉母好江に随い入籍㊞
　昭和四拾参年五月八日佐藤一郎と婚姻届出同月拾六
日東京都中央区長から送付同区築地六丁目四番地に夫
の氏の新戸籍編製につき除籍㊞

父	甲野春吉
母	好江
女長	美知子
生出	昭和弐拾壱年参月八日

昭和弐拾六年九月拾日本籍で出生父甲野春吉届出同
月拾六日受附入籍㊞
　昭和五拾五年六月参日山本のり子と婚姻届出東京都
千代田区神田錦町弐拾番地に夫の氏の新戸籍編製につ
き除籍㊞

父	甲野春吉
母	好江
男弐	春好
生出	昭和弐拾六年九月拾日

父	
母	
生出	年　月　日

父	
母	
生出	年　月　日

(2) 除籍謄本(1)

　これが，被相続人甲野春吉が従前在籍していた戸籍です。この戸籍から推認される甲野春吉の推定相続人として，前記戸籍謄本(1)でわかった者以外に，春吉が妻の好江と共に養子縁組した養女の幸子（その後，更に米田正一夫婦と養子縁組をして同夫婦の戸籍に入籍していますが，甲野春吉と離縁をしていない以上，甲野春吉の相続人となります。――民法887条・809条）がいることがわかります。ところで，この戸籍の戸主の身分事項欄の記載から，この戸籍は，甲野春吉の父太助が，昭和17年6月10日に家督相続をしたことにより作られた戸籍であることが確認され，かつ，この戸籍の従前の戸籍は，戸主甲野敏郎の戸籍であることがわかります。また，被相続人甲野春吉は，明治41年3月8日生まれですから，この戸籍が編製された昭和17年6月10日時点で，甲野春吉は36歳であり，この年齢以前に婚姻し子供がいる場合，又は認知をしている場合等が考えられます。したがって，確実な相続人を確定するためには，この除籍謄本(1)の以前の戸籍をも調査する必要があります。

第4節　相続人確定のための戸籍調査事例

除籍謄本(1)

除籍

前戸主	本籍
甲野　敏　郎	東京府東京市神田錦町六番地

戸主				省略 昭和拾七年六月拾日前戸主敏郎死亡ニ因リ 家督相続届出同月弐拾日受附㊞ 省略
前戸主トノ続柄	亡甲野敏郎	男長		
父	亡甲野敏郎	男長		
母	亡ト　キ	男長		
	甲　野　大　助			
出生	明治拾八年拾月八日			

母			省略
父	山本直吉	女参	
母	ト　メ		
家族トノ続柄			
	ト　キ		
出生	慶応参年弐月参日		

第7章　相続に関する登記の方法

	妻	ノ家族続柄ト	母	父	
省略			きみ	小田善太郎	参女
		サク			
		出生　明治弐拾参年弐月五日			

本籍ニ於テ出生父甲野太助届出明治四拾壱年参月拾九日受附入籍㊞
小口まのトノ婚姻届出昭和参年拾月拾日受附㊞
昭和拾六年四月四日妻まの死亡㊞
内河好江ト婚姻届出昭和拾八年拾壱月参日受附㊞
子の出生届出昭和弐拾六年九月拾日受附㊞
代田区神田錦町弐拾番地に新戸籍編製につき除籍㊞

長男	ノ家族続柄ト	母	父	
男		サク	甲野太助	長
	春吉			
	出生　明治四拾壱年参月八日			

本籍ニ於テ出生父甲野太助届出明治四拾参年四月拾八日受附㊞
鎌倉市材木町弐丁目弐番地米田正一ト婚姻届出昭和弐拾弐年壱月五日鎌倉市長村上義夫ヨリ受附同月八日送附除籍㊞

長女	ノ家族続柄ト	母	父	
女		サク	甲野太助	長
	花子			
	出生　明治四拾参年四月五日			

第4節　相続人確定のための戸籍調査事例

（事項欄）	父母・続柄	（氏名・生年月日）
本籍ニ於テ出生父甲野大助届出大正参年八月弐拾日受附入籍㊞ 名古屋市千種三丁目八番地山登長女清子婿養子縁組婚姻届出昭和拾六年六月五日名古屋市長受附同月拾日送附除籍㊞	父　甲野大助　弐男 母　　　サク 家族ノ続柄ト　二男	賢二 出生　大正参年八月拾日
川崎市大師町一丁目百五番地戸主内河英夫長女昭和拾八年拾壱月参日甲野春吉と婚姻届出同日入籍㊞ 昭和弐拾六年九月拾日夫春吉とともに除籍㊞	父　内河英夫　長女 母　　　ジシ 家族ノ続柄ト　長男ノ妻	好江 出生　大正拾年六月弐日
本籍ニ於テ出生甲野春吉届出昭和拾八年拾弐月拾四日受附入籍㊞ 昭和弐拾六年九月拾日父春吉母好江に随い除籍㊞	父　甲野春吉　長男 母　　　好江 家族ノ続柄ト　長男ノ長男	孫 春信 出生　昭和拾八年拾弐月壱日
千葉市幸町壱丁目五番地ニ次デ出生ス甲野花子届出昭和弐拾年参月拾八日千葉市長山崎渉受附同月弐拾日送附入籍㊞ 甲野春吉同人妻好江ト養子縁組同人及縁組諾者甲野花子届出昭和弐拾年拾壱月拾日受附㊞ 米田正一同人妻花子の養子となる縁組養父母及び縁組承諾者親権を行う養父甲野春吉養母好江届出昭和弐拾五年壱月弐拾五日鎌倉市長受附同月参拾日送附鎌倉市材木町弐丁目弐番地米田正一戸籍に入籍につき除籍㊞	父　　　　　　女 母　甲野花子 家族ノ続柄ト　長男ノ養女 養父　甲野春吉　養女 養母　　　好江	孫 単子 出生　昭和弐拾年参月九日

第7章　相続に関する登記の方法

				長女
本籍ニ於テ出生父甲野春吉届出昭和弐拾壱年参月拾六日受附入籍㊞			父	甲野春吉
昭和弐拾六年九月拾日父春吉母好江に随い除籍㊞			母	好江
		ノ続柄家族ト	長男ノ長女	
	孫			
				美知子
	生出	昭和弐拾壱年参月八日		
	父			
	母			
	ノ続柄家族ト			
	生出			

第4節　相続人確定のための戸籍調査事例

(3)　除籍謄本(2)

　先の除籍謄本(1)とこの除籍謄本(2)の関連は，戸主甲野敏郎の身分事項欄の記載により確認することができます。

　この戸籍から推認される甲野春吉の相続人として，死亡した前妻「まの」との間の子「たけ」及び認知した「新太郎」がいることがわかります（なお，旧民法では，父が認知し，父の在籍する戸籍の戸主の同意を得ることによって，父の在籍する戸籍に入籍することができました（旧民法735条1項））。ただし，「たけ」は養子縁組により小口万造の戸籍へ，また，「新太郎」は養子縁組により大田家光の戸籍に入籍しています。ところで，この除籍謄本(2)は，戸主欄の「戸主トナリタル原因及ビ年月日」の記載から，明治32年8月4日に，被相続人甲野春吉の曾祖父である甲野義男の死亡による甲野敏郎の家督相続を原因として編製されている戸籍であり，春吉の出生以前からの戸籍であり，したがって，春吉が出生により初めて登載された戸籍であることが分かります。

　なお，この除籍謄本(2)は，大正3年の改正戸籍法により，様式が変更されているにもかかわらず，明治31年式戸籍様式のままです。

　これは，戸籍の改製作業は，各地の実情に応じてされていたため，実際には，上記の除籍謄本(2)のように，改製がされないまま除籍となったものが多かったことによるものと考えられます。

　もっとも，改製がされるまでの間は，新法戸籍とみなされていました。

443

第7章　相続に関する登記の方法

除籍謄本(2)

除籍

本籍	東京府東京市神田錦町六番地	前戸主	甲野　義男
	省略		
	昭和拾七年六月拾日午後拾時六分本籍ニ於テ死亡同居者甲野トキ届出同月拾弐日受	前戸主トノ続柄	亡甲野義男長男
	附(印)	父	亡甲野義男　長男
	昭和拾七年六月弐拾日甲野太助ノ家督相続届出アリタルニ因リ本籍ヲ抹消ス(印)	母	亡タキ　男
		戸主	甲野　敏郎
		生出	元治弐年四月五日生
		戸主ト為リタル原因及年月日	明治参拾弐年六月同月父義男死亡ニ因リ戸主ト為ル同年拾弐月四日受附
	省略	父	山本直吉　参
		母	トメ　女
		妻ノ家族トノ続柄	
		妻	トキ
		生出	慶応参年弐月参日

第4節　相続人確定のための戸籍調査事例

省略	長男	父 甲野敏郎　母 トキ	長男
		家族トノ続柄	
	男	大助	
		出生 明治拾八年拾月八日	
省略	弐男	父 甲野敏郎　母 トキ	弐男
		家族トノ続柄	
	男	義夫	
		出生 明治弐拾参年弐月拾日	
省略	長女	父 甲野敏郎　母 トキ	長女
		家族トノ続柄	
	女	マサ	
		出生 明治弐拾九年九月六日	

第7章　相続に関する登記の方法

事項欄		父・母・続柄・氏名・出生
省略	婦	父　小田善太郎　長 母　　　きみ　女 家族ノ続柄ト　長男大助妻 サク 出生　明治弐拾参年弐月五日
明治四拾壱年参月拾九日出生届出同日受　附印 小口まのト婚姻届出昭和参年拾月拾日受　附印 昭和拾六年四月四日妻まの死亡印	孫	父　甲野太助　長 母　　サク　男 家族ノ続柄ト 春吉 出生　明治四拾壱年参月八日
明治四拾参年四月拾日出生届出同日受附印	孫	父　甲野太助　長 母　　サク　女 家族ノ続柄ト 花子 出生　明治四拾参年四月五日

第4節　相続人確定のための戸籍調査事例

大正参年八月弐拾日受附入籍㊞　父甲野大助届出　本籍ニ於テ出生

父	甲野　大助
母	サク
	弐男

孫　家族ト／続柄ト

賢　二

出生　大正参年八月拾日

大正六年八月拾七日受附入籍㊞　父甲野大助届出　本籍ニ於テ出生

大正拾弐年七月弐拾日午後参時五分本籍ニ於テ死亡　戸主甲野敏郎届出同月弐拾壱日

受附㊞

父	甲野　大助
母	サク
	弐女

孫　家族ト／続柄ト

千　恵

出生　大正六年八月九日

大正九年六月拾五日受附入籍㊞　父甲野大助届出　本籍ニ於テ出生

前橋市朝日町六丁目五番地斉藤栄一同人妻エヰト養子縁組届出昭和拾弐年五月拾五日受附除籍㊞

父	甲野　大助
母	サク
	参男

孫　家族ト／続柄ト

信　吉

出生　大正九年六月四日

第7章　相続に関する登記の方法

	父	小 口 蔵 六	参
	母	た き	女
	続柄 ノ家族ト	孫春吉の妻	
		ま の	
	生出	明治四拾四年九月五日	

東京市神田小川町五番地戸主小口蔵六参
女昭和参年拾月拾日受附入籍㊞
昭和拾六年四月四日午後弐時拾分本籍ニ
於テ死亡戸主甲野敏郎届出同月五日受附㊞
婦

	父	甲 野 春 吉	長
	母	ま の	女
	続柄 ノ家族ト		
		た け	
	生出	昭和五年五月七日	

本籍ニ於テ出生父甲野春吉届出昭和五年
五月拾参日受附入籍㊞
東京市赤坂区青山二丁目一番地小口万造
同人妻幸江ト養子縁組同人及縁組承諾者甲
野春吉届出昭和拾六年拾月六日赤坂区長吉
田道大受附同月七日送付除籍㊞
曾　孫

	父	甲 野 春 吉	男
	母	竹 田 千 代	
	続柄 ノ家族ト		
		新 太 郎	
	生出	昭和拾参年拾月九日	

東京市台東区根岸八番地戸主竹田信吾孫
父甲野春吉認知届出昭和拾四年弐月四日受
附入籍㊞
東京市台東区上野拾六番地大田家光同人
妻久子ト養子縁組養父母及縁組承諾者甲野
春吉届出昭和拾七年六月五日受附除籍㊞
曾　孫

第4節　相続人確定のための戸籍調査事例

　以上の調査結果から，被相続人甲野春吉の相続人及びその戸籍を図にして示せば，次のとおりです（ただし，他の戸籍へ入籍している相続人は，いずれも存命し，関連する戸籍に引き続き在籍していることを前提としています。）。

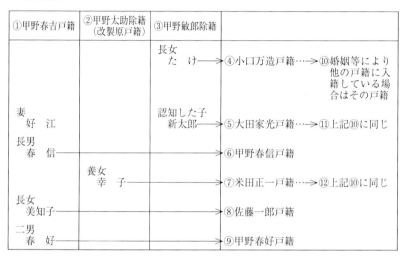

　したがって，相続登記の嘱託情報には①ないし⑫の戸（除）籍謄抄本を提供すればよいことになり，この戸（除）籍謄抄本の提供によって，被相続人甲野春吉の相続人が解明され，かつ，相続分が確定することになります。

第8章　補正・取下げ・却下

第1　登記の嘱託の補正

　登記官は，嘱託情報が提供されたときは，遅滞なく，嘱託に関するすべての事項を調査し，嘱託に応じた登記をしてよいか，又は嘱託を却下すべきかを決定しなければなりません（規則57条）。

　しかし，その登記の嘱託が，法第25条各号のいずれかに該当し，瑕疵ある場合であっても，その瑕疵が登記官が定めた相当の期間内に補正することができる程度のものであるときは，その嘱託を直ちに却下することはできず（規則60条1項），嘱託者がその瑕疵を相当の期間内に補正したときは，当初から適法な嘱託があったものとして，登記を実行することになります（法25条柱書のただし書）。これは，軽微な欠缺により登記の嘱託が却下され，登記の優先順位が後れると，嘱託者にとっては，その権利を確保できなくなる場合もあることから，いったんは補正の機会を与え，権利の順位を確保できるようにしようとするものです。

　また，登記官が定める相当の期間とは，登記の嘱託情報の調査が完了し，補正の事項が明らかになった時から，嘱託者において補正をすることが可能な期間と考えられ，登記実務も，そのように運用されています（準則36条）。

　すなわち，嘱託情報を提供したときは，登記所の窓口及び法務局若しくは地方法務局のホームページにおいて，あらかじめ調査完了予定日を示し，補正があるときは，嘱託者は，登記官の電話その他の適宜の方法による連絡により，補正をすることになります。

451

第8章　補正・取下げ・却下

第2　登記の嘱託の取下げ

1　意　　義

　登記の嘱託の取下げとは，嘱託者の意思に基づき，登記の嘱託を撤回することであり，取下げがされると，嘱託は，当初からなかったことになります。登記の嘱託の取下げの態様としては，補正のための取下げ，及び嘱託の撤回とに分けられます。前者は，嘱託情報の不備を相当の期間内に補正できない場合に，当該不備を修正するための一方法としてされるものであり，したがって，いったん取り下げた上，補正した後に再び嘱託されるのが，通例です。登記官は，登記の嘱託に不備があり，その不備が相当の期間内に補正されず，又は取り下げられない場合には却下することになりますが（準則36条5項），その不備が補正することができるものである旨を嘱託者に告知し，その嘱託の取下げの機会を与えるべきものとされているからです（昭和29・9・16民事甲第1928号民事局長通達＝454頁）。

　後者の場合は，登記の嘱託を中止するためにするものです。

　登記の嘱託に法第25条各号に該当する事由がない場合でも，登記の完了前であれば，その嘱託を撤回することができるものと解されています（規則39条2項，登記研究152号50頁・質疑応答〔3278〕＝455頁）。

2　取下げの時期

　登記の嘱託の取下げは，登記完了後は，することができません。したがって，登記嘱託が却下されるまで若しくは登記完了前にしなければなりません（規則39条2項）。

3　取下書の提出

　登記の嘱託の取下げは，電子情報処理組織を使用してする方法と書面申請による方法とがありますが，書面申請による場合には，申請を取り下げる旨の情報を記載した書面（取下書＝454頁）を提出するものとされています（規則39条1項2号）。取下書には，受付年月日，受付番号，登記の目的，不動産の表示等をして取り下げるべき登記の嘱託情報を特定するほか，取

第8章　補正・取下げ・却下

下げの理由を記載しなければなりません。

　なお，登記の嘱託を撤回するときも取下書を提出することを要しますが，登記の嘱託の撤回については，特別の受任を要するものとされていることから，取下書とともに，撤回することについての委任状を提出しなければなりません。この場合に，当初の登記の嘱託に提供した委任状を転用することはできません（昭和 29・12・25 民事甲第 2637 号民事局長通達 = 455 頁，登記研究 137 号 46 頁・質疑応答〔2906〕= 456 頁）。

4　嘱託情報等の還付

　登記の嘱託の取下げがされた場合には，登記官は，嘱託情報及びその添付情報を嘱託者に還付することになりますが，偽造された情報その他の不正な登記の嘱託のために用いられた疑いがある情報については，還付することを要しないものとされています（規則 39 条 3 項）。なお，登録免許税を納付して登記の嘱託があった場合において，当該嘱託の取下げがあったときは，登記官は，当該納付された登録免許税の額を納税地の所轄税務署長に通知しなければならない（登録免許税法 31 条 1 項 2 号）とされており，この通知によって，当該登録免許税は，当該嘱託をした者に還付されることになります。また，登録免許税が領収証書又は印紙で納付され，当該領収証書について使用済みの旨の記載がされ，又は収入印紙が消印されている場合において，嘱託者は，当該領収証書又は印紙を，当該嘱託の取下げの日から 1 年以内に再使用したい旨の申出をすることができます（登録免許税法 31 条 3 項）。

第8章　補正・取下げ・却下

〔参考12〕**取　下　書**

取　　下　　書	
嘱 託 書 受 付 年月日及受付番号	平成　　年　　月　　日　受　付　第　　　　　号
不 動 産 の 表 示	
登 記 の 目 的	
登 録 免 許 税	
嘱 託 者 の 表 示	
取 下 げ の 理 由	嘱託情報補正のため
登 記 所 の 表 示	何　　　法務局　　何　　　出張所
取 下 年 月 日	平成　　　年　　　月　　　日
右　取　り　下　げ　ま　す。 　　　　　　　　　　　嘱　託　者　　　　　　　㊞	

◉**昭和29年9月16日民事甲第1928号民事局長通達**

〔登記申請書の受付手続等について〕

　標記の件については，左記の点に留意すべきものと思料するので，貴管下各登記所においてもその取扱に遺憾のないよう，しかるべく取り計らわれたい。

　　　　　　　　　　記

一　登記所に登記申請書の提出があつたときは，直ちに受付帳に記載の手続をすること。申請書類に不備な点がある場合でも，受付帳への記載を省略して便宜申請人又はその代理人にこれを返戻することは，行わないのを相当とする。

二　登記の申請に欠缺があり，その欠缺が即日に補正されないとき
　　　は，その申請を却下すべきであるが，この場合には，なるべく事前
　　　にその旨を申請人又はその代理人に告げ，その申請の取下の機会を
　　　与えること。
　　三　登記申請書に貼付した印紙の消印は，なるべく登記完了後にする
　　　のが相当であること。但し，登記前に消印した場合において，登記
　　　の申請の取下があつたときは，本日民事甲第1865号本官通達によ
　　　り取り扱う。

◎登記研究152号50頁・質疑応答〔3278〕
　　要旨　登記申請に法49条（編者注：新法25条）各号の却下事由のな
　　　い場合，申請受付後登記完了前であれば，当事者から任意に，取
　　　下書に事実上の取下理由（例えば，登記一時延期，解約等）を記
　　　載して取り下げることができる。
　　▽問　登記申請に法49条各号の却下事由のない場合，申請受付後登
　　　記簿への記入前であれば，当事者から任意に「欠缺補正」を理由
　　　に申請書の取下げをすることが認められるでしょうか。
　　◇答　取下書に事実上の取下理由を記載して（例えば，登記一時延
　　　期，解約等）取り下げることができるものと考えます。

◉昭和29年12月25日民事甲第2637号民事局長回答並びに各法
務局長及び地方法務局長宛通達
〔登記申請の取下に関する取扱について〕
　　標記の件に関し，別紙甲号のとおり熊本地方法務局長から照会があ
つたので，別紙乙号のとおり回答したから，この旨貴管下登記官吏に
周知方しかるべく取り計らわれたい。
（別紙甲号）
　　本月16日付貴局民事甲第1928号御通達による標記取扱に関し，左
記のような疑義がありますので，何分の御回示を賜りたく御願い致し
ます。
　　　　　　　　　　　　記
一，登記の申請は書面をもつてすることになつているので，その取下
　も必ず書面を提出する必要があると思うがどうか。

第8章　補正・取下げ・却下

二，申請代理人による取下は，委任状を添附する必要があるか。

三，前項が若し必要とする場合も，当該申請書添附の登記申請に関する委任状を流用すれば足り，取下につき特別の受任は必要ないと考えるがどうか。

四，登記と登録の併用申告の場合は双方を同時に取下げることを要し一方のみの取下はできないと思うがどうか。

五，前項の併用申告の場合，登記申請を却下したときも登録は受理して差支えないと思うがどうか。

（別紙乙号）

　本年9月30日付登第208号で照会のあつた標記の件については，次のとおり考える。

　　　　　　　　　記

第一項　貴見のとおり。なお，取下書には，取下の理由を記載させるものとする。

第二項，第三項　申請の取下が欠缺補正のためのものである場合には，特別の受任を要せず，したがつて委任状を添附させる必要はないが，その他の場合においては，特別の受任を必要とするから委任状を添附させるのが相当であり，この場合登記申請の委任状を流用することはできない。

第四項　登記申請のみを取り下げることもできる。この場合には，登記申請の取下書を徴し，併用申告書を返付せずに登録税について現金還付の手続をするのが相当である（昭和29年9月16日付民事甲第1865号本官通達第一，ロ，一参照）。なお，当該申告による台帳の登録が未了の場合はもちろん，既に終つている場合であつても，便宜あらたに申告書を作成，提出させるとともに登記申請の取下書を徴して，当該併用申告書を返付してもさしつかえない。この場合，若し登録税の印紙が消印済であり，または現金領収証書に納付済の記載がおわつているときは，未使用証明をして併用申告書を返付するものとする。

第五項　貴見のとおり。

◎登記研究137号46頁・質疑応答〔2906〕

　要旨　申請代理人によって登記の申請を取下げする場合，その取下げ

が欠缺補正以外の場合であるときには，取下書に委任状を添付すべきであるが，右の欠缺補正以外の場合の取下げとは，申請書が却下される場合でないのに申請人の意思により申請を撤回する場合をいう。

▽問　昭和29年12月25日民事甲2637号民事局長通達（登記研究87号33頁）によると，申請代理人によって取下げをなす場合，その取下げが欠缺補正以外の場合であるときには，特別の受任を必要とし，したがって，取下書に委任状を添付することを要することになっていますが，右の欠缺補正以外の場合の取下げとは，いかなる場合をいうものでしょうか。

◇答　例えば，売買による所有権移転の登記を申請し，申請書に不備の点もないのにかかわらず（したがって，その申請が却下される場合でない），その登記がなされる前に，申請人の意思により申請を撤回する場合（登記留保）をいうものと考えます。

第3　登記の嘱託の却下

　不動産登記制度は，不動産の権利に関する登記について，登記官に実質的審査権限を与えていません。

　したがって，登記官は，提出された嘱託情報及び添付情報から，形式的に，嘱託された登記が，不動産登記法上可能であるか否か，可能である場合，登記の嘱託が，一定の手続上の条件を具備しているかどうかを審査，判断して，受否を決することとされています。

　嘱託されている事項が，実体上は不存在であるか，実体に符合しないことの疑いがあっても，登記官は，法第25条の各号（11号を除きます。）に該当しない限り，当該嘱託を却下することができないし，また，嘱託されている事項が，実体と合っていると判断できる場合でも，同条各号に該当すれば，当該嘱託を却下しなければなりません。

　このような，形式的審査によって登記の受否を決する制度の趣旨は，登記の嘱託手続に一定の形式を定め，その形式に従っていない嘱託は，すべて却下することとして，事務処理の画一化，迅速化を図ろうとするものと

第8章　補正・取下げ・却下

解されています。

　ただし，不動産の表示に関する登記は，権利に関する登記と異なり，登記官が，不動産の物理的状態を比較的容易に確認することができることから，登記官の調査の結果と符合しないときは，嘱託を却下できることとされています（法25条11号）。

　登記の嘱託の却下は，登記官が却下決定書を作成し，これを嘱託者に交付又は送付することによって行われます（規則38条1項・2項）。却下決定書を交付又は送付するときは，偽造された情報その他の不正な登記の嘱託のために用いられた疑いがある情報以外の添付情報は嘱託者に還付されます（規則38条3項）が，嘱託情報は還付されません。したがって，嘱託情報に貼付された登録免許税相当額の印紙については，現金をもって還付されます（登録免許税法31条1項1号）。

　なお，行政庁は，取消訴訟を提起することができる処分又は裁決をする場合には，当該処分又は裁決の相手方に対し，当該処分又は裁決に係る取消訴訟の被告とすべき者（行政事件訴訟法（昭和37年法律第139号）46条1項1号），出訴期間（同項2号）及び法律に当該処分についての審査請求に対する裁決を経た後でなければ処分の取消しの訴えを提起することができない旨の定めがあるときは，その定め（審査請求前置。同項3号）等を書面で教示しなければならないこととされています（同条1項本文）。

　ここにいう「処分」とは，「行政庁の処分その他公権力の行使に当たる行為」（行政事件訴訟法3条2項）をいいます。したがって，登記官が，不動産登記関係法令に基づいて，その権限に属する事項について行う却下処分のすべてが取消訴訟の対象となるのではなく，その対処となるためには，いわゆる「行政処分性」が必要であると解されています。

　そこで，まず，権利に関する登記は，登記名義人に対効力若しくは順位保全の効力を付与するという法律上の効果を生ずるものですから，権利に関する登記の嘱託に対する登記官の却下処分は，すべて行政処分性を有すると解されます。したがって，当該登記の嘱託を却下するときは，上記の

458

第8章　補正・取下げ・却下

各事項を教示するものとされています（平成17・3・31民二第851号民事局長
通達＝460頁）。

　次に，新法下における地図等の訂正の申出においては，新たに表題部所
有者等に申出権を認めていることから，当該申出権者に，当該申出の内容
の当否についての判断を求める権限を付与したものであると解されます。
したがって，登記官が，規則第16条第13項第1号から第4号までに規定
する事由によって当該申出が却下されたときは，当該登記官の却下処分
は，行政処分性を有すると解されますから，権利に関する登記の嘱託の場
合と同様に，当該申出の嘱託を却下するときは，上記の各事項を教示する
ものとされています（平成17・6・23民二第1423号民事第二課長通知＝461頁。
この先例は，「規則16条13項5号又は6号の規定による地図等の訂正の申し出に対す
る却下決定については，取消訴訟の被告及び出訴期間等に関する事項を教示する必要は
ない。」とするものですから，その反対解釈として，規則16条13項1号から4号まで
の規定による却下決定については，上記の各事項の教示を要するということになりま
す。）。

　また，表示に関する登記のうち，分筆の登記等の形成的な登記について
は，表題部所有者又は所有権の登記名義人の意思に基づいて，1個の不動
産の範囲を変更する登記であり，登記官による登記の実行手続は，その意
思に基づいて行われることになります。したがって，これらの形成的な登
記の嘱託を却下する登記官の処分は，嘱託者の申請権限を否定するもので
あることから，行政処分性を有するものと解され，したがって，この場合
の却下処分については，上記の各事項の教示を要するということになりま
す。

　準則別記第42号の2様式（準則28条1項1号）による却下決定書（464頁）
には，上記の教示すべき事項が記載されています。

　一方，表示に関する登記のうち，表題登記，表題部の変更の登記又は更
正の登記，滅失の登記及び合体の登記（準則28条1項2号）に係る嘱託に対
する登記官の却下処分については，行政処分性を有しないと解されていま

第8章　補正・取下げ・却下

す。したがって，これらの登記の嘱託の却下処分については，上記の各事
項の教示は要しないということになります。また，規則第16条第13項第
5号又は第6号の規定による地図等の訂正の申し出に対する却下決定につ
いても，上記の各事項の教示は要しないことについては，上記のとおりで
す（前掲平成17・6・23民二第1423号民事第二課長通知＝461頁。平成18・1・18
民二第101号民事第二課長通知＝462頁）。

　上記の各事項の教示を要しない場合の却下決定書（465頁）は，準則別記
第42号の3様式（準則28条1項2号）のとおりです。

　　◉平成17年3月31日民二第851号民事局長通達
　　〔行政事件訴訟法の一部を改正する法律の施行に伴う不動産登記事務
　　の取扱いについて〕
　　　行政事件訴訟法の一部を改正する法律（平成16年法律第84号。以
　　下「改正法」という。）が平成17年4月1日から施行されることとな
　　りましたので，これに伴う不動産登記事務の取扱いについては，下記
　　の点に留意するよう，貴管下登記官に周知方取り計らい願います。
　　　　　　　　　　記
　　　改正法による改正後の行政事件訴訟法（昭和37年法律第139号）第
　　46条第1項の規定により，行政庁は，取消訴訟を提起することがで
　　きる処分又は裁決をする場合に，当該処分又は裁決の相手方に対し，
　　当該処分又は裁決に係る取消訴訟の被告とすべき者（同項第1号），当
　　該処分又は裁決に係る取消訴訟の出訴期間（同項第2号）及び法律に
　　当該処分についての審査請求に対する裁決を経た後でなければ処分の
　　取消しの訴えを提起することができない旨の定めがあるときはその旨
　　（同項第3号）を書面で教示しなければならないこととされた。
　　　ついては，不動産登記事務の取扱いにおいては，次の処分をする際
　　には，それぞれ各様式により，取消訴訟の被告，出訴期間及び審査請
　　求前置等に関する事項を教示するものとする。
　　1　不動産登記法（平成16年法律第123号。以下「法」という。）第
　　　25条の規定による登記（法第36条，第47条並びに第58条第6項
　　　及び第7項（表題登記をすることによって表題部所有者となる者が

460

相違することを理由として却下されたものを除く。），第37条，第38条，第42条，第49条，第51条から第53条まで並びに第57条の規定による登記を除く。）の申請に対する却下の決定　別記第1号様式

2　法第71条第3項の規定による異議を却下する決定　別記第2号様式

3　法第67条第3項の規定による通知　別記第3号様式

4　法第128条の規定による審査請求に対する却下又は棄却の裁決　別記第4号様式

5　不動産登記規則（平成17年法務省令第18号。以下「規則」という。）第16条第1項の規定による地図訂正の申出に対する却下の決定　別記第5号様式

6　規則第183条第1項第2号の通知　別記第6号様式

7　規則第184条第1項の通知　別記第7号様式

8　規則第190条第1項の告知　別記第8号様式

9　登録免許税法（昭和42年法律第35号）第31条第2項の規定に基づく還付通知請求があった場合においてする還付の請求をしない旨の通知　別記第9号様式

※別記第1号～第9号様式（省略）

⦿平成17年6月23日民二第1423号民事第二課長通知

〔地図等の訂正の申し出に対する却下決定について〕

　標記の件について，別紙甲号のとおり広島法務局民事行政部長から当職あて照会があり，別紙乙号のとおり回答したので，この旨貴管下登記官に周知方取り計らい願います。

別紙甲号

　　日記第276号

　　平成17年6月15日

　法務省民事局民事第二課長　殿

　　　　　広島法務局民事行政部長

　　　　　地図等の訂正の申し出に対する却下決定について（照会）

　標記について，平成17年3月31日付け法務省民二第851号民事局

第8章 補正・取下げ・却下

長通達により，不動産登記規則（平成17年法務省令第18号）第16条
第1項の規定による地図訂正の申出に対する却下の決定をする際に
は，取消訴訟の被告及び出訴期間等に関する事項を教示するものとさ
れています。これは，行政処分性を有する処分をする際に上記の教示
をしなければならないとする趣旨であり，同条第13項第5号又は第
6号の規定による却下の決定については，行政処分性を有しないこと
から，本通達は適用されないと考えますが，いささか疑義があります
ので照会します。

別紙乙号

　　法務省民二第1422号

　　平成17年6月23日

　広島法務局民事行政部長　殿

　　　　　　　　法務省民事局民事第二課長

　　　　　　地図等の訂正の申し出に対する却下決定について（回
　　　　　　答）

本月15日付け日記第276号をもって照会のあった標記の件について
は，貴見のとおりと考えます。

⦿平成18年1月18日民二第101号民事第二課長通知

〔不動産登記法第128条の審査請求をすることができる旨の教示につ
いて〕

　標記の件について，別紙甲号のとおり横浜地方法務局長から当職あ
て照会があり，別紙乙号のとおり回答したので，この旨貴管下登記官
に周知方取り計らい願います。

別紙甲号

　　2登1第415号

　　平成17年12月19日

　法務省民事局民事第二課長　殿

　　　　　　　　横浜地方法務局長

　　　　　　審査請求をすることができる旨の教示について（照会）

　不動産登記法（平成16年法律第123号）第128条第1項の規定によ
る審査請求は，行政処分性を有する登記官の行為についてすることが
できると解されることから，登記の申請又は地図等の訂正の申出を却

462

第8章　補正・取下げ・却下

下する場合において，当該却下が行政処分性を有しないものであるときは，取消訴訟ができる旨の教示を要しないだけでなく，審査請求をすることができる旨の教示をも要しないものと考えますが，いささか疑義がありますので照会します。

別紙乙号

　　　法務省民二第 100 号

　　　平成 18 年 1 月 18 日

　　横浜地方法務局長　殿

　　　　　　　　　　法務省民事局民事第二課長

　　　　　　　審査請求をすることができる旨の教示について（回答）

　平成 17 年 12 月 19 日付け 2 登 1 第 415 号をもって照会のあった標記の件については，貴見のとおりと考えます。

　なお，行政処分性を有しない却下の決定に対して，審査請求がされた場合には，不適法な審査請求として却下することとし，その裁決書には当該裁決に係る取消訴訟ができる旨の教示もする必要はないと考えます。

463

第8章　補正・取下げ・却下

〔参考13〕**却下決定書**〔準則別記第42号の2（第28条第1項第1号関係）〕

　　　　　　　　　　　　　　　　　　　日 記 第　　　　　　　　号
　　　　　　　　　　　　　　　　　　　決 定
　　　　　　　　　　　　　　　　　　　　　住所
　　　　　　　　　　　　　　　　　　　　　　申請人
　　平成何年何月何日受付第何号登記申請事件は，　　　　　　　ので，不
動産登記法第25条第　　号の規定により却下する。
　　なお，この処分に不服があるときは，いつでも，当職を経由して，何
法務局長（又は地方法務局長）に対し，審査請求をすることができます
（同法第156条）。
　　おって，この処分につき取消しの訴えを提起しようとする場合には，
この処分の通知を受けた日から6月以内（通知を受けた日の翌日から起
算します。）に，国を被告として（訴訟において国を代表する者は法務
大臣となります。），提起しなければなりません（なお，処分の通知を受
けた日から6月以内であっても，処分の日から1年を経過すると処分の
取消しの訴えを提起することができなくなりますので御注意くださ
い。）。ただし，処分の通知を受けた日の翌日から起算して6月以内に審
査請求をした場合には，処分の取消しの訴えは，その審査請求に対する
裁決の送達を受けた日から6月以内（送達を受けた日の翌日から起算し
ます。）に提起しなければならないこととされています。
　　平成　　年　　月　　日
　　　　　法務局　　出張所
　　　　　　　　　　　　　　　　登記官　　　　　　　　　　職印

　（注）　　1，却下理由は，具体的に記載すること。
　　　　　　2，年月日は，決定書作成の日を記載すること。

第8章　補正・取下げ・却下

〔参考13〕**却下決定書**〔準則別記第42号の3（第28条第1項第2号関係）〕

日記第　　　　　号
決　定
　　住所
　　　申請人
　　平成何年何月何日受付第何号登記申請事件は，　　　　　　ので，不
動産登記法第25条第　号の規定により却下する。

　　平成　　年　　月　　日
　　　　法務局　　出張所
　　　　　　　　　　　　登記官　　　　　　職印

（注）　1，却下理由は，具体的に記載すること。
　　　　2，年月日は，決定書作成の日を記載すること。

第9章　登記事項の証明・閲覧請求

第9章　登記事項の証明・閲覧請求

第1節　総　説

　不動産登記制度は，不動産の表示及び不動産に関する権利を公示することによって，国民の権利の保全を図り，もって取引の安全と円滑に資することを目的とする（法1条）ものですから，社会一般の誰もが，登記記録に記録されている事項等を見ることができるようにしておく必要があります。そこで，何人も，登記官に対し，手数料を納付して，登記記録に記録されている事項の全部又は一部を証明した書面（これを「登記事項証明書」といいます。），地図，建物所在図又は地図に準ずる図面（以下，これらを「地図等」といいます。）の全部又は一部の写しの交付を請求し，また，従来の閲覧に代わるものとして，登記記録に記録されている事項の概要を記載した書面（これを「登記事項要約書」といいます。）の交付を請求し，地図等の閲覧を請求することができることとしています（法119条，120条）。そして，登記簿の附属書類のうち，土地所在図，地積測量図，地役権図面，建物図面及び各階平面図の全部又は一部の写しの交付を請求し（法121条1項，令21条1項），利害関係を有する部分に限って登記簿の附属書類の閲覧を請求することができることとしています（法121条2項）。

第2節　登記事項証明書の交付

　登記事項証明書の交付の制度は，登記記録を公示する一方法であって，登記記録に記録されている事項を一定の様式（規則別記第7号等）により作成し，これに登記官が認証して，申請人に交付するものです（規則197条）。

467

第9章 登記事項の証明・閲覧請求

登記事項証明書は，次の6種類に分けられます（規則196条1項）。

①全部事項証明書　登記記録に記録されている事項の全部

②現在事項証明書　登記記録に記録されている事項のうち現に効力を有するもの

③何区何番事項証明書　権利部の相当区に記録されている事項のうち請求に係る部分

④所有者証明書　登記記録に記録されている現在の所有権の登記名義人の氏名又は名称及び住所並びに当該登記名義人が二人以上であるときは当該登記名義人ごとの持分

⑤一棟建物全部事項証明書　一棟の建物に属するすべての区分建物である建物の登記記録に記録されている事項の全部

⑥一棟建物現在事項証明書　一棟の建物に属するすべての区分建物である建物の登記記録に記録されている事項のうち現に効力を有するもの

なお，閉鎖登記記録（規則8条）に係る登記事項証明書については，上記の①，③及び⑤を準用するものとされています（規則196条2項）。

また，登記事項証明書については，申請人，登記所双方の便宜のため，登記記録がない場合等に関して，次のような取扱いがされています。

第1　登記記録の甲区又は乙区の記録がない登記事項証明書

これは，申請人の請求により，登記記録のない甲区又は乙区を省略して作成した登記事項証明書です。この場合には，「ただし，登記記録の乙区（甲区及び乙区）に記録されている事項はない。」旨を認証文に付記するものとされています（規則197条1項後段，準則136条2項）。

第2　共同担保目録，信託目録を省略した登記事項証明書

共同担保目録，信託目録については，上記1の場合と異なり，これらの目録に記録された事項が請求情報の内容とされていない場合は，その記録

468

された事項を省略して登記事項証明書を作成することができますが（規則
197 条 3 項），その場合には，認証文に省略した旨の付記を要しません（準則
136 条 3 項）。

第3 現在事項証明書

これは，申請人の請求により，登記記録に記録されている事項のうち現
に効力を有する登記のみを証明した登記事項証明書です（規則 196 条 1 項 2
号）。この場合には，「これは登記記録に記録されている現に効力を有する
事項の全部を証明した書面である。」という認証文を付するものとされて
います（準則 136 条 1 項(2)）。

第3節　登記事項証明書（閉鎖登記簿の謄本・抄本）の交付請求の方法

第1 申請書の提出

登記事項証明書の交付を請求するには，請求情報を記載した書面（規則
では，これを「請求書」と規定していますが，登記所に備えられている書
面では「申請書」となっていますので，以下「申請書」といいます。）を
登記所に対して提出する方法によりしなければなりませんが（規則 194 条 1
項），法務大臣の定めるところにより，登記官が管理する入出力装置に請
求情報を入力する方法，請求情報を電子情報処理組織を使用して登記所に
提供する方法によりすることができるほか（規則 194 条 2 項・3 項），手数料
のほかに郵送料を納付して送付の方法によりすることもできます（規則 197
条 6 項，204 条 1 項）。

なお，登記事務のコンピュータ化若しくは合筆又は滅失等によって閉鎖
された従来の紙の登記簿の閉鎖謄本又は抄本についても，その交付を請求
をすることができますが，その請求手続については，コンピュータを用い
て請求することができないことを除いて，登記事項証明書の交付請求とほ

第9章　登記事項の証明・閲覧請求

ぼ同じです。

第2　申請書の記載事項

　申請書には，登記事項証明書又は閉鎖登記簿謄本・抄本の交付申請であることを明らかにして，次の事項を記載しなければなりません（規則193条1項）。

　　① 　請求人の氏名又は名称（登記所に備え付けられている申請書には，住所も記載するものとされています。）
　　② 　不動産所在事項又は不動産番号
　　③ 　請求に係る書面の通数
　　④ 　登記事項証明書の区分（規則第196条第1項各号）
　　⑤ 　共同担保目録又は信託目録に記録された事項について証明を求めるときは，その旨

第3　手数料の納付

　登記事項証明書又は閉鎖登記簿の謄本若しくは抄本の交付手数料は，1通につき600円です。ただし，1通の枚数が50枚を超えるものについては，600円にその超える枚数50枚までごとに100円を加算した額です（登記手数料令2条1項）。

　手数料は，収入印紙を申請書に貼り付け納付します（規則203条1項）。なお，コンピュータを使用して請求する場合，登記官が管理する入出力装置を使用して請求する場合又は請求情報を登記所に提供して請求する場合には，登記官からの納付情報により現金で納付することもできる（法119条4項，規則205条2項）。

　また，国又は地方公共団体の職員が，職務上請求する場合には，手数料を納めることを要しません（登記手数料令19条）。この場合には，その旨を証する所属長の証明書を提出し，申請書には，請求の具体的な理由を記載しなければなりません（準則140条）。

第4節　登記事項要約書の交付，閲覧請求の方法

第4節　登記事項要約書の交付，閲覧請求の方法

第1　閲覧の対象となる帳簿等

　閲覧の対象となるのは，登記簿の附属書類，地図，建物所在図又は地図に準ずる図面です（法120条2項，121条2項）。附属書類には，申請書及びその添付書類，土地所在図，地積測量図，地役権図面，建物図面，各階平面図があります。

第2　登記事項要約書の交付請求，閲覧請求の方法

　登記事項要約書の交付請求若しくは地図等又は登記簿の附属書類の閲覧の請求は，登記事項証明書の交付請求と同様に，手数料を納付し，申請書を提出する方法によってしなければなりません（規則194条1項，203条1項）。

第3　申請書の記載事項

　申請書には，次に掲げる事項を記載しなければなりません（規則193条1項ないし5項）。

① 　請求人の氏名又は名称（登記所に備え付けられている申請書には，住所も記載するものとされています。）
② 　不動産所在事項又は不動産番号
③ 　交付の請求をする場合にあっては，請求に係る書面の通数
④ 　法第121条第2項の規定により土地所在図等以外の登記簿の附属書類の閲覧の請求をするときは，次の事項
　ア　請求人の住所
　イ　請求人が法人であるときは，その代表者の氏名
　ウ　代理人によって請求するときは，当該代理人の氏名又は名称及び

471

第9章　登記事項の証明・閲覧請求

　　　　住所並びに代理人が法人であるときはその代表者の氏名

　　エ　法第 121 条第 2 項ただし書の利害関係を有する理由及び閲覧する
　　　部分

⑤　④の閲覧の請求をするときは，利害関係がある理由を証する書面を
　提示する。

⑥　閲覧の請求人が法人であるときは，当該法人の代表者の資格を証す
　る書面を提示する。ただし，当該法人の会社法人等番号を申請書に記
　載したときは，当該法人の代表者の資格を証する書面を提示する必要
　はない。

⑦　閲覧の請求を代理人によってするときは，当該代理人の権限を証す
　る書面を提示する。ただし，支配人等が法人を代理して閲覧の請求を
　する場合において，当該法人の会社法人等番号を申請書に記載したと
　きは，当該代理人の権限を証する書面を提示する必要はない。

第4　手数料の納付

　登記事項要約書の交付の手数料は，一登記記録につき 450 円です。ただ
し，一登記記録に関する記載部分の枚数が 50 枚を超える場合には，450
円にその超える枚数 50 枚までごとに 50 円を加算した額です（登記手数料令
2 条 2 項）。また，閲覧の手数料は，一登記用紙又は一事件に関する書類に
つき 450 円です（登記手数料令 5 条 1 項）。地図等の閲覧についても，1 枚に
つき 450 円です（登記手数料令 5 条 2 項）。

　手数料は，収入印紙を申請書に貼り付けて納付します（規則 203 条 1 項）。
なお，コンピュータを使用して請求する場合等には，上記第 3 の 3 のとお
り現金で納付することもできます。

　また，国又は地方公共団体の職員が，その職務上する閲覧については，
手数料の納付を要しません（登記手数料令 19 条）。この場合には，その旨を
証する所属長の証明書を提出し，申請書には，請求の具体的な理由を記載
しなければなりません（準則 140 条）。

第5節 地図，地積測量図等の写しの交付請求の方法

第5節　地図，地積測量図等の写しの交付請求の方法

第1　交付の対象となる地図等

写しの交付を請求できるのは，地図，建物所在図，地図に準ずる図面，土地所在図，地積測量図，地役権図面，建物図面及び各階平面図です（法120条1項，同121条1項，令21条1項）。

第2　申請書の提出

地図等の写しの交付請求は，手数料を納付し，申請書を提出する方法によってしなければなりません（規則194条1項，203条1項）。

第3　申請書の記載事項

申請書には，地図等の写しの交付申請であることを明らかにして，次の事項を記載しなければなりません（規則193条1項）。

① 請求人の氏名又は名称（登記所に備え付けられている申請書には，住所も記載するものとされています。）

② 不動産所在事項又は不動産番号

③ 請求に係る書面の通数

④ 地図等の一部の写しの交付の請求するときは，請求する部分

第4　手数料の納付

地図，建物所在図又は地図に準ずる図面の全部又は一部の写しの交付についての手数料は，1筆の土地又は1個の建物につき450円です（登記手数料令2条3項）。また，土地所在図，地積測量図，地役権図面，建物図面又は各階平面図の全部又は一部の写しの交付についての手数料は，1事件に関する図面につき450円です（登記手数料令2条4項）。

473

第9章　登記事項の証明・閲覧請求

　手数料は，収入印紙を申請書に貼り付けて納付します（規則203条1項）。なお，国又は地方公共団体の職員が，その職務上する閲覧については，手数料を納付を要しません（登記手数料令19条）。この場合には，その旨を証する所属長の証明書を提出し，申請書には，請求の具体的な理由を記載しなければなりません（準則140条）。

第5節　地図，地積測量図等の写しの交付請求の方法

〔参考14〕　登記事項証明書等の交付申請書

不動産用

登記事項証明書
登記簿謄本・抄本　交付申請書

※太枠の中に記載してください。

窓口に来られた人 （申　請　人）	住　所	収入印紙欄
	フリガナ	収入 印紙
	氏　名	収入 印紙

※地番・家屋番号は，住居表示番号（○番○号）とはちがいますので，注意してください。

種　別 （✓印をつける）	郡・市・区	町・村	丁目・大字 字	地　番	家屋番号 又は所有者	請求 通数
1 □ 土地						
2 □ 建物						
3 □ 土地						
4 □ 建物						
5 □ 土地						
6 □ 建物						
7 □ 土地						
8 □ 建物						
9 □ 財団（□ 目録付） 　□ 船舶 　□ その他						

※共同担保目録が必要なときは，以下にも記載してください。

次の共同担保目録を「種別」欄の番号＿＿＿＿番の物件に付ける。
　　□ 現に効力を有するもの　□ 全部（抹消を含む）　□ （＿）第＿＿号

※該当事項の□に✓印をつけ，所要事項を記載してください。

□ 登記事項証明書・謄本（土地・建物）
　　専有部分の登記事項証明書・抄本（マンション名＿＿＿＿＿＿＿＿）
　　□ ただし，現に効力を有する部分のみ（抹消された抵当権などを省略）
□ 一部事項証明書・抄本（次の項目も記載してください。）
　　共有者＿＿＿＿＿＿＿＿に関する部分
□ 所有者事項証明書（所有者・共有者の住所・氏名・持分のみ）
　　□ 所有者　　□ 共有者＿＿＿＿＿＿
□ コンピュータ化に伴う閉鎖登記簿
□ 合筆，滅失などによる閉鎖登記簿・記録（昭和平成＿＿年＿＿月＿＿日閉鎖）

※収入印紙は割印をしないでここに貼ってください。（登記印紙も使用可能）

交 付 通 数	交 付 枚 数	手 数 料	受 付・交 付 年 月 日

（乙号-1）

第9章　登記事項の証明・閲覧請求

| 不動産用 | 登記事項要約書交付 閲　　　　覧 申請書 |

※太枠の中に記載してください。

<table>
<tr><td rowspan="3">窓口に来られた人
（申　請　人）</td><td>住　所</td><td rowspan="5">収入印紙欄</td></tr>
<tr><td>フリガナ</td></tr>
<tr><td>氏　名</td></tr>
</table>

※地番・家屋番号は，住居表示番号（○番○号）とはちがいますので，注意してください。

種　別 (✓印をつける)	郡・市・区	町・村	丁目・大字字	地　番	家屋番号又は所有者
1□ 土地					
2□ 建物					
3□ 土地					
4□ 建物					
5□ 土地					
6□ 建物					
7□ 土地					
8□ 建物					
9 □ 財団（□ 目録付） □ 船舶 □ その他					

収入印紙は割印をしないでここに貼ってください。

（登記印紙も使用可能）

※該当事項の□に✓印をつけ，所要事項を記載してください。

□ 登記事項要約書
　※特定の共有者に関する部分のみを請求するときは，次の項目も記載してください。
　□ 共有者＿＿＿＿＿＿＿＿＿＿＿＿＿＿＿＿＿＿＿＿＿＿に関する部分
　□ マンション名（＿＿＿＿＿＿＿＿＿＿＿＿＿＿＿＿＿＿＿＿＿）

□ 登記簿の閲覧

□ 閉鎖登記簿の閲覧
　□ コンピュータ化に伴う閉鎖登記簿
　□ 合筆，滅失などによる閉鎖登記簿・記録（昭和平成＿＿年＿＿月＿＿日閉鎖）

□ 登記申請書・添付書類の閲覧（閲覧する申請書の受付年月日・受付番号を記載してください。また，利害関係のある方しか閲覧することができませんので，利害関係を記載してください。）
　受付年月日・番号：平成＿＿年＿＿月＿＿日受付第＿＿＿＿＿号
　利害関係：＿＿＿＿＿＿＿＿＿＿＿＿＿＿＿＿＿＿＿＿＿＿＿＿＿

交 付 通 数	交 付 枚 数	手 数 料	受 付 ・ 交 付 年 月 日

（乙号-2）

第5節　地図，地積測量図等の写しの交付請求の方法

〔参考15〕　地図等の証明書・閲覧申請書

| 地図・各種図面用 |

地　　　図　の　証明書
地積測量図等　　閲　覧　申請書

※太枠の中に記載してください。

窓口に来られた人 （申　請　人）	住　所						収入印紙欄
	フリガナ						収入 印紙
	氏　名						

※地番・家屋番号は，住居表示番号（○番○号）とはちがいますので，注意してください。

種　別 （✓印をつける）	郡・市・区	町・村	丁目・大字 字	地　番	家屋番号	請求 通数
1□土地						
2□建物						
3□土地						
4□建物						
5□土地						
6□建物						
7□土地						
8□建物						
9□土地						
10□建物						

（どちらかに✓印をつけてください。）

□ 証明書　　　　□ 閲　覧

※該当事項の□に✓印をつけ，所要事項を記載してください。

□ 地図・地図に準ずる図面（公図）（地図番号：＿＿＿＿＿＿＿＿）

□ 地積測量図・土地所在図
　　□ 最新のもの　□ 昭和
平成＿＿年＿＿月＿＿日登記したもの

□ 建物図面・各階平面図
　　□ 最新のもの　□ 昭和
平成＿＿年＿＿月＿＿日登記したもの

□ その他の図面（＿＿＿＿＿＿＿＿＿＿＿＿＿＿）

□ 閉鎖した地図・地図に準ずる図面（公図）

□ 除却した地積測量図・土地所在図 昭和
平成＿＿年＿＿月＿＿日除却）

□ 除却した建物図面・各階平面図 昭和
平成＿＿年＿＿月＿＿日除却）

収入印紙は割印をしないでここに貼ってください。
（登記印紙も使用可能）

交付通数	交付枚数	手数料	受付・交付年月日

（乙号-3）

第10章　法定相続情報証明制度

第1　不動産登記規則の改正の趣旨

　相続による所有権移転の登記（以下，単に「相続登記」といいます。）は，不動産登記法上，権利に関する登記に区分され，表示に関す登記と異なり，相続人に登記申請の義務はなく，また，売買による所有権移転と異なり，相続登記をしなくても，相続人は自己の所有権を第三者に対して主張することができます。そのため，土地又は建物の相続登記が未了のまま放置されることにより，不動産の登記記録から，その所有者を把握することが困難になり，このことが，いわゆる所有者の所在不明土地問題や空き家問題を生じさせる大きな要因の一つであるとされています。

　そこで，相続手続における相続人の負担を軽減し，相続登記の促進を図るため，法務省は，不動産登記規則の一部を改正し（平成29年法務省令第20号），法定相続情報証明制度を創設することとし，改正省令の施行に伴う不動産登記事務等の取扱いについて，通達（平成29・4・17民二第292号民事局長通達＝517頁）を発出しました。

第2　法定相続情報証明制度の概要

　相続が開始したときは，被相続人が所有していた不動産の相続登記（上記1のとおり，この相続登記については，申請義務はありません。）のほか，被相続人名義の銀行預金の払戻し，保険金の受取，自動車等の名義変更等の手続が必要となります。

　その際の手続においては，その都度，必要な戸籍を，登記所，銀行，保険会社等に提出しなければならず，相続人等にとっては，相当の負担となっています。

第10章　法定相続情報証明制度

　また，戸籍の提出を受けた各機関の担当者においても，当該戸籍が何代にも及ぶものであるときなどには，その内容を確認するために相当な労力を要することになります。

　そこで，各機関に提出する戸籍に代えて，登記官の認証文が付された「法定相続情報一覧図の写し」（以下「一覧図の写し」といいます。）を提出することによって，これまでの煩雑な相続手続の簡素化を図ろうとするものです。

　例えば，登記手続においては，登記名義人等の相続人が登記の申請をする場合（法30条，62条）には，相続があったことを証する市町村長その他の公務員が職務上作成した情報を提供するものとされていますが（令7条1項4号・5号イ），一覧図の写しを提供したときは，これをもって相続があったことを証する情報に代えることができます。

　なお，この制度は，無料で利用することができます。

第3　法定相続情報証明制度利用の流れ

　法定相続情報証明制度利用の流れは，次のとおりです。

(1)　相続人又は当該相続人の地位を相続により承継した者（いわゆる数次相続が生じている場合の相続人が該当します。）（以下「相続人等」といいます。）若しくは代理人が，収集した戸籍に基づき，「法定相続情報一覧図の保管及び交付の申出書」（以下「申出書」といいます。）を作成し，登記所の窓口に提供又は送付します。

　　　＊　数次相続が生じている場合には，被相続人ごとに法定相続情報一覧図及び申出書を作成する必要があります。例えば，被相続人A，その子B，Bの子C（Aの孫）がいる場合において，Aの死亡による相続登記が未了の間にBが死亡したときは，①Aの相続に関する申出と，②Bの相続に関する申出をすることになります。①の申出人は，Aの相続人であるBの地位を承継したCであり，②の申出人は，Bの相続人Cです。一覧図の写しは，①及び②の申出について

第10章　法定相続情報証明制度

別々に発行されますから，２枚合せて，数次相続全体の法定相続情報を示すことになります。

(2)　登記官は，提供された申出書の添付書面である戸籍の内容と，法定相続情報一覧図に記載された法定相続情報の内容とが合致していることを確認したときは，法定相続情報一覧図を法定相続情報一覧図つづり込み帳に保存します。法定相続情報一覧図つづり込み帳の保存期間は，作成の年の翌年から５年間です。

(3)　相続人等又は代理人は，登記官の認証文が付された一覧図の写しの交付を受けます。このとき，被相続人及び相続人等に係る戸籍及び住所を証する書面は返却されます。

(4)　相続人又は代理人は，一覧図の写しを関係機関に提出します。

　一覧図の写しは，あくまで相続があったことを証する市町村長その他の公務員が職務上作成した情報に代わるものであり，遺産分割協議書や相続放棄申述受理証明書若しくは特別受益証明書等に代わるものではありませんので，注意を要します。したがって，相続財産である土地を，相続人のうちのある特定の者が相続する旨の遺産分割協議が調った場合には，一覧図の写しとともに当該遺産分割協議書も，相続登記の添付情報（登記原因証明情報の一部）として提供する必要があります。

　なお，一覧図の写しは，当該申請のためにのみ作成された書面には該当しませんから，原本還付の請求をすることができます。

第４　申出書の添付書面

　申出書の提供に当たっては，必ず添付しなければならない書類と，添付が必要になる場合がある書類があります。

　なお，申出書の記載例については，別記様式１（489頁）を参考にしてください。

(1)　必ず添付しなければならない書類

　①　法定相続情報一覧図（別記様式２―１から２―８。492頁以下）

481

第 10 章　法定相続情報証明制度

②　被相続人（代襲相続がある場合には，被代襲者を含みます。）の出生時から死亡時までの戸籍及び除籍の謄本又は全部事項証明書（被相続人の本籍地の市区町村）

＊　除籍又は改製原戸籍の一部等が滅失等していることにより，その謄本を添付できないときは，当該謄本に代えて，「除籍等の謄本を交付することができない」旨の市町村長の証明書を添付することで差し支えありません。

③　被相続人の最後の住所を証する住民票の除票又は戸籍の附票（住民票の除票は被相続人の最後の住所地の市区町村，戸籍の附票は被相続人の本籍地の市区町村）

＊　住民票の除票や戸籍の附票が市区町村において廃棄されているため発行されないときは，被相続人の最後の住所を証する書面を申出書に添付する必要はありません。この場合は，申出書及び法定相続情報一覧図には，被相続人の最後の住所に代えて被相続人の最後の本籍を記載します。

④　相続人全員の戸籍の謄抄本又は記載事項証明書（各相続人の本籍地の市区町村）

⑤　申出書に記載されている申出人の氏名及び住所と同一の氏名及び住所が記載されている市町村長その他の公務員が職務上作成した証明書

＊　当該証明書としては住民票記載事項証明書（住民票の写し）が該当しますが，そのほかにも運転免許証やマイナンバーカードの写しも該当するものと考えられます。後者の写しについては，申出人が，原本と相違いない旨を記載し，署名又は記名押印をする必要があります。

(2)　添付が必要になる場合がある書類

①　申出人が相続人の地位を相続により承継した者であるときは，当該申出人の戸籍の謄抄本又は記載事項証明書（申出人の本籍地の市区町村）

第10章　法定相続情報証明制度

＊　上記⑴の②及び④の書面により，申出人が相続人の地位を相続により承継した者であることを確認することができるときは，添付する必要はありません。

②　代理人によって申出をするときは，代理人の権限を証する書面（委任状・別記様式３。513頁）

＊　申出は，法定代理人又は委任による代理人からすることもできます。それぞれの代理人の権限を証する書面は，次のとおりです。

ア　法定代理人の場合

（ア）　親権者又は未成年後見人

申出人である未成年者に係る戸籍の謄抄本又は記載事項証明書（当該未成年者の本籍地の市区町村）

（イ）　成年後見人又は代理権付与の審判のある保佐人・補助人

申出人である成年被後見人又は被保佐人・被補助人に係る後見登記等ファイルの登記事項証明書（被保佐人・被補助人については，代理権目録付きのもの）

（ウ）　不在者財産管理人・相続財産管理人

申出人である各管理人の選任に係る審判書（家庭裁判所）

イ　委任による代理の場合

委任による代理人は，親族又は戸籍法10条の２第３項に掲げる者に限られます。

（ア）　親族

申出人との親族関係が分かる戸籍の謄抄本又は記載事項証明書（当該親族の本籍地の市区町村）

（イ）　戸籍法10条の２第３項に掲げる者

具体的には，弁護士，司法書士，土地家屋調査士，税理士，社会保険労務士，弁理士，海事代理士又は行政書士であり，各資格者代理人が所属する団体所定の身分証明書の写し等を添付します。

483

第 10 章　法定相続情報証明制度

なお，代理人が各士業法の規定を根拠に設立される法人である場合には，当該法人の登記事項証明書を添付します。

第5　一覧図の写しの作成方法

一覧図の写し（別記様式4。515頁）は，次の要領によって作成されます。

(1)　用紙

一覧図の写しは，偽造防止措置が施された専用紙を用いて作成されます。

(2)　認証文及びその他の付記事項

ア　認証文

「これは，○年○月○日に申出のあった当局保管に係る法定相続情報一覧図の写しである。」

イ　登記官の職氏名

「何法務局（何地方法務局）何支局（何出張所）登記官　何某」

ウ　一覧図の写しに付記される注意事項

「本書面は，提出された戸除籍謄本等の記載に基づくものである。相続放棄に関しては，本書面に記載されない。また，相続手続以外に利用することはできない。」

第6　一覧図の写しの交付方法及び添付書面の返却方法

一覧図の写しの交付及び添付書面の返却（以下，単に「交付等」といいます。）は，登記所の窓口においてする方法と，送付による方法があります。

なお，申出があった日から起算して3か月を経過した後も，申出人又は代理人が，一覧図の写し又は添付書面を受け取らない場合は，これらは廃棄されますので，注意を要します。

(1)　登記所の窓口における交付等の取扱い

第10章　法定相続情報証明制度

　登記所の窓口において交付等を受けるときは，申出人は，申出書の申
出人の表示欄又は代理人の表示欄に押印したものと同一の印を申出書の
「受取」欄に押印します。

　印鑑を持参することを忘れるなどして押印することができない場合
は，上記第4「申出書の添付書面」(1)⑤又は(2)②の書面と同一のものを
もって代えることができます。この場合，申出書の「受取」欄には，押
印に代えて交付等を受ける者が署名する必要があります。

(2)　送付による交付等の取扱い

　送付の方法により交付等するときは，申出書に記載された申出人又は
代理人の住所宛てに送付されます。

　なお，送付に要する費用は，郵便切手等を提出する方法によって納付
します。

第7　一覧図の再交付

　上記第3「法定相続情報証明制度利用の流れ」(2)で説明したとおり，法
定相続情報一覧図は，作成の年の翌年から5年間，登記所に保存されます
から，一覧図の写しが追加等で必要となった場合には，一覧図の再交付を
受けることが可能です。

　再交付の申出は，申出書（別記様式5。516頁）を提供することによっ
てします。

　再交付申出書の添付書面は，次のとおりです。

(1)　再交付申出書に記載されている申出人の氏名及び住所と同一の氏名及
び住所が記載されている市町村長その他の公務員が職務上作成した証明
書

　＊　当該証明書としては住民票記載事項証明書（住民票の写し）が該当
しますが，そのほかにも運転免許証やマイナンバーカードの写しも該
当するものと考えられます。後者の写しについては，申出人が，原本
と相違いない旨を記載し，署名又は記名押印をする必要があります。

485

第 10 章　法定相続情報証明制度

　　なお，当初の申出において提供された申出書に記載されている申出
　人の氏名又は住所と再交付申出書に記載された再交付申出人の氏名又
　は住所が異なるときは，その変更経緯が明らかとなる氏名が異なる場
　合の戸籍，住所が異なる場合の住民票記載事項証明書（住民票の写
　し）を添付する必要があります。

(2)　代理人によって申出をするときは，上記第4「申出書の添付書面」(2)
　②の書面

第8　法定相続情報に変更が生じたとして再度の申出があった場合の取扱い

　法定相続情報一覧図が，登記所に保存されている間に，例えば，被相続
人の死亡後に子の認知があった場合，被相続人の死亡時に胎児であった者
が生まれた場合，法定相続情報一覧図の保管及び一覧図の写しの交付の申
出後に廃除がった場合のように，戸籍の記載に変更があり，当初の申出に
おいて確認した法定相続情報に変更が生じたときは，申出人は，再度，申
出書を提供することができます。ただし，この場合には，その申出以降，
当初の申出に係る一覧図の写しは交付されません。

第9　官庁又は公署における法定相続情報証明制度の活用

　官庁又は公署が，ある土地の全部又は一部を道路用地として買収した場
合において，当該土地の所有権の登記名義人に相続が開始しているとき
は，当該土地の官庁又は公署への所有権移転の登記を嘱託する前提とし
て，当該土地について相続登記をする必要があります。
　この相続登記は，当該土地を買収した官庁又は公署が，相続人に代位し
て嘱託するのが通常であり，その場合，相続人（被代位者）等の特定に当
たっては，当該官庁又は公署が収集した相続登記の添付情報である戸籍等
を確認した上で，相続登記に必要な相続関係説明図等を作成して，代位に
よる相続登記の嘱託情報を登記所に提供しているのではないでしょうか

第10章 法定相続情報証明制度

（嘱託登記のための前提としての代位登記については，第２章を参照願います。）。

　そこで，今後は，官庁又は公署における代位による相続登記についても，法定相続情報証明制度を活用することによって，嘱託登記手続の簡素化を図ることができるのではないかと考えられます。すなわち，代位登記の嘱託書に，相続人（被代位者）が登記官から交付を受けた一覧図の写しを添付することによって，相続関係説明図の作成の手間が省け，また，従来の戸籍等を提供する必要がなくなるなどの省略化が図られることが期待されます。

　しかしながら，相続人（被代位者）が，買収される土地の代位による相続登記をするために，自ら進んで申出書を作成し，登記所に提供することはあり得ないと考えられますから，戸籍等を確認した上で，相続人（被代位者）等を特定する等の事務処理は，これまでと同様に，当該官庁又は公署が行うことになるものと予想されます。

　ただし，既に説明したとおり，法定相続情報一覧図の保管及び交付の申出ができるのは，相続人等及び限られた代理人に限定されており，官庁又は公署の職員が，その申出をすることは認められていません。したがって，当該官庁又は公署において，申出書及び法定相続一覧図を作成した上で，これを相続人（被代位者）から登記所に提供していただくという手続によらざるを得ないと考えられます。それでも，当該代位による相続登記を時期を異にして繰り返し行う必要が生じた場合，これまでは，その都度，戸籍等を提供しなければならなかったところ，今後は，一覧図の写しを添付するのみで足りるのですから，かなりの省略化になるものと考えられます。

　なお，官庁又は公署の職員の方々には，相続人に対して申出書及び法定相続一覧図を手交する際に，買収に係る土地を除く相続不動産についても，法定相続情報証明制度を活用して積極的に相続登記をすることを推奨していただくことをお願いします。相続登記の未了を少しでも減少させる

第 10 章　法定相続情報証明制度

ことが，所有者不明土地問題や空き家問題を解消するための大きな足掛か
りになると考えられるからです。

　以下の別記様式は，法務局ホームページ（http://houmukyoku.moj.go.jp）
をもとに作成しました。

　また，この制度については，碓井孝介著「相続手続が簡単に　法定相続
情報証明制度の利用の仕方」（日本加除出版・2017 年 6 月）に，より具体的な
活用方法が掲載されていますので，是非，参考にしてください。

第10章　法定相続情報証明制度

別記様式1

法定相続情報一覧図の保管及び交付の申出書

（補完年月日　平成　　年　　月　　日）

①	申 出 年 月 日	平成　　年　　月　　日	法定相続情報番号	--

②	被相続人の表示	氏　　　名 最後の住所 生 年 月 日　　　　年　　　月　　　日 死亡年月日　　　　年　　　月　　　日

③	申 出 人 の 表 示	住所 氏名　　　　　　　　　　　　　㊞ 連絡先　　　　　　―　　　　　― 被相続人との続柄（　　　　　　　　　　）

④	代 理 人 の 表 示	住所（事務所） 氏名　　　　　　　　　　　　　㊞ 連絡先　　　　　　―　　　　　― 申出人との関係　　□法定代理人　　　□委任による代理人

⑤	利 　 用 　 目 　 的	□不動産登記　　□預貯金の払戻し □その他（　　　　　　　　　　　　　　　　　　　　　　）

⑥	必要な写しの通数・交付方法	通（□窓口で受取　　□郵送） ※郵送の場合，送付先は申出人（又は代理人）の表示欄にある住所（事務所）となる。

⑦	被相続人名義の不動産の有無	□有　（有の場合，不動産所在事項又は不動産番号を以下に記載する。） □無

⑧	申出先登記所の種別	□被相続人の本籍地　　□被相続人の最後の住所地 □申出人の住所地　　　□被相続人名義の不動産の所在地

⑨	上記被相続人の法定相続情報一覧図を別添のとおり提出し，上記通数の一覧図の写しの交付を申出します。交付を受けた一覧図の写しについては，相続手続においてのみ使用し，その他の用途には使用しません。 　　申出の日から3か月以内に一覧図の写し及び返却書類を受け取らない場合は，廃棄して差し支えありません。 　　　　　　（地方）法務局　　　　　　　支局・出張所　　　　　　　宛

※受領確認書類（不動産登記規則第247条第6項の規定により返却する書類に限る。）
戸籍（個人）全部事項証明書（　通），除籍事項証明書（　通）戸籍謄本（　通）
除籍謄本（　通），改製原戸籍謄本（　通）戸籍の附票の写し（　通）
戸籍の附票の除票の写し（　通）住民票の写し（　通），住民票の除票の写し（　通）

受領	確認1	確認2	スキャナ・入力	交付		受取

第10章　法定相続情報証明制度

【記入上の注意事項】

① 申出をする年月日を記入する。郵送による申出の場合は，記入を要しない。この場合には，申出書が登記所に届いた日が申出年月日として取り扱われる。

② 被相続人の氏名，最後の住所，生年月日及び死亡年月日を記入する。最後の住所を証する住民票の除票又は戸籍の附票が発行されないときは，最後の本籍を記入する。

③ 申出人の住所，氏名，連絡先及び被相続人との続柄を記入し，氏名の横に押印（認印でも差し支えありません。）する。続柄には，「配偶者」や「子」など，被相続人からみた関係を記入する。

④ 代理人によって申出をする場合は，代理人の住所又は事務所（委任による代理人の場合），氏名又は名称（委任による代理人が法人の場合），連絡先を記入し，氏名の横に押印（認印でも差し支えない。）する。また，申出人との関係について，法定代理人であるか又は委任による代理人であるかのいずれかにチェックする。

⑤ 一覧図の写しの利用目的についてチェック又は記入する。その他欄に記入する場合には，具体的な相続手続の名称（例えば，「株式の相続手続」等）を記入する。

⑥ 必要な一覧図の写しの通数を記入する。また，交付方法（添付書類の返却を含みます。）については，窓口での受取又は郵送のいずれによるかをチェックする。

　窓口で受け取る場合は，申出人の表示欄に押印した印鑑を持参する。下部の受取の欄に押印する。また，郵送による場合には，返信用の封筒及び郵便切手が必要である。

⑦ 被相続人名義の不動産の有無についてチェックする。「有」にチェックした場合は，不動産所在事項（何市何町何丁目何番何の土地　何市何町何丁目何番地何　家屋番号何番何の建物）又は不動産番号（当該不動産の登記事項証明書に記載されている13桁の数字）を記入

する。

　なお，不動産が複数ある場合は，そのうちの一つを記入することで差し支えないが，⑧の「申出先登記所の種別」欄において，申出先登記所を「被相続人名義の不動産の所在地」と選択した場合は，その登記所の管轄区域内の不動産所在事項又は不動産番号を記入する。

⑧　申出をする登記所を選択しチェックする。

⑨　申出先登記所の登記所名を具体的に記入する。管轄登記所は，法務局ホームページの「管轄のご案内」で調べることができる。

第 10 章　法定相続情報証明制度

別記様式２－１（法定相続人が配偶者と子１人である場合）

被相続人　　法務太郎【注1】　　法定相続情報

最後の住所【注2】
○県○市○町○番地
出生　昭和○年○月○日
死亡　平成○年○月○日

（被相続人）【注3】
法　務　太　郎

【注4】

住所　○県○市○町○番地【注5】
出生　昭和○年○月○日
（配偶者）【注6】
法　務　花　子

住所　○県○市○町○番地【注5】
出生　昭和○年○月○日
（子）【注6】
法　務　優　子　　　（申出人）【注7】

以下余白

作成日：平成○年○月○日
作成者：住所　○県○市○町○番地
　　　　氏名　○○　○○　印

【注8】

第 10 章　法定相続情報証明制度

【記入上の注意事項】

【注1】　被相続人の氏名を記載する。

【注2】　被相続人の氏名，最後の住所，生年月日及び死亡の年月日を記載する。被相続人の最後の住所は，住民票の除票又は戸籍の附票により確認して記載する。これらの書面が発行されないときは，項目名を「最後の本籍」に修正し，被相続人の最後の本籍を記載する。

【注3】　被相続人の氏名には，「被相続人」と併記する。

【注4】　被相続人と相続人を線で結ぶなどし，被相続人を起点として相続人と関係性が一見して明瞭な図となるように記載する。

【注5】　相続人に関しては，相続開始の時における同順位の相続人の氏名，生年月日及び被相続人との続柄を記載する。相続人の住所の記載は任意であり，記載する場合には，住民票の写し等のとおりに記載するとともに，その住民票の写しを提出する必要がある。また，記載しない場合には，「住所」の項目を削除する。

【注6】　被相続人との続柄の標記については，例えば，被相続人の配偶者であれば「配偶者」，子であれば「子」と記載することで足りる。

【注7】　法定相続情報一覧図には申出人が記名する必要があるが，申出人が相続人である場合は，法定相続情報一覧図への申出人の記名は，当該相続人の氏名に「申出人」と併記することで差し支えない。

【注8】　法定相続情報一覧図の作成の年月日，作成者（申出人又は代理人）の住所及び氏名を記載し，署名又は記名押印する。なお，作成者が戸籍法 10 条の 2 第 3 項に掲げる有資格者である場合は，住所は事務所所在地とし，併せてその資格の名称（弁護士，司法書士等）をも記載する。

【注9】　相続放棄をした者については，相続人として，**【注5】**に従い記載するが，廃除された推定相続人については氏名，生年月日及び被相続人との続柄を記載する必要はない。

493

第 10 章　法定相続情報証明制度

【注10】　法定相続情報一覧図は，日本工業規格Ａ列４番の長期間保存することができる丈夫な用紙を用いて作成する（法定相続情報一覧図は，登記所に５年間保管される。）。

　文字は，直接パソコンを使用し入力するか，又は黒色インク，黒色ボールペン（摩擦等により見えなくなるものは，使用できない。）を用い，楷書ではっきりと記載する。

　なお，下から約５cmの範囲に認証文が付されるので，可能な限り下から約５cmの範囲には記載しないようにする。

第10章　法定相続情報証明制度

別記様式2－2（法定相続人が配偶者と子2人である場合）

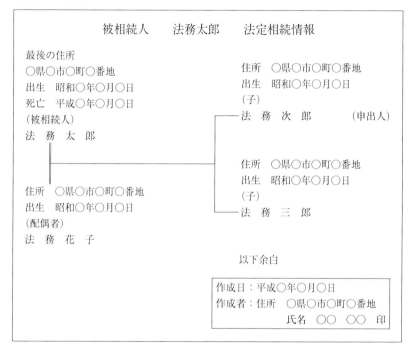

＊　記載上の注意事項については，別記様式2－1を参照

第10章　法定相続情報証明制度

別記様式2―3（法定相続人である子が多数であり，法定相続情報一覧図が複数枚にわたる場合）

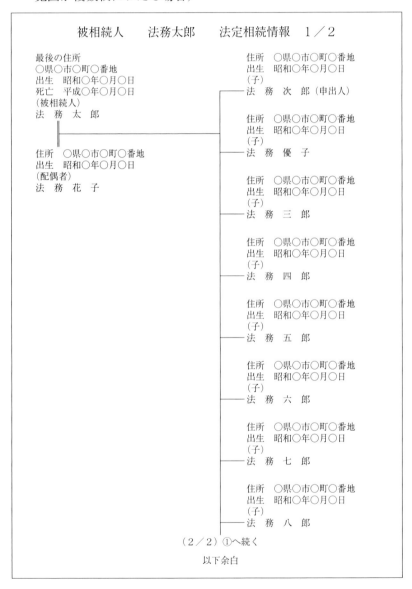

第10章　法定相続情報証明制度

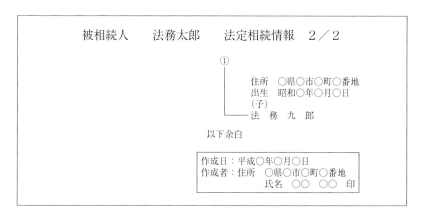

＊　記載上の注意事項については，別記様式2－1を参照

第 10 章　法定相続情報証明制度

別記様式2—4（法定相続人が子のみである場合）

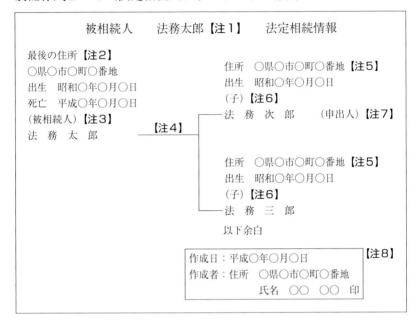

第10章 法定相続情報証明制度

【記入上の注意事項】

【注1】 被相続人の氏名を記載する。

【注2】 被相続人の氏名，最後の住所，生年月日及び死亡の年月日を記載する。被相続人の最後の住所は，住民票の除票又は戸籍の附票により確認して記載する。これらの書面が発行されないときは，項目名を「最後の本籍」に修正し，被相続人の最後の本籍を記載する。

【注3】 被相続人の氏名には，「被相続人」と併記する。

【注4】 被相続人と相続人を線で結ぶなどし，被相続人を起点として相続人と関係性が一見して明瞭な図となるように記載する。

【注5】 相続人に関しては，相続開始の時における同順位の相続人の氏名，生年月日及び被相続人との続柄を記載する。相続人の住所の記載は任意であり，記載する場合には，住民票の写し等のとおりに記載するとともに，その住民票の写しを提出する必要がある。また，記載しない場合には，「住所」の項目を削除する。

【注6】 被相続人との続柄の標記については，「子」と記載することで足りる。

【注7】 法定相続情報一覧図には申出人が記名する必要があるが，申出人が相続人である場合は，法定相続情報一覧図への申出人の記名は，当該相続人の氏名に「申出人」と併記することで差し支えない。

【注8】 法定相続情報一覧図の作成の年月日，作成者（申出人又は代理人）の住所及び氏名を記載し，署名又は記名押印する。なお，作成者が戸籍法10条の2第3項に掲げる有資格者である場合は，住所は事務所所在地とし，併せてその資格の名称（弁護士，司法書士等）をも記載する。

【注9】 相続放棄をした者については，相続人として，**【注5】**に従い記載するが，廃除された推定相続人については氏名，生年月日及び被相続人との続柄を記載する必要はない。

第 10 章　法定相続情報証明制度

【注10】　法定相続情報一覧図は，日本工業規格Ａ列４番の長期間保存することができる丈夫な用紙を用いて作成する（法定相続情報一覧図は，登記所に５年間保管される。）。

　文字は，直接パソコンを使用し入力するか，又は黒色インク，黒色ボールペン（摩擦等により見えなくなるものは，使用できない。）を用い，楷書ではっきりと記載する。

　なお，下から約５cm の範囲に認証文が付されるので，可能な限り下から約５cm の範囲には記載しないようにする。

別記様式2−5（法定相続人が配偶者及び親（父母）である場合）

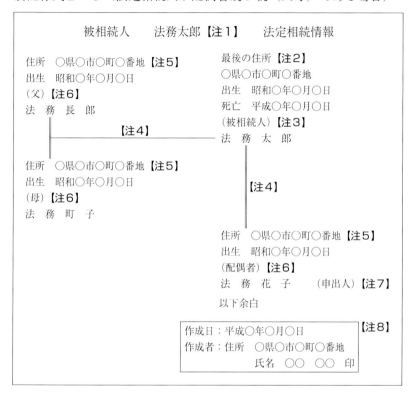

第 10 章　法定相続情報証明制度

【記入上の注意事項】

【注１】　被相続人の氏名を記載する。

【注２】　被相続人の氏名，最後の住所，生年月日及び死亡の年月日を記載する。被相続人の最後の住所は，住民票の除票又は戸籍の附票により確認して記載する。これらの書面が発行されないときは，項目名を「最後の本籍」に修正し，被相続人の最後の本籍を記載する。

【注３】　被相続人の氏名には，「被相続人」と併記する。

【注４】　被相続人と相続人を線で結ぶなどし，被相続人を起点として相続人と関係性が一見して明瞭な図となるように記載する。

【注５】　相続人に関しては，相続開始の時における同順位の相続人の氏名，生年月日及び被相続人との続柄を記載する。相続人の住所の記載は任意であり，記載する場合には，住民票の写し等のとおりに記載するとともに，その住民票の写しを提出する必要がある。また，記載しない場合には，「住所」の項目を削除する。

【注６】　被相続人との続柄の標記については，被相続人の配偶者であれば「配偶者」，父であれば「父」，母であれば「母」と記載することで足りる。

【注７】　法定相続情報一覧図には申出人が記名する必要があるが，申出人が相続人である場合は，法定相続情報一覧図への申出人の記名は，当該相続人の氏名に「申出人」と併記することで差し支えない。

【注８】　法定相続情報一覧図の作成の年月日，作成者（申出人又は代理人）の住所及び氏名を記載し，署名又は記名押印する。なお，作成者が戸籍法 10 条の２第３項に掲げる有資格者である場合は，住所は事務所所在地とし，併せてその資格の名称（弁護士，司法書士等）をも記載する。

【注９】　相続放棄をした者については，相続人として，【注５】に従い記載するが，廃除された推定相続人については氏名，生年月日及び

被相続人との続柄を記載する必要はない。

【注10】 法定相続情報一覧図は，日本工業規格Ａ列4番の長期間保存することができる丈夫な用紙を用いて作成する（法定相続情報一覧図は，登記所に5年間保管される。）。

文字は，直接パソコンを使用し入力するか，又は黒色インク，黒色ボールペン（摩擦等により見えなくなるものは，使用できない。）を用い，楷書ではっきりと記載する。

なお，下から約5cmの範囲に認証文が付されるので，可能な限り下から約5cmの範囲には記載しないようにする。

第 10 章　法定相続情報証明制度

別記様式2－6（法定相続人が配偶者及び兄弟姉妹である場合）

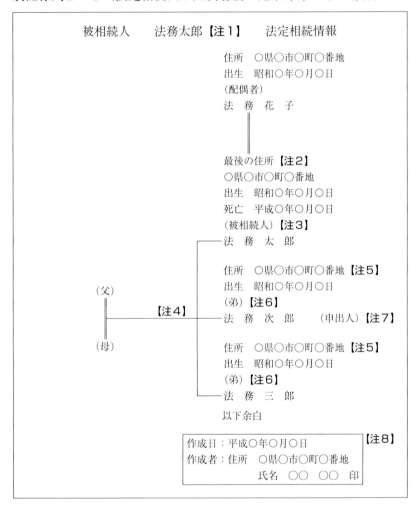

第10章　法定相続情報証明制度

【記入上の注意事項】

【注1】　被相続人の氏名を記載する。

【注2】　被相続人の氏名，最後の住所，生年月日及び死亡の年月日を記載する。被相続人の最後の住所は，住民票の除票又は戸籍の附票により確認して記載する。これらの書面が発行されないときは，項目名を「最後の本籍」に修正し，被相続人の最後の本籍を記載する。

【注3】　被相続人の氏名には，「被相続人」と併記する。

【注4】　被相続人と相続人を線で結ぶなどし，被相続人を起点として相続人と関係性が一見して明瞭な図となるように記載する。

【注5】　相続人に関しては，相続開始の時における同順位の相続人の氏名，生年月日及び被相続人との続柄を記載する。相続人の住所の記載は任意であり，記載する場合には，住民票の写し等のとおりに記載するとともに，その住民票の写しを提出する必要がある。また，記載しない場合には，「住所」の項目を削除する。

【注6】　被相続人との続柄の標記については，被相続人の兄弟であれば「兄又は弟」，姉妹であれば「姉又は妹」と記載することで足りる。

【注7】　法定相続情報一覧図には申出人が記名する必要があるが，申出人が相続人である場合は，法定相続情報一覧図への申出人の記名は，当該相続人の氏名に「申出人」と併記することで差し支えない。

【注8】　法定相続情報一覧図の作成の年月日，作成者（申出人又は代理人）の住所及び氏名を記載し，署名又は記名押印する。なお，作成者が戸籍法10条の2第3項に掲げる有資格者である場合は，住所は事務所所在地とし，併せてその資格の名称（弁護士，司法書士等）をも記載する。

【注9】　相続放棄をした者については，相続人として，**【注5】**に従い記載するが，廃除された推定相続人については氏名，生年月日及び被相続人との続柄を記載する必要はない。

第 10 章　法定相続情報証明制度

【注10】　法定相続情報一覧図は，日本工業規格Ａ列４番の長期間保存す
ることができる丈夫な用紙を用いて作成する（法定相続情報一覧図
は，登記所に５年間保管される。）。
　文字は，直接パソコンを使用し入力するか，又は黒色インク，黒
色ボールペン（摩擦等により見えなくなるものは，使用できない。）
を用い，楷書ではっきりと記載する。
　なお，下から約５cm の範囲に認証文が付されるので，可能な限
り下から約５cm の範囲には記載しないようにする。

第10章 法定相続情報証明制度

別記様式2―7（法定相続人に代襲相続が生じている場合）

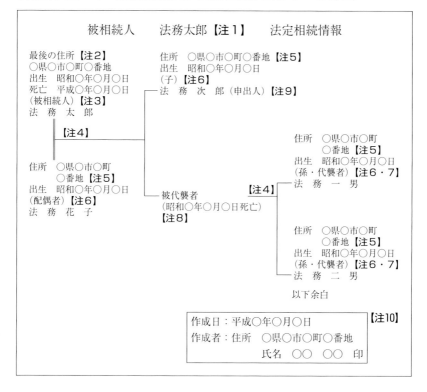

第 10 章　法定相続情報証明制度

【記入上の注意事項】

【注1】　被相続人の氏名を記載する。

【注2】　被相続人の氏名，最後の住所，生年月日及び死亡の年月日を記載する。被相続人の最後の住所は，住民票の除票又は戸籍の附票により確認して記載する。これらの書面が発行されないときは，項目名を「最後の本籍」に修正し，被相続人の最後の本籍を記載する。

【注3】　被相続人の氏名には，「被相続人」と併記する。

【注4】　被相続人と相続人を線で結ぶなどし，被相続人を起点として相続人と関係性が一見して明瞭な図となるように記載する。

【注5】　相続人に関しては，相続開始の時における同順位の相続人の氏名，生年月日及び被相続人との続柄を記載する。相続人の住所の記載は任意であり，記載する場合には，住民票の写し等のとおりに記載するとともに，その住民票の写しを提出する必要がある。また，記載しない場合には，「住所」の項目を削除する。

【注6】　被相続人との続柄の標記については，被相続人の配偶者であれば「配偶者」，子であれば「子」，孫であれば「孫」と記載することで足りる。

【注7】　代襲した相続人の氏名には，「代襲者」と併記する。

【注8】　被相続人と代襲者との間の被代襲者の表記は，例えば，「被代襲者（何年何月何日死亡）」と記載すれば足り，被代襲者の住所，氏名，死亡年月日等を記載する必要はない。

【注9】　法定相続情報一覧図には申出人が記名する必要があるが，申出人が相続人である場合は，法定相続情報一覧図への申出人の記名は，当該相続人の氏名に「申出人」と併記することで差し支えない。

【注10】　法定相続情報一覧図の作成の年月日，作成者（申出人又は代理人）の住所及び氏名を記載し，署名又は記名押印する。なお，作成者が戸籍法 10 条の 2 第 3 項に掲げる有資格者である場合は，住所

は事務所所在地とし，併せてその資格の名称（弁護士，司法書士等）をも記載する。

【注11】　相続放棄をした者については，相続人として，【注5】に従い記載するが，廃除された推定相続人については氏名，生年月日及び被相続人との続柄を記載する必要はない。

【注12】　法定相続情報一覧図は，日本工業規格A列4番の長期間保存することができる丈夫な用紙を用いて作成する（法定相続情報一覧図は，登記所に5年間保管される。）。

　文字は，直接パソコンを使用し入力するか，又は黒色インク，黒色ボールペン（摩擦等により見えなくなるものは，使用できない。）を用い，楷書ではっきりと記載する。

　なお，下から約5cmの範囲に認証文が付されるので，可能な限り下から約5cmの範囲には記載しないようにする。

第 10 章　法定相続情報証明制度

別記様式２―８（列挙形式の法定相続情報一覧図）

被相続人　　法務太郎【注１】　　法定相続情報

最後の住所	○県○市○町○番地【注２】
出生	昭和○年○月○日
死亡	平成○年○月○日
（被相続人）【注３】	法　務　太　郎

住所	○県○市○町○番地【注４】
出生	昭和○年○月○日
（配偶者）　【注５】	法　務　花　子　（申出人）【注６】

住所	○県○市○町○番地【注４】
出生	昭和○年○月○日
（子）　　　【注５】	法　務　次　郎

住所	○県○市○町○番地【注４】
出生	昭和○年○月○日
（子）　　　【注５】	法　務　三　郎

住所	○県○市○町○番地【注４】
出生	昭和○年○月○日
（子）　　　【注５】	法　務　優　子

以下余白

【注７】
作成日：平成○年○月○日
作成者：住所　○県○市○町○番地
　　　　　　氏名　○○　○○　印

第10章　法定相続情報証明制度

【記入上の注意事項】

【注1】　被相続人の氏名を記載する。

【注2】　被相続人の氏名，最後の住所，生年月日及び死亡の年月日を記載する。被相続人の最後の住所は，住民票の除票又は戸籍の附票により確認して記載する。これらの書面が発行されないときは，項目名を「最後の本籍」に修正し，被相続人の最後の本籍を記載する。

【注3】　被相続人の氏名には，「被相続人」と併記する。

【注4】　相続人に関しては，相続開始の時における同順位の相続人の氏名，生年月日及び被相続人との続柄を記載する。相続人の住所の記載は任意であり，記載する場合には，住民票の写し等のとおりに記載するとともに，その住民票の写しを提出する必要がある。また，記載しない場合には，「住所」の項目を削除する。

【注5】　被相続人との続柄の標記については，例えば，被相続人の配偶者であれば「配偶者」，子であれば「子」と記載することで足りる。

【注6】　法定相続情報一覧図には申出人が記名する必要があるが，申出人が相続人である場合は，法定相続情報一覧図への申出人の記名は，当該相続人の氏名に「申出人」と併記することで差し支えない。

【注7】　法定相続情報一覧図の作成の年月日，作成者（申出人又は代理人）の住所及び氏名を記載し，署名又は記名押印する。なお，作成者が戸籍法10条の2第3項に掲げる有資格者である場合は，住所は事務所所在地とし，併せてその資格の名称（弁護士，司法書士等）をも記載する。

【注8】　相続放棄をした者については，相続人として，**【注5】**に従い記載するが，廃除された推定相続人については氏名，生年月日及び被相続人との続柄を記載する必要はない。

【注9】　法定相続情報一覧図は，日本工業規格A列4番の長期間保存することができる丈夫な用紙を用いて作成する（法定相続情報一覧図

第 10 章　法定相続情報証明制度

は，登記所に 5 年間保管される。）。

　文字は，直接パソコンを使用し入力するか，又は黒色インク，黒色ボールペン（摩擦等により見えなくなるものは，使用できない。）を用い，楷書ではっきりと記載する。

　なお，下から約 5 cm の範囲に認証文が付されるので，可能な限り下から約 5 cm の範囲には記載しないようにする。

第 10 章　法定相続情報証明制度

別記様式３

委　任　状

① （代理人）
　　　　住　所　　　○県○市○町○番地

　　　　氏　名　　登記　進

　私は，上記の者に対し，以下の被相続人の相続に係る次の権限を委
任する。

　1　法定相続情報一覧図を作成すること
　2　法定相続情報一覧図の保管及び一覧図の写しの交付の申出をす
　　ること
　　　　（希望する法定相続情報一覧図の写しの交付通数　　　　通）
　3　法定相続情報一覧図の写し及び返却される添付書面を受領する
　　こと
　4　上記１から３までのほか，法定相続情報一覧図の保管及び一覧
　　図の写しの交付の申出に関して必要な一切の権限

②　　被相続人の最後の住所（又は本籍）
　　　　　○県○市○町○番地
　　　被相続人の氏名
　　　　　法務　太郎
　　　死亡年月日
　　　　　平成○年○月○日

③ 平成○○年○月○日
　（委任者）
　　　　住　所　　　○県○市○町○番地

　　　　氏　名　　法務　花子　　　　　　　　　　　㊞

第 10 章　法定相続情報証明制度

【記入上の注意事項】

①　代理人の住所又は事務所及び氏名又は名称を記載する。委任による代理人は，申出人の親族又は資格者（弁護士，司法書士，土地家屋調査士，税理士，社会保険労務士，弁理士，海事代理士又は行政書士）であり，各士業法の規定を根拠に設立される法人を含む。

②　被相続人の氏名，最後の住所（又は本籍）及び死亡年月日を記入する。

③　委任日，委任者である相続人の住所及び氏名を記載し，押印（認印でも差し支えない。）する。

第10章　法定相続情報証明制度

別記様式4

別紙2

（記載例）

被相続人法務太郎法定相続情報

最後の住所　○県○市○町○番地
出生　昭和○年○月○日
死亡　平成28年4月1日
（被相続人）
法　務　太　郎

住所　○県○郡○町○ 34 番地
出生　昭和 45 年 6 月 7 日
（子）
法　務　一　郎　（申出人）

住所　○県○市○町三丁目 45 番 6 号
出生　昭和 47 年 9 月 5 日
（子）
相　続　促　子

住所　○県○市○町三丁目 45 番 6 号
出生　昭和○年○月○日
（配偶者）
法　務　花　子

住所　○県○市○町五丁目 4 番 8 号
出生　昭和 50 年 11 月 27 日
（子）
登　記　　進

以下余白

作成日：○年○月○日
作成者：○○○市　○○　○○
　　　　（住所：○市○町○番地）

　これは，平成○年○月○日に申出のあった当局保管に係る法定相続
情報一覧図の写しである。
　　　平成○年○月○日
　　　　○○法務局○○出張所　　　　　　登記官　○○　○○　職印
注）本書面は，提出された戸除籍謄本等の記載に基づくものである。相続放棄
に関しては，本書面に記載されない。また，相続手続以外に利用することはできない。

整理番号　○00000　1／1

第 10 章　法定相続情報証明制度

別記様式 5

| | 別記第 2 号様式 |

法定相続情報一覧図の再交付の申出書

再交付申出年月日	平成　　年　　月　　日	法定相続情報番号	-　　-
被相続人の表示	氏　　　名 最後の住所 生 年 月 日　　　　年　　　月　　　日 死亡年月日　　　　年　　　月　　　日		
申 出 人 の 表 示	住所 氏名　　　　　　　　　㊞ 連絡先　　　　—　　　— 被相続人との続柄（　　　　　　　）		
代 理 人 の 表 示	住所（事務所） 氏名　　　　　　　　　㊞ 連絡先　　　　—　　　— 申出人との関係　　□法定代理人　　□委任による代理人		
利　　用　　目　　的	□不動産登記　□預貯金の払戻し □その他（　　　　　　　　　　　　　　　　　）		
必 要 な 写 し の 通 数・交付方法	通（□窓口で受取　□郵送） ※郵送の場合，送付先は申出人（又は代理人）の表示欄にある住所（事務所）となる。		

　上記通数の法定相続情報一覧図の写しの再交付を申出します。交付を受けた一覧図の写
しについては，相続手続においてのみ使用し，その他の用途には使用しません。3 か月以
内に一覧図の写しを受け取らない場合は，廃棄して差し支えありません。

　　　　　　（地方）法務局　　　　　　　　支局・出張所　　　　　　宛

受領	確認	交付

受取

　＊　記入上の注意事項については，別記様式 1 を参照

第 10 章　法定相続情報証明制度

⊙**平成 29 年 4 月 17 日民二第 292 号民事局長通達**

〔不動産登記規則の一部を改正する省令の施行に伴う不動産登記事務等の取扱いについて〕

　不動産登記規則の一部を改正する省令（平成 29 年法務省令第 20 号。以下「改正省令」という。）が，本年 5 月 29 日から施行されることとなりましたが，その事務の取扱いについては，下記の点に留意し，事務処理に遺憾のないよう，貴管下登記官に周知方お取り計らい願います。

　なお，本通達中，「法」とあるのは不動産登記法（平成 16 年法律第 123 号）を，「令」とあるのは不動産登記令（平成 16 年政令第 379 号）を，「規則」とあるのは改正省令による改正後の不動産登記規則（平成 17 年法務省令第 18 号）を，「準則」とあるのは不動産登記事務取扱手続準則（平成 17 年 2 月 25 日付け法務省民二第 456 号当職通達）をいいます。

記

第 1　改正の趣旨

　　相続登記が未了のまま放置されることは，いわゆる所有者不明土地問題や空き家問題を生じさせる大きな要因の一つであるとされ，平成 28 年 6 月に閣議決定された「経済財政運営と改革の基本方針 2016」において相続登記の促進に取り組むとともに，同年 6 月に閣議決定された「日本再興戦略 2016」及び「ニッポン一億総活躍プラン」において相続登記の促進のための制度を検討することとされた。これを受け，相続人の相続手続における手続的な負担軽減と新たな制度を利用する相続人に相続登記の直接的な促しの契機を創出することにより，今後生じる相続に係る相続登記について，これが未了のまま放置されることを抑止し，相続登記を促進するため，不動産登記規則を改正し，法定相続情報証明制度を創設したものである。

第 2　改正省令の施行に伴う事務の取扱い

　1　法定相続情報一覧図つづり込み帳及びその保存期間

　　(1)　登記所には，法定相続情報一覧図つづり込み帳を備えることとされた（規則第 18 条第 35 号）。また，法定相続情報一覧図つづり込み帳には，法定相続情報一覧図及びその保管の申出に関

第 10 章　法定相続情報証明制度

する書類をつづり込むこととされた（規則第 27 条の 6）。

　　法定相続情報一覧図を適正に保管するためには，法定相続情報一覧図つづり込み帳を備える必要がある。この法定相続情報一覧図つづり込み帳につづり込む書類としては，法定相続情報一覧図のほか，申出書，申出書に記載されている申出人の氏名及び住所と同一の氏名及び住所が記載されている市町村長その他公務員が職務上作成した証明書（当該申出人が原本と相違ない旨を記載した謄本を含む。）及び代理人の権限を証する書面が該当する。

(2)　法定相続情報一覧図つづり込み帳の保存期間は，作成の年の翌年から 5 年間とされた（規則第 28 条の 2 第 6 号）。

　　そのため，保存期間を経過した場合には，他の帳簿と同様に廃棄をすることとなる。

2　不動産登記の申請等における添付情報の取扱い

　　登記名義人等の相続人が登記の申請をする場合において，法定相続情報一覧図の写し（以下「一覧図の写し」という。）を提供したときは，その一覧図の写しの提供をもって，相続があったことを証する市町村長その他の公務員が職務上作成した情報の提供に代えることができるとされた（規則第 37 条の 3）。

　　この取扱いにより，登記の申請やその他の不動産登記法令上の手続において，一覧図の写しの提供を相続があったことを証する市町村長その他の公務員が職務上作成した情報の提供に代えることができることとなるところ，具体的な申請・手続は主に次のものが該当する。

(1)　一般承継人による表示に関する登記の申請（法第 30 条）

(2)　区分建物の表題登記の申請（法第 47 条第 2 項）

(3)　一般承継人による権利に関する登記の申請（法第 62 条）

(4)　相続による権利の移転の登記（法第 63 条第 2 項）

(5)　権利の変更等の登記（債務者の相続）（法第 66 条）

(6)　所有権の保存の登記（法第 74 条第 1 項第 1 号）

(7)　筆界特定の申請（法第 131 条第 1 項）

(8)　地図等の訂正（規則第 16 条第 1 項）

(9)　登記識別情報の失効の申出（規則第 65 条第 1 項）

第 10 章　法定相続情報証明制度

⑽　登記識別情報に関する証明（規則第 68 条第 1 項）

⑾　土地所在図の訂正等（規則第 88 条第 1 項）

⑿　不正登記防止申出（準則第 35 条）

⒀　事前通知に係る相続人からの申出（準則第 46 条）

　なお，申請人から添付した一覧図の写しの原本還付の請求が
あった場合は，規則第 55 条の規定により原本を還付することが
できる。この場合に，いわゆる相続関係説明図が提出されたとき
は，当該相続関係説明図を一覧図の写しの謄本として取り扱い，
一覧図の写しについては還付することとして差し支えない。

　おって，一覧図の写しは飽くまで相続があったことを証する市
町村長その他の公務員が職務上作成した情報を代替するものであ
り，遺産分割協議書や相続放棄申述受理証明書等までをも代替す
るものではない。

3　法定相続情報一覧図

⑴　登記名義人等について相続が開始した場合において，その相
続に起因する登記その他の手続のために必要があるときは，そ
の相続人（規則第 247 条第 3 項第 2 号に掲げる書面の記載によ
り確認することができる者に限る。以下本通達において同じ。）
又は当該相続人の地位を相続により承継した者は，法定相続情
報一覧図の保管及び一覧図の写しの交付を申し出ることができ
るとされた（規則第 247 条第 1 項）。

　その他の手続とは，その手続の過程において相続人を確認す
るために規則第 247 条第 3 項第 2 号及び同項第 4 号に掲げる書
面（以下「戸除籍謄抄本」という。）の提出が求められるもの
をいい，例えば筆界特定の申請や地図等の訂正の申出のみなら
ず，金融機関における預貯金の払戻し手続等も想定している。

　また，当該相続人の地位を相続により承継した者とは，いわ
ゆる数次相続が生じている場合の相続人が該当する。

⑵　法定相続情報一覧図の保管及び一覧図の写しの交付の申出
は，被相続人の本籍地若しくは最後の住所地，申出人の住所地
又は被相続人を表題部所有者若しくは所有権の登記名義人とす
る不動産の所在地を管轄する登記所の登記官に対してすること
ができるとされた（規則第 247 条第 1 項）。

519

第 10 章　法定相続情報証明制度

　　これらの登記所は，申出人の利便性も考慮して申出先登記所
の選択肢を示したものである。

　　登記官は，専ら申出書に記載された情報や添付書面に基づ
き，これらの登記所のいずれかに該当することを確認すること
で足りる。

　　なお，法定相続情報一覧図の保管及び一覧図の写しの交付の
申出は，これらの登記所に出頭してするほか，送付の方法に
よってすることもできる。

(3)　法定相続情報一覧図には，被相続人に関しては，その氏名，
生年月日，最後の住所及び死亡の年月日を，相続人に関して
は，相続開始の時における同順位の相続人の氏名，生年月日及
び被相続人との続柄を記載することとされた（規則第 247 条第
1 項第 1 号及び第 2 号）。

　　また，法定相続情報一覧図には，作成の年月日を記載し，申
出人が記名するとともに，法定相続情報一覧図を作成した申出
人又はその代理人が署名し，又は記名押印することとされた
（規則第 247 条第 3 項第 1 号）。

　　法定相続情報一覧図の作成にあっては，次の事項を踏まえる
必要がある。

ア　被相続人と相続人とを線で結ぶなどし，被相続人を起点と
　　して相続人との関係性が一見して明瞭な図による記載とす
　　る。ただし，被相続人及び相続人を単に列挙する記載として
　　も差し支えない。

イ　被相続人の氏名には「被相続人」と併記する。

ウ　被相続人との続柄の表記については，例えば被相続人の配
　　偶者であれば「配偶者」，子であれば「子」などとする。

エ　申出人が相続人として記載される場合，法定相続情報一覧
　　図への申出人の記名は，当該相続人の氏名に「申出人」と併
　　記することに代えて差し支えない。

オ　法定相続情報一覧図の作成をした申出人又は代理人の署名
　　等には，住所を併記する。なお，作成者が戸籍法（昭和 22
　　年法律第 224 号）第 10 条の 2 第 3 項に掲げる者である場合
　　は，住所については事務所所在地とし，併せてその資格の名

520

第 10 章　法定相続情報証明制度

称をも記載する。

　カ　相続人の住所を記載する場合は，当該相続人の氏名に当該住所を併記する。

　キ　推定相続人の廃除がある場合，その廃除された推定相続人の氏名，生年月日及び被相続人との続柄の記載は要しない。

　ク　代襲相続がある場合，代襲した相続人の氏名に「代襲者」と併記する。この場合，被相続人と代襲者の間に被代襲者がいることを表すこととなるが，その表記は例えば「被代襲者（何年何月何日死亡）」とすることで足りる。

　ケ　法定相続情報一覧図は，日本工業規格Ａ列４番の丈夫な用紙をもって作成し，記載に関しては明瞭に判読することができるものとする。

(4)　なお，法定相続情報一覧図には，相続開始の時における同順位の相続人の氏名等が記載される。したがって，数次相続が生じている場合は，被相続人一人につき一つの申出書及び法定相続情報一覧図が提供及び添付されることとなる。

4　法定相続情報一覧図の保管及び一覧図の写しの交付の申出

(1)　法定相続情報一覧図の保管及び一覧図の写しの交付の申出は，規則第247条第2項各号に掲げる事項を記載した申出書を提供してしなければならないとされた（規則第247条第2項）。

　　この申出書は，別記第1号様式又はこれに準ずる様式によるものとする。

(2)　申出書には，申出人の氏名，住所，連絡先及び被相続人との続柄を記載することとされた（規則第247条第2項第1号）。

(3)　法定相続情報一覧図の保管及び一覧図の写しの交付の申出を代理人によってする場合は当該代理人の氏名又は名称，住所及び連絡先並びに代理人が法人であるときはその代表者の氏名を記載することとされた。また，申出人の法定代理人又はその委任による代理人にあってはその親族若しくは戸籍法第10条の2第3項に掲げる者に限るとされた（規則247条第2項第2号）。

　　戸籍法第10条の2第3項に掲げる者とは，具体的には，弁護士，司法書士，土地家屋調査士，税理士，社会保険労務士，弁理士，海事代理士及び行政書士である（各士業法の規定を根

第 10 章　法定相続情報証明制度

拠に設立される法人を含む。)。

(4)　申出書には，利用目的及び交付を求める通数を記載すること
とされた (規則第 247 条第 2 項第 3 号，第 4 号)。

　登記官は，申出書に記載された利用目的が相続手続に係るも
のであり，その提出先が推認できることを確認するものとす
る。また，その利用目的に鑑みて交付を求める通数が合理的な
範囲内であることも確認するものとする。

(5)　申出書には，被相続人を表題部所有者又は所有権の登記名義
人とする不動産があるときは，不動産所在事項又は不動産番号
を記載することとされた (規則第 247 条第 2 項第 5 号)。

　被相続人を表題部所有者又は所有権の登記名義人とする不動
産が複数ある場合には，そのうちの任意の一つを記載すること
で足りるが，被相続人を表題部所有者又は所有権の登記名義人
とする不動産の所在地を管轄する登記所に申出をする場合に
は，当該登記所の管轄区域内の不動産所在事項又は不動産番号
を記載する必要がある。

(6)　申出書には，申出の年月日を記載することとされた (規則第
247 条第 2 項第 6 号)。

(7)　申出書には，送付の方法により一覧図の写しの交付及び規則
第 247 条第 6 項の規定による書面の返却を求めるときは，その
旨を記載することとされた (規則第 247 条第 2 項第 7 号)。

5　添付書面について

　申出書には，申出人又はその代理人が記名押印するとともに，
前記 3 に示す法定相続情報一覧図をはじめ，規則第 247 条第 3 項
各号に掲げる書面を添付しなければならないとされた。

(1)　申出書には，被相続人 (代襲相続がある場合には，被代襲者
を含む。) の出生時から死亡時までの戸籍及び除かれた戸籍の
謄本又は全部事項証明書を添付することとされた。また，規則
第 247 条第 1 項第 2 号の相続人の戸籍の謄本，抄本又は記載事
項証明書を添付することとされた (規則第 247 条第 3 項第 2 号，
第 4 号)。

　除籍又は改製原戸籍の一部が滅失等していることにより，そ
の謄本が添付されない場合は，当該謄本に代えて，「除籍等の

522

第 10 章　法定相続情報証明制度

謄本を交付することができない」旨の市町村長の証明書を添付することで差し支えない。

　これに対し，例えば被相続人が日本国籍を有しないなど戸除籍謄抄本の全部又は一部を添付することができない場合は，登記官は，法定相続情報一覧図の保管及び一覧図の写しの交付をすることができない。

(2)　申出書には，被相続人の最後の住所を証する書面を添付することとされた（規則第247条第3項第3号）。

　被相続人の最後の住所を証する書面とは，被相続人に係る住民票の除票や戸籍の附票が当たる。

　これらの書面が市町村において廃棄されているため発行されないときは，申出書への添付を要しない。この場合は，申出書及び法定相続情報一覧図には，被相続人の最後の住所の記載に代えて被相続人の最後の本籍を記載するものとする。

(3)　申出人が相続人の地位を相続により承継した者であるときは，これを証する書面を添付することとされた（規則第247条第3項第5号）。

　この書面には，当該申出人の戸籍の謄抄本又は記載事項証明書が該当するが，規則第247条第3項第2号及び第4号の書面により申出人が相続人の地位を相続により承継したことを確認することができるときは，添付を要しない。

(4)　申出書には，申出書に記載されている申出人の氏名及び住所と同一の氏名及び住所が記載されている市町村長その他の公務員が職務上作成した証明書（当該申出人が原本と相違がない旨を記載した謄本を含む。）を添付することとされた（規則第247条第3項第6号）。

　当該証明書には，例えば住民票記載事項証明書や運転免許証の写し（申出人が原本と相違がない旨を記載したもの。なお，この場合には，申出人の署名又は記名押印を要する。）が該当するところ，登記官はこれらの書面によって申出人の本人確認を行うものとする。

(5)　代理人によって申出をするときは，代理人の権限を証する書面を添付することとされた（規則第247条第3項第7号）。

第 10 章　法定相続情報証明制度

　　　ア　法定代理人の場合，代理人の権限を証する書面は，法定代
　　　　理人それぞれの類型に応じ，次に掲げるものが該当する。
　　　　(ｱ)　親権者又は未成年後見人
　　　　　申出人たる未成年者に係る戸籍の謄抄本又は記載事項証
　　　　　明書
　　　　(ｲ)　成年後見人又は代理権付与の審判のある保佐人・補助人
　　　　　　申出人たる成年被後見人又は被保佐人・被補助人に係る
　　　　　後見登記等ファイルの登記事項証明書（被保佐人・被補助
　　　　　人については，代理権目録付きのもの）
　　　　(ｳ)　不在者財産管理人・相続財産管理人
　　　　　申出人たる各管理人の選任に係る審判書
　　　イ　委任による代理人の場合，代理人の権限を証する書面は，
　　　　委任状に加え，委任による代理人それぞれの類型に応じ，次
　　　　に掲げるものが該当する。
　　　　(ｱ)　親族
　　　　　申出人との親族関係が分かる戸籍の謄抄本又は記載事項
　　　　　証明書
　　　　(ｲ)　戸籍法第 10 条の 2 第 3 項に掲げられる者
　　　　　資格者代理人団体所定の身分証明書の写し等
　　　　　なお，代理人が各士業法の規定を根拠に設立される法人
　　　　の場合は，当該法人の登記事項証明書
　　　ウ　代理人の権限を証する書面について，原本の添付に加え
　　　　て，代理人が原本と相違がない旨を記載し，署名又は記名押
　　　　印をした謄本が添付された場合は，登記官は，それらの内容
　　　　が同一であることを確認した上，原本を返却するものとす
　　　　る。
　　6　法定相続情報一覧図への相続人の住所の記載について
　　　法定相続情報一覧図に相続人の住所を記載したときは，申出書
　　にその住所を証する書面を添付しなければならないとされた（規
　　則第 247 条第 4 項）。
　　　相続人の住所は，法定相続情報一覧図の任意的記載事項であ
　　る。したがって，相続人の住所の記載がない場合は，相続人の住
　　所を証する書面の添付は要しない。

第10章　法定相続情報証明制度

7　一覧図の写しの交付等

　　登記官は，申出人から提供された申出書の添付書面によって法定相続情報の内容を確認し，その内容と法定相続情報一覧図に記載された法定相続情報の内容とが合致していることを確認したときは，一覧図の写しを交付することとされた（規則第247条第5項前段）。

　　また，一覧図の写しには，申出に係る登記所に保管された一覧図の写しである旨の認証文を付した上で，作成の年月日及び職氏名を記載し，職印を押印することとされた（規則第247条第5項後段）。

(1)　法定相続情報の内容の確認について

　　登記官は，法定相続情報一覧図の保管及び一覧図の写しの交付の申出があったときは，速やかに，法定相続情報一覧図の内容を確認するものとする。

(2)　申出の内容に不備がある場合の取扱い

　ア　添付された法定相続情報一覧図の記載に，その他の添付書面から確認した法定相続情報の内容と合致していないなどの誤りや遺漏がある場合，登記官は，申出人又は代理人にその内容を伝え，速やかに当該法定相続情報一覧図の誤り等を訂正させ，清書された正しい法定相続情報一覧図の添付を求めるものとする。提供された申出書に誤りがある場合についても，同様とする。

　イ　添付書面が不足している場合，登記官は，申出人又は代理人に不足している添付書面を伝え，一定の補完期間を設けてその添付を求めるものとする。

　ウ　上記ア又はイに係る不備の補完がされない場合は，次のとおり取り扱うものとする。

　　(ｱ)　申出人又は代理人に対し，申出書及び添付書面を返戻する旨を通知するとともに，窓口において返戻を受ける場合はそのための出頭又は送付によって返戻を受ける場合は必要な費用の納付を求める。

　　(ｲ)　上記(ｱ)の求めに応じない場合は，申出があった日から起算して3か月を経過したのち，当該申出書及び添付書面を

525

第10章　法定相続情報証明制度

　　　廃棄して差し支えない。
　(3)　法定相続情報一覧図の保存について
　　　登記官は，申出人から提供された申出書の添付書面によって
　　確認した法定相続情報の内容と，法定相続情報一覧図に記載さ
　　れた法定相続情報の内容とが合致していることを確認したとき
　　は，一覧図の写しの作成のため，次の方法により法定相続情報
　　一覧図を保存するものとする。
　　ア　法定相続情報番号の採番
　　　登記官は，登記所ごとの法定相続情報番号を採番し，申出
　　書の所定の欄に記入するものとする。
　　イ　法定相続情報一覧図の保存
　　　(ア)　登記官は，添付された法定相続情報一覧図をスキャナを
　　　用いて読み取ることにより電磁的記録に記録して保存する
　　　ものとする。
　　　(イ)　上記アで採番した法定相続情報番号，申出年月日，被相
　　　続人の氏名，生年月日，最後の住所（最後の住所を証する
　　　書面を添付することができない場合は，最後の本籍）及び
　　　死亡の年月日を電磁的記録に記録するものとする。
　　　(ウ)　上記(イ)に際し，被相続人の氏名に誤字俗字が用いられて
　　　いる場合は，これを正字等（原則として通用字体）に引き
　　　直して電磁的記録に記録する。
　(4)　一覧図の写しの作成
　　ア　用紙
　　　一覧図の写しは，偽造防止措置が施された専用紙を用いて
　　作成する。
　　イ　認証文及びその他の付記事項
　　　(ア)　一覧図の写しに付記する認証文は，次のとおりとする。
　　　　「これは，平成○年○月○日に申出のあった当局保管に
　　　係る法定相続情報一覧図の写しである。」
　　　　なお，上記(2)アにより正しい法定相続情報一覧図を補完
　　　させた場合は，その補完がされた日を申出があった日とみ
　　　なすものとする。同様に，上記(2)イにより不足している添
　　　付書面を補完させた場合は，当該添付書面の発行がいつで

第 10 章　法定相続情報証明制度

あるかにかかわらず，不足している添付書面が補完された
日を申出があった日とみなすものとする。

㈶　一覧図の写しに登記官が記載する職氏名は，次のとおり
とする。

「何法務局（何地方法務局）何支局（何出張所）登記官
何某」

㈵　一覧図の写しには，次の注意事項を付記するものとす
る。

「本書面は，提出された戸除籍謄本等の記載に基づくも
のである。相続放棄に関しては，本書面に記載されない。
また，相続手続以外に利用することはできない。」

⑸　一覧図の写しの交付及び添付書面の返却

登記官は，一覧図の写しを交付するときは，規則第247条第
3項第2号から第5号まで及び同条第4項に規定する添付書面
を返却することとされた（規則第247条第6項）。この一覧図の
写しの交付及び添付書面の返却は，次により取り扱うものとす
る。

ア　登記所窓口における交付等の取扱い

窓口において一覧図の写しの交付及び添付書面の返却をす
るときは，その交付及び返却を受ける者に，申出書の申出人
の表示欄又は代理人の表示欄に押印したものと同一の印を申
出書の「受取」欄に押印させて，一覧図の写しの交付及び添
付書面の返却をすることができる者であることを確認するも
のとする。

なお，一覧図の写しの交付及び添付書面の返却を受ける者
が，印鑑を忘失等して押印することができない場合は，規則
第247条第3項第6号又は同項第7号の規定により申出書に
添付した書面と同一のものの提示を受けることで代替して差
し支えない。この場合は，申出書の「受取」欄に一覧図の写
しの交付及び添付書面の返却を受ける者の署名を求めるもの
とする。

イ　送付による交付等の取扱い

一覧図の写しの交付及び添付書面の返却は，送付の方法に

527

第10章　法定相続情報証明制度

よりすることができるとされた（規則第248条）。この方法に
よるときは，申出書に記載された当該申出人又は代理人の住
所に宛てて送付するものとする。この場合には，申出書の所
定の欄に一覧図の写し及び添付書面を送付した旨を記載する
ものとする。

ウ　一覧図の写し又は添付書面を申出人又は代理人が受け取ら
ない場合は，申出があった日から起算して3か月を経過した
のち，廃棄して差し支えない。

8　一覧図の写しの再交付

規則第247条各項の規定（同条第3項第1号から第5号まで及
び第4項を除く）は，法定相続情報一覧図の保管及び一覧図の写
しの交付の申出をした者がその申出に係る登記所の登記官に対し
一覧図の写しの再交付の申出をする場合について準用することと
された（規則第247条第7項）。

(1)　再交付申出書

再交付申出書は，別記第2号様式又はこれに準ずる様式によ
る申出書（以下「再交付申出書」という。）によってするもの
とする。

(2)　再交付申出書の添付書面

再交付申出書には，次に掲げる書面の添付を要する（規則第
247条第7項において準用する同条第3項第6号及び第7号）。

ア　再交付申出書に記載されている申出人の氏名及び住所と同
一の氏名及び住所が記載されている市町村長その他の公務員
が職務上作成した証明書（当該申出人が原本と相違がない旨
を記載し，署名又は記名押印をした謄本を含む。）

なお，当初の申出において提供された申出書に記載されて
いる申出人の氏名又は住所と再交付申出書に記載された再交
付申出人の氏名又は住所とが異なる場合は，その変更経緯が
明らかとなる書面の添付を要する。

イ　代理人によって申出をするときは，第2の5(5)に示す代理
人の権限を証する書面

(3)　再交付の申出をすることができる者の確認

登記官は，一覧図の写しの再交付の申出があったときは，上

記(2)の書面と当初の申出において提供された申出書に記載された申出人の表示とを確認し，その者が一覧図の写しの再交付の申出をすることができる者であることを確認するものとする。

9　法定相続情報に変更が生じたとして再度の申出があった場合

法定相続情報一覧図つづり込み帳の保存期間中に戸籍の記載に変更があり，当初の申出において確認した法定相続情報に変更が生じたため，その申出人が規則第247条各項の規定により再度法定相続情報一覧図の保管及び一覧図の写しの交付の申出をしたときは，登記官はこれに応じて差し支えない。この場合に，登記官は，それ以降当初の申出に係る一覧図の写しを交付してはならない。

なお，この場合の変更とは，例えば，被相続人の死亡後に子の認知があった場合，被相続人の死亡時に胎児であった者が生まれた場合，法定相続情報一覧図の保管及び一覧図の写しの交付の申出後に廃除があった場合などが該当する。

第10章　法定相続情報証明制度

別記第1号様式

法定相続情報一覧図の保管及び交付の申出書

（補完年月日　平成　　年　　月　　日）

申 出 年 月 日	平成　　年　　月　　日　法定相続情報番号	－ －

被相続人の表示	氏　　　名 最後の住所 生 年 月 日　　　　　年　　　月　　　日 死亡年月日　　　　　年　　　月　　　日
申 出 人 の 表 示	住所 氏名　　　　　　　　　　　㊞ 連絡先　　　　 － 　　 － 被相続人との続柄（　　　　　　　　　）
代 理 人 の 表 示	住所（事務所） 氏名　　　　　　　　　　　㊞ 連絡先　　　　 － 　　 － 申出人との関係　　□法定代理人　　□委任による代理人
利 　 用 　 目 　 的	□不動産登記　□預貯金の払戻し □その他（　　　　　　　　　　　　　　　　　　　　　）
必要な写しの通 数・交付方法	通（□窓口で受取　□郵送） ※郵送の場合，送付先は申出人（又は代理人）の表示欄にある住所（事務所）となる。
被相続人名義の不 動産の有無	□有　（有の場合，不動産所在事項又は不動産番号を以下に記載する。） □無
申出先登記所の種 別	□被相続人の本籍地　　□被相続人の最後の住所地 □申出人の住所地　　　□被相続人名義の不動産の所在地

　上記被相続人の法定相続情報一覧図を別添のとおり提出し，上記通数の一覧図の写しの
交付を申出します。交付を受けた一覧図の写しについては，相続手続においてのみ使用し，
その他の用途には使用しません。
　申出の日から3か月以内に一覧図の写し及び返却書類を受け取らない場合は，廃棄して
差し支えありません。

（地方）法務局　　　　　　支局・出張所　　　　　　宛

※受領確認書類（不動産登記規則第247条第6項の規定により返却する書類に限る。）
戸籍（個人）全部事項証明書（　通），除籍事項証明書（　通）戸籍謄本（　通）
除籍謄本（　通），改製原戸籍謄本（　通）戸籍の附票の写し（　通）
戸籍の附票の除票の写し（　通）住民票の写し（　通），住民票の除票の写し（　通）

受領	確認1	確認2	スキャナ・入力	交付		受取

530

第 10 章　法定相続情報証明制度

別記第 2 号様式

法定相続情報一覧図の再交付の申出書

再交付申出年月日	平成　　　年　　　月　　　日	法定相続情報番号	-　　　-
被相続人の表示	氏　　　名 最後の住所 生 年 月 日　　　　　年　　　月　　　日 死亡年月日　　　　　年　　　月　　　日		
申 出 人 の 表 示	住所 氏名　　　　　　　　　　　㊞ 連絡先　　　　　—　　　　　— 被相続人との続柄（　　　　　　　　　）		
代 理 人 の 表 示	住所（事務所） 氏名　　　　　　　　　　　㊞ 連絡先　　　　　—　　　　　— 申出人との関係　　□法定代理人　　□委任による代理人		
利 用 目 的	□不動産登記　　□預貯金の払戻し □その他（　　　　　　　　　　　　　　　　　　　　）		
必 要 な 写 し の 通数・交付方法	通（□窓口で受取　　□郵送） ※郵送の場合，送付先は申出人（又は代理人）の表示欄にある住所（事務所）となる。		
上記通数の法定相続情報一覧図の写しの再交付を申出します。交付を受けた一覧図の写しについては，相続手続においてのみ使用し，その他の用途には使用しません。3 か月以内に一覧図の写しを受け取らない場合は，廃棄して差し支えありません。 　　　　　　（地方）法務局　　　　　　　支局・出張所　　　　　宛			

受領	確認	交付

受取

著者・補訂者略歴

〈著者〉

藤 谷 定 勝

昭和13年　　　北海道出身
昭和54年４月　法務省民事局第三課不動産登記第一係長
昭和58年４月　東京法務局民事行政部不動産登記部門統括登記官
昭和60年４月　法務省民事局第一課補佐官
昭和63年４月　岐阜地方法務局総務課長
平成元年４月　法務省民事局第一課総括補佐官
平成４年４月　長野地方法務局長
平成５年４月　東京法務局民事行政部長
平成６年４月　東京法務局総務部長
平成７年８月　仙台法務局長
平成９年５月　横浜地方法務局所属公証人　厚木公証役場
平成17年５月　公証人退職
平成24年４月　日本加除出版株式会社常勤顧問
平成28年２月　没享年77歳

〈補訂者〉

後 藤 浩 平

昭和29年　　　鹿児島市出身
平成６年４月　東京法務局民事行政部不動産登記部門登記官
平成８年４月　法務省民事局第三課不動産登記第一係長
平成10年４月　東京法務局民事行政部不動産登記部門統括登記官
平成13年４月　法務省民事局第二課補佐官
平成14年４月　千葉地方法務局不動産登記部門統括登記官
平成17年４月　さいたま地方法務局不動産登記部門統括登記官
平成20年４月　横浜地方法務局不動産登記部門次席登記官
平成22年４月　甲府地方法務局首席登記官
平成24年４月　東京法務局城北出張所所長
平成26年４月　日本加除出版株式会社常勤顧問

〈主な著作〉

先例から読み解く！　土地の表示に関する登記の実務（日本加除
　　出版，2017年，共著）
認可地縁団体・記名共有地をめぐる実務Ｑ＆Ａ　認可申請手続と
　　不動産登記手続（日本加除出版，2016年）
不動産登記の実務相談事例集（日本加除出版，2014年，共著）
〔新版〕精解設例 不動産登記添付情報（上）（下）（日本加除出
　　版，（上）2007年，（下）2008年，共著）

全訂第2版
一目でわかる登記嘱託書の作り方

1984年5月15日	初版発行
1990年4月10日	増補版発行
1995年4月20日	新版発行
1999年9月20日	新版第5版発行
2007年10月25日	全訂版発行
2018年1月30日	全訂第2版発行
2023年5月1日	全訂第2版第2刷発行

　著　者　　藤　谷　定　勝
　補訂者　　後　藤　浩　平
　発行者　　和　田　　　裕

発行所　日本加除出版株式会社
本　社　〒171-8516
　　　　東京都豊島区南長崎3丁目16番6号

組版　㈱亨有堂印刷所　　印刷・製本（POD）　京葉流通倉庫㈱

定価はカバー等に表示してあります。
落丁本・乱丁本は当社にてお取替えいたします。
お問合せの他、ご意見・感想等がございましたら、下記まで
お知らせください。

〒171-8516
東京都豊島区南長崎3丁目16番6号
日本加除出版株式会社　営業企画課
電話　　03-3953-5642
FAX　　03-3953-2061
e-mail　toiawase@kajo.co.jp
URL　　www.kajo.co.jp

© 2018
Printed in Japan
ISBN978-4-8178-4455-2

JCOPY　〈出版者著作権管理機構　委託出版物〉

本書を無断で複写複製（電子化を含む）することは、著作権法上の例外を除
き、禁じられています。複写される場合は、そのつど事前に出版者著作権管理
機構（JCOPY）の許諾を得てください。
また本書を代行業者等の第三者に依頼してスキャンやデジタル化することは、
たとえ個人や家庭内での利用であっても一切認められておりません。

〈JCOPY〉　H P：https://www.jcopy.or.jp、e-mail：info@jcopy.or.jp
　　　　　電話：03-5244-5088、FAX：03-5244-5089

先例から読み解く！
土地の表示に関する登記の実務

後藤浩平・宇山聡 著
2017年12月刊 A5判 800頁 本体6,700円＋税 978-4-8178-4448-4

| 商品番号：40703 |
| 略　　号：先土地 |

● 事務処理上有益な「主要97先例」を全文掲載し、解説も付与。
● 関連する「関係83先例」も収録し、全文を掲載。
● 具体的事案を「関連質疑」とし、詳細を『Q&A 表示に関する登記の実務シリーズ』にて確認できるよう工夫。

認可地縁団体・
記名共有地をめぐる
実務Q&A
認可申請手続と不動産登記手続

山野目章夫 監修　後藤浩平 著
2016年7月刊 A5判 316頁 本体3,000円＋税 978-4-8178-4323-4

| 商品番号：40637 |
| 略　　号：地縁 |

● 自治会、町内会等の法人化に係る申請手続や財産区・相続人等不明土地の登記手続も網羅。
● Qごとに関連する条文を掲載するほか、登記申請情報、添付情報の書式例、関係先例の全文、関係判例の要旨などを豊富に掲載。

不動産登記の実務
相談事例集

後藤浩平・竹村啓人・渡邉亘 著
2014年2月刊 A5判 376頁 本体3,500円＋税 978-4-8178-4141-4

| 商品番号：40541 |
| 略　　号：不相 |

● 登記所に寄せられる登記実務家や登記官を悩ませる複雑・困難な事案を厳選し、登記先例や判例等を踏まえて登記官の視点からQ&Aで解説。
● 申請手続から所有権、地上権等の用益権、抵当権等の担保権、仮登記、代位登記、判決による登記など、権利に関する登記に係る設問を網羅的に収録。

日本加除出版
〒171-8516　東京都豊島区南長崎3丁目16番6号
TEL（03）3953-5642　FAX（03）3953-2061（営業部）
http://www.kajo.co.jp/